河北省人文社会科学重点研究基地
——廊坊师范学院史学理论与中国史学史研究中心研究成果

明代宦官形象及其日常生活

——基于墓志碑刻的研究

李建武 著

人民出版社

序

　　近日，廊坊师院历史系主任李建武博士携其所撰写的《明代宦官形象及日常生活——基于墓志碑刻的研究》一书，邀我作序。我与建武相识已有十余年时间，其由硕士，到博士，皆在我名下攻读，现在执教于廊坊师院近十年之久。七年前，我被该校以特聘教授之名，引进该校兼职，与其交往仍甚频繁。看到其博士论文《明代镇守内官研究》已经出版于数年之前，现又收集大量墓志碑刻，再出关于宦官之新作，高兴万分，遂欣然命笔。

　　建武其人，处事严谨，对人坦诚，勤于治学，其文多有独到见解，在学术上多有贡献，其关于宦官之研究，更多有新说，尤在学界受到称赞。

　　宦官是中国古代历史上深受关注的一个群体。商周已有阉宦、寺人之记载，秦有赵高为人所不忘，东汉时其受关注达到第一个高峰，《后汉书》记载："宦者四星，在皇位之侧"，用星相位置来阐释宦官的存在。唐代时，设枢密院，主官枢密使由宦官充任，使得宦官权势达到中国古代第二个高峰。明末大儒黄宗羲认为："阉宦之祸，历汉唐宋，相寻无已，然未有若明之为烈也。"黄宗羲经历朝代更替，故对明代阉宦有切肤之痛，对其消极方面难免有所夸大。清代学者赵翼《廿二史札记》曾总结说："汉、唐、明三代宦官为害最烈"，此亦对宦官批评居多。而若对其深入研究一番而后再加评论，起码从制度设计角度出发，宦官研究会有新的发现。明代当权者对宦官的态度，有时比较宽容，其让司礼监参与明代中央政务处理，在中国古代政治制度中独具特色，皇帝对宦官的驾驭及控制也相当成熟、有一定的成效。本书的撰写，即是从新的视角出发而进行的，值得重视。

以前研究明代宦官者多以《明史·宦官传》为基本史料，阐释宦官在明代政治中所起的作用，这是应该改进的。研究人物应从第一手资料出发，墓志碑刻无疑是研究宦官应该关注的重要史料。墓志碑刻记载的宦官家庭背景、任职情况、丧葬处理等情况，皆是其他史料所未涉及的方面，也是唯一以宦官为主角的史料。经过多年持续收集，本书收录了219通宦官墓志碑刻，几乎涉及明代一朝重要宦官，对全面了解宦官生平及明代政治具有创新性的重大贡献。

建武博士十余年来一直关注明代宦官问题，所撰专著及论文逐渐形成了体系性的研究成果，其所得出的结论也多令人信服。希望其逐渐扩充研究领域，不断发表更多研究成果，进一步形成和发展自己的研究特色和优势。这也是历史学界诸同仁的共同祈盼。

南炳文

2023 年 3 月 5 日写于廊师图书馆

目　录

绪　论

一、选题缘由

宦官是中国古代政治中非常特殊、独具特色的一个群体，对历代政治、社会产生了重要影响。周代已有阉宦、寺人等记载，秦以后宦官在政治生活中开始发挥作用，秦有赵高，司马迁《史记》之《恩幸列传》开始记载宦官事迹。东汉中后期，宦官与外戚交替专权，张让等十常侍乱政，引发党锢之祸。历南北朝，至唐代，宦官担任枢密使等职，手握兵权，因此出现废立皇帝等现象，唐文宗试图借"甘露"诛杀宦官，以失败告终。至宋代，略有节制，但童贯因军功进太师、泾国公，最终封广阳郡王，空前绝后。

到明代，统治者及管理群体对宦官地位及作用有比较清晰的认识，认为宦官为服侍帝王而产生，其活动范围理应限于宫墙之内，与文武官员、士庶百姓本无交往之需。无论从设置起源还是从其名称来看，宦官主要是为宫廷提供各项服务，洒扫是其最基本的职役，不应赴外，"夫太监谓之内臣，当居近侍，各边乃是外地，无烦远出"①。内官之名与实应当统一，"盖既曰内官，但应处内"②。

明朝建立之初，明太祖吸取前代内官干政专权的教训，特别注意防范内外官勾结的危害，试图将内官活动限定在宫内，职责限定为洒扫等

---

① 何孟春：《何文简疏议》卷8《便利官民疏》，《景印文渊阁四库全书》第429册，台湾商务印书馆1986年版，第214页。

② 贺钦：《医闾集》卷6《辞职陈言疏》，《景印文渊阁四库全书》第1254册，第705页。

事："吾见史传所书，汉、唐末世，皆为宦官败蠹，不可拯救，未尝不为之慨叹……其在宫禁，止可使之供洒扫、给使令、传命令而已，岂宜预政典兵？"[①] 此后明太祖曾多次强调内官只可在内廷洒扫、使令的功能，洪武十年（1377），立法："寺人不过侍奉洒扫，不许干预政事。"[②] 成化二十三年（1487）十一月，御史缪樗等上疏言八事，其一"复祖制"谓："皇明祖训：内官之设，止于供事内府。"[③] 诸多限制措施正是对内官角色的规范与控制。在明太祖的严格控制下，内官仅奉命行事，"皆不敢有所干窃"[④]。内官角色与活动范围基本被限定在内廷。

但此后，明代内官不断突破原有定位，或作为皇帝代表致祭各地宗室丧葬，或被赋予监仓、监工、监军等责任，甚至一度成为镇守内官而固定驻守地方。他们的社会交往范围极广，触及明代政治、经济、文化、军事等各个方面。

在此过程中，内官与文武官员、与地方社会的关系也变得更加复杂。从内官墓志的撰写就可窥一斑，明代内官墓志史料价值极高，一方面其内容全面具体，涉及内官家庭、籍贯、入宫、进学、授官、升迁或贬谪、养老、信仰等主要经历，有助于加深对内官本人及其生活状况的了解，并得以补充其他文献对相关史实的阙载；另一方面其记载较为准确，如人名、官职名称、生卒时间等，可与其他文献相互校正。

本书的撰写缘由乃基于当前明代宦官研究所用史料的局限及宦官墓志碑刻的重要史料价值。

第一，内官墓志资料具有很高的史料价值，墓志将为内官研究提供第一手的资料，可以极大地丰富明代内官研究的史料来源。关于内官直接的、系统的记载较少，集中性的宦官传记主要分散在《明史》《国朝献征录》《名山藏》《明书》《罪惟录》《明史窃》《石匮书》等史书中，王世贞

---

① 《明太祖实录》卷31，洪武元年四月丙辰，第552页。
② 《明太祖实录》卷112，洪武十年五月丙午，第1860页。
③ 《明孝宗实录》卷6，成化二十三年十一月己酉，第108页。
④ 《明史》卷304《宦官传》，中华书局1974年版，第7765页。

《弇山堂别集》、徐学聚《国朝典汇》有"中官考"名目,均是研究宦官的重要资料。但均将宦官放在明代政治演变历程中予以考察,论述的重点是宦官对明代政治的影响,较少关注宦官本身的成长与发展,因此墓志就成为记载内官最直接、最系统的重要史料。

墓志一般是由墓主家人或同事请文人根据传主行状撰写而成。撰写者往往对墓主生平比较了解,撰写过程中往往摆脱完成任务式的套话,注意记载墓主生活细节、言行举止,而这些细节则是我们了解当时人生活最好的资料。墓志所收录的言行也为全面了解宦官思想认识提供了难得的史料。

第二,当前研究成果对墓志碑刻重视与利用尚不充分。当前墓志碑刻基本以碑刻或拓片形式展现,今人已辑录《明代宦官碑传录》《新中国出土墓志》《北京图书馆藏中国历代石刻拓本汇编》等,但时间较早,新近出土墓志碑刻尚未收录。各地新出资料比较零散且字迹模糊、使用不便,客观上亦造成墓志碑刻利用率低。

墓志可以补充大量其他文献未载的内官史料,对其进行系统的整理可以为进一步的研究打下良好的基础。

二、研究现状

(一)明代宦官研究的阶段特征

宦官是中国古代政治史研究中不可或缺的一部分。但受不同观点、理论及时代背景的影响,其研究也呈现出鲜明的阶段性特征。新中国成立前,在特殊的时代背景下,内官的研究呈现出强烈的时代特色,借历史影射现实。主要成果有:吴晗《明代靖难之役与国都北迁》[《清华大学学报(自然科学版)》1935 年 4 期]是研究较早的一篇文章,主要是论述靖难之役对明代造成的政治影响。认为宣德以后,内阁的政权也逐渐移到内廷司礼监手中,在外则各地镇守太监成为地方最高长官,积重难返,形成一种畸形的阉人政治。丁易《明代特务政治》(中外出版社 1951 年版)始作于 1945 年春,完成于 1948 年末,是国民党残酷统治下的产物。该书的写作是在特定的历史背景下进行的，因此有着特定的目的。作者自序中写道："我写这本书就企图通过明代特务政治的叙述来描绘出明代以帝王为首的地主阶级对广大人民的政治压迫的全貌。"从政治、经济、军事等方面加以论述，字里行间都充斥着对宦官干政的愤慨。

新中国成立后至改革开放前，由于政治形势等多种原因，内官的研究也呈现跌宕起伏的状态，研究者较多地关注内官对古代社会经济的破坏，对镇守内官的研究并不多。

改革开放后，随着新资料的不断发掘、新研究视角的不断引入，内官研究成果迭出，呈现繁荣之态。研究也呈现引用资料丰富、视角新颖、深度厚重等特点。此时出现的新资料既有文字资料的不断发现与整理，还包括内官墓志铭的出土及释读，成果有王春瑜、杜婉言《明代宦官与经济史料初探》（中国社会科学出版社1986年版）从大量明代及部分清代文集、笔记、奏疏、野史中，选辑出有关明代宦官与经济的史料，章节前都有按语，探讨所列史料的学术价值。

新的研究视角也为内官研究注入了新的动力，研究者开始关注内官除政治外其他方面的作为，从更广阔的研究视角出发，探讨内官在明代经济、文化、民族事务、外交关系等多方面所发挥的作用，这是此前研究者所忽略的。王春瑜、杜婉言最早探讨了内官与地方经济、明代文化的关系，成果有王春瑜的《明代宦官简论》《明代宦官与江南经济》《论明代宦官与明代文化》《明朝宦官与故宫》（收录在《明清史散论》，东方出版中心1996年版）。陈玉女、何孝荣、赵世瑜等探讨了内官与佛教的关系，成果有陈玉女《明代二十四衙门宦官与北京佛教》（台湾如闻出版社2001年版）、何孝荣《明代宦官与佛教》（《南开学报》2000年第1期）、赵世瑜《黑山会的故事—明清宦官政治与民间社会》（《历史研究》2000年第4期）等。外交的方面的研究也是一个热点，以郑和为最，尚有孙卫国《论明初的宦官外交》（《南开学报》1994年第2期）等。

近年胡丹对明代宦官制度进行系统的探讨和全新的解释。出版专著《明代宦官制度研究》（浙江大学出版社2018年版）运用丰富的官私史料对明代宦官制度进行了深入而细致的研究，史料丰富，视角新颖，见解深刻。并且对都知监、司礼监文书房等机构进行了详细的考证。高志忠对明代宦官文化水平及成就进行了系统的梳理，出版专著《明代宦官与宫廷文艺》（商务印书馆 2012 年版），关注明代宦官诗文著作、内书堂教育、文学作为、宦官演戏、宦官与图书刊刻等问题。

将宦官放在地方史视角中进行研究，也有丰富成果。明代派遣大量宦官到地方监仓、监军、镇守、册封宗室等，必然与地方社会发生密切的联系。云南和南京两地研究较多。古永继《明代宦官与云南》（《思想战线》1998 年增刊）主要论述宦官在云南的设置、权限及影响，认为宦官活动在明代前期尚有一定的积极意义。而宦官活动涉及社会的方方面面是明代宦官干政的特色所在。古永继《明代驻滇宦官考》（《中国边疆史地研究》1999 年第 4 期）是一篇将考证与论述结合的上乘之作。作者根据宣宗至世宗历朝《明实录》及各种地方志书如《滇云历年传》、正德《云南志》、天启《滇志》列表考证出明代派驻云南的宦官 27 人，详列其始见年代、职衔、职责及资料来源，并探讨了云南镇守内官的职权及带来的影响。杨三寿《明宪宗时期的云南镇守太监钱能》（《云南师范大学学报》2002 年第 3 期）列举了钱能乱滇殃民的三种表现，试图通过对此进行分析，以探索明中期云南社会矛盾激化的原因。认为明宪宗派太监钱能镇守云南，是明朝中央政权对云南的统治从积极有效走向衰落的转折点。周裕兴《明代宦官与南京》（《江苏社会科学》1995 年第 3 期）总论因各种原因而身处南京的内官。其中对守备太监论述较多，考证其设置及其原因，对其公署—守备厅及守备太监与南京其他官员的关系有介绍。文章最后着眼于明代宦官在南京的恶行，包括其对经济、军事及文化等方面的干预、掠夺和破坏。周忠《试述明代南京守备的创设时间及首任内守备》（《贵州文史丛刊》2012 年第 3 期）是其博士论文中的一部分，主要考证了南京守备的创设时间及首任内守备的具体人选。还有方骏《明代南京的内外守备》[《中国研究》（香港）1998 年第 36 期] 等。（法）让·德·米里拜尔《明代地方官吏及文官制度——关于陕西和西安府的研究》（陕西人民出版社 1994

年版）以陕西为例，着重考察当地文官及行政管理制度，列举大量事实说明负有维护王朝秩序职责的官员与飞扬跋扈的太监之间，存在着难以调和的对立和惹人注目的斗争。杜婉言《明代宦官与浙江经济述论》（《浙江学刊》1988 年第 6 期）总体上对宦官专权持否定态度，认为宦官专权给明代社会经济造成了很大的危害，加速了明王朝的经济崩溃。张全晓《明代武当山提督内臣制度考略》（《宗教学研究》2012 年第 1 期）专门研究武当山提督内臣制度的形成及演进，将提督内臣看作皇室与武当山之间沟通和互动的重要渠道，肯定了其对明代武当山道教持续发展和繁荣昌盛所作的独特贡献，并评价了提督内臣的地位和作用。

（二）明代宦官墓志碑刻研究

关于中国古代墓志的整体研究情况，任昉《20 世纪墓志整理与研究的成绩与问题》（许倬云、张忠培主编《中国考古学跨世纪的回顾与前瞻》，科学出版社 2000 年版）分 20 世纪前 50 年、20 世纪后 50 年、新世纪三个阶段论述了此前墓志整理与研究所取得的成绩与存在的问题。

1. 墓志辑录与整理

近年来，随着考古发现的不断增多，内官墓志出土的数量也不断增加。北京图书馆金石组编《北京图书馆藏中国历代石刻拓本汇编》（中州古籍出版社 1989 年版）第 51—60 册为明代部分，在各册中均有一定数量的内官墓志。香港学者梁绍杰《明代宦官碑传录》（香港大学中文系 1997 年版）收录了永乐以后近 90 位宦官的墓志铭、墓表、圹志等碑传，为内官研究提供了新的资料。

此后内官的墓志逐渐受到研究者的重视，规模最大的是《新中国出土墓志》系列，由国家文物局委托领导、全国多省考古及古籍整理单位合作，第一期已出版，包括河南 4 册、陕西 4 册、重庆 1 册、北京 2 册、上海天津 2 册等（文物出版社 1994 年至 2009 年版）。该墓志系列以地方为单位，收集当地民国以前的墓志。因明代宦官墓地分布有限，就笔者所见，仅北京卷、陕西卷、河北卷、江苏卷等收录有明代内官墓志。

胡丹《明代宦官史料长编》（江苏凤凰出版社 2014 年版）按照时间顺

序，广泛辑录明清政书、正史、文集、野史、笔记及传世方志、碑刻中的宦官史料，组成一个庞大的史料群，其中多有内官墓志原文辑录。

2. 在考古基础上对内官墓志的考释、解读

近年以来随着考古发掘的深入，各地不断有新的内官墓志出现，主要集中在南京、陕西、四川等地。

南京：华东文物工作队《南京南郊英台寺山明金英墓清理记》（《文物参考资料》1954 年第 12 期），徐明甫《明两京司礼监太监牛玉墓发掘简报》（《文物》1983 年第 2 期），周裕兴《江苏南京发现明代太监怀忠墓》（《考古》1993 年第 7 期），王志高《洪保寿藏铭综考》（《郑和研究》2010 年第 3 期），邵磊《南京出土部分明代宦官墓志考释》（《学耕文获集——南京市博物馆论文选》，江苏人民出版社 2008 年版）、《明代南京守备、内官监太监罗智墓志考释》（《郑和研究》2010 年第 3 期）、《明代宦官杨庆墓的考古发掘与初步认识》（《东南文化》2010 年第 2 期）、《南京市博物馆旧藏明代宦官墓志考释》（《故宫学刊》2015 年第 2 期）、《〈南京守备司礼监太监怀忠墓志〉考证》（《碑林集刊》总第 17 辑，三秦出版社 2011 年版）、《明代御马监太监王润墓志考释》（《碑林集刊》总第 21 辑，三秦出版社 2015 年版），王志高等《南京市祖堂山洪保墓》（《考古》2012 年第 5 期），龚巨平、沈利华《明司礼监太监郑强墓志铭考述》（《郑和研究》2014 年第 1 期），沈利华《明代南京守备太监卜春墓志考释》（《南京晓庄学院学报》2014 年第 5 期）等。

陕西：铜川市考古研究所《陕西铜川明内官监太监成敬墓发掘简报》（《考古与文物》2017 年第 5 期）。

四川：唐淑琼等《四川华阳明太监墓清理简报》（《考古通讯》1957 年第 3 期）、蒋成等《明蜀藩太监墓志集释》（《四川文物》2001 年第 4 期）、荣远大等《成都市红牌楼明蜀太监墓群发掘简报》（《成都考古发现》2003 年）、杨文成等《成都"新北小区四期"明代太监墓群发掘简报》（《成都考古发现》2006 年）等。

此外，其他地方散见的内官墓志还有麦英豪《广州东山明太监韦眷墓

清理简报》（《考古》1977 年第 4 期）、郁金城《北京香山明太监刘忠墓》（《文物》1986 年第 9 期）、王清林《明御用监太监赵西漳墓志考》（《北京文物与考古》第 6 辑）、苗天娥《明朝大司礼郑真墓志考》（《北京文博论丛》第 2 辑）、曲金丽《明〈守愚子寿藏记〉考》（《文物春秋》2009 年第 3 期）等。

上述成果主要是对近些年新出土内官墓志运用考古学的知识进行解读，多数是照录全文，对其进行标点，部分研究结合其他史料对内官任职等方面进行解读，目前研究成果主要围绕墓志传主本身而展开，墓志资料的价值未得到充分的重视与挖掘。

3. 以内官墓志为基础史料进行的专题研究

王春瑜、杜婉言《明朝宦官》（紫禁城出版社 1989 年版）是系统研究明代宦官的重要著作，已经注意到宦官碑刻资料的重要性。2010 年 6 月，在南京祖堂山发现洪保墓，出土了保存完整的《大明都知监太监洪公寿藏铭》，洪保是郑和下西洋时船队的副使，因此该墓志的出土立刻引起郑和研究者的极大兴趣，如胡正宁、范金民《郑和下西洋二题——基于洪保〈寿藏铭〉的考察》（《江苏社会科学》2015 年第 5 期）等。陈博翼《跋〈明秦府承奉正康公墓志铭〉》（《明史研究论丛》第 9 辑）围绕《新中国出土墓志》陕西卷（贰）所收录《明秦府承奉正康公墓志铭》展开，通过康景的乡里、背景探讨了唐代以后九姓胡等西域族群的动迁、流转及与其他民族的融合，进而思考民族的形成、消散和凝成等问题。

齐畅《明代宦官与士大夫关系的另一面》（《史学集刊》2008 年第 4 期）主要依据《敕赐最胜寺兴建碑》探讨大学士商辂与宦官钱能的复杂关系。其《明永乐朝军功宦官刘氏兄弟史事考述》[《东北师大学报（哲学社会科学版）》2013 年第 3 期] 主要是结合两块内官的墓碑及其他资料对永乐年间刘氏兄弟内官的事迹进行考证，包括其入侍燕府、北征蒙古、拥立仁宣二帝等，并探讨军功宦官的特殊恩遇。其专著《宫内、朝廷与边疆：社会史视野下的明代宦官研究》（中国社会科学出版社 2014 年版）利用明代宦官墓志、碑刻等民间田野史料与官私文本的比对对具有典型性的宦官刘氏兄弟、钱氏兄弟、高凤、麦福、陈矩等进行个案分析，视线从以往聚焦于个别宦官的政治阴谋，转向普通宦官的个人生命历程。

综上，此前明代宦官研究成果丰富，但仍有不足之处，主要体现在：

（1）明代宦官墓志收集与整理还有待加强。20 世纪 90 年代以来，已有部分整理成果，但并未涉及文集及方志中墓志碑刻，并且随着近年北京、南京、成都、西安等地考古挖掘不断涌现新的碑刻，新发现墓志碑刻数量已经非常可观，有必要对其进行系统整理。

（2）此前宦官研究所用史料有一定局限性，墓志碑刻的价值尚未得到充分阐释。考古工作者通过考古挖掘，进而解读墓志相关内容及墓志传主相关情况，研究成果多以考古简报的形式呈现，非专题研究。而明代宦官研究者多用《明史·宦官传》《国朝典汇》《罪惟录》等明清时期官私史料，较少使用墓志碑刻。墓志碑刻记载了大量正史及其他史料未见史料，对全面了解明代宦官制度有重要价值。

（3）受研究视角的影响，关注宦官生平的成果较少。多数成果将宦官置于明代政治生活中考察其历史影响，未从宦官作为人物主角出发，探讨其家庭背景、升迁经历、宗教信仰、养老丧葬等情况。宦官籍贯分布、任职地方及其丧葬，都对京城周边及地方社会产生了深远影响。

鉴于内官墓志史料价值的重要性，有必要系统整理明代内官墓志并在此基础上对其深入研究，以此推进明代宦官史、政治史研究的不断深入。

三、写作思路

本书拟以明代宦官墓志碑刻为基本史料，包括明代宦官由丧葬或寿藏产生的墓志、墓志铭、墓碑、墓表、寿藏铭、寿藏记、神道碑、买地券等等，结合其他史料，在充分解读碑刻内容基础上对其史料价值进行挖掘，更加关注其个人日常生活。宦官墓志碑刻的特殊性在于宦官是传主、是主角，所有记载均围绕宦官个人生平展开，并且墓志碑刻多依据行状等材料撰写而成，大部分由传主亲近之人亲自提供材料、审定内容，部分自撰，所以可信性高。

从收集、整理宦官墓志碑刻入手，对墓志进行仔细的研读，总结墓志的编纂特点及其独特的史料价值。重点是挖掘墓志所蕴含的丰富内容，脱离此前研究从"他者"的视角，将研究视角聚焦于宦官本身，从形象、性格、籍贯、出身、进宫、培养、信仰、养老等方面对其生命历程进行系统探究，并通过将宦官墓志碑刻与其他文本进行具体历史事件、人物评价等方面的对比，挖掘墓志在补充信息、纠正谬误等方面的独特作用。

首先，完成对现存可见的明代宦官墓志的整理工作。包括今人已辑录的（《明代宦官碑传录》《新中国出土墓志》《北京图书馆藏中国历代石刻拓本汇编》等），明人文集所载及其他散见未载、未录的碑刻墓志资料。虽已有部分整理成果，但时代较久，收录有限，出土地点过于集中在北京。随着各地考古出土不断深入，不断出土了数量更多的明代宦官墓志，并且分布范围更加扩大，南京、成都、西安等地均有明代宦官墓志碑刻出土。通过考察挖掘地点分布，可以发现各地宦官倾向于聚集而葬，南京祖堂山、西安金光里、成都南郊都有大片的宦官墓地。此外，宦官家乡、任职地亦有零散墓志出土。

其次，充分发掘宦官墓志的史料价值。宦官墓志对研究明代政治史、社会生活史等均有非常重要的价值，拟结合其他正史、别史、方志、文集等资料进行比较研究。墓志完整记录了人物的生平，包括其生卒年月、家庭信息、仕途生涯等，除《明史·宦官传》及部分史籍宦者传、宦官传外，关于宦官个人信息记载很少，墓志是了解宦官生平最全面、最可信的史料。墓志还包含着丰富的明代政治史史料，大部分墓志传主是宦官上层，为了解明代宦官衙门设置、职权演变、职衔升迁等内容，提供了更加生动具体的丰富史料。

第一章　明代宦官墓志碑刻概况

墓志是放在墓里刻有死者生平事迹的石刻。墓志始于秦汉，始皇陵的秦刑徒墓曾发现 18 件刻在残瓦上的姓名籍贯刻辞，洛阳出土的东汉刑徒砖一般注明死者名籍、身份、卒年月日。魏晋时，士大夫将死者的生平及歌颂文辞镌刻于较小的石面上，放置棺内随葬，后经出土，称为墓志。部分文辞用韵语结尾的称"铭"，也称"墓志铭"。延至隋唐宋元，墓志文体逐渐成熟，首先叙述死者姓名、籍贯和家世谱系；再记其生平事迹，官职履历，并颂扬其政绩德行；最后记其卒葬年月和葬地。志文后为四字押韵的"铭"，以表达悼念哀思之情。

墓志分上下两层，上层称为"盖"，下层称为"底"，盖上刻有标题，底部刻有墓志铭。

所论及的宦官墓志碑刻主要来源于明人文集、已整理墓志碑刻及北京、南京①、成都等地新近出土的零散墓志。香港学者梁绍杰曾出版《明代宦官碑传录》，北京图书馆出版《北京图书馆藏中国历代石刻拓本汇编》，都重视宦官墓志碑刻的收集与整理。

第一节　宦官墓志碑刻类型

在所收集的明代内官墓志中，体裁丰富多彩，呈现多元化。在为死者

---

① 南京尚有《南京司设监官奉御陆公墓志铭》，墓主为陆应，未见碑文。

刻石的发展过程中，明代出现了多种类型体裁，如文人何塘《柏斋集》卷十有碑铭一、墓志一、墓志铭九，墓铭二、墓表三。程敏政《皇明文衡》在解释墓志体裁时，记载："墓碣，近世五品以下所用，文与碑同。墓表则有官无官皆可，其辞则多叙其学行德履。墓志则直述世系、岁月、名字、爵里，用防陵谷迁改埋名。墓记与墓志同，而墓记则无铭辞耳。"[1] 吴讷《文章辨体序说》记载："墓志，则直述世系、岁月、名字、爵里，用防陵谷迁改。埋铭、墓记，则墓志异名。"

所发现明代内官之墓志资料，仅罗玘文集所收，有墓道碑与墓志铭同记一人。其余内官均只有一种墓志所记。但可以透漏出尚有其他墓志资料存在之现象，如太监萧敬卒后，"其侄孙锦衣卫指挥使諴既请太学士石门翟先生撰墓志铭，又以墓上之石不可无书，谒予（杨一清）请为之表"[2]。既有墓志铭，又有墓表，惜未见其铭。太监高凤卒于正德壬申（七年，1512）十二月，"公之存，尝预属予（李东阳）为墓表，及诸学士大夫为碑及传"[3]。高凤生前已经预请人作墓表、墓碑及传记，惜墓碑无存。

本书共计收录219通内官墓志碑刻[4]，使用的名目众多：寿藏记铭、寿碑铭、寿域碑、墓碣、墓表碑铭，各1通；墓道碑，2通；墓碑铭，3通；碑，3通；寿藏记，3通；寿藏铭，4通；墓志，5通；墓表，9通；墓志铭，166通；买地券，19通。按照其埋藏位置及用途可分为以下三类。

（一）墓志碑铭

此类名称繁多，包括墓志铭、墓碣、墓表、墓道碑、墓志、墓碑、神道碑等。墓主死后，由家人或同事请文人撰写，放于墓中，以作标识。

墓志铭数量居多，由叙事之序文及赞美之铭文组成。序文乃叙内官生平，"铭曰"则多以四字形式歌颂内官，朱有燉《承奉正张镔墓碣》则以"歌

---

[1]　程敏政：《明文衡》卷56，《景印文渊阁四库全书》第1374册，第347页。
[2]　杨一清：《司礼监太监梅东萧敬墓表》，《国朝献征录》卷117，《四库全书存目丛书》史部第106册，齐鲁书社1997年版，第603页。
[3]　梁绍杰辑：《明代宦官碑传录》，香港大学中文系1997年版，第153页。
[4]　所见材料尚有数量可观的谕祭碑，宦官死后，皇帝会派遣另一名宦官谕祭，是丧葬的一部分。谕祭碑文内容包括时间、遣官职务及名讳、被祭宦官职衔及名讳。

曰"的形式，每句没有固定字数。

特殊者乃高擢为太监张保所撰，名为《大明御马监太监乐安张公寿藏墓志铭》，寿藏乃生前预作，墓志铭则死后所写，此文乃合二为一。观其内容，张保"卒于嘉靖三十九年八月初七日寅时……公生前预为身后之计，卜寿域则都城之西"[1]。由此可知，此文乃是张保死后，葬于生前预卜寿藏之地，再由高擢为其撰墓志铭，因此将其归于"墓志铭"一类。嘉靖十八年（1539），内官监左少监李慎得疾，此前已买寿域一区，"吾（李慎）于丙戌用厚值易焉，寿域之成盖十有四年，于今吾死得所矣。但墓中之石不可无铭，知吾莫若尚书塘翁，汝其述吾言以请，吾待以瞑日……余（毛伯温）方属铭稿而公卒矣"[2]。李慎未卒之前已经预先想为寿藏地请人作铭，若稿成则当属"寿藏铭"类，但稿未成而已卒，因此只能归为"墓志铭"。

明代前后期墓志风格亦有变化，所见最早内官墓志为宣德五年，御史陈芸为太监杨庆所作墓志铭，其全文如下：

都知监太监杨公庆，宣德五年三月二十四日奉敕差来镇守南京，其年四月十九日到，遂病，不能视事。以七月二十二日终于三山里第，寿年六十有四，卜以八月二十八日葬于城南窑头山之原。前期，中书舍人姜孟珪率其养子杨仁等拜而求铭，辞不获，乃按状而为之铭。铭曰：杨氏之先，派出南滇。历世显贵，簪绂蝉联。父曰寿奴，万户姚安。母曰赵氏，德容克完。是生我公，际会云龙。发始垂髫，入侍皇宫。出入内廷，谨密志诚。圣情欣悦，赐以庆名。祗奉天戈，克平内难。厥功居多，恩升太监。扈驾北征，再镇永平。胡人远遁，赫有声名。上念其劳，复怜其旧。重惟南京，命公镇守。宠锡既隆，公心实喜。胡为南来，一病弗起。吏民失望，部属感伤。公卿奔吊，

① 梁绍杰辑：《明代宦官碑传录》，第252页。
② 毛伯温：《毛襄懋文集》卷6《内官监左少监李公墓志铭》，《四库全书存目丛书》集部第63册，第305页。

车马盈廊。生既显荣，官为中贵。寿过六旬，死复何愧。吉日令辰，将以窆穸。窑山之原，是公玄宅。我本无文，忝曾荆识。中书属我，命题墓石。文虽不工，事则确实。用勒坚珉，以昭无极。①

该文共 315 字，其中序文有 105 字，铭文共 210 字，铭文占大部分。序文主要叙其亡，并撰铭之由；铭文以 4 字形式叙其籍贯、事迹等，最后加以赞美之语。墓志铭重在"铭"，若叙其生平、学行等则有传记、行状等体裁。铭文受限于格式，记载人物事迹有缺陷，没法记录详细的地名、时间及事件过程，所提及的信息都比较笼统，如上文提到杨庆"只奉天戈，克平内难。厥功居多，恩升太监"，对了解杨庆在靖难之役中的作用并无实际帮助。后来墓志铭多不遵此例，明中期以后之墓志铭逐渐变为序文居多，铭文较少。如成化间，岳正为太监刘永诚所作墓志铭，共 977 字，其中序文 943 字，铭文仅 34 字。嘉靖十九年，陆深为太监董智所作墓志铭，共 722 字，序文 672 字，铭文 50 字。铭文一般在 20—50 字之间。相对而言，张邦奇为两任南京守备太监所作铭文已属较多，其为吕宪所作墓志铭共 989 字，序文 850 字，铭文 139 字；为潘真所作墓志铭共 670 字，序文 540 字，铭文 130 字，均在百字以上，虽与传主身份重要性有关，但亦可见文体之一变。

本应占多数的铭文日益减少，流为形式；序文逐渐增加，墓志铭逐渐由赞美之文变为叙事之文，叙事功能大大加强。

（二）寿藏碑记

寿藏，又称生圹、寿域，指生前预先建造的墓穴。宦官生前造好墓穴，并请文人撰写相关碑记以纪念之。寿藏兴起亦有其背景，内官身份特殊，没有生养的子孙，仅有过继子侄或名下嗣子，因此对后事比较看重，通常会提前安排："夫寿者，天地生物之仁而久于世，而藏者敛物归全之

---

① 陈芸：《大明故都知监太监杨公墓志铭》，转引自邵磊《明代宦官杨庆墓的考古发掘与初步认识》（《东南文化》2010 年第 2 期）。

谓。寿之目有差，耄耋期颐享世，皆系乎人之育养耳。物之寿，灵椿享八千秋，□舜延百余岁。人也，物也，收敛归藏，实自然循环之理也。而人之处，当随其所寓，为所当为，则思其所以归全者于天，而视生死去留□日月之有盈缩，四时之有代谢，天地之有始终。而人之所以慰其形骸者，预有以为之，由是寿藏而作焉。"①

此类碑刻名称有多种，有寿藏记、寿藏铭、寿藏碑、寿藏记铭、寿碑铭、预建碑记、长生碑记、修茔记等。寿藏记主要是记载生平及预修寿藏的原因，若以"铭"名之，则末尾常以四字铭文结束。亦有以"词"结尾者，五字一句。

李本《孝陵神宫监太监韦公墓志铭》虽以墓志铭为题，但韦清尚在世，乃生前预修墓穴、预作志铭，"预刻于铭，以待寿终不可期矣，寿藏在于应天府江宁县天隆寺安德乡之原"②。高擢《大明御马监太监乐安张公寿藏墓志铭》将寿藏与墓志铭结合在一起，乃墓主张保死后埋入生前所修寿藏时所作，与韦清情况亦不相同。

段聪《明守愚子寿藏记》乃其自撰，出土地点在其家乡河北三河市。段聪曾在内廷跟随翰林院官读书学习，文化水平较高，并且对寿藏有独到见解。

　　昔赵敬卿先为寿藏，司空图预为冢圹，此皆达性知命者也。傅奕自为墓志，裴度自撰墓铭，此皆自述履历者也。予虽不敢僭拟于古人，窃见近世人有年至耄耋，讳言终事，或身死财散而卒无所归者，又有濒死而嘱其子孙，遍求显官名儒，铺张德业，以自夸诩于人者，予两病焉。

段聪批评当时撰写墓志的两种不良现象：一因讳言而无成，一濒死而

---

① 佚名：《大明御马监太监李公寿藏记铭》，《新中国出土墓志》北京卷（壹）下，文物出版社2003年版，第148页。

② 李本：《孝陵神宫监太监韦公墓志铭》，南京出土。

自夸，皆是明代墓志撰写中普遍存在的现象。段聪有鉴于此，故生前自撰寿藏记。通过其记载内容可发现段聪文字水平很高。

预修寿藏并预作记铭充分体现了明代宦官对待生死的豁达态度。他们普遍意识到生死有命，正如天地有变化、日月有盈亏、阴阳有消长，都是自然之理。他们并不讳言死亡，重视自己的归宿，所以预作准备。如曾为郑和副使的洪保常感叹："人生在世，如驹过隙，与其身后之有为，孰若生前之早计也。"① 南京内官监太监杨云："尝语其子泰曰：死生者，昼夜之道也。有昼必有夜，有始必有终。天地间，一阴阳聚散之所为，乃古今不易之常理，未见有超然独免者也。吾是以顺吾之常为，是以待尔其求当代名笔为吾作志，及吾未瞑而一见焉，岂不乐哉。"如此旷达的人生态度让文人不免感慨，墓志的作者倪谦感叹："世之人以后事为讳者多矣，公独能视若昼夜而为之地，岂非达生知命之君子哉。"②

宦官预建寿藏也被文人视为效法古人之举，生前预修寿藏则人死之后会比较安宁顺利："夫寿域隐城也，存则创之，没则宁也。其虑远，其计长，非善谋者弗能稽之。往古自为墓志则宗元柳公，生识碑记则元之姚公，迨今遐思而追慕之。我明御马监太监绍渠商公，讳经颖，顺天大城籍，寿登袠，属予为神道碑。其心即柳公、姚公之心，其虑即柳公、姚公之虑，诚以古人自期者。予因其请而追叙其原焉。"③ 其见识甚至超越古人，"昔杜牧自撰墓志，陶潜预为祭文，千载之下，侈为美谈，岂不以齐一生死，后世罕匹哉，以今观羊公，古人盖有不足多者，何也"④。

宦官羊朝：

> 洞天地之盈虚，察阴阳之进退，达纲常之体要，信幽明之始终。

---

① 周凤：《大明都知监太监洪公寿藏铭》，南京出土。
② 倪谦：《南京内官监太监杨公寿藏铭》，南京博物馆藏。
③ 洪声远：《皇明丙字库掌库御马监太监商公预建碑记》，《北京图书馆藏中国历代石刻拓本汇编》第 58 册，第 60 页。
④ 秦廷秀修：《雄县新志》卷 10《明中贵乐山羊公修茔记》，民国十八年（1929）铅印本。

尝自言曰："人生宇宙间，若白驹之过隙，逆命偷生，此为遗臭，果能尽心以知性，秉道以践形，可以荣，可以辱，可以生，可以死，顺受之而已矣。"此其人盖将蜉蝣天地，瞬息古今，而肯以茔为讳乎？今之肩蟒腰玉者，声名非不赫奕，与之望蓬莱祝长生则欣然喜道，及易箦事憎之畏之惟恐其及己，不智之甚也。乐山公不辞往返，预修己茔而亲督之，其识见过人远矣，杜、陶二公何以加于是？①

宦官预修寿藏、预作志铭虽有现实的顾虑，亦受佛教之影响，"不侫常与公清谭，语默间留念西方净界，淳淳者也，遂缘预卜长生墓于都门西南隅"②。故其所建寿藏常依佛寺之侧，以僧人奉香火，并且喜欢聚集而葬，如万历初年冯保所建寿藏，"前为大门驰道，属之门内，左为僧寺，以奉香火，右为护藏之宅，寺宅后为石楼各一，中为祠堂，堂后为寿藏地。缭以周垣，树之松柏，左右又各为茔兆一，左则公之名下太监王君喜辈之藏，右则公弟都督君佑之藏"③。

（三）买地券

买地券，又称地券、冥券、幽券，源于东汉时期，由买地契约演变而来，唐宋以后传布于大江南北。买地券最初只是作为死者领有阴间土地的凭据，通常附有道教的制鬼符箓，券文刻写或笔写于砖、铁、铅板、石板等硬化的物品上，以便于墓中久存。买地券在墓中多放于墓室内，也有放在甬道或近墓门之处的。

宦官买地券共计 19 通，涉及年代从正统元年（1436）到万历四十二年（1614）。到明清时，买地券的用语及格式已经基本固定化，但由于各地风俗不同，语言风格不同，因此各买地券略有差别。如所买土地的主

① 秦廷秀修：《民国雄县新志》卷 10《明中贵乐山羊公修茔记》，民国十八年铅印本。
② 何宗彦：《张公长生碑记》，《北京图书馆藏中国历代石刻拓本汇编》第 58 册，第 104 页。
③ 张居正：《张太岳先生文集》卷 9《司礼监太监冯公预作寿藏记》，《四库全书存目丛书》集部第 113 册，第 439 页。

人，王景弘、蜀府典膳张□、蜀府承奉正谷茂、蜀府典服谷遘、蜀府故官何珊、蜀府承奉正谷应华买地券是向"后土"购买，王法兴买地券则是向东王公、西王母。此外，为保证死者安息，不受其他鬼怪干扰，券中要确保土地没有其他人占有，并且祭告各方神灵，如王景弘买地券有"立券神后土皇、同卖人太岁神、证见神东王公、同见神西王母、两来神田交佑、同立券神崇因寺护伽蓝神、依经为书人鬼谷仙"①。

地券在明代墓葬中比较常见，在已发现的明代宦官墓葬中亦常有出土，有的是双券、有的为单券。如 2005 年南京市江宁区正德学院发现的明都知监太监杨庆墓，出土的地券为一合两块，两券各刻"合同"二字之一半，可以合二为一。券文明确指出："券立二本，一本奉付后土，一本乞付墓中，令故考太监杨公收把，准备付身，永远照用。"2010 年南京市江宁区祖堂山发现的明都知监太监洪保墓出土的亦为双券，以铁箍捆系。可惜石质风化严重，文字内容无法辨识。2005 年成都市高新区新北小区四期工地发现的明蜀王府宦官周有龄墓，出土地券虽仅一块，然而其正反两面皆刻有券文，分别为买地人周有龄和卖地人"山家土府神君"的执照，因此它是一种特殊的双券。出土单块地券的墓葬也有不少，如 1953 年南京市江宁区西善桥英台寺山发现的明司礼监太监金英墓，墓室中仅出土一块方形地券，券文末尾指明："券付亡过太监金英神魂收执，承为照证。"1991 年河北遵化市苏家洼镇发现的太监王法兴墓也是如此，墓中仅有一块陶瓦制成的梯形地券，券文末尾曰："今立券者，右给付受地太监王法兴。准此。"2003 年成都市红牌楼工地发现的明蜀王府内奉何珊墓，出土的也是单券，其文末尾亦曰："右券一本，给付墓中亡官何珊收执存照。"从地券为土地买卖凭证这一性质来看，完整的地券应为双券，买卖双方各执一券。

买地券用语亦受到不同历史时期语言的影响。成化以前，用语尚有明显的口语化，并且券文内容亦比较贴近现实，如王景弘买地券记载："今

---

① 《内官监太监王景弘买地券》，南京出土。

凭两来人田交佑引至内府内官监太监王景弘向前承买，当日三面言定，时值价钱玖仟玖佰玖拾玖贯玖文，置立地券，当日成交了当。其钱及券当日两相交领并足讫，即无未尽短少分文。所作交易系是二家情愿，非相抑逼；亦不是虚钱实券，未卖之先并不曾将在公私神祇上重行典卖。此地系是后土自己物业，与上下土府诸神无干，亦不是盗卖他人物业。"①

买地券主要是标明宦官所埋地点土地之所有权，以防后来被侵占。刻石的内容主要包括墓地的位置，其他内容均为浮词，墓地东西南北四至常用天干地支来表示，购买墓地所用钱财亦是冥钱，且为最高额数。仿照土地交易，买地券也列有中间人和担保人，多为岁月主之类。

虽虚词较多，但宦官买地券亦有其独特价值。买地券通常记载宦官的籍贯、生卒年月、埋葬地点，也可窥测宦官鬼神信仰。出土的买地券对于墓主人身份的确定也有积极的作用，如 2014 年北京挖掘的马永成墓，并无墓志等，靠出土的买地券始断定墓主。

第二节　墓志碑刻传者与墓主身份统计

一、墓志碑刻墓主身份

明代内官群体数量庞大，明宪宗时内官已至数万，成化二十一年（1485）三月，副都御史彭韶言"监局内臣，数以万计"②。所见墓志传主人数仅占内官总数的极小部分。从目前存世的墓志看，其传主身份无明确限制，以有品级者居多，但亦发现个别无品级内使的墓志。按供职地点，明代内官可分为以下两类。

---

① 《内官监太监王景弘买地券》，南京出土。
② 《明史》卷 183《彭韶传》，第 4856 页。

（一）北京内府任职者

墓志碑刻共 187 通，记载传主 183 人[1]，关于其身份统计如下：

职衔	内使	奉御	织染局右副使	监丞	少监	太监	内承运库官
品级	无	从六品	从五品	正五品	从四品	正四品	无
人数	2	1	2	7	7	163	1

由以上统计，可见以太监为主的上层内官占墓志传主的绝大多数。无品级之内使有两位：一位虽无品级但立有大功，该传主为云奇，"南海人，洪武间内使守西华门"[2]，时丞相胡惟庸谋逆，云奇因阻止明太祖銮舆赴其府第，以不敬被殴死。卒后赠某监左少监，"嘉靖乙酉（四年，1525）王公堂守备之明年，偕高公巡视孝陵垣墙，道经公墓，感厥忠义，咨诸同守备秦公文，复请于朝，加今赠致祭"[3]，得以加赠司礼监太监，二公"欲树碑茔域，衷委君而问铭于春"。若非其忠义可劝，后世断不加赠，而墓碑亦无由得作。墓志主要为流传后世而作，因此好的方面是墓志记载最大的特点，传主的选择亦是如此。本无墓志的云奇因后世的加赠致祭而得以留名。另外一位为交南人谢徕，永乐十六年（1418）被选入内廷，曾掌内官监事。宣德"戊申，改莅承运库。至乙卯，迁兵仗局"[4]。正统时又管成造军器等事，自永乐至正统皆曾有差使，按理当有品级，惜志中未载，仅按内使记之。

上述统计之职衔以传主临终所任之衔为准，并不以其曾任最高职衔为准。此类有：（1）杜甫：弘治十八年（1505）已升为太监，正德十六年

---

[1] 按，墓志数量与传主数量不一致是由于内官既有墓道碑，也有墓志铭，如白江，《圭峰集》卷 13 有《故内官监太监白公墓道碑》；同书卷 17 有《故内官监太监白公墓志铭》。傅容，《圭峰集》卷 13 有《故南京守备司礼监太监傅公墓道碑》，同书卷 16 有《故南京守备司礼监太监傅公墓志铭》。

[2] 过庭训：《本朝分省人物考》卷 110，《明代传记丛刊》第 140 册，明文书局 1991 年版，第 414 页。

[3] 何孟春：《赠司礼监太监云公奇墓碑铭》，载《国朝献征录》卷 117，《四库全书存目丛书》史部第 106 册，第 586 页。

[4] 中国文物研究所编：《新中国出土墓志》北京卷（壹）下，文物出版社 2003 年版，第 87 页。

(1521)，"例革，右少监康陵司香"①，王时中为其作《明故神宫监右少监杜公墓志铭》。（2）杜江：正德三年（1508），升内官监太监，武宗病逝后，"奉例为右少监，仍司香裕陵"②，检讨全元立作《大明故神宫监右少监台邺杜公墓志铭》。（3）李慎：正德九年（1514）升内官监太监，正德十五年（1520）"谢事归"，到嘉靖十一年（1532）"起公左少监"，不久以礼致政，毛伯温为其作《内官监左少监李公墓志铭》。（4）博啰：本西域凉州部人，正统间内附。成化二十一年（1485）升至御马监太监，弘治初左迁复为左监丞，罗玘为其作《御马监左监丞博啰墓志铭》。上述四例内官生前均曾官至太监，若将此数计入表中"太监"一栏，则太监墓志在所有墓志中所占比重将更多。

传主若曾镇守地方，在其墓志题名中亦有体现。若卒于任上，则其题名必载，如董让镇守江西，卒于公馆，翰林学士李旻为其作《明故江西镇守御用监太监董公墓志铭》；郭通镇守云南，卒于公署，给事中阎钦为之作《钦差镇守云南御用监太监郭公墓志铭》；柏玉镇守宣府，卒于任上，其昆季"自宣府扶其堂兄太监柏公灵柩，葬于金台西山广善禅寺之右，以来请铭"③，进士孙丞为其作《明故镇守宣府太监柏公墓志铭》。而若曾经担任镇守内官，生前已转他职，则题名以传主生前最后之职衔为准，如赵琮，自宣德九年（1434）至景泰元年（1450）在宣府镇守，后奉敕取回，先掌尚膳监，继掌神宫监，后乞休归家，成化三年（1467）"卒于京师之私第"，右庶子刘宣为其作《明故神宫监太监赵公墓志铭》。

（二）王府内官

王府内官是一个与北京内府内官迥然不同的群体，他们供职于各王府，绝大多数终老于王府内，然后埋葬于王府所在地；遇到特殊之原因（如嘉靖皇帝以藩王即位），王府内官亦可转为北京内府内官。本次共收集

---

① 北京图书馆编：《北京图书馆藏中国历代石刻拓本汇编》第54册，第150页。
② 梁绍杰辑：《明代宦官碑传录》，第223页。
③ 中国文物研究所编：《新中国出土墓志》北京卷（壹）下，第95页。

墓志碑刻 32 通，所记传主共 31 人[1]，其身份统计如下：

职衔	承奉正	承奉副	典宝正	典宝副	典服正	典膳副	门正	门副	内使
品级	正六品	从六品	正七品	从七品	正七品	从七品	正八品	从八品	无
人数	11	2	3	1	3	2	2	4	3

笔者所发现王府内官墓志最早者为卒于宣德八年（1433）之张镔，最晚者为崇祯十七年（1644）之牛□、高时明等，几乎纵贯整个明代。所涉及之王府有：秦府，14 人；蜀府，10 人；德府，4 人；周府、汝府、辽府、肃府[2]，各 1 人。其他地区王府内官尚未有墓志见世，如明代宗室在江西者有宁王、淮王、益王等三王，但在今人陈柏泉《江西出土墓志选编》（江西教育出版社 1991 年版）所收 106 块明代墓志中，竟无一块属内官者。

该统计中，秦府与蜀府人数较多，与该二府内官埋葬地点集中有关。二府内官群葬、聚集而葬现象突出，从弘治年间开始，秦府内官埋葬集中在长安县金光里，据现有墓志记载，起自侯介，其于弘治十四年（1501）二月"葬于长安县金光里之原"[3]。正德六年（1511），典服正李英卒，其义嗣内使鱼跃张腾"奉葬于长安县金光里，敕赐崇仁寺之西"[4]。嘉靖年间埋葬的秦府内官均埋葬于此，秦府承奉副王泾，嘉靖二十一年（1542）卒，"是年二月廿一日葬公金光里冈，从侯、康二公之地"[5]。所言侯、康二公是指前秦府承奉正侯介、康景。之所以葬于一处，是因为王泾是康景之嗣，其"出自先承奉正康公之门，康公嗣续者今承奉正凤冈张翁，次即公，次门正白润，中使王鹏"[6]。所言"凤冈张翁"即张沂，继康景之后任

---

① 按，该统计传主为临终在王府任官者，未包含因嘉靖皇帝即位而由王府内官转为北京内官者。

② 按，《北京图书馆藏中国历代石刻拓本汇编》第 57 册有一通《赐典宝胡朝墓志》，无撰、书、篆者之署名，但出土于甘肃兰州。《明英宗实录》卷 18 记载，正统元年六月己未，肃王瞻焰奏"太祖封先王，建王府于甘州，今移兰县"。可知，胡朝为肃府典宝。

③ 陕西省古籍整理办公室编：《新中国出土墓志》陕西卷（贰）下，文物出版社 2003 年版，第 314 页。

④ 陕西省古籍整理办公室编：《新中国出土墓志》陕西卷（贰）下，第 321 页。

⑤ 陕西省古籍整理办公室编：《新中国出土墓志》陕西卷（贰）下，第 331 页。

⑥ 陕西省古籍整理办公室编：《新中国出土墓志》陕西卷（贰）下，第 331 页。

秦府承奉正，嘉靖三十二年（1553）卒，仅记"葬长安"①，未见具体地址。张沂之嗣子张学任秦府门官，嘉靖四十三年（1564）卒，葬"长安金光里，从恩父承奉正凤冈张翁之兆域"②。可知张沂亦葬于此。此外还有嘉靖二十一年（1542），秦府典服正梁禄卒，"十二月葬金光侯、康二辅祖地"，梁禄亦"出于承奉正凤冈张翁门下嗣也"③。隆庆六年（1572），秦府承奉副杜玥卒，亦葬于"长安金光里新阡，盖公预为之者"④。由侯介开始，后有李英、黄润、康景、张德、王泾、崔廷玺、张沂、张学、梁禄、杜玥等十余人均埋葬于此，俨然成为秦府内官指定埋葬地。根据出土地点，成都蜀府内官亦存在群葬现象，近年在成都高新区一次性发现6座内官墓，红牌楼发现9座内官墓。

　　王府内官之籍贯与王府所在布政司保持高度的一致性。秦府内官14人，有10人籍贯为陕西；蜀府10人，有5人为四川籍。在所有王府内官中，仅有明初一人来自他国，秦府故门副阮林乃"交趾世家也"⑤，永乐初入内府，九年拨赐秦府。由此可知，王府内官多从本地选拔，如侯介"五岁以良家子被选入侍秦邸，始充内使"。部分内官是先入北京内府，等王府缺官时，朝廷多选择本地出身者担任，如秦府典宝正崔廷玺，为陕西华阴人，先入北京，升长随，守西华门，后升左监丞，嘉靖年间"奉敕授为秦辅"⑥。汝府李镰是以奉御而来，命为承奉正，其为保定深泽县人，就近拨入汝府。由内府内官出为王府内官职衔者为辽府承奉正王大用，乃以太监、受排挤而任此，"今上（神宗）入继大统，中贵人从代来者皆新幸用事，而君自以先朝旧臣弗为下，诸新幸并忌之，遂出为辽府承奉"⑦。其为霸州大城县人，因排挤而远赴荆州任辽府内官。

---

① 陕西省古籍整理办公室编：《新中国出土墓志》陕西卷（贰）下，第343页。
② 陕西省古籍整理办公室编：《新中国出土墓志》陕西卷（贰）下，第352页。
③ 陕西省古籍整理办公室编：《新中国出土墓志》陕西卷（贰）下，第333页。
④ 陕西省古籍整理办公室编：《新中国出土墓志》陕西卷（贰）下，第354页。
⑤ 陕西省古籍整理办公室编：《新中国出土墓志》陕西卷（贰）下，第297页。
⑥ 陕西省古籍整理办公室编：《新中国出土墓志》陕西卷（贰）下，第341页。
⑦ 张居正：《张太岳先生文集》卷13《辽府承奉正王公墓志铭》，《四库全书存目丛书》集部113册，第490页。

明代内官墓志以有品级之内官上层为主，一方面这与明代处理宦官丧事的方式有关系，上层内官通常由朝廷命官办理，而底层内臣丧事处理比较草率，"非有名称者例不赐墓"①。另一方面与上层内官的身份地位有关，他们的社会关系网络更为广阔，结识的文臣雅士自然较多。

除官员品级外，内官个人品质也是墓志得以撰写的一个重要因素。褒扬忠义是此类墓志的主题，他们多作出重大牺牲而得到朝廷的追赠，撰写墓志等活动由朝廷负责。墓志传主死后赠衔仅有一例：御用监左少监阮浪因对景泰帝易立太子之事不满，阴有复立沂王朱见深之谋，被人告发，拷掠至死。英宗复位后，特赠御用监太监，并请大学士李贤作墓表以纪行实，"司设监丞贾公安犹虑公之行实未尽系于世"，属人"为表，刻石墓道，以示不朽云"②。

内官倾向于寻求有名望的文官为其作志，并且采取积极、主动的姿态，部分内官在生前已预作准备，建造寿葬的同时请熟悉的文人预作墓志，以纪生平。

二、墓志碑刻撰者身份统计

内官卒后，由其义嗣子侄或同事内官持行状请铭于人，而所请之人亦有考虑，或与内官生前共事过，或内官任职地点之名宦，或内官家乡之名宦。墓志撰写者可分为以下几类。

（一）北京官员

以翰林院官或内阁大学士居多。明代内官根据品级之高低在去世后享有不同的待遇，高者如司礼监太监，皇帝会赐钞以助葬，任命品级较高之内官办理丧事；品级低者则丧事之办理规格等方面均不如品级高者。北京内府之内官通常由内官监负责丧仪，而撰文则必属文化水平较高之翰林院，负责工程营建属之工部，如天顺二年（1458）十二月，尚衣监太监阮

①　佚名：《明内廷规制考》卷3，中华书局1991年版，第64页。
②　李贤：《御用监左少监赠御用监太监阮公浪墓表》，载《国朝献征录》卷117，第588页。

□卒，"内官监昭典丧仪，翰林院撰文，□□□□□□安厝"①。

李贤是可见首位为内官作墓志的大学士，其所作《御用监左少监赠御用监太监阮公浪墓表》，乃因阮浪于景泰间谋复沂王（朱见深）太子位，天顺复位后，加赠太监。自此之后，多有内阁大学士为内官作墓志者，如高毂、商辂、万安、刘珝、刘健、梁储、蒋冕、杨一清、李时、夏言、徐阶、严嵩、张居正、叶向高、沈一贯等。邱濬在任礼部右侍郎时，亦曾为司设监樊坚写过墓志铭。正德八年，司设监太监房懋去世，墓志撰写者署名为"特进光禄大夫左柱国少师兼……华盖殿大学士知制诰"，部分字迹不清，导致无法辨认。

内阁大学士所作之传主一般为司礼监太监或与皇帝关系密切者，李东阳为高凤作《大明故司礼监太监高公墓志铭》，张居正为冯保作《司礼监太监冯公预作寿藏记》。内阁大学士中，为内官撰写墓志最多者为杨一清，共有5篇，分别为《明故御马监太监邵公墓志铭》（邵恩）、《明故司礼监太监张公墓志铭》（张永）、《司礼监太监梅东萧敬墓表》（萧敬）、《明故内官监太监李公墓志铭》（李堂）、《尚膳监太监傅公之墓》（傅锦）。

王府内官通常请不到翰林院或内阁学士作志者，仅有一通例外者。于慎行《谷城山馆文集》卷十八有《汝府承奉春泉李公墓志铭》，传主李镶乃大兴人，与撰写者于慎行（山东东阿人）既非同乡，又没共事过，乃因李镶之下属"本绅辈以张文学元吉状请铭，则志其大都而勒之铭"②。

（二）内官同事

内官供职内府，文官供职外廷，本无交集，但明代内官很早即突破内廷范围，出外活动，这样就提供了二者接触的机会。在行事过程中，内官与文官产生了同事关系，最显著者为镇守内官，例如成化五年（1469），太监阎礼卒，虽葬于北京，但去世前乃在镇守四川任上，其墓志由四川按察使郭纪撰文，左布政使马显篆盖，右布政使杨文琳书丹。张邦奇为南京

---

① 梁绍杰辑：《明代宦官碑传录》，第82页。
② 于慎行：《谷城山馆文集》卷18《汝府承奉春泉李公墓志铭》，《四库全书存目丛书》集部第147册，第559页。

守备太监吕宪所作墓志，乃因吕宪分守湖广行都司时，张以御史提学湖广，"见庙宇黉舍，崇闳坚饬，甲诸郡邑，问之诸生，咸曰太监吕公之成之也"。张邦奇并拜访吕宪，由此相知，"予出访公，则古貌奇格，谦冲而肃义，燕对移时，不一作世俗语。予叹曰：内贵中固有若人也乎"①。内官监李慎，嘉靖十八年卒，张邦奇为其作志，因"正德己卯，予以御史按楚，公时镇守其地。……余方疑公御余乃以余为知己，不亦达哉，铭其可辞"②。成化十四年（1478），镇守宣府等处太监弓胜卒于治，"总戎周公以同事之故，为延吾友门静之、朱用吉经纪其丧。既含敛而殡之，二君以总戎公之意，诒书具事状京师，请铭其墓。公于予有官临宾礼之义，不可辞也，谨按状而书之"③。由共事而产生对内官品质之认可，是文官消除顾虑而撰写的前提之一。

南京历任守备多于南京埋葬，其墓志均为南京现任或曾任之官员所作。罗智、怀忠、余俊、杨庆、潘真皆是如此。④ 成化十四年，南京内官监左少监杨忠去世，犹子福成"奉厝于德恩寺后，乞司礼监奉御梁公端为状"⑤，梁端为杨忠撰写行状，再向钱溥请墓志铭。梁端墓志铭可见，成化十年升为南京司礼监奉御，墓志亦由钱溥撰写，钱溥担任过东宫官员，在宪宗即位初曾计划入阁，因计谋泄露被谪南京。嘉靖二十三年（1544），御用监太监吴经去世，其墓志由南京司礼监右少监屠良书并题，延请同事宦官来为自己写墓志，情况并不多见。全文比较精简，内容如下：

> 公姓吴氏，讳经，字太常，别号静菴，江西余干人。幼而敏悟，选入禁庭，宪庙召见，嘉其进对有法。历官至武宗，圣上益爱其勤，

---

① 张邦奇：《靡悔轩集》卷6《明故南京守备内官监太监吕公墓志铭》，《续修四库全书》第1337册，第38页。
② 毛伯温：《毛襄懋文集》卷6《内官监左少监李公墓志铭》，《四库全书存目丛书》集部第63册，第305页。
③ 梁绍杰辑：《明代宦官碑传录》，第97页。
④ 周裕兴：《由南京地区出土墓志看明代宦官制度》，朱诚如、王天有主编：《明清论丛》第1辑，紫禁城出版社1999年版。
⑤ 钱溥：《大明故南京内官监左少监杨公墓志铭》，南京出土。

第升御用监太监，镇守山西。老归南都，备员司礼。父讳俞玄，母戴氏，继母邹氏。弟绅，邹出。嘉靖甲辰正月十又九日，卒于私弟之正寝。公生之年，成化辛卯闰九月七日，择葬之日，则卒之年二月十三日也。公闲居二十年余，悬罄一室，可见守官守职矣。谨勒其梗概云。南京司礼监右少监竹泉屠良书并题。①

正如墓志所言，勒其梗概，全文不到 200 字，在所收集的二百多块墓志碑刻中字数最少。吴经在正德年间曾提督苏杭等地织造，后镇守山西，嘉靖初年，吴经被谪孝陵卫充军，墓志记载比较隐晦，仅为"备员司礼"，墓志所记"闲居二十年余"正是吴经未任官职的体现。嘉靖初年，世宗对武宗时期宦官横行的现象进行大力整顿，大部分宦官所面临的朝野舆论压力很大，在此情况下，宦官墓志仅记载基本信息，不突出其功绩，这样容易被接受。

杨一清与张永之相知在明代传为佳话。正德五年（1510）四月，宁夏安化王叛乱，二人一同受命平叛。由此二人相知，杨启张以诛瑾之谋，卒获成功。嘉靖七年（1528），张永病逝，杨一清被推为墓志撰写者之不二人选，盖"杨从田间起，西征实与永同事。诛瑾之谋，又自杨发之，生平相知，固不可讳"②。杨一清为张永所作墓志铭达 2800 多字，是发现墓志中字数最多者。

王府内官墓志撰写、书丹、篆额通常均由该王府长史司官员负责，他们同供职于王府，相互之间比较熟悉，所记事迹也多为撰者亲见者。弘治十四年（1501），秦府承奉正侯介卒，其墓志铭由秦府右长史强晟撰文，左长史原宗善书丹，致仕左长史吴文篆盖；弘治十七年，康景卒，墓志由秦府左长史强晟撰文，秦府致仕左长史吴文书丹，秦府致仕左长史原宗善篆盖。由王府其他官员撰写者较少，如嘉靖四年（1525），蜀府中贵永忠

---

① 屠良：《明故前镇守山西御用监太监吴公之墓》，南京出土。
② 沈德符：《万历野获编》卷 6《内监》，中华书局 1959 年版，第 164 页。

卒，由蜀府经筵侍讲千户黄嵩撰文，蜀府义庠教读先生罗薪书丹，蜀府冠带总旗李瑶篆额。

除王府官外，王府所在地之名宦亦是内官墓志撰写者来源之一。他们多是王府所在地之籍贯而任职于外地，如蜀府门副腾英之墓志铭由"云南曲靖府知府赵永桢撰文，陕西布政司参政郑怀德书丹，四川都司都指挥金事张龄篆盖"，门正苏荣之墓志铭亦由"云南知曲靖军民府事里人赵永桢撰文，山东布政司左参政成都许淳书丹，福建按察司副使锦官李志刚篆盖"。隆庆六年，秦府承奉副杜翔卒，墓志由"应天府尹长安王鹤撰并书篆"，王鹤籍贯西安，与杜翔任职地相同，而时任应天府尹；万历二年（1574），蜀府门正宁武卒，由巡按直隶监察御史成都刘世魁撰，户部郎中成都周淑书丹，户部员外郎成都何举篆，三人皆成都籍。

（三）自撰

内官一般出润笔费请他人作墓志，即使生前所作寿藏记或寿藏铭，亦多由他人作。所见墓志仅有 2 例内官自撰寿藏记。御马监太监段聪"弘治丁巳予先卜宅兆于祖茔之右，兹缘正德改元之春，遂并治归藏之所"，署名为"正德改元丙寅岁三月二十八日守愚子自记"。该墓志出土于段聪的家乡三河县（今河北三河市）。万历年间，御马监太监张维 72 岁时"因自撰志，用纪实履"[1]。自己生前撰写墓志，以记载自己生平轨迹，碑首题"皇明张处士墓志铭"，并未将自己职衔列入。

之所以选择自撰，一则由于内官对当时墓志撰写的弊病深为不满，"窃见近世人有年至耋耄，讳言终事，或身死财散而卒无所归者，又有濒死而嘱其子孙，遍求显官名儒，铺张德业，以自夸诩于人者，予两病焉"。一则乃因该内官文化水平亦较高，段聪九岁入内廷，"天顺丁丑遣就翰林院官读书，甲申选司礼监书办"。明代内官接受教育已为世人所知，而选

---

① 张维：《皇明张处士墓志铭》，《北京图书馆藏中国历代石刻拓本汇编》第 59 册，第 5 页．

充司礼监书办则可见其文化修养之高，张维曾被选拔辅导东宫，对古史、题咏等都比较擅长，自己撰写文集，因而对自撰墓志充满自信。

（四）宗室

王府内官侍奉宗室亲王，亲王为其留下文字者较少，仅有一例为王府内官作墓志。宣德八年，周府承奉正张镔卒，时周王朱有燉亲自为其作墓碣以"表其忠爱恭勤之劳"，墓碣最后不以"铭"之形式结束，而以"歌"结尾，与其他不同。歌曰："天星夜降云雾开，化作松桧生金台。实与王家为良材，雨露滋养情性谐。颜色美好姿质该，心理缜密枝柯排。名实相副真奇哉，方期百岁常培栽。缘何一瘁不复来，使我长叹为汝哀。呜呼何以释我怀，呜呼何以释我怀。"① 朱有燉为明代著名的剧作家，留下很多杂剧作品。该歌充分表现出对张镔品质的赞美及对其死之悲痛之切。

（五）僧人

明代内官多信奉佛教，其与各类僧侣的交往较为频繁，其中不乏文化高僧为其撰写墓志者：天顺三年（1459）二月，司礼监太监兴安卒，由僧人至全撰写墓碑，右春坊右庶子刘珝书丹，监察御史王越篆额。至全之署名为"□□万寿戒坛传戒宗师、兼敕赐寿光禅师、□山第一代住持、奉诏内旌选校□□□□金台至全"，题为《大明故司礼监太监兴公之碑》，在历叙兴安生平后，亦有铭，与墓志铭无异。由僧人作志，盖是由于兴安崇佛、信佛，碑载兴安"晓谙禅学，深悟理性……以所获金帛修营梵宇……每岁饭僧，率以为常"。② 由关系密切之人撰写墓志是明代内官墓志之特点。

综上所述，内官选择墓志撰写者是有自身考虑的。他们通常请人代作，仅有两例自撰者，一例由僧人撰写者，一例宗室亲王，但所请之人或为名宦，或文学卓异，以保证墓志文采斐然，足以传世。

---

① 朱有燉：《诚斋录》卷5《承奉正张镔墓碣》，《续修四库全书》第1328册，第517页。
② 《北京图书馆藏中国历代石刻拓本汇编》第52册，第15页。

第三节 文集收录与否的顾虑

相对于内官积极寻找撰写者，以文官为主体的撰写者则显得比较被动，他们通常不会采取主动姿态，但当内官本人或其亲属持状以求时，他们也不会推辞，呈现一种被动接受的状态。

除撰写方面的顾虑外，墓志的收录与流传也是文人顾虑之一。文集是文人作品的载体，理应是文官为内官所作墓志的最大来源，但实际情况并非如此。

在该200通墓志中，有25通散见于文集中，以罗玘《圭峰集》收录最多，达5篇之多，记载传主3人。收录情况统计如下：

文集	收录情况	传主
李贤《古穰集》	卷15《御用监左少监赠御用监太监阮公浪墓表》	阮浪
程敏政《篁墩文集》	卷20《太监何公寿藏记》	何琛
	卷20《郑公寿藏记》	郑旺
罗玘《圭峰集》	卷13《故内官监太监白公墓道碑》	白江
	卷13《故南京守备司礼监太监傅公墓道碑》	傅容
	卷15《御马监左监丞博啰墓志铭》	博啰
	卷16《故南京守备司礼监太监傅公墓志铭》	傅容
	卷17《故内官监太监白公墓志铭》	白江
刘春《东川刘文简公集》	卷19《明故司设监太监陈公墓表》	陈逵
岳正《类博稿》	卷10《明故御马监太监刘公墓志铭》	刘永诚
严嵩《钤山堂集》	卷30《南京守备晏公墓志铭》	晏宏
张邦奇《靡悔轩集》	卷6《明故南京守备司礼等监太监潘公墓志铭》	潘真
	卷6《明故南京守备内官监太监吕公墓志铭》	吕宪
	卷6《奉敕提督浙江市舶司事太监赖公墓志铭》	赖恩
毛伯温《毛襄懋文集》	卷6《内官监左少监李公墓志铭》	李镇
	卷6《明故御马监太监梁公墓志铭》	梁玉
张居正《张太岳先生文集》	卷9《司礼监太监冯公预作寿藏记》	冯保
	卷13《辽府承奉正王公墓志铭》	王大用
于慎行《谷城山馆文集》	卷18《汝府承奉春泉李公墓志铭》	李鳞

续表

文集	收录情况	传主
李廷机《李文节集》	卷21《明故御马监大监仰山贾公墓志铭》	贾进忠
	卷24《明故掌司礼监太监麟冈陈公神道碑》	陈矩
朱有燉《诚斋录》	卷5《承奉正张镔墓碣》	张镔
陆深《俨山集》	卷72《司设监太监董公墓志铭》	董智
李攀龙《沧溟集》	卷22《明德王府承奉正张君碑》	张喜
孙奇逢《夏峰先生集》	卷10《司礼监掌印云峯高公墓表》	高时明

文集是否收录内官墓志是一个值得探究的问题。虽然有上述文集收录内官墓志，但根据现有墓志看，被收录于文集之中的仍属少数。据《李东阳集》（周寅点校，岳麓书社1985年版）记载，共为他人作约195篇墓志碑铭，无一篇内官者。但据现有墓志资料看，至少有6篇：《大明故司礼监太监高公墓志铭》（梁绍杰《明代宦官碑传录》，第153页）、《明故尚膳监太监傅公墓志铭》[《新中国出土墓志》北京卷（壹）下，第155页]、《明故内官监太监梁公墓志铭》（北京出土）、《大明故司礼监太监李公墓志铭》（北京出土）。私人博物馆藏有《明故御马监太监掌浣衣局事傅公墓志铭》《明故司设监太监韦公墓志铭》。正直者如刘大夏亦有所作《大明故内官监太监杨公墓志铭》（梁绍杰《宦官碑传录》，第131页），邱濬作《明故司设监太监樊公墓志铭》等，但文集中并无收录，类似情况尚多。张居正文集收录了冯保和王大用两通墓志，而据《新中国出土墓志》北京卷（壹）下尚有《明故尚衣监掌监事太监马公墓志铭》，乃隆庆四年（1570）所作，张居正时任荣禄大夫、柱国、少保兼太子太保、礼部尚书、武英殿大学士。

为内官撰写墓志曾导致官员仕途受阻。杨一清为内官所作5通墓志，但其文集无一收录，盖因其给内官写墓志而被人攻击，最终被迫削籍归乡。《名山藏》卷七十二记载，嘉靖年间杨一清屡次进退，"上以优礼大臣，古人君道，大臣蒙优则不宜轻自点，故其进退璁、一清倏忽如此。其明年，坐受故安定伯张容金钱，为其兄太监永墓志，削籍家居，久之，疽发背卒"。杨一清为太监张永作墓志是其削籍家居的直接原因，并非是因为收受金钱，而是因为被人告发，事关清誉，"先是永用一清计去刘瑾，一清数言永才，而永亦才一清于武宗，得入内阁，以故一清为永志墓，永有家人继宗，容责治之。继宗告容，辞及一清，因坐获罪，而一清悒悒死"①。万历年间沈德符亦为杨一清喊冤，认为该墓志不过铺叙生平，并未过分谄媚，"余读杨文襄石淙所为司礼太监张永墓志，不过铺叙永平生宠遇及征安化工寘镭、随武庙南征宸濠与诛刘瑾之功，他无所增饰。……乃张萝峰潜杨受永弟容赂黄金二百两，因而诙墓，遂追所受润笔，尽夺其官爵，致杨疽背死，噫亦甚矣"②。显然，以献诙而被追还润笔，并夺官爵，沈氏认为理由并不充足。

个人清誉是文人不愿收录内官墓志的因素之一，内官被文人视为"刑余之人"，历来不耻为伍，并且前代内官干政、乱政之例极多，若与内官交往，则易被视为"阉党"。这样，"宦官自己的历史记忆被有意无意地删除了"，因为朝官因与宦官发生政治上的往来而为史家所诟病，这就"决定了士大夫本人及其后代在为其编写个人文集时，普遍不会将为宦官墓志做撰这样'不光彩'的事辑入文集，以毁一世清明"③。

事实上，文人为内官撰写墓志有更深层次的忌讳，即避免内外官员勾结。严禁内外官交结是明朝家法之一。明朝建立后，明太祖也积极吸取此前历代内官干政专权的教训，特别注意到内外官勾结的危害，因此严禁内外交通，"为政必先谨内外之防、绝党比之私，庶得朝廷清明，纪纲振肃。前代人君不鉴于此，纵宦寺与外臣交通，觇视动静，夤缘为奸，假窃威权以乱国家，其为害非细故也"④。因此下令内官毋预外事，凡诸司毋与内官监文移往来。《大明律》将"交结近侍官员"列为禁令之一，规定："凡诸衙门官吏，若与内官及近侍人员互相交结，漏泄事情，夤缘作弊而符同奏启者，皆斩。妻子流二千里安置。"⑤即使到明朝中后期，在内外官勾结已

① 何乔远：《名山藏》卷88《宦者记》，《续修四库全书》第425册，第182页。
② 沈德符：《万历野获编》卷6《内官张永志铭》，第164页。
③ 齐畅：《明代宦官与士大夫关系的另一面——以宦官钱能为中心》，《史学集刊》2008年第4期。
④ 《明太祖实录》卷163，洪武十七年七月戊戌，第2523页。
⑤ 怀效锋点校：《大明律》，法律出版社1999年版，第35页。

经人尽皆知的情况下，只要斗争需要，这条法律仍然会被搬出来使用。"夺门之变"后，于谦、王文罪名之一即交结内官王诚、舒良、张永等朋党。天顺年间，曹吉祥侄子曹钦谋反后，都督金事翁邵宗因"素与反贼曹吉祥交结"而被降为指挥使。嘉靖初，王琼亦被以"交结近侍"为名论死，经申辩得减充军。崇祯皇帝登基后，专门颁谕，"逆党魏忠贤、崔呈秀表里为奸，把持朝政，变乱祖制"①，下令外官严禁交结内侍。现实环境对文人收录内官墓志不利。

面对此不利的环境及可能招来的非议，不予收录就成为诸多文人的选择，由此造成原本数量众多的内官墓志不存于世，仅可从残碑断垣中收寻一二。

但若将内官墓志作为资料汇编进行辑录，则无可厚非。万历年间，焦竑《国朝献征录》曾收录几通内官墓志，有何孟春《赠司礼监太监云公奇墓碑铭》、李贤《御用监左少监赠御用监太监阮公浪墓表》、徐溥《司礼监太监葵庵覃公昌墓志》、杨一清《司礼监太监张公永墓志铭》、杨一清《司礼监太监梅东萧敬墓表》、徐阶《司礼监太监掌监事兼督东厂麦公福墓志》、徐阶《司礼监太监兼督东厂黄公锦神道碑》、陈以勤《司礼监掌监事太监滕公祥墓志铭》、王家屏《司礼监太监张公宏墓表》。其中除阮浪墓表收录于李贤《古穰集》外，其余墓志在撰者文集中均不可见，焦竑之收录为保存史料作出了一定贡献。

大量内官墓志碑铭等不见于文集，亦无其他文献进行收录，仅以碑刻之形式埋于内官墓中。今人之考古发掘使墓志重见天日，北京、南京、西安、成都等地内官墓地之集中挖掘使三地内官墓志碑刻资料相对较多。

---

① 孙承泽：《山书》卷 1《禁交结内侍》，浙江古籍出版社 1989 年版，第 11 页。

第四节　明代宦官墓志碑刻史料价值及局限性

宦官墓志碑刻是了解宦官生平的最重要材料，其记载的核心是宦官生平事迹，常见格式是先介绍宦官籍贯及父祖情况，其次交代宦官入宫时间及仕宦经历，包括其历次升职、所参与主要事件、朝廷赏赐等，再次是宦官丧葬及后事处理，包括朝廷给的待遇、丧葬地点、董理人员，最后以铭文的形式对宦官一生作出评价。

不可忽视的是，宦官墓志碑刻亦有其局限性，由于多种现实因素，墓志撰写者绝不将宦官恶行记载下来，导致无法反映宦官的整体面貌。另外，部分重要宦官，如王振、曹吉祥、刘瑾、汪直、魏忠贤等人并没有善终，多数被朝廷处死，并无墓志碑刻资料，对了解其生平事迹造成了一定损失。

一、史料价值

（一）为了解明代政治补充了大量历史细节

宦官与明代政治有着千丝万缕的关系，所发现墓志传主大多为上层宦官，因此其生平事迹的记载均与当时政治密切相关，而宦官作为墓志碑刻的主体，与其他正史记载的重点和视角不同，其记载均围绕个人生平展开，补充了大量其他文官编修史籍未载的细节，并且从宦官的角度去了解明代历史，挖掘和展示了宦官对明代政治的全面影响。试举几例。

1.胡惟庸谋逆

洪武十三年（1380），明太祖以"谋不轨"罪诛宰相胡惟庸九族，同时杀御史大夫陈宁、中丞涂节等数人。洪武二十三年（1390），朱元璋颁布《昭示奸党录》，以伙同胡惟庸谋不轨罪，处死韩国公李善长等。胡惟庸案为明初四大案之一。除掉胡惟庸后，朱元璋罢左右丞相，废中书省，彻底废除了实行千余年的宰相制度。

宦官云奇的墓碑则为胡惟庸案提供了一条新资料，阻止朱元璋赴胡惟庸家的正是云奇。

> 公，南粤人。洪武间内使，守西华门。时丞相谋逆者居第距门甚迩，公刺知其事，冀因隙以发。未几，彼逆臣言所居井涌醴泉，邀上往幸，銮舆当西出，公虑必与祸会，走冲跸道，勒马卫言，状气方勃，崒舌駃不能达意，上怒其不敬，左右挝捶乱下，公垂毙，右臂将折，犹奋指贼臣第，弗为痛缩。上乃悟，登城眺顾，则见彼第内壮士衷甲伏屏帷间数匝，亟返榱殿，罪人一一就缚，召公，息绝矣。上追悼公，死非罪，忠弗白，宜申恤典，遂赠某监左少监，赐葬兹地，命有司春秋致祭，仍给六人，备岁时洒扫役。①

云奇以内使守西华门，属于门官系列，洪武十四年修订后的《皇明祖训》记载"门正，正七品；门副，从七品。门正、门副掌各本门锁钥，晨昏启闭，关防出入"。反映的正是胡惟庸案前后的情况。据《明太祖实录》记载，洪武二十八年九月，重定内府各监局司及东宫宦官序列，这也是明太祖时期最后一次调整宦官机构："各门官七，掌晨昏启闭、关防出入。曰午门、曰东华门、曰西华门、曰玄武门、曰奉天门、曰左顺门、曰右顺门，门皆设官二人，门正一人，秩正四品；门副一人，秩从四品。"②

云奇死后，明太祖加赠其为左少监，埋葬在南京钟山，正德、嘉靖年间南京守臣屡加修饬，奏请加赠，最终加赠至司礼监太监，当地官员何孟春根据旧碑撰写墓志铭。

2.靖难之役

建文元年，燕王朱棣以"清君侧"为名，起兵南下，历经大小数十战，最终攻入南京，以建文皇帝不知去向、朱棣登基称帝而结束，史称靖难之役。

---

① 何孟春：《赠司礼监太监云公奇墓碑铭》，载《国朝献征录》卷117，第585页。
② 《明太祖实录》卷241，洪武二十八年九月辛酉，第3511页。

靖难之役中，燕王朱棣依赖的力量主要是燕王府属官、护卫等，武官涌现出张玉、朱能、丘福等名将。由于人手短缺，故燕王府宦官也得以参与军事行动，如郑和、刘通等，形成独特的军功宦官阶层。后世宦官亦有参与军事行动得以立功升职者，皆踵于此。

宦官刘通几乎参与了靖难之役中所有的军事行动，其墓志留下了详细的记载。

> 初事太宗文皇帝于藩邸，时权倖用事，离间宗室，上嘉公忠谨，委以腹心，俾察外情。公广询博采，悉得其实以闻。岁己卯，随驾肃清内难，公奋身效劳，首平九门，攻取雄县、漠州，收捕永平、刘家口，复大宁，回还郑村坝大战，继克大同、蔚州、广昌等处。明年庚辰，大战白沟河，取济南，平沧州，定东昌。辛巳，鏖藁城，击西水寨。壬午，破东阿、汶上，征小河、齐眉山，讨灵璧，攻泗州。夏五月，过淮河，伐盱眙，屠扬州，戮仪真。六月，渡大江，夺金川门，平定金陵，肃清宫禁。节次大战，屡著功能。……宣宗章皇帝即位改元之初，扈从武定州，征讨不臣。三年，率神铳骑士五千，随驾出喜峰口剿捕胡寇，此皆汗马功劳之尤大者。[1]

刘通墓志关于靖难之役战争过程历次战役的地点及时间，为靖难之役提供了新的材料，上述战役大部分由燕王朱棣直接指挥，刘通跟随朱棣一直征战，立下了军功。朱棣登基时，刘通即升尚膳监左监丞，随后又跟随朱棣北征蒙古，永乐末升至直殿监太监。宣德时期平定赵王朱高煦、三年随驾出喜峰口剿寇、奉命镇守山海永平等处，所立军功甚多。墓志在记载其功绩时，对其本人作用亦进行描述，"生擒达贼二人"，"手擒虏酋二人"等，均表明其在战事过程中所发挥的作用，最终皇帝特赐刘通居第，并且以王氏之女为配，"家众八百余口，善骑射者二百五十余人"，形成了一个

---

① 《故太监刘公墓志铭》，《北京图书馆藏中国历代石刻拓本汇编》第 51 册，第 75 页。

人口众多的大家庭。

刘通的弟弟是刘顺，两人同时入宫，由太祖赐姓为刘。刘顺也在燕王藩邸，参与了靖难之役的主要战役。

> 靖难兵起，公与诸将夺九门，鏖郑村坝，蹙白沟，大战东昌、灵璧，遂渡江克金川门，皆有功。①

其他燕王府宦官如郑和、王彦（狗儿）、王安、孟骥、云祥、田嘉禾等人皆参与了靖难之役，形成一批军功宦官。以王安和王彦最突出，两人担任前哨。刘通、刘顺兄弟参与战事较多，立有军功。刘永诚生于洪武辛未（二十四年，1391）年，十二岁才进宫，因此在靖难之役中仅仅参与，未见立功，"当是之时，太宗皇帝用武靖难，内外之臣多勤战略，公尝共事。又三扈北征，徧历斗辟，其于兵事习见而闲"②。

朱棣攻入南京后，改建文四年为洪武三十五年，宦官姚铎当时身处建文一方，恰好见证了朱棣进京，永乐朝亦受到重用。

> 公讳铎，其先海西女直人。自髫龄洪武□十五年□□内府，随侍太祖高皇帝□□□□，敬谨无怠。洪武三十五年，守金陵城，益尽勤劳，升奉御。永乐十二年，同总兵官安远侯□□太宗文皇帝□北□□□□□有功，升监丞。□□年，又□上命□□。二十五年，又征虏□□。③

姚铎还曾跟随成祖北征蒙古，职衔不断加升。

仁宗在位仅十月而崩，宣宗初年汉王朱高煦发动叛乱，宦官刘顺、赵

---

① 王直：《太监刘公墓表》，《北京图书馆藏中国历代石刻拓本汇编》第51册，第105页。
② 岳正：《类博稿》卷10《明故御马监太监刘公墓志铭》，《景印文渊阁四库全书》第1246册，第450页。
③ 《都知监太监姚公墓表》，《北京图书馆藏中国历代石刻拓本汇编》第52册，第38页。

琮、李童、夏时、刘永诚参与了平叛，多有军功，叛乱很快被平定，墓志对宦官参与的重要事务及所获奖赏予以详细记载。

3. 郑和下西洋

从永乐三年（1405）至宣德五年（1430），郑和担任正使，率领船队先后七次到达航行至婆罗洲以西洋面，拜访东南亚、南亚、西亚、北非等30多个国家和地区，史称"郑和下西洋"。这是中国古代规模最大的海上航行，也是当时世界规模最大的一系列海上探险。随行使者马欢《瀛涯胜览》、费信《星槎胜览》、巩珍《西洋番国志》记载了途经诸国的情况，此外东南亚很多地方留有相关遗迹和碑刻，使得郑和研究成为明史及中外关系史的研究热点。

郑和研究的深度也在不断加深。围绕宝船大小、下西洋目的等内容，新的文献为研究的加深提供了可能性。2010年，南京祖堂山出土一块墓志碑刻，墓主是洪保。墓主的身份及墓志的内容，迅速引入学界关注。墓志内容如下：

> 寿藏铭者，太监洪公存日而作也。公名保，字志道。乃自叹曰："人生在世，如驹过隙，与其身后之有为，孰若生前之早计也。"于是置地一所于京南建业乡牛首山之原，祖堂禅寺之左，鸠工砌圹，上下周完。命前进士殷君昺述状，请铭于余。余固辞弗获。按状，公世居云南大理之太和。祖讳长莲，娶杨氏。考讳赐，妣何氏。公生俊伟，以龆年来京师。洪武己卯，从侍飞龙于潜邸，爱其聪敏慎密，俾常随左右。永乐纪元，授内承运库副使，蒙赐前名。充副使，统领军士，乘大福等号五千料巨舶，赍捧诏敕使西洋各番国，抚谕远人。永乐丙戌，复统领官军铁骑，陆行使西域临藏、管觉、必力工瓦、拉撒、乌斯藏等国。至宣德庚戌，升本监太监。充正使，使海外。航海七度西洋，由占城，至爪哇，过满剌加、苏门答剌、锡兰山，及柯枝、古里，直抵西域之忽鲁谟斯、阿丹等国。及闻海外有国曰天方，在数万余里，中国之人古未尝到。公返旆中途，乃遣军校谕之。至则远人骇

其猝至，以亲属随公奉□□效贡。公所至诸国，莫不鼓舞感动。公为
人外柔内刚，恬静寡欲，尤能宣布恩命，以德威肃清海道，镇伏诸
番。虽国王酋长、雕题桥服之人，闻公之来，莫不归拜麾下，以麒
麟、狮、象，与夫藏山隐海之灵物、沉沙栖陆之奇宝同贡天朝，稽颡
称臣焉。公生于庚戌十月二十五日戌时。弟一人，曰接。侄二人，长
曰子荣，次曰子诚。从孙二人，金刚、福安。吁！公春秋六十有五，
康强无恙，尚能乘槎泛海，竭忠报效。所得恩赐内帑财物，不专己
用。捐舍宝钞五百千贯，修造祖堂寺轮藏一座。又建东峰庵一所，度
剃十二僧。好善不倦，奉使公勤，知其有国，而不知其有身。预为此
圹者，使住世弟、男，知所奉祀焉。遂铭曰：猗欤皇明，统御万国。
服之以威，怀之以德。极地穷天，罔不臣妾。寔维奉宣，殚厥心力。
我公桓桓，合为首功。风帆海舶，远迩必通。所至披靡，孰有不从。
群星共北，众流趋东。维公之力，博望寔同。牛首之下，祖堂其友。
水秀山明，鬼神呵守。万古千秋，藏斯不朽。宣德九年岁次甲寅孟冬
六日立，四明胡彦阎镌。

该寿藏铭是因宣德九年洪保预先修造自己的墓地，时年 65 岁，感叹
时间飞逝，所以早早为身后事做准备。墓地选择在寺庙周围，修建东峰
庵，并剃度 12 名僧人，以供香火。

墓志记载的"乘大福等号五千料巨舶"就是郑和下西洋所驾驶的宝船，
大福是船的名称。五千料则显示船的大小，料是古代船只大小的计算单
位，俗称船料。(宋) 吴自牧《梦粱录》卷十二载：宋朝"海商之舰大小不等，
大者五千料，可载五六百人。中者二千料至一千料，亦可载二三百人"[①]。
宝船的规模和宋代商船的规模一样大，可以乘坐五六百人。

洪保出使的经历也非常丰富。学界认为郑和第一次下西洋是在永乐三
年（1405），最远到达古里国，永乐五年返回。洪保墓志则提供了新的史

---

① 吴自牧：《梦粱录》卷 12《江海船舰》，《景印文渊阁四库全书》第 590 册，第 102 页。

料："永乐纪元，授内承运库副使，蒙赐前名。充副使，统领军士，乘大福等号五千料巨舶，赍捧诏敕使西洋各番国，抚谕远人。永乐丙戌，复统领官军铁骑，陆行使西域临藏、管觉、必力工瓦、拉撒、乌斯藏等国。至宣德庚戌，升本监太监。充正使，使海外。航海七度西洋，由占城，至爪哇，过满刺加、苏门答刺、锡兰山，及柯枝、古里，直抵西域之忽鲁谟斯、阿丹等国。"永乐纪元，即永乐元年（1403），洪保任内承运库副使，并充副使、出使西洋各番国。"永乐丙戌"是永乐四年（1406），洪保率官军出使乌斯藏等国，可知洪保并未参与永乐三年至五年的航海。宣德庚戌即宣德五年（1431），洪保充正使再次出使海外，与正史所记郑和最后一次出使时间相符。墓志又记洪保"航海七度西洋"，加上洪保缺席的永乐三年那次，明朝下西洋的次数似应增加。

洪保任职的内承运库，起源于洪武年间。内府设库，最早出现于洪武二年（1369），"内府库设大使一人、副使二人"①。洪武十年（1377）有所扩展，"甲、乙、丙、丁、戊五库，库设大使，正七品；副使，从七品"②。洪武十四年（1381）修订的《皇明祖训》首次出现承运库，"承运库：大使、副使。大使掌出纳宝货、金银、珠玉、段匹、纱罗、布帛等项，副使为之佐"。洪武十七年（1384），改为内承运库，"内承运库，掌供御金银、段匹等物。设大使一人，正九品；副使二人，从九品"③。可知，内承运库主要负责收贮金银宝货，正统以后南方各地所折征的金花银即收贮于此。因此，洪保担任内承运库副使，可以很好地提供航海所需的彩段等经费，保障出使的顺利。而航海带回的珍宝等物，也大部分收贮内承运库。

4.土木之变

正统十四年（1449）七月，明英宗御驾亲征瓦剌，被围于怀来土木堡，最终英宗被俘，大臣如英国公张辅、成国公朱勇、兵部尚书邝埜、户部尚书王佐、内阁学士曹鼐、张益等文武百官死于战阵，明军几乎全军覆没，

---

① 《明太祖实录》卷44，洪武二年八月己巳，第862页。
② 《明太祖实录》卷116，洪武十年十二月戊申，第1901页。
③ 《明太祖实录》卷161，洪武十七年四月癸未，第2503页。

对明朝影响极大。

随行宦官亦难免于变，如钱安：

> 其先直隶常州府宜兴县人，因官游北方，遂占籍蓟州西花乡。祖讳仲兴，祖妣许氏。父讳贵甫，母朱氏。太监自幼秀爽，体貌魁梧。洪武三十四年选入内廷，周旋殿陛，仪度肃然。太宗文皇帝喜其聪慧，敦厚笃实，慎重寡言，凡应对之间，悉称上意，赐名僧保。历事仁宗昭皇帝、宣宗章皇帝、太上皇帝，累升至太监。平生孝友忠信，恒念其先考远葬山海，久缺祭扫，于正统十一年三月，遣孙男钱寿往彼起迁骨椟，奉迎至顺天府昌平县清河东北，造坟安厝已，尝征予为铭及祠堂记。公复于墓旁预造母朱氏并其自己寿藏二所。今于正统十四年七月十六日随驾北征，八月十五日不幸被陷，命终于土木。老母在堂，悲号恺郁，念太监殁于战阵，不克归葬，哀伤无已，仍具棺椟，以其生前所服衣冠，招魂而葬于清河昔所自营之寿圹。事虽不经，而情甚可哀，是诚礼之变也。公生于洪武癸酉七月十二日，享年五十有七，葬于正统十四年十二月二十四日。[①]

钱安死于土木，尸体无存，其家人为其具衣冠，葬于顺天府自营寿藏，礼部尚书胡濙为其撰写墓铭。

土木之变时，大同至宣府一带，明蒙争夺激烈。部分宦官参与其中，如柏玉原镇守怀安等卫，因立战功得以镇守宣府，"庚戌，命来守镇怀安等卫。勤于公务，爱恤军士。己巳，北虏犯边，因立战功，升为太监，移镇于兹"[②]。宦官弓胜得名也是因为在多次战役中取得胜利，"己巳变故以还，北虏内寇薄都城，公偕主帅御之，卒败以遁。紫荆之捷，公亦

---

① 胡濙：《内官监钱太监瘗衣冠圹志》，《北京图书馆藏中国历代石刻拓本汇编》第51册，第170页。

② 孙丞：《明故镇守宣府太监柏公墓志铭》，《新中国出土墓志》北京卷（壹）下，第84页。

与焉……景泰初，独石八城失守，公与都督孙安，奉敕往镇抚之，人复其旧"①。弓胜于成化年间镇守宣府，当与此时所为有关系。

土木之变对明、蒙双方都产生深远影响。傅锦在永乐年间被蒙古俘虏，"久之，公阴谋南归。正统己巳，乘间弃其妻，独携公并幼女伯失罕潜奔来降，边臣遣人护送至京。闻于上，赐公父允勇士，收公妹入宫，以公为寺人"。最终官至尚膳监太监。

土木之变，明廷震动，郕王仓促即位，是为景帝。部分大臣倡议南迁，以避蒙古。兵部尚书于谦等人则建议坚守北京，宦官则有兴安，其墓碑记载"己巳七月，皇上亲率六师，北征虏寇，公守备京师，抚安中外，一时忠肝义胆，将士如云，公谋略有方，事皆克济"②。内外配合，尚有黎阴，"景泰庚年，英□驾留虏庭，虏酋蔑德□□□□，京城内外摇然靡宁。公于是督同太监兴安，与执政大臣惕心□□，内固门禁，外张皇威。虏不得肆其横，民得以安其生，天下□以靖其难者，公亦与有力焉"③。

景泰初，郕王已即位，但英宗太子朱见深尚在东宫，景泰三年经过一系列运作最终将太子换成自己亲生儿子，并欲加害英宗，宦官阮浪被诬陷，但其不肯加害英宗，最终被害。

> 正统改元之初，今上以公为先朝旧臣，多效劳绩，特升左少监，侍上十有五年，恭慎不懈如一日。及上居南宫，公复以老成端谨，入侍左右，事无大小，悉恣委之。时景泰已易太子，奸臣觊图爵赏，构辞加害，言公欲纠众复立正统，又欲公旁引内外勋旧，织成罪状，百端拷掠，极其惨毒，未肯承服，遂忿恨而死，终不累人，闻者莫不酸辛。呜呼，公能之死不变，以息内外勋旧之祸，视古之剖心明诬者，

① 李经：《明故都知监太监弓公墓志铭》，《新中国出土墓志》北京卷（壹）下，第97页。
② 僧至全：《大明故司礼监太监兴公之碑》，《北京图书馆藏中国历代石刻拓本汇编》第52册，第15页。
③ 黎义：《大明御马监太监黎公墓碑铭》，《北京图书馆藏中国历代石刻拓本汇编》第53册，第115页。

亦何让哉。公生于洪武某年九月九日，卒于景泰三年七月十二日，春秋若干。今上复位，改元天顺，首诛奸恶，深悼公之诬枉，特赠公御用监太监，赐以秘器，如礼敛之，复令所司择地为营塚圹，遣官谕祭，以妥其灵。①

土木之变是影响明代政治进展的大事件，明代史籍对其起因、过程及后续影响等有详细的记载，而相关宦官墓志的记载则提供了全新的视角。

5. 安化王、宁王叛乱

正德年间，宁夏安化王、江西宁王先后发动叛乱，在朝廷及时处置下，两起叛乱很快被平定，其中宦官张永均参与其中，杨一清为其撰写墓志中详细记载了张永在正德年间事迹。

> 正德五年夏四月，宁夏贼臣何锦等挟宗室寘鐇反，戕杀镇巡重臣，传伪檄召调各路兵马，伪铸印章，封拜其党，僭称大将军、都督②、总管名秩，将渡河窥窃神器，守臣以闻。武庙下诏征讨，命公总督军务，统京营兵三万暨诸镇军马，往正其罪，赐金关防、金瓜、刚剑，许便宜行事，驾亲出东安门送之。予时致仕居江南，召起总制陕西各路军务兼提督西征师旅，与公偕往。会边臣擒斩诸贼，道得报，公即遣京兵归朝，帅诸部曲往抚其地，险不乘舆，暑不张盖，与士卒同甘苦而申严纪律，所过秋毫无犯，凡有赏犒，或出家赀佐之。夏人始共为乱者，逸未就法，心怀惧疑，构危言相恐喝，众兀兀不自保，裹粮出走，官司莫能制。公道闻之，出榜数百言，宣布德意，谕官兵农贾各安职业。六月，至灵州，会予鞫诸逆犯，释其胁从，第列情罪，传之槛车，北入夏城，耕锄不废，市肆如故，公又谓手刃镇巡重臣者、造伪命伪符者、破人庐室污人子女者曰：是不可赦，悉遣人

---

① 李贤：《御用监左少监赠御用监太监阮公浪墓表》，载《国朝献征录》卷117，第587页。
② 《新中国出土墓志》北京卷（壹）下记作"都统"。

掩捕之。其受贼赏赉、听指使者，悉置不问，自是帖帖，莫敢复有言者，而藩镇戚令渐复其旧矣。公又偕予奏言：庆王当变故时，给贼蠹仗，虽出迫胁，顾尝率宗室行朝调礼，事关名节，恐不可但已，朝廷乃革其护卫，削岁禄三之一，公又请改其侍卫百户所，备兴武营要害，禁诸王府交通宾客，其招诱邪术左道之人，并见采纳。①

除两起叛乱外，张永在铲除刘瑾过程中发挥了极其重要的作用，杨一清和张永两人是铲除刘瑾最重要的两人，因此杨一清深知其中曲折，"公平生勋绩，可述者固多，而奏诛逆瑾之功为大。瑾之窃柄四五年间，中外士夫侧目重足，嗫不敢出一语，货贿公行，剥民膏脂殆尽，至其潜谋肘腋，祸且不测。公不动声色，一言悟主，消大变于呼吸间，复祖宗之旧章"。

宁王叛乱之前，宁王即积极拉拢各地镇守内官，如刘璟"再镇河南，过江西，特受濠馈，遂与通"。毕真"为宸濠羽翼，在江西则密谋内助，在浙江则阴作外援"②。先镇江西，宁王出资助其镇守浙江，"谋调太监毕真浙江镇守，蓄兵聚财为外援，真至浙，盛造盔甲兵器，待时助逆"③。宁王宸濠亦将毕真等人视为强援，而寄予重望，"濠以为南京有琅、浙江有真，下之如反手耳"④。当时，江西上游之湖广镇守内官为李镇，准备调兵控制九江，积极参与平叛，后得到朝廷奖励。

念正德己卯，予以御史按楚，公时镇守其地。会宸濠为逆，武皇南讨，遣太监张昶领艖艘数千，自江夏至沙洲延袤二十余里，诛求旁午。公授意承应，务给其求，不无骚扰，吾每抑泪之，公辄与予抗，

---

① 杨一清：《司礼监太监张公永墓志铭》，载《国朝献征录》卷117，第598页。
② 徐学聚：《国朝典汇》卷13，正德十六年五月。
③ 林庭㭔、周广纂修：嘉靖《江西通志》卷3，《四库全书存目丛书》史部第182册，第127页。
④ 《明武宗实录》卷182，正德十五年正月戊午，第3530页。

至厉声赤色，余屹不为动，公悟，竟予从。……己卯改镇湖广。先是
宸濠之变，余议调游兵扼九江，断贼肘腋，以蔽全楚，公亦知助余
议，贼平，赐敕奖励。①

明武宗率军亲征，叛乱平定后，武宗却滞留南京，迟迟不肯还京，南
京百官劝谏，引起武宗震怒，司礼监太监魏文质积极开导。

己卯，江西濠藩不轨，上统驭六师，驻跸南都，公与辅臣梁公
储、蒋公冕，事无巨细，皆悉心赞理。及逆臣授首，众议即南都处
决，公恻然曰："第须还京，告庙及太皇太后，会勋戚文武重臣，审
鞫明正，不致滥及。"上可其奏。时南都百官跪请还京，绝然震怒，
公徐泣恳奏曰："此皆忠臣为天下社稷计，不可不听。"遂蒙霁威温
慰，始获班师，录出无辜二百余人，实公所活。②

除此之外，明朝几乎所有军政大事均可以在宦官墓志碑刻中有所体
现，尤其是宣德以后，宦官参政范围广泛。嘉靖、万历以后，宦官墓志碑
刻留存者较多，为研究这一时期政治、军事、经济等情况提供了新资料。

（二）为研究宦官生平提供了最全面的史料

关于内官直接的、系统的记载较少，集中性的宦官传记主要分散在
《明史》《国朝献征录》《名山藏》《明书》《罪惟录》《明史窃》《石匮书》
等史书中，王世贞《弇山堂别集》、徐学聚《国朝典汇》有"中官考"名目，
均是研究宦官的重要资料。但均将宦官放在明代政治演变历程中，论述的
重点是宦官对明代政治的影响，较少关注宦官本身的成长与发展。

墓志以记载人物生平事迹为主，一般是由墓主家人或同事请文人根据
传主行状撰写而成。撰写者往往对墓主生平比较了解，撰写过程中往往摆

---

① 毛伯温：《毛襄懋文集》卷6《内官监左少监李公墓志铭》，《四库全书存目丛书》集
部第63册，第305页。

② 夏言：《皇明故司礼监太监魏公墓志铭》，北京出土。

脱完成任务式的套话，注意记载墓主生活细节，而这些细节则是我们了解当时人生活最直接的资料。

《明史·宦官传》记载刘永诚非常简略，因与曹吉祥征兀良哈而附于曹传之后。

> 其与吉祥分道征兀良哈者刘永诚，永乐时，尝为偏将，累从北征。宣德、正统中，再击兀良哈。后监镇甘、凉，战沙漠，有功。景泰末，掌团营。英宗复辟，勒兵从，官其嗣子聚。成化中，永诚始卒。①

岳正《类博稿》卷十《明故御马监太监刘公墓志铭》则详细记载了刘永诚的生平事迹，先记载其家世。

> 公，魏人，世家清丰留宁里。祖讳八老，考讳大老，俱赠特进荣禄大夫、后军都督府右都督，祖妣杜、妣马俱赠夫人。生于洪武辛未，越十二年，入侍大内，长而颀身昂准，虎步佗佗，久职御厩，便习骑射。

将《明史》与墓志关于刘永诚相关事迹进行对比如下：

《明史·宦官传》	岳正《明故御马监太监刘公墓志铭》
永乐时，尝为偏将，累从北征。	当是之时，太宗皇帝用武靖难，内外之臣多勤战略，公尝共事，又三扈北征，徧历斗辟，其于兵事，习见而闲。
宣德、正统中，再击兀良哈。后监镇甘、凉，战沙漠，有功。	宣德初元，汉邸造逆，公假使侦察，亲征功成，于公多助。大宁数叛，三帅师讨，直捣乌梁海而走之，卓沁仅以身免，获其清河元帅印章，俘馘生口，类以万计。妖人李宣、张普祥党煽乱磁、相，公任捕执，即时靖肃。先帝践阼，得公绥辑南京、中都，众心帖然。甘凉国门，公出监镇，耀兵境外者二：东出镇蕃，抵捕鱼儿海子。西出西宁，远至大山之阴。再拒敌人，击扬根敦，追北至额齐讷，克之于三城儿，卫喇特入酒泉，麋于临水堡，擒其首哈沙特穆尔等，克啰库春惧，遁出塞，蹑至金塔寺乃还。先是，瓜沙首领齐勤纳木喀实喇哈扎尔南奔，各萌叛志，公轻兵肆讨，先后举之，虏其全部匹畜不遗。

---

① 张廷玉：《明史》卷304《宦官一·刘永诚》，第7777页。

续表

《明史·宦官传》	岳正《明故御马监太监刘公墓志铭》
景泰末，掌团营。	景泰辛未召还，总督京师军马，计今廿年。
英宗复辟，勒兵从，官其嗣子聚。	南城之谋，公乃按甲，独以满盈求退，子姓受教辞去职任，不干戎政，家口累千，遣三之二，杜谢造请，泊如素门。先帝嘉念，宠以肺腑，至任将相，谋或及焉。公二兄，伯贵赠特进荣禄大夫后军都督府右都督，仲宽赠昭勇将军锦衣卫指挥使，俱蚤世，贵子聚即推恩赠公祖父母者，累勋进爵宁晋伯。
成化中，永诚始卒。	成化丁亥八月，又具列圣所赐两京内外田宅、内侍、禄米、仆从、工匠之类辞之，亦不即许，许解任颐老私第而已。入谢，上不忍遽舍，慰留久之，比出，随颁物段，亲御宸翰，称美恩曲，妙如大造体物莫可形状，其药石之资则有白金、彩弊、宝镪百千，怡寿之具则有组金龙衣、珚玉镂金云龙筇杖。公今年壬辰，寿八十二，占疾日笃，自度不起，又具前辞未尽许者以辞，疏凡三上，上感其诚，许辞其半，半听处业，成公志也。自是医问交道，觊公复朝，乃二月十有七日甲申告逝，上痌悼不已，命有司给葬具，工部造茔域，僧道作法事，大官给馔，礼部谕祭赙，及两官金银布粟皆累千百，仍命太监白俊、韦玺等监护，异数稠者，国朝以来一人而已。

根据墓志记载，刘永诚生于洪武辛未（二十四年，1391），因此永乐时期虽曾跟随朱棣北征，但功绩不大，两处记载均记载简略。宣德至正统年间，明朝对蒙古采取战略收缩的政策，蒙古兀良哈三卫南迁至潢河、老哈河一带，并活跃于整个漠南地区，对明代北部边防构成了严重的威胁。宣德三年（1428），边将发现兀良哈部有人在滦河边牧马，请掩击之，宣宗遣指挥佥事黄照化等赍敕谕。当年九月，亲自巡边，出喜峰口击房寇。正统九年（1444）正月，鉴于兀良哈三卫反覆不常，屡寇辽东、延安边境，英宗命成国公朱勇，兴安伯徐亨，都督马亮、陈怀等分统兵出境剿贼。朱勇同太监僧保出喜峰口，恭顺侯吴克忠佐之。徐亨同太监曹吉祥出界岭口，马亮同太监刘永诚出刘家口[①]，陈怀同太监但住出古北口，各将兵万人，约至黄河、土河两叉口等处会合。《明史·宦官传》所记曹吉祥与刘永诚分道征兀良哈，正是此次行动。除《明史》所记征兀良哈、出镇甘凉外，墓志还补充了刘永诚平定妖人李宣、张普祥，绥辑南京、凤阳等

---

① 《明英宗实录》卷112，正统九年正月辛未，第2257页。

内容。两相对比，墓志的史料价值高下立判。

《明史》卷304、卷305共收录明代39名宦官传记，另有数人作为附传加以简略介绍。起于永乐时期的郑和，终于崇祯朝方正化。明代历朝几乎都有代表性的宦官列入传中，唯洪武、建文、嘉靖三朝没有宦官入传。该传序论介绍了明太祖朱元璋管理宦官的政策，严格限定内臣不得干预政事，记载："有赵成者，洪武八年以内侍使河州市马。其后以市马出者，又有司礼监庆童等，然皆不敢有所干窃。"洪武朝管理宦官是明朝最有效的时期。[1] 建文帝在位四年，史料多有缺失，《明史》一笔带过："建文帝嗣位，御内臣益严，诏出外稍不法，许有司械闻。"[2] 意外的是，世宗朝是明代宦官权势发展的重要阶段，《明史》竟未记载一人。

> 世宗习见正德时宦侍之祸，即位后御近侍甚严，有罪挞之至死，或陈尸示戒。张佐、鲍忠，麦福、黄锦辈，虽由兴邸旧人掌司礼监，督东厂，然皆谨饬，不敢大肆。帝又尽撤天下镇守内臣及典京营、仓场者，终四十余年不复设，故内臣之势，惟嘉靖朝少杀云。[3]

但世宗朝，明代宦官权势确实有进一步的发展。嘉靖时期，宦官影响政治最典型的事件有两个，一是以司礼兼东厂，二是以内臣预实录。《罪惟录》记载："以司礼兼东厂，则嘉靖中麦福始；内臣预实录，蒙世荫，则嘉靖中张佐、黄英、戴永始。"[4]

麦福墓志记载：

> 嘉靖壬子十二月二十九日，司礼监太监掌监事、总督东厂升庵麦

---

[1] 参见李建武：《内外制衡：明太祖管理内官的制度设想与政治实践》，《求是学刊》2020年第5期。

[2] 《明史》卷304《宦官一》，第7765页。

[3] 《明史》卷304《宦官一》，第7795页。

[4] 查继佐：《罪惟录》卷27《职官志》，浙江古籍出版社1986年版，第974页。

公卒，上闻，赐钞三万贯，祭三坛，命有司给葬具，建享堂、碑亭，所以恤之甚厚，盖公事上久，敬慎之节，终始一致，故其卒也，上特悼之云。公讳福，字天锡，升庵其号，广之三水人。曾祖讳保旺，祖讳宁，父讳常禄，俱以公弟祥贵，赠特进荣禄大夫、后军都督府右都督，妣皆夫人。公幼入内廷，正德丁丑，以选供事清宁宫，戊寅改乾清宫近侍。嘉靖壬午，迁御马监左监丞，改御用监佥押管事，寻升左少监，甲申升太监，赐乘马禁中，改御马监，监督勇士四卫营务。丙戌奉命提督上林苑海子，丁亥奉命随朝请、晋乾清宫牌子，戊子掌御马监印，提督勇士四卫营禁兵。己丑提督十二团营兵马，掌乾清宫事。庚寅掌上林苑海子关防，壬辰提督礼仪房并浣衣局提督尚衣监西直房，甲午总提督内西教场操练并都知监带刀，丁酉总督东厂，戊戌兼营尚衣监印。己亥上南巡，奉命留守京师，赐符验关防。乙巳迁司礼监，丙午提督先蚕坛、掌理祭礼及诸礼仪。戊申复总督东厂，镇静不扰，缙绅谓贤。己酉掌司礼监印，国制凡旨下诸司，司礼名为秉笔，而掌印者尤重，诸监局莫敢望焉，然每遇东厂奏事则皆趋避，故东厂尤名有事权，累朝以来未有兼其任者，兼之自公始。自受命至于卒，凡四阅岁，呜呼其可谓贵且久矣。公前后赐飞鱼斗牛蟒衣、大红坐龙衣者各三，赐玉带、闹妆带者各一，赐禄米自十二石至三十六石，合之以石计者三百七十三。又尝特赐银记，其文曰"公勤端慎"，赐御书曰"克尽忠谨"，小心匪懈，恭慎如一，盖见褒美于上者如此，又累朝诸中贵所未有也。公之在东厂，茂著劳绩，诏荫弟祥为后军都督府右都督，侄忠等为锦衣卫指挥、千百户者若干人。厂内有隙地，公建堂，祀先师孔子及四配、十哲、七十二贤于其中。太监徐公秀故于公有恩，及卒，公为营葬，建玄觉寺祀之，又建楼兜桥、开磨石口等处山路，行者称便，是可以识公心之所存矣。[1]

麦福在正德年间尚不显，世宗登基后升迁开始频繁，任职经历比较丰

---

[1]　徐阶：《司礼监太监掌监事兼督东厂麦公福墓志》，载《国朝献征录》卷117，第604页。

富，辗转于乾清宫、御马监、御用监、勇士营、上林苑、尚衣监、内教场、都知监等多个衙门，颇受明世宗青睐。嘉靖丁酉（十一年，1537），总督东厂，第二年兼掌尚衣监印。嘉靖十八年，明世宗南巡视察显陵，麦福奉命留守。乙巳（二十四年，1545）迁司礼监。戊申（二十七年，1548）复总督东厂，次年兼掌司礼监印，并且一直至去世，明朝第一次出现总督东厂与司礼监掌印太监合二为一的现象。

麦福开启了明后期司礼监掌印太监兼提督东厂的先例，其权力前所未有。在明代宦官制度设计中，司礼监和东厂本各有所掌，司礼监掌印太监秩最尊，视外朝内阁首辅，东厂掌印太监是宦官中仅次于司礼监掌印太监的职务，此前常由司礼监中秉笔太监第二或第三人充任，未有兼之者。两者集于一身，则自麦福开始，兼掌行政和监察，司礼监"最有宠者一人，以秉笔掌东厂，掌印秩尊，视元辅；掌东厂权重，视总宪兼次辅"[1]。内廷事体为之一变，"司礼掌印，首珰最尊，其权视首揆。东厂次之，最雄紧，但不得兼掌印。每奏事，即首珰亦退避，以俟奏毕，盖机密不使他人得闻也，历朝皆遵守之。至嘉靖戊申己酉间，始命司礼掌印太监麦福兼理东厂，至癸丑而锦又继之，自此内廷事体一变矣"[2]。

麦福逝后，黄锦继之，万历年间冯保、张诚、陈矩等，天启年间魏忠贤，均以司礼监掌印太监兼督东厂。

司礼监掌印太监通常由司礼监内部提拔，并且须多所磨砺，偶尔从其他宦官衙门调入，但堪称殊遇，如滕祥：

> 今上御极之初，慭饬内政，诸中贵人多所汰易，而独滕公领秩如旧，已晋掌司礼监事。先是掌司礼监事率起自本监晓习故实者，而公素长者，惟少文，乃从他监被简任，可谓殊遇矣。[3]

---

① 刘若愚：《酌中志》卷16《内府衙门识掌》，北京古籍出版社1994年版，第93页。
② 沈德符：《万历野获编》卷8《内臣兼掌印厂》，第168页。
③ 陈以勤：《司礼监掌监事太监滕公祥墓志铭》，载《国朝献征录》卷117，第605页。

司礼监太监员数众多，最重者为掌印，其次秉笔，还有随堂等多员，万历年间将员数确定，万历六年（1578）十二月，裁定司礼监官七员，"以后永为定额"①。

万历时期，因立储问题发生了"妖书案"，牵连甚广，《明史·陈矩传》记载比较详细，李廷机为陈矩所作的神道碑也加以记载，但双方记载存在明显差异。将宦官墓志与其他史料进行对比，可以发现其独特价值。

	《明史·陈矩传》	李廷机《李文节集》卷二十四《明故掌司礼监太监麟冈陈公神道碑》
家世背景	陈矩，安肃人。	公讳矩，字万化，安肃人。兄弟四人，公行三，博士行四，其荫锦衣卫指挥使曰居恭，其为诸生曰居敬、居谦，博士子其荫锦衣卫百户曰居慎，乃兄子。锦衣卫指挥同知曰善，太学生曰祚，兄子之子也。
任职经历	万历中，为司礼秉笔太监。二十六年提督东厂。为人平恕，识大体。	公自嘉靖丁未抡入内廷，于内书堂读书，寻掌精微科，历嘉隆，至万历壬午，圣驾谒陵，司礼举守掖庭数人，皆不称旨，顾左右曰："有顾而哲者为谁？"及以公名奏，上曰："是也。"盖此时上已知公矣。旋除本监典簿，癸未升右监丞，寻转左监丞，甲申升太监，赐蟒衣，掌礼仪房事。丁亥命官内教书，赐玉带。己丑典管皇史宬、提督新房。庚寅命禁中乘骑。辛卯差代藩，还，提督司礼监。癸巳钦检乾清宫近侍、司礼监秉笔，赐禄米，掌司钥库。甲午赐坐蟒，加禄米，后累加至六百石。丙申掌司苑局。戊戌命提督东厂官校。己亥命禁中坐杭。辛丑命总督南海子上林苑。乙巳命掌司礼监。

---

① 《明神宗实录》卷82，万历六年十二月壬辰，第1737页。

	《明史·陈矩传》	李廷机《李文节集》卷二十四《明故掌司礼监太监麟冈陈公神道碑》
妖书案	尝奉诏收书籍，中有侍郎吕坤所著《闺范图说》，帝以赐郑贵妃，妃自为序，镂诸木。时国本未定，或作《闺范图说》跋，名曰《忧危竑议》，大指言贵妃欲夺储位，坤阴助之，并及张养蒙、魏允贞等九人，语极妄诞。逾三年，皇太子立。至三十一年十一月甲子昧爽，自朝房至勋戚大臣门，各有匿名书一帙，名曰《续忧危竑议》，言贵妃与大学士朱赓，戎政尚书王世扬，三边总督李汶，保定巡抚孙玮，少卿张养志，锦衣都督王之桢，千户王名世、王承恩等相结，谋易太子，其言益妄诞不经。矩获之以闻，大学士赓奏亦入。帝大怒，敕矩及锦衣卫大索，必得造妖书者。时大狱猝发，缇校交错都下，以风影捕系，所株连甚众。之桢欲陷锦衣指挥周嘉庆，首辅沈一贯欲陷次辅沈鲤、侍郎郭正域，俱使人属矩。矩正色拒之。已而百户蒋臣捕皦生光至。生光者，京师无赖人也，尝伪作富商包继志诗，有"郑主乘黄屋"之句，以胁国泰及继志金，故人疑而捕之。酷讯不承，妻妾子弟皆掠治无完肤。矩心念生光即冤，然前罪已当死，且狱无主名，上必怒甚，恐辗转攀累无已。礼部侍郎李廷机亦以生光前诗与妖书词合，乃具狱，生光坐凌迟死。鲤、正域、嘉庆及株连者，皆赖矩得全。	及癸卯，余来礼部，妖书事起，上命公会廷臣讯鞫，公焚香吁天，辄问礼于余，其讯鞫亦辄问曰："礼、乐、刑、政，公礼官也。"讯三日，罪人既服实，众犹未决，余曰："古片言折狱，后乃会问二三人止耳，今一狱而百十人治之，即无私见，不能尽同，今会题稿在此，莫若各书所见，或情真，或矜疑，以俟圣裁，如何？"公深然余言，首注情贞，时有直指沈出一疏示公曰："可用即回奏，不则自上。"盖言事无可疑不决，祸且及缙绅，余扬言愿附名，而公见沈疏，即改容叹曰："有人又称沈忠肝义胆。"是时人心汹汹，祸且不测，卒之罪人斯得，而善类赖以保全。
行事风格	三十三年掌司礼监，督厂如故。帝欲杖建言参政姜士昌，以矩谏而止。云南民杀税监杨荣，帝欲尽捕乱者，亦以矩言获免。明年奉诏虑囚，御史曹学程以阻封日本酋关白事，系狱且十年，法司请于矩求出，矩谢不敢。已而密白之，竟重释，余亦多所平反。	然每事必先逊诸公，曰："某内臣，何敢自张主。"亦可谓谨也已矣，其司东厂，安静平恕，辇毂下便之官府内外，所调停颇多，而慎密不泄，小心畏谨，尚名义，伤礼法，好行阴德事，故能受知明主，以宠遇终。

续表

	《明史·陈矩传》	李廷机《李文节集》卷二十四《明故掌司礼监太监麟冈陈公神道碑》
丧葬	又明年卒，赐祠额曰清忠。	太监麟冈陈公以万历三十五年十二月卒，卒之辰犹入直，假寐而暝，人惊谓坐化，上亦以为成佛，重念其忠勤，发帑金造龛瘗之，往中常侍殁则献其赀，上念公清白无厚积，悉捐□之，无所问，更命治坟茔享堂，异数渥恩，前无拟者。

　　《明史·陈矩传》用较多篇幅详细记载了妖书案，从起因到审理的过程。陈矩此时掌司礼监事，李廷机担任礼部侍郎，二人对案件非常熟悉。李廷机为陈矩撰写神道碑，显然不能绕开此案，不过神道碑主要为了记载传主的个人事迹，因此将更多笔墨陈矩在审理及结案时所发挥的作用。两书的结论基本一致，《明史·陈矩传》记载："鲤、正域、嘉庆及株连者，皆赖矩得全。"神道碑记载："是时人心汹汹，祸且不测，卒之罪人斯得，而善类赖以保全。"可见，陈矩在妖书案中发挥了很大的积极作用，避免了牵连众多无辜人，这也是清修《明史》将妖书案放在《陈矩传》予以重点记载的原因。

　　张永是正德初期"八虎"之一，《明史》有传，与其一同平定宁化王叛乱的杨一清为其撰写墓志。

	《明史·张永传》	杨一清《司礼监太监张公永墓志铭》
家世背景	张永，保定新城人。	张氏，字德延，别号守菴，保定新城人。其上世居湖湘，谱逸，无所于考。元有宽福者，习武尚义气，死事石岭关。曾祖胜，业举子，兼通六艺。国朝洪武初，来居新城。至宣德间，年八十六乃卒。祖讳林，以孝敬闻。考讳友，性谨信，爱人好施。子四人：长即富，次公，次即容，次寰。公笃于伦理，事亲曲尽孝诚，处兄弟真如手足，忧喜恒关情焉。正德间，尝论公勋绩，荫授富、容至伯爵，寰至右都督，今革于例，然亦非公之心也。

	《明史·张永传》	杨一清《司礼监太监张公永墓志铭》
任职经历	—	公生成化元年七月二十六日，十一年选入内廷，宪庙简侍乾清宫，历升内官监右监丞。二十三年龙驭上宾，孝庙命茂陵司香。弘治九年简侍武庙于春宫，十八年以登极恩改授御马监左监丞，进御用监太监，赐蟒衣玉带，许乘马及肩舆禁中，岁给禄米十二石，命督显武营兵马，寻命提督三千、神机二营兼十二团营，掌乾清宫及本监事兼提督尚膳、尚衣、司设、内官诸监，整容礼仪、甜食诸房并豹房、浣衣局、混堂司、南海子事，政务填委，悉心综理，供应充牣而不私毫末。武庙日见亲信，众亦倾心饮德，无间言。
与刘瑾关系	正德初，总神机营，与瑾为党。已而恶其所为，瑾亦觉其不附己也，言于帝，将黜之南京。永知之，直趋帝前，诉瑾陷己。帝召瑾与质，方争辩，永辄奋拳殴瑾。帝令谷大用等置酒为解，由是二人益不合。	—
平定安化王叛乱	及寘鐇反，命永及右都御史杨一清往讨。帝戎服送之东华门，赐关防、金瓜、钢斧以行，宠遇甚盛。瑾亦忌之，而帝方永，不能间也。师出，寘鐇已擒，永遂率五百骑抚定余党。	正德五年夏四月，宁夏贼臣何锦等挟宗室寘鐇反，戕杀镇巡重臣，传伪檄召调各路兵马，伪铸印章，封拜其党，僭称大将军、都督、总管名秩，将渡河窥窃神器，守臣以闻。武庙下诏征讨，命公总督军务，统京营兵三万暨诸镇军马，往正其罪，赐金关防、金瓜、刚剑，许便宜行事，驾亲出东安门送之。予时致仕居江南，召起总制陕西各路军务兼提督西征师旅，与公偕往。会边臣擒斩诸贼，道得报，公即遣京兵归朝，帅诸部曲往抚其地，险不乘舆，暑不张盖，与士卒同甘苦而申严纪律，所过秋毫无犯。凡有赏犒，或出家赀佐之。夏人始共为乱者，逸未就法，心怀惧疑，构危言相恐喝，众兀兀不自保，裹粮出走，官司莫能制。公道闻之，出榜数百言，宣布德意，谕官兵农贾各安职业。

续表

	《明史·张永传》	杨一清《司礼监太监张公永墓志铭》
平定安化王叛乱	及寘鐇反，命永及右都御史杨一清往讨。帝戎服送之东华门，赐关防、金瓜、钢斧以行，宠遇甚盛。瑾亦忌之，而帝方永，不能间也。师出，寘鐇已擒，永遂率五百骑抚定余党。	六月，至灵州，会予鞫诸逆犯，释其胁从，第列情罪，传之槛车，北入夏城，耕锄不废，市肆如故，公又谓手刃镇巡重臣者、造伪命伪符者、破人庐室污人子女者曰：是不可赦，悉遣人掩捕之。其受贼赏赉、听指使者，悉置不问，自是帖帖，莫敢复有言者，而藩镇威令渐复其旧矣。公又偕予奏言：庆王当变故时，给贼纛仗，虽出迫胁，顾尝率宗室行朝谒礼，事关名节，恐不可但已，朝廷乃革其护卫，削岁禄三之一，公又请改其侍卫百户所，备兴武营要害，禁诸王府交通宾客，其招诱邪术左道之人，并见采纳。
诛刘瑾	还次灵州，与一清言，欲奏瑾不法事。一清曰："彼在上左右，公言能必入乎？不如以计诛之。"因为永画策，永大喜，语详一清传。是时，瑾兄都督同知景祥死，京师籍籍谓瑾将以八月十五日俟百官送葬，因作乱。适永捷疏至，将以是日献俘，瑾使缓其期，欲俟事成并擒永。或以告永，永先期入献俘，是夜遂奏诛瑾。	献俘之日，武庙亲慰劳之。是夜独见，乃出一疏，称刘瑾负恩怙势，窃弄威权，积衅酿患，以致大变，幸赖天地宗庙之灵，悉底平定，而瑾包藏祸心，不亟诛戮无以谢天下，因条列其十有七罪，又言寘鐇以讨瑾为名，伪出榜示，为边臣所缴奏者，瑾匿不以闻。武庙震怒，下瑾诏狱，命廷臣鞫之，具得其交结内外官符同奏启，矫托诏令，紊乱祖宗成法，私制兵甲，伪造宝印，刻期为变诸不法状，置诸极典，并诛其党数人，窜黜者数十人。凡诸司修令为所纷更者，悉加厘正，再赦天下，廷臣皆上表称贺，诏录公功，赐金牌银币，累岁禄至三百石，赐敕褒谕，至再至三，复以枢机事重，特命改司礼太监掌监事，诸所领监局兼督如故。
其他事迹	涿州男子王豸尝刺龙形及"人王"字于足，永以为妖人，擒之。兵部尚书何鉴乞加永封，下廷臣议。永欲身自封侯，引刘永诚、郑和故事风廷臣，内阁以非制格之。永意沮，乃辞免恩泽。吏部尚书杨一清言宜听永让，以成其贤，事竟已。久之，坐库官盗库银事，闲住。九年，北边有警，命永督宣府、大同、延绥军御之，寇退乃还。	公知无不言，仇怨有所不避，门无私谒，一切利弊以次奏请罢行。会山东、河南、北直隶寇盗充斥，公以为忧，内赞帷幄，遣将出师，协谋剿捕，悉出指画，他如录遗才、省浮税、谨出纳诸奏，皆关大政。又奉敕会三法司录囚，原情议法，所活若干人，节被宝镪、羊酒之赐。时近幸多怙宠干纪，公多所匡陈，不复顾忌，群小共媒糵之，几中奇祸。壬申，力辞解任。越二年，乾清宫灾，仍其官，掌御用印，内董大工，外督营务。宣大边报急，命公与都御史丛公兰总制诸路兵马，提督战守，兵势既扬，虏贼远遁，具奏班师。嬖幸钱宁、江彬辈招窃威权，诱乘舆亲督王师，远涉沙漠，公日切忧惧，寝食不安。

	《明史·张永传》	杨一清《司礼监太监张公永墓志铭》
参与平定宁王叛乱	宁王宸濠反，帝南征，永率边兵二千先行。时王守仁已擒宸濠，槛车北上。永以帝意遮守仁，欲纵宸濠于鄱阳湖，俟帝至与战。守仁不可，至杭州诣永。永拒不见，守仁叱门者径入，大呼曰："我王守仁也，来与公议国家事，何拒我！"永为气慑。守仁因言江西荼毒已极，王师至，乱将不测。永大悟，乃曰："群小在侧，永来，欲保护圣躬耳，非欲攘功也。"	十四年，宸濠反，诏督师亲征。公随行，命先往江西勘反叛始末，至则开释胁从若干人。驾驻南都，留几一年，枭雄在内逆犯泊江滨，众虑不测，公独任防卫之责。
参与平定宁王叛乱	因指江上槛车曰："此宜归我。"守仁曰："我何用此。"即付永，而与永偕还江西。时太监张忠等已从大江至南昌，方穷治逆党，见永至，大沮。永留数旬，促忠同归，江西赖以安。忠等屡谮守仁，亦赖永营解获免。	还至通州，逆彬握边镇重兵，留驻四十余日，召文武百官胥来会集，贼濠尚在，人心惶惑，莫知所为，彬卒有所避而不敢萌一念者，公之力也。
处置突发事件	武宗崩，永督九门防变。	次年春，官车晏驾，公以讨擒彬，督视京城九门，防奸制变，中外倚之而安。

	《明史·张永传》	杨一清《司礼监太监张公永墓志铭》
离职	世宗立，御史萧淮奏谷大用、丘聚辈蛊惑先帝，党恶为奸，并及永。诏永闲住。已而淮复劾永在江西不法事，再降永奉御，司香孝陵，然永在江西，实非有不法也。	今上嗣位，众方议其宜有襃赏，而权臣有忌嫉之者，嗾言官一二人劾之南去，留滞五年，始蒙召还。
再次启用	嘉靖八年，大学士杨一清等言，永功大，不可泯，乃起永掌御用监，提督团营。未几卒。	嘉靖五年夏，上采公议，召前御用监太监张公永还京师，复其旧职，养痾私第。六年冬，上念团营戎务督理非人，又纳廷臣奏，召公见，仍命掌御用监印，提督神机营并十二团营兵马，供事乾清宫，岁增禄米三十六石。公感恩遇，夙夜在公，经理庶务，出而阅武训戎，划奸革弊，不遗余力，积劳既久而疾乘之。方在内直，疾作，急归官寓而卒，七年冬十二月三十日也，得年六十有四。上闻之悼惜，谕祭三坛，予棺椁，命有司营葬事，建造享堂。又追录遗功，升其弟锦衣千户容为指挥佥事，本卫堂上管事，官其兄富为锦衣副千户，皆特恩也。容偕其弟卜以卒之明年三月初七日奉柩葬于阜城门西香山乡祖茔。

与此前两个案例不同，《明史》刘永诚和陈矩二传的内容在墓志或神道碑中都可以找到，并进行了补充。《明史·张永传》则提供了一些新的记载，如张永联合杨一清除掉刘瑾的原因，在宁化王发动叛乱前，张永和刘瑾因为争权已经发生了冲突，两人在武宗面前打斗，武宗反而令谷大用置酒调和。并且在宁王叛乱时，张永当先锋，在得知宁王已被擒获后，武宗还希望再放回，亲自活捉宁王，经过王守仁力争，武宗未能实现。杨一清所撰墓志反而比较简略，未提及此事。

此外，阮浪、兴安等人事迹也可以进行对比，《明史》有传，墓志亦可见。

（三）墓志的撰写与篆刻为了解明代文官与宦官关系提供了全新的视角

内官是明代政治生活中的重要组成部分，上至中央政务处理，下至宫廷服务和各地王府管理，还有地方镇守、监仓、监军、采珠、出使、出征、祭祀、选妃、宗室婚娶、提督太和山宫观等等，内官都发挥不可或缺的作用。传统史料对明代文武官员与内官关系记载较多，墓志碑刻的撰写和篆盖更加丰富了双方复杂关系的认识，诸如墓志铭撰写者的选择、内容写法、丧事的处理等等。

部分宦官去世前，会提前安排后事。如御马监太监贾进忠：

> 余（指墓志撰写者李廷机）既□休不得去，移居真武庙，公来省余，为余娓娓谭□生之术甚辨，至温室树从来余不敢问，公亦不□。一日书酒色财气长歌持来黏之壁，有云场中□偏为谁忙，又云混沌不分谁是我，又云无去□□梦一场，似于尘缘有勘破者已而，曰"他日相公□为我书数语"，盖公知其将捐世，豫以墓文属余矣。别去遂病，病笃犹料理其身后事，微密周匝如平时，弥留不乱，以辛亥十一月某日殁，距生年六十有五。①

宦官墓志碑刻的制作一般由撰文、书丹、篆盖三部分组成，撰文指内容的撰写，书丹指内容的书法，篆盖指墓志的题篆。如南京都知监太监杨庆的墓碑，"文林郎监察御史陈芸撰文，徵仕郎中书舍人姜澄书丹，徵仕郎中书舍人刘素篆盖"。亦有合并者，如内官监太监成敬墓志铭，大学士高毅撰文，中书舍人汪景昂书丹并篆盖。御马监太监王钦，墓志铭由"武德将军锦衣卫衣右所副千户海山王深撰并书篆"，撰文、书丹、篆盖都由一个人完成。

上层宦官的墓志由重要文官负责撰文，重要的武官甚至是勋戚篆盖，书丹则邀请书法较好的官员完成。如内官监太监张端的墓志铭，由大学士刘珝撰，威宁伯王越书，保国公朱永篆。内官监太监杨穆的墓志铭，兵部尚书刘大夏撰文，英国公张懋篆盖，镇远侯顾溥书丹。内官监太监吴振墓志铭，由礼部尚书李杰撰文，吏部左侍郎梁储书丹，保国公朱晖篆盖。二十四衙门之首"司礼监"掌印太监，墓志铭的规格自然更高，如司礼监

---

① 李廷机：《李文节集》卷21《明故御马监大监仰山贾公墓志铭》，崇祯重刻本。

太监高忠去世，礼部尚书李东阳撰写行状，墓志铭由内阁首辅徐阶撰文，大学士袁炜书丹，成国公朱希忠篆盖。尚膳监太监黄瑜墓志铭，由吏部尚书马文升撰文，工部尚书曾鉴书丹，英国公张懋篆盖。

正统五年（1440），刘顺去世，朝廷已安排丧葬事务。下葬后，"其姻戚羽林前卫指挥佥事潘义与其养子清等谋曰：我公之卒也，天子嘉念劳绩，所以宠赉其终者甚厚，而少保杨公备志于幽堂矣，若又取其功德之大者，刻诸墓前之石，使人人得有所考见，岂不益彰彻显闻，众皆曰然"[1]。少保杨公指杨溥，此时杨士奇和杨荣已升少师。杨溥已作墓志，藏于墓中。又通过礼部郎中黄养正向礼部左侍郎王直撰写墓表，将其竖于墓前或墓道内，以作表彰。在墓表的署名中，由王直撰文，中书舍人徐瑛篆盖，"奉政大夫修正庶尹礼部祠祭祀郎中赐食三品禄直文渊阁永嘉黄养正书"。黄养正为刘顺墓表的撰写及书写起到了明显的推动作用。

正德七年（1512）十二月，司礼监太监高凤卒，其丧事比较隆重。

> 讣闻，上震悼，命司礼监太监赖公义，御马监太监李公能，内官监太监刘公英、杨公森、朱公辉理其丧。礼部谕祭，工部治凡丧事。赐银币、米、布为赙。慈圣康寿皇太后、慈寿皇太后暨中宫咸赐赙有差。公以正统己未六月四日生，至是寿七十有四。卜以癸酉二月初三日，葬于都城西玉河乡之寿藏。公之存尝预属予为墓表，及诸学士、大夫为碑及传。兹其从子、后军右都督得林、尚宝司丞荣，以诸太监意，请为埋铭。辞弗获，司礼太监温公祥、蒋公贵亦为速，予乃叙其履历岁月，而以恤典先焉。[2]

高凤为正德初期"八虎"之一，与刘瑾、张永、马永成、谷大用、魏彬、罗祥、丘聚等同为东宫宦官，侍奉皇太子朱厚照。武宗即位后，八人

---

[1] 王直：《太监刘公墓表》，《北京图书馆藏中国历代石刻拓本汇编》第 51 册，第 105 页。

[2] 李东阳：《大明故司礼监太监高公墓志铭》，《新中国出土墓志》北京卷（壹）下，第 153 页。

得到重用。弘治十八年（1505）八月，太监陈宽传旨，令尚衣等监太监谷大用等管神机等营左右哨。正德元年（1506）正月，神机营中军二司内官监太监刘瑾管五千营，御用监太监张永管神机营中军并显武营，司设监太监马永成管神机营右掖。元年五月，御马监太监魏彬管神机营中军头司并奋武营。元年十一月，丘聚已担任总督东厂太监。

高凤的丧事参与者较多，由司礼监太监赖义领衔，共计 5 人。除常规祭文、赐钱外，慈圣康寿皇太后、慈寿皇太后暨皇后也都"赐赙有差"。高凤生前预请大学士李东阳撰写墓表，又请翰林学士写碑、立传。李东阳推辞，司礼监太监温祥、蒋贵又加以催促，李东阳才得以撰文。墓志由礼部尚书田景贤书丹，英国公张懋篆盖。

宦官去世，处理后事的人会寻找文人先写行状，再找人根据行状撰写墓志铭。宦官生前同事的文官是撰文的首选。正德年间，杨一清与宦官张永曾经多次共事，尤其是联手除掉刘瑾。张永去世，杨一清自然是撰写墓志铭的第一人选，"公督师西征，予实与同事，请乌可辞"①。文官与宦官同事，因此对宦官品行及事迹有较多了解，增加墓志的可信性。嘉靖十二年（1533），总督东厂芮景贤去世，司礼监太监张钦请吏部左侍郎顾鼎臣作铭。

> 司礼监太监张公钦，于公同德且同官，生平僚寀之谊甚笃也，乃遣使持中书舍人何君祚所述状，征予文铭公之墓。先是，张公尝奉命相淑妃茔地于西山，鼎臣时以礼部右侍郎，与公同事，周旋者累日，由是始相知稔。使者来致公意曰：闻先生素不昧于是非之鉴，言足以信今而传后，芮公墓铭，敢托以图不朽也。予惟官无内外大小，要之以不负天子、不惰职守为贤。志行劳绩，有如芮公者，他日固当大书之史册，流芳遗休于无穷。奚待予文？但君子与人为善之意，不厌

---

① 杨一清：《司礼监太监张公永墓志铭》，载《国朝献征录》卷117，第599页。

其侈，矧张公之请重也，故不辞而为之序。①

两人曾一同寻找淑妃茔地，加之司礼监太监邀请，顾鼎臣并没有推辞。

墓志铭对文字水平相对较高，因此，撰文者以文官居多。武官撰写者较少，正德十五年（1520），御马监太监王钦去世，锦衣卫右所副千户王深撰写墓志铭："予昔事黄公，与公有同门之旧。公病将革，属予后事，恳恳再四。予弗获辞，故志之如此。"黄公指原司礼监太监黄中，是王钦前辈。正德初黄中曾出守南京，王钦主动上疏请随，黄中丧事由王钦料理。王深曾跟随黄中办事，因此与王钦有同门之谊，王钦将后事交给王深处理。

处理丧事的宦官也动用自己的人际关系，积极寻找有名的官员撰写墓志。如弘治十八年，御马监太监黎义去世，孝宗"赐钞三万缗，白米二十石，香烛各若干。敕礼部给斋粮、麻布五十石疋，工部造棺营葬，树飨堂如式"。遣司正杨玮、左司副赵贤、奉御陈德先后谕祭三次，"赵公与予同郡，故奉状来请铭，既不获辞，乃按状序之"②。正德十六年，御马监太监姜林去世，从子姜学、姜举向太子右谕德李时请铭，锦衣卫千户魏颐又急请。

> 予与公同郡，未尝一接公颜，然乡缙绅数称其贤，闻之稔矣。比卒，学、举持光禄少卿贾君启之所为状，丐铭于予。锦衣千户魏君颐，予武举所取士也，稚与公善，又亟为之请，谊不可辞，乃为之铭。③

① 顾鼎臣：《明故御马监太监总督东厂官校办事钦改司礼监太监直庵芮公之墓》，《新中国出土墓志》北京卷（壹）下，第210页。
② 白钺：《大明御马监太监黎公墓碑铭》，《北京图书馆藏中国历代石刻拓本汇编》第53册，第115页。
③ 李时：《明故御马监太监姜公墓志铭》，《北京图书馆藏中国历代石刻拓本汇编》第54册，第77页。

姜林是河间景州人，李时是河间任丘人，故称同郡。

嘉靖二十三年（1544），神宫监太监刘濬去世，礼部员外郎郭俊撰文，"从孙府学生国贤持状诣予请铭。国贤，予门下士也。乃不得已为之辞"。刘濬的从孙刘国贤是郭俊的门生，鉴于双方关系，郭俊不得已作辞。

宦官声誉良好，得到朝野一致认可，文官会比较乐意为其撰写墓志铭。正德元年（1506），镇守江西太监董让卒于公所，处理丧事的太监阁公持状请铭，太常寺少卿李旻，"悼其贤有可述，为之铭曰……"同年十一月，惜薪司右副使王瑀去世，埋葬在香山翠微山，"近昔司礼监太监、赠褒善黄公之墓，盖公乃褒善之爱子也。先期具中书舍人王君琪状求予文，以图不朽。予与君交谊有年，闻其才德之美久矣，乌可以不文辞哉？"[①] 因此墓志中主要突出宦官良好品德和主要功绩。嘉靖八年（1529），南京守备内官监太监黄准卒，左少监王胜请铭于南京刑部尚书高友机，言"先公捐馆，得缙绅先生一言以光泉下，幸莫甚焉"。能够得到同事文官的认可并撰写墓志铭，对宦官亦是值得荣耀的事，处理丧事的宦官积极奔走。

部分文官认为撰写宦官墓志也是很正常的事。正德九年（1514），镇守大同太监梁玉去世，御马监右少监刘祥、内官监奉御韩让持行状向大学士梁储请铭，梁储言"义不可辞"[②]。次年，御马监太监王佑去世，请大学士杨一清撰写铭文，杨一清并未推辞，"予官陕西时，知公母之贞，且知公敦行于家，其兄弟子侄，足迹不至官府，心切敬之，志铭之请不得辞"[③]。嘉靖五年，内官监太监李堂去世，其弟李进请大学士杨一清作铭，杨一清不敢推辞，"予素仰其公之高风节操，又嘉其弟之哀痛迫切，讵可以不文辞欤？"[④] 嘉靖十八年（1539），司礼监太监魏文质卒，孝子魏

① 石珤：《明故惜薪司右司副王公墓志铭》，北京出土。
② 梁储：《明故御马监太监梁公墓志铭》，《新中国出土墓志》北京卷（壹）下，第156页。
③ 杨一清：《明故御马监太监王公墓志铭》，《北京图书馆藏中国历代石刻拓本汇编》第54册，第21页。
④ 杨一清：《明故内官监太监李公墓志铭》，《北京图书馆藏中国历代石刻拓本汇编》第54册，第137页。

学言于夏言曰："哀哉！魏公，吾先子西涯翁所敬也，以老谢世，敢祈元相宗工，得赐采录，俾药庵忠概不至泯灭，何如？"西涯是李东阳的号。元相即夏言，时任内阁首辅。夏言素闻魏文质之贤，"义不忍辞"。到万历年间，大学士为高层宦官撰写墓志铭的现象，已经非常普遍。万历三十八年（1611），司礼监太监成敬卒，大学士叶向高撰墓志铭，看成是继承传统，"余之当为公志铭，亦故事也"[①]。

在此过程中，出现文人推辞而不得的现象。如正德四年，镇守云南太监郭通卒于任上，门下张通治丧事，"持事状征铭纳幽，以彰潜德，辞弗获。"[②] 正德七年（1512），尚膳监太监傅锦卒，"遗命义子清等曰：'吾荷国厚恩，灰身莫补，勿乞祭葬。'清等谨卜五月二十八日窆于都城西香山乡南海甸之原。御用监右少监苏公章，公所抚育，为治大事，谓墓不可无铭，遣清来礼请于予。予虽老，且病，辞不可得。强起，叙而铭之。"墓志由致仕的内阁首辅李东阳撰文，李东阳为茶陵诗派代表人物，但当时年逾六旬，致仕在家，后二年去世。因此本欲推辞，但"辞不可得"。正德十二年（1517），南京司礼监太监倪文去世，太监张公、刘公请南京礼部右侍郎杨廉撰写墓志，杨廉"固辞不获"。嘉靖十九年（1540），司设监太监董智卒，内官监太监王逊向詹事陆深请铭。

> 内官监太监王公逊与公尤善厚，匍匐过余，乞铭其墓，予不敢当，辞至再而请益勤。念予往岁以翰林编修官奉命教内书堂，每见生徒中少年敬谨者，必加礼之，且致厚望，以为此皆他日圣天子心膂之寄，与吾辈外庭体貌之臣殊，盖君父之心虽出一致而远迩势分，终不若亲且密者之易于纳忠也。故今生徒之柄用者，往往不忘，予为师范而王公又予之旧馆人也，义不容恝，乃志之。

---

① 叶向高：《明故掌司礼监太监聚庵成公墓志铭》，北京出土。

② 阎钦：《钦差镇守云南御用监太监郭公墓志铭》，《北京图书馆藏中国历代石刻拓本汇编》第 53 册，第 151 页，

陆深推辞了两次，而王逊仍然坚持。陆深又曾在内书堂教过董智，推辞不掉。万历年间，司礼监太监陈矩生前曾找大学士李廷机撰文，未得，陈矩死后，李廷机始写神道碑，"犹记公在日谒余文，余辞之，今公亡而余且去矣，遂为撮其事状系之铭"①。

其至有推三四次者。弘治十二年（1499），尚膳监太监刘赟去世，名下魏景"奉状再四乞为铭"，撰文署名为"应诏山人临川黎珏"。墓地是刘赟生前预留的寿藏，由剃度的两名僧人圆寿、圆秀守墓、供香火。上边是神宫监杨景寿藏地，西边是近侍李彪寿藏，三墓呈品字形，"盖同家以义聚者"②。

文官推辞的理由一般是自己文词不好，其本意非不擅长作文，乃不擅长写墓志。如嘉靖三十九年（1560），内官监太监阎清卒，有人向通政使司右通政郭秉聪请铭："予久淹林下，文词荒芜，不能尽状其德。辞弗获已，于是直道始末，以塞其贵，垂不朽云耳。"③郭秉聪是嘉靖五年（1526）二甲进士，后选为庶吉士，文字水平非常高。推辞写墓志铭文，显然推不掉。

太子东宫亦有比较完善的宦官系统，如果太子顺利即位，东宫宦官因有"从龙恩"而得到重用。御马监太监阎通，生前曾尝营寿藏于三河西南二十里初家庄，内阁首辅徐溥为其作记。弘治十一年（1498）六月卒，丧葬规格亦比较高，"特赐新钞三万贯、白米四十石、斋粮五十石，麻布五十疋及攒香、油蜡等物，命礼部谕祭，工部造坟安葬，建享堂，赐额曰：旌勤。仍命内官监太监杨公雄、杨公旺、杜公恭董丧事。上以公随侍年久，悼惜不已，又与中宫各赐白金二百两、彩币八表里，太皇太后、皇太后东宫各赐白金五十两、彩币四表里。凡旃檀异香及尚方油蜡，悉从

---

① 李廷机：《李文节集》卷 24《明故掌司礼监太监麟冈陈公神道碑》，崇祯重刻本。
② 黎钰：《大明故尚膳监太监刘公墓志铭》，《新中国出土墓志》北京卷（壹）下，第124 页。
③ 郭秉聪：《明故内官监太监龙泉阎公墓志铭》，《新中国出土墓志》北京卷（壹）下，第 253 页。

厚，盖近来中贵恤典之盛所未有也。"①礼部右侍郎程敏政作行状，墓志铭由大学士刘健撰文，遂安伯陈韶篆。之所以如此，是因为阎通曾担任春宫典兵局郎，侍奉孝宗，刘健"与公同事今上皇帝于春宫，有旧，不克辞，乃按其状序而铭之"。

　　文人撰写墓志，也希望通过表彰好的榜样来激励其他宦官，达到政治教化的作用。②正德三年（1508），内官监太监陈良去世，从子陈伟持行状向刑部员外郎刘武臣请铭，"予以谓不俞其请，无以为世劝，乃铭之"③。同年九月，南京守备太监郑强去世，"其嗣子庠生节持副留守梅君纯所述行迹诣予，拜泣请铭其墓，予惟公为留都重臣，劳绩著于累朝，勤慎闻于当宁，已有褒能制词，照耀星日，乌用予言以为铭邪！固辞不可，乃按状而序之"。墓志铭由南京兵部尚书何鉴撰文。官员去世，朝廷会遣官谕祭，通过祭文的形式对宦官盖棺定论。总督两广都御史韩雍、宣府巡抚都御史叶盛、大同巡抚都御史罗亨信等人文集留有相关祭文。而墓志铭以石刻的形式存在，可以永久流传。隆庆四年（1570），尚衣监太监马腾卒，名下海大朝等人向内阁大学士张居正请墓表，张居正"素与德斋公交厚，知公深明大义，处务精能，德崇量舒，人莫能比。故道公之履历，复缀之以铭，垂示后览焉"。

二、局限性

　　宦官墓志碑刻作为了解宦官生平的第一手材料，史料价值较高，对宦官群体及明代内外关系进一步研究提供了新史料，有明显推动作用。但墓志碑刻一般来源于宦官子侄出润笔费请人撰写，部分事迹来源是宦官子侄提供，因此宦官墓志碑刻所记载时间或有讹误，部分评价明显过高，宦官

---

① 刘健：《明故御马监太监阎公墓志铭》，《新中国出土墓志》河北卷（壹）下，第136页。
② 参见吴兆丰：《有教无类：中晚明士人教化宦官行动研究》，社会科学文献出版社2022年版。
③ 刘武臣：《明故内官监太监陈公墓志铭》，《北京图书馆藏中国历代石刻拓本汇编》第53册，第158页。

消极负面的事件特别隐晦，甚至不记，墓志碑刻存在对宦官形象呈现刻意"美化"的现象。

如高凤，正德初年与刘瑾、张永、谷大用、马永成等人合称"八虎"，曾一同侍奉武宗于东宫，但观其墓志，完全看不出其作恶之处。

> 特命为东宫典玺局丞，侍今上讲读，夙夜勤恪，凡讲官所进授，日为温习，起居动止，食饮寝处，因事启沃者，不可胜计。甲寅，遣祭顺妃。戊午，赐蟒衣，许乘马禁中，始进司礼为太监，仍兼局事，赐玉带。癸亥，以疾告，累命医诊视，仍赐御药，比入谢，以步履未健，命乘肩舆。乙丑，上登极，命视监事，掌机密，委任隆重，累辞弗许。一时新政，裨益居多，赐岁禄二十四石，命典大丧。复奉太皇太后谕，选大婚。丙寅，礼成，加岁禄前后至八十四石。公累引疾求谢事，上不忍释，面谕再四，乃许之。①

限于体裁，墓志主要记载高凤功绩及受赏赐情况，回避了敏感事件、个人消极作用及所受到的处罚，导致无法全面了解明代宦官所发挥的作用。

（一）宦官董让

宦官董让曾镇守江西，其墓志记载了所立的功绩。

> 公姓董氏，讳让，字克谦，先浙之秀水人。……明年，改镇江西及提督烧造磁器。公到任，首革奸弊，爱惜下民，百尔所行，惟务公道，军民帖然畏服。既奉命起盖益王府第及修葺教场，筑立城池台岸，公为之经营谋画，民不告劳，财不告乏，功亦随之甫成，其为政大率类此。今上方欲倚用，未几寝疾，卒于江之公馆，实丙寅五月

---

① 李东阳：《大明故司礼监太监高公墓志铭》，《新中国出土墓志》北京卷（壹）下，第153页。

十四日也，享年六十有七。讣闻，上嗟悼久之，命有司护送枢还至京，上命御用监太监等官阎公整等治丧事，复遣官谕祭及赐宝镪者，以十月二十五日卜葬于都城西赤水村之原。公素廉洁有为，事不苟且。先，成化丁未，奉命凤阳起取盟津王送回复府，途次往还，公私皆有馈饷，公力辞不受，时论归之，此尤人所难者。其后镇洪都，强盗邓迟八等，攻劫摽掠，人莫能致，公授法剿捕，获丑类五千三百余名。不惟军民仰赖，而缙绅大夫亦伟其才也。事闻于朝，公具疏上奏，赐蟒衣、玉带，以旌异能。①

墓志记载其品行较好，在地方亦有作为，剿捕盗贼。但万历《新修南昌府志》卷十六《名宦传》苏葵记载："苏葵，字伯诚，广东顺德人。以翰林编修升江西提学佥事，性刚介，不苟合，太监董让陷之，理官附董，欲加之刑。南昌诸生数百人号泣白冤，拥入扶苏去，事竟得雪，其名愈彰。"②墓志碑刻在记载宦官不良事迹时，也会非常婉转隐晦，轻描淡写，并不直接描写。

墓志记载与方志记载有较大差距。不同史籍所站立场不同，董让死后由明孝宗令御用监太监阎整董治丧事，阎整于是持行状向李旻请铭，墓志内容主要依据其家人请人撰写的行状，故多溢美之词。若参以多种史料来源，宦官的形象会更加丰满。

（二）宦官牛玉

牛玉在天顺末至成化初年担任司礼监太监，对皇位继承、政局变动及宪宗选妃有重要影响。

天顺八年（1464）正月乙亥，宪宗即位，大赦天下。十天之后，宪宗东宫典玺局丞王纶事发被谪。典玺局属于东宫宦官衙门，洪武二十九年（1396），重新制定宦官系列，"其东宫典玺、典药、典膳、典服、典兵、

---

① 《明故江西镇守御用监太监董公墓志铭》，《北京图书馆藏历代碑刻拓片汇编》第53册，第124页。
② 章潢：万历《新修南昌府志》卷16《名宦传》，明万历十六年刻本。

典乘六局，各设局郎一人，秩正五品；局丞二人，秩从五品。惟典玺局增设纪事奉御，秩正六品"。典玺局排第一，地位最重要，掌管玺宝、翰墨诸事。王纶担任典玺局丞，仕途一片光明，新皇帝登基，其东宫官员也会因有"从龙"功而得到大幅升迁，但东宫宦官与时任司礼监官亦会发生冲突。英宗临终时，翰林学士钱溥认为王纶"必典机务，有入阁之喜"，因先前曾在内书堂有师生之谊，因此王纶与尚宝司丞朱奎一块造访钱溥家，执弟子礼，"至晡而去"，英宗去世后，王纶"以例当柄用"。而时任司礼监太监牛玉"恐其轧己"，牛玉侄儿牛纶、中允刘珝与钱溥有矛盾，英宗大殓，王纶"衰服袭貂裘于外观望"，引起宪宗反感，牛玉于是"数其过恶，劝上执下狱，又嗾人发其交通事"，[1]法司依律拟斩刑，因登基特赦有所减轻，王纶发南京闲住，钱溥降顺德知县，朱奎降云南澜沧卫经历。王纶供词涉及的文武官员均调外任，包括兵部右侍郎韩雍、顺天府尹王福、南宁伯毛荣、都督马良、都督冯宗、锦衣卫掌卫事都指挥同知门达等十余人均降职调外地。

王纶刚败，司礼监太监牛玉亦被谪戍南京，起因是选太子妃。天顺六年，皇太子朱见深年满十五，英宗敕谕礼部，榜谕直隶、南京、凤阳、淮安、徐州、河南、山东于大小官员民庶善良之家，择其父母行止端庄、家法整齐女子年十四至十七、容貌端洁、性资纯美、言动温恭、咸中礼度者，由有司以礼令其父母亲送赴京。同月，礼部请派遣内臣分投各地。于是次月，太监裴当、牛玉于京城，颜义于直隶并山东，夏时等于南京并河南，选求良家女子堪为皇太子妃者，各降敕谕之。[2]最终选了12人送入宫，英宗钦定吴氏、王氏、柏氏留下。

英宗临终，遗言第一件事即皇太子即位及成婚，天顺八年（1464）正月己巳，英宗大渐，召皇太子及太监牛玉、傅恭、裴当、黄顺、周善至榻前，谕之曰："自古人生必有死，今朕病以深，傥言有不讳，东宫速择吉

---

① 《明宪宗实录》卷1，天顺八年春正月壬午，第29页。
② 参见《明英宗实录》卷340，天顺六年五月庚子，第6908页。

日即皇帝位，过百成婚。皇后钱氏名位素定，当尽孝养，以终天年。"①其他尚有关于德王等藩王之国、废除妃嫔殉葬等事。

宪宗即位，因英宗新丧，故不宜举行婚礼。但皇太后及勋戚大臣多次上请，遵照英宗遗言，守丧百日后可成婚。天顺八年四月，皇太后敕谕礼部，已选得都督同知吴俊长女为皇后，令礼部制定相关礼仪。最终于七月二十一日举行奉迎礼，立吴氏为皇后。

令朝野震惊的是，册立皇后仅仅一月，八月癸卯，宪宗下令"废皇后吴氏，居于别馆"，谕文武群臣曰：

> 朕勉遵先帝之命，册立皇后，不意太监牛玉偏徇己私，朦胧将先帝在时选退吴氏于母后前奏请立为皇后。朕观吴氏轻浮粗率，《诗》云"靡不有初"，初尚不谨，何以克终。朕负天下之重，处礼之变，册立中宫，为风化之原，不幸所遇如此，岂得已哉。敷告群臣，悉予至意。②

宪宗急于废后，是发现牛玉干预选妃而起。天顺六年选妃，王氏、吴氏、柏氏在列，英宗初意选王氏，即后来的孝贞皇后。天顺八年三月，皇太后敕谕礼部，"先时已尝采择，尚虑有所遗忽"③，再次选家境好、年龄在十五至十八、懂礼仪的女子。原选三人仍在，但有所变化，立吴氏，其余王氏和柏氏则入副宫。于是宪宗以"牛玉坏朝廷大婚"，将司礼监太监牛玉及太监吴熹下都察院狱，牛玉供词牵涉吴氏父亲都督同知吴俊及其子吴雄，二人亦下狱，"词谓将立后时，玉以王氏非其所选，说太后欲易之，而俊雄以玉尝选吴氏，因熹赂玉，故卒立后"④。宪宗命百官集议，百官皆同意，于是上呈太后，废吴氏，并谪牛玉、吴熹于南京孝陵种菜，吴

---

① 《明英宗实录》卷361，天顺八年春正月己巳，第7172页。
② 《明宪宗实录》卷8，天顺八年八月癸卯，第187页。
③ 《明宪宗实录》卷3，天顺八年三月庚申，第77页。
④ 《明宪宗实录》卷8，天顺八年八月癸卯，第187页。

俊父子戍登州卫，曾在曹石之变中立有大功的怀宁侯孙镗因有姻亲关系而闲住。

宪宗一方面将废后的原因归于牛玉，另一方面对牛玉的处罚又比较轻，牛玉谪戍南京孝陵种菜，废后引起的朝野震动与处罚牛玉措施形成鲜明对比。八年十一月，南京科道官欲进一步追查牛玉罪行，给事中王徽等上疏言两件事，均是关于宦官问题，其一与牛玉直接相关，曰明刑罚以正朝纲。

> 臣等切惟人主之治天下者，在明号令、修纪纲，号令行，纲纪振，由人主操赏罚之柄也。苟赏罚不明则号令不行，欲求天下之治难矣。伏惟皇上嗣登大宝初，遵先帝遗命，册立皇后，盖以继承宗祀为重，岂意贼臣牛玉大肆奸欺，横贪贿略，朦胧进退，其意欲固宠于内，擅权于外，包藏祸心，深不可测，幸赖陛下圣明，废退吴氏，盖亦出于不得已也。然遇此大变，处此非常，朝野腾喧，中外骇听，以为吴氏既退，则牛玉之罪必万死无疑矣。今不意牛玉得放南京，全首领，夫牛玉故违先帝之命，其罪当死一也；谋立皇后，其罪当死二也；欺侮陛下，其罪当死三也；使陛下负废后之名，其罪当死四也。凡此四不赦者，人臣之大恶，而牛玉兼有之，明正典刑，枭首街市，以明号令，以正纪纲，可也。今乃将牛玉轻放者，臣等知陛下用心仁慈，不忍加刑也，书曰"刑期无刑，辟以止辟"，今陛下不忍杀一牛玉，则今后侍陛下左右者，恣肆无所劝惩，天下之人谓陛下好行姑息，诚恐号令自此不行，纪纲自此不振。然臣等非欲启陛下好杀之心，亦非与牛玉素有睚眦也，但为朝廷号令纪纲惜耳。然奸臣之恶固所当诛，而内阁大臣不能无罪，且册立皇后将以奉承宗祀、表正六宫、辅助君德、母仪天下，岂有居内阁者如越人视秦人之肥瘠，恝然不加之意哉。方牛玉肆奸之初，婚礼尚未成也，掌礼之官畏其权势而阿附，及牛玉事发之后，王法不可恕也，执法之官念其旧情而苟容。李贤等坐视成败，不出一言，其初不言者是党牛玉也，其后不言者是畏牛玉之后复有如牛玉者而祸己也。党恶欺君，莫此为甚，伏望陛下

刚毅明断，即将牛玉明正典刑，枭首示众，仍将李贤等明正其罪，以警方来。如此，则号令斯行，纪纲斯正，中国服义，外夷畏威矣。[1]

王徽已将牛玉与王振、曹吉祥并列，"正统末年，王振专权，使先帝远播，宗社几危，其祸已惨。天顺年间，曹吉祥专权，举兵焚阙，欲危宗社，其祸尤烈。今日牛玉专权，谋立皇后，欺侮陛下，其祸尤为非常，是皆贻笑四夷、取议万世者也"。王徽疏列牛玉四大罪，奏请将牛玉罪行公示，并给予应当的惩罚，并追究内阁首辅李贤等人责任。但令人不解的是，宪宗认为"牛玉坏大婚礼，众人无预，朝廷已有处分，徽等不知情实，妄言要誉，希求进用"。令吏部调官远方，王徽被降为州判官，王渊、朱宽、李钧、李翔等人亦被降调边州。屡有言官上疏请复其官，但宪宗并未同意。固然与宪宗宽恕的性格有关，盖因废后有其他原因，非牛玉一人之罪使然。

宪宗废后，以敕谕方式诏告群臣。但宫廷闺闻，外廷很难知悉。关于吴氏被废，《明宪宗实录》尚有一种推测，"当时传言，或谓后宫先有擅宠者，被后杖责，故及。然宫禁事秘，莫得而详"。先擅宠者，众所周知乃万贵妃，清官修《明史》记载"宪宗居东宫，万贵妃已擅宠，后既立，摘其过杖之"[2]。于是惹怒宪宗，始下诏废黜。

而对于废后，宪宗完全归罪于牛玉，乃因宦官斗争，"有恶牛玉之专者，欲夺其权，有所承望而然，故罪独归于玉云"[3]。

1983年，在南京发现牛玉的墓葬，出土了礼部尚书倪岳所写墓志铭，对于牛玉在天顺年间功绩给予详细记载，但刻意忽略了牛玉选妃事。

> 天顺改元，英庙复辟，公以翊戴功进太监，命掌监印，加赐蟒衣、玉带、貂裘，岁加禄米，掌理中外章奏。翼翼小心，咨决庶务，

---

[1] 《明宪宗实录》卷11，天顺八年十一月丙寅，第243页。
[2] 《明史》卷173《后妃传》，第3520页。
[3] 《明宪宗实录》卷8，天顺八年八月癸卯，第188页。

率称上旨，委任日隆，宠锡优渥。五年七月，曹钦反，率众犯阙，公
主画于中，随机应变，罪人既得，京师肃清，上嘉公功，赐金币诸物
及河西务马房、羊房庄田二千余顷以酬之，公辞不许。八年正月，宪
庙嗣登宝位，初政之行，仪度备举，率公总挈纲维，内外井井。寻罢
归南京，未几，复命掌南京司礼监印。居久之，公浩然有故乡之思。
弘治六年，奏乞归闲，皇上念公旧劳，优诏许之，俾佚老于京，兼赐
人夫供役，盖八年于兹，始以微恙卒于所居之第。①

  墓志将牛玉谪戍隐晦记载为"罢归南京"，未说明原因，至于牛玉后
掌南京司礼监印，其他史料尚未见有相关记载。若果真如此，那牛玉干预
选妃罪行远不如想象中严重。宪宗废后，盖主要是由于万贵妃擅宠，与吴
氏发生冲突而致。清官修《明史》尚有一句记载，继立的皇后王氏，"万
贵妃擅宠后宫，后处之淡如"②。意味深长。
  明代宦官数量众多，为死者树碑立传非常普遍，因此可以肯定墓志碑
刻的数量亦不少，可惜大多不存。已发现墓志数量偏少，除洪武朝宦官尚
未流行撰写墓志外，其他朝代几乎都有。并且墓志碑刻的传主以身居上
层、任职经历丰富的太监居多，亦有少量少监、监丞、大使等。可见墓志
碑刻传主几乎全部是善终，政治斗争失败或者被朝廷铲除的大宦官并没有
留下墓志，如英宗朝王振和曹吉祥、宪宗朝汪直、武宗朝刘瑾、天启朝魏
忠贤。没有一手资料的墓志，官修正史传记又比较简略，了解其生平事迹
只能寄希望于其他私修史书。

---

① 倪岳：《明故南京司礼监掌印太监牛公墓志铭》，南京出土。参见徐明甫：《明两京司
礼监太监牛玉墓发掘简报》，《文物》1983 年第 2 期。
② 《明史》卷 173《后妃传》，第 3521 页。

第二章　墓志碑刻所见明代宦官形象

提到内官，一般立刻会浮现出一幅其为非作歹、大奸大恶的画面，学者关于其对明代政治、经济、军事等方面消极影响的研究已经比较充分，此不赘述。在诸多历史题材的影视作品中，内官服饰及其装扮亦比较特殊，如在京剧中，内官通常画成白脸的妆，以突出其奸臣形象。

明太祖朱元璋建立起比较完备的内官管理制度，对其衣着亦有明确的限制。明代对内官的选拔亦有严格的标准，五官端正、相貌俊秀成为内官入侍内廷的重要条件。从衣着服饰和外貌长相两方面可以破除由于内官为非作歹给大众造成的内官群体阴险奸恶的印象。衣着服饰很大程度上影响个人形象的塑造。明代对内官服饰有严格的规定与限制，但到明代中后期，社会逐渐走向开放与一定限度自由，加之皇帝的赏赐与纵容，很多内官身着蟒衣，腰系玉带，内官服饰亦发生了很大变化。

第一节　宦官外貌

明代内官留存画像资料极少，后人多从其事迹描述的文字中对其形象进行猜测。袁忠彻《古今识鉴》从相面的角度出发记载了数位明代宦官的相貌，王安"五行俱正，唇红齿白，耳朝口白，过面三停平等，背负圆"，王彦"五事俱小，三停平等，面苏声亮"，郑和"身长九尺腰大十围，四岳峻而鼻小法及此者极贵，眉目分明，耳白过面，齿如编贝，行如虎步，声音洪亮"，田嘉禾"形貌修癯，言语清亮，面洁白而鼻隆齿露"，李谦"仪表魁岸，肩圆背负，岳渎丰深，但目神浮露，面肉横生"，孟骥"五岳丰厚，三停平等，眉目分明，肉多骨少，上长下短"，云祥"四渎深，五岳隆，目秀但眉□，声如破锣"。[1] 袁忠彻乃明初著名相士袁珙之子，凭借观察人的相貌来判定其命运，往往屡试不爽。如内侍燕琦面部停匀，但眼睛是羊睛四白之相，"凶祸之相"，最终确是受戮而死。

部分留存的人物塑像提供了相对直观的宦官印象。福建长乐显应宫前殿右侧的一组"巡海大臣"塑像之为首者，被认为就是郑和的塑像。塑像座高88厘米，面如满月，表情慈善祥和，坐姿优雅端庄，头戴嵌金三山帽，身着簇新蟒龙袍，腰系玲珑白玉带，脚穿文武皂朝靴，为明代宦官特有服饰。

万历年间，司礼监掌印太监冯保等人曾施舍重建房山上方山兜率寺，该寺藏有一座泥塑人物像。头戴乌纱帽，身穿圆领衣，衣饰描金红彩，腰佩方带，带左侧挂流苏垂至膝下，右手腕套一串念珠，双手合十于胸前。

福建长乐显应宫"巡海大臣"塑像

---

[1] 袁忠彻：《古今识鉴》卷8《国朝》，国家图书馆藏。

此像便是冯保的供养塑像，现藏故宫博物院。

最清晰、最为人信服的宦官画像是北京智化寺王振塑像。智化寺是王振于正统八年（1443）所建的家庙，较好保存了明代寺庙建筑风格。天顺年间，复登皇位的明英宗感念王振旧恩，赐谕祭、蟒衣玉带等，并撰碑颁敕，谕祭碑上有文字，下绘王振画像。

碑中画像非常清晰，面部轮廓历历可见，从画像看，王振面相外貌非常规整，眉毛有特点，与当前某些王振丑陋画像形成鲜明对比。

除少数画像外，墓志碑刻提供了部分宦官相貌的描写，可知相貌是宦官选拔入宫条件之一。牛玉"永乐十一年，以俊秀选入内廷，隶名司礼监"[1]，崔保"洪熙改元，选事中宫，以资质敦厚、体貌俊伟获选"[2]，张广"于正统间以俊秀选入掖庭"[3]，李童"天资秀爽，举止老成，被选入侍"[4]，安南人陈谨"秀爽敦敏，太宗文皇帝怜爱之，命侍左右"[5]，覃

冯保的供养塑像

---

[1]　倪岳：《明故南京司礼监掌印太监牛公墓志铭》，南京出土。

[2]　张升：《大明都知监太监崔公寿藏碑》，《新中国出土墓志》北京卷（壹）下，第87页。

[3]　杨绎：《明故都知监太监张公墓志铭》，《北京图书馆藏中国历代石刻拓本汇编》第52册，第167页。

[4]　胡濙：《大明御用监太监朴庵李君碑》，《新中国出土墓志》北京卷（壹）下，文物出版社2003年版，第69页。

[5]　李永通：《明故内官监太监陈公墓志铭》，《新中国出土墓志》北京卷（壹）下，第73页。

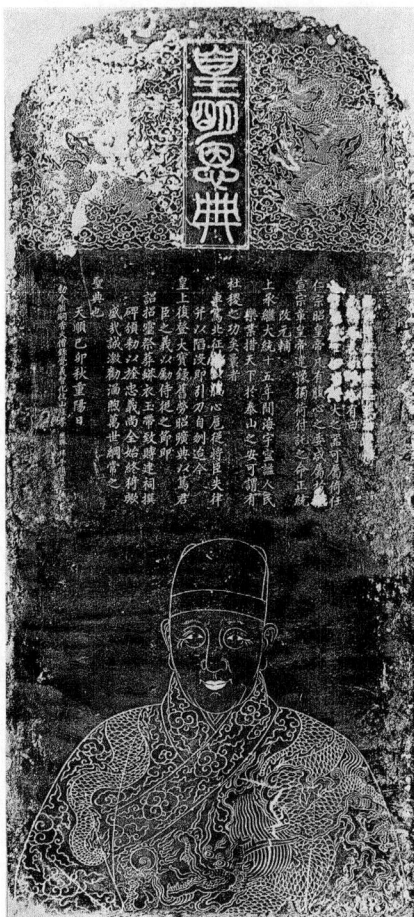

英宗谕祭王振碑

昌"公时年幼，而姿甚美，乃选入内廷被旨"[1]。杨定"天顺六年，以质奇伟，简入内廷"[2]。张诚"弘治庚戌，公以俊秀选入内廷，服属司礼监太监覃公昌、贺公能为名下"，翰林编修王忠撰铭曰："早以才质，简侍皇明。"[3]才能和相貌是入选的重要原因。

地方王府选拔阉宦，也重视相貌，如谷清"生而歧□，景泰中以秀整入侍内廷"[4]，进入蜀府。黄润"成化初，以俊秀被选入秦藩内籍"[5]。

其他宦官相貌亦在中等以上，如永乐初年随成祖北征多次立功的刘顺"身长七尺，而心雄万丈，状貌伟然"[6]，随英宗北征、死于土木之变的钱安"自幼秀爽，体貌魁梧"[7]，刘永诚"长而顾身，昂准虎步"[8]，姜

---

[1] 徐溥：《司礼监太监葵庵覃公昌墓志》，载《国朝献征录》卷117，第594页。

[2] 刘启：《明故尚衣监太监杨公墓表》，北京出土。

[3] 王忠：《明故内官监太监张公墓志铭》，北京出土。

[4] 赵永桢：《明蜀府承奉副谷公墓志铭》，四川出土。

[5] 强晟：《明秦府承奉正黄公墓志铭》，《新中国出土墓志》陕西卷（贰）下，第321页。

[6] 王直：《太监刘公墓表》，《北京图书馆藏中国历代石刻拓本汇编》第51册，第105页。

[7] 胡溎：《内官监钱太监瘗衣冠圹志》，《北京图书馆藏中国历代石刻拓本汇编》第51册，第170页。

[8] 岳正：《类博稿》卷10《明故御马监太监刘公墓志铭》，《景印文渊阁四库全书》第1246册，第450页。

林"生而形质秀爽"①，杜甫"幼有异质，躯干雄伟，顾视过人"②。部分宦官从小展现出不凡的气质，如陈良"生而骨相，不类群儿，术者异之，目为贵人"③，侍奉蜀王的腾英"自幼颖异不凡，人皆奇之"④。

端正的相貌，加之一定的资质，此类宦官最易受到重用，谢徕"生而资质秀发，颖悟过人，咸器重之焉"⑤，黄准"生而聪颖，材质不凡，自幼选入内廷，司礼监太监陈公宽见而器爱之，以为他日可大用，遂留教育焉"⑥。

宦官相貌和资质是明代宫廷选拔宦官的重要依据。留存的画像和墓志碑刻记载相互印证，表明了明代宦官的相貌在中等以上，为他们升官晋职提供了很好的基础。

第二节　宦官衣着服饰

衣着服饰很大程度上影响个人形象的塑造。明代对内官服饰有严格的规定与限制，但到明代中后期，社会逐渐走向开放与一定限度自由，加之皇帝的赏赐与纵容，很多内官身着蟒衣，腰系玉带，内官服饰亦发生了很大变化。

一、明代宦官服饰规定

明太祖建立了比较完善的内官制度，通过建立内官监、司礼监等

① 李时:《明故御马监太监姜公墓志铭》,《北京图书馆藏中国历代石刻拓本汇编》第54册,第77页。
② 王时中:《明故神宫监右少监杜公墓志铭》,《北京图书馆藏中国历代石刻拓本汇编》第54册,第150页。
③ 刘武臣:《明故内官监太监陈公墓志铭》,《北京图书馆藏中国历代石刻拓本汇编》第53册,第158页。
④ 赵永祯:《明故门副腾公墓志铭》,成都出土。
⑤ 赵昂:《明故内使谢公墓志铭》,《新中国出土墓志》北京卷(壹)下,第77页。
⑥ 高友机:《明故南京守备内官监太监黄公墓志铭》,南京博物馆藏。

二十四衙门将明代宦官体系化、组织化，对其职责进行了详细的规定。此外，宦官生活各个方面，明太祖也考虑非常周详，制定了"祖宗家法"。早在吴元年时，朱元璋就制定了内使冠服制度，"凡内使，冠用乌纱描金曲角帽，衣用胸背花团领，窄袖衫，乌角束带"①。洪武三年（1370），为将有职衔和无职衔者区分，重新制定了内使服饰制度。

> 上谕宰臣：凡内使监未有职名者，当别制帽以别监官。礼部定拟：内使监官凡遇朝会，照依品级，具朝服、公服行礼。其常服：葵花胸背团领衫，不拘颜色，乌纱帽，犀角带。其内使无品从者，常服团领衫，无胸背花，不拘颜色，乌角束带，乌纱帽垂软带。年十五以下者，惟戴乌纱小顶帽。②

内使监最初设于吴元年（1367）九月，是明初最重要的宦官衙门。③洪武二年八月，命吏部定内侍诸司官制，设二监、四局、二司、一库、东宫六局及门官。

> 定置内使监奉御六十人：尚宝一人，尚冠七人，尚衣十人，尚佩九人，尚药七人，纪事二人，执膳四人，司脯二人，司香四人，太庙司香四人，涓洁二人。置尚酒、尚醋、尚面、尚染四局，局设正一人，副二人。置御马、御用二司，司设正一人、副二人。④

洪武三年内使服饰规定主要是为了区别不同品级的内使穿戴，及内使朝服和常服。明初属于制度草创时期，明太祖从各方面规划了明朝制度

---

① 《明太祖实录》卷28，吴元年十二月丙寅，第467页。
② 《明太祖实录》卷57，洪武三年冬十月壬戌，第1117页。
③ 按，洪武十七年裁撤内使监，设置内官监，此后内官监成为管理宫廷宦官的第一署。
④ 《明太祖实录》卷44，洪武二年八月己巳，第861页。

设计，并且在明初皇权强有力控制下，规定可以得到有效的执行。洪武二十五年七月，由于军民服饰僭越现象越来越普遍，明太祖再次申明靴禁，规定文武百官并其亲人及儒士、生员、吏典、知印、承差、钦天监天文生等"许穿靴，然不许用红扇面黑下桩，与内官内使靴同"①。

明太祖所制定的制度奠定了有明一代的基础。清官修《明史》总结明代宦官服饰制度如下：

> 内使冠服：明初置内使监，冠乌纱描金曲脚帽，衣胸背花盘领窄袖衫，乌角带，靴用红扇面黑下桩。各宫火者，服与庶人同。洪武三年谕宰臣，内使监未有职名者，当别制冠，以别监官。礼部奏定，内使监凡遇朝会，依品具朝服、公服行礼。其常服，葵花胸背团领衫，不拘颜色；乌纱帽；犀角带。无品从者，常服团领衫，无胸背花，不拘颜色；角带；乌纱帽，垂软带。年十五以下者，惟戴乌纱小顶帽。按《大政记》，永乐以后，宦官在帝左右，必蟒服，制如曳撒，绣蟒于左右，系以鸾带，此燕闲之服也。次则飞鱼，惟入侍用之。贵而用事者，赐蟒，文武一品官所不易得也。单蟒面皆斜向，坐蟒则面正向，尤贵。②

《明史·舆服志》记载与《明太祖实录》洪武三年记载一致。

二、明代宦官服饰的变化

洪武以后，各项制度的执行逐渐松弛，宦官衣着服饰也发生了较大变化，宦官常穿蟒衣和飞鱼服。皇帝赏赐"蟒衣玉带"次数逐渐增多，成为宦官受宠的基本表现。赏赐亦有一定高低顺序，依次为飞鱼、斗牛、蟒衣、玉带。玉带为皇帝赏赐物品最高等级，文官一品始得受赐，《大明

---

① 《明太祖实录》卷219，洪武二十五年七月壬午，第3213页。
② 《明史》卷67《舆服》，第1647页。

会典》卷六十一《冠服二·文武官冠服》载：朝服革带"一品玉，二品犀，三品四品金，五品银钑花，六品七品银，八品九品乌角"。公服腰带"一品用玉，或花或素。二品用犀。三品四品用金荔枝。五品以下用乌角。鞓用青革，仍垂挞尾于下"。宦官最高品级仅为正四品，但在皇帝特旨下得以赏赐玉带。如宦官赵芬"始见世宗，时正简长厚，而才者群无逾公，特赐飞鱼，历升今官。夕不欲离左右，复赐斗牛、蟒衣、玉带，眷赉绸叠"①。朱宝"益笃心志，淬励其躬，勉修职业，无少怠荒焉。辛丑，蒙钦赏飞鱼。壬寅，复赏斗牛。本年九月内，承钦选进暖阁答应。癸卯，蒙钦赐蟒衣。戊申，复赐玉带。"②《酌中志》卷十九《内臣服佩纪略》记载："自奉御而上，左右监丞五品，左右少监从四品，太监正四品。自太监而上，方敢穿斗牛补。再加升，则膝襕之飞鱼也、斗牛也、蟒服也。再升，则受赏也。特升，方赐玉带。冬则光素，夏则玲珑，三九月则顶妆玉带也。"③

明代中后期，宦官穿蟒服的现象非常普遍。正德五年（1510）八月，张永自宁夏返回，向武宗密告刘瑾谋反状及不法事，武宗遂令长随四人去逮刘瑾，并且亲随其后，"时夜且半，瑾宿于内直房，闻喧声曰：谁也，应曰有旨。瑾亟披青蟒衣以出，长随缚之"④。刘瑾宿于直房，且夜半，因有旨而披蟒衣以出，身穿蟒衣而被执。

皇帝赏赐玉带也可以从宦官墓穴出土文物得到印证。如陕西铜川出土的宦官成敬墓中，出土的玉带结构完整，玉质温润，雕镂精美，在陕西的明代墓葬中尚不多见。从形制分析，当系《酌中志》记载的玲珑玉带。北京出土的刘通墓中，亦有一套由18块尺寸不一的玉石组成的完整玉带。这套玉带，青玉质，玉质质地细润，整套带板生动地再现了"鹘捕天鹅"的春水图案，天鹅长颈，圆眼，双翅展开，翅上雕刻两组排列整齐、粗短

---

① 刘效祖：《皇明御用监太监西漳赵公墓志铭》，北京出土。
② 张文宪：《明故内官监太监谦斋朱公墓志铭》，《北京图书馆藏中国历代石刻拓本汇编》第56册，第152页。
③ 刘若愚：《酌中志》卷19《内臣服佩纪略》，第168页。
④ 《明武宗实录》卷66，正德五年八月甲午，第1438页。

的阴线，海东青似正在向下俯冲，画面立体而独具神韵。刘通墓玉带铐有铊尾两块，四边委角方形带铐两件，带踝蹙环玉带铐两件，其余半月形及长方形带铐共 12 件。

皇帝赏赐特制衣服，宦官会视为莫大荣耀，在墓志碑刻中详细记载，甚至在墓碑题名亦有体现，如《皇明敕赐飞鱼品服蜀藩承奉司掌印承奉正菊东宁公墓志铭》《明钦赐飞鱼服秦藩承奉正华麓季公墓志铭》等。

明代小说中也有宦官衣着的描写。罗懋登《三宝太监西洋记通俗演义》第四十六回《元帅亲进女儿国，南军误饮子母水》记载郑和"头上戴一顶嵌金三山帽，身上穿一领簇锦蟒龙袍，腰里系一条玲珑白玉带，脚下穿一双文武皂朝靴"。所戴帽子亦称"中官帽"，因为它后列三山，也叫"三山帽"，这是明朝宦官所戴之帽，明人所塑太监戴的帽子均为此形象。《金瓶梅词话》第七十回《老太监引酌朝房，二提刑庭参太尉》写道："见一个太监身穿大红蟒衣，头上戴三山帽，脚下粉底皂靴。"

宦官身着蟒服，颜色、样式都属僭越，故多遭到文官的谏阻。弘治元年（1488），都御史边镛言："国朝品官无蟒衣之制。夫蟒无角、无足，今内官多乞蟒衣，殊类龙形，非制也。"乃下诏禁之。虽然明孝宗加意钳束，

《明宣宗狩猎图》（局部）

《明宪宗元宵行乐图》（局部）

再三申饬，但内官骄恣已久，积习相沿，不能阻止。因皇帝与宦官相处时间久，尤其是侍候皇太子的东宫宦官，在皇太子登基皇位后，东宫宦官会成为皇帝身边最重要的亲信，名曰"从龙"。弘治元年七月，吏部尚书王恕言："臣近以疾在告，闻朝廷升用内官颇多。又闻有蟒衣庄田之赐，不知果由圣意否，望裁革之。"有"善谏"之称的明孝宗解释道："比所升内官以昔时侍春官年久，兹遇节日，量加升赏耳，非有他也。姑置之。"① 到万历年间，即是没有皇帝赏赐，部分宦官也穿蟒服。

> 在京内臣稍家温者，辄服似蟒似斗牛之衣，名为草兽，金碧晃目，扬鞭长安道上，无人敢问。至于王府承奉，会奉旨赐飞鱼者不必言，他即未赐者，亦被蟒腰玉，与抚按藩臬往远宴会，恬不为

① 《明孝宗实录》卷16，弘治元年七月乙亥，第397页。

怪也。①

明末太监刘若愚所撰《酌中志》中专门记载了太监服饰："圆领衬摆，与外廷同。各按品级，凡司礼监掌印、秉笔及乾清宫管事之者旧有劳者，皆得赐座蟒补。"

万历十六年创作的《徐显卿宦迹图》描绘了徐显卿人生中二十六个重要时刻或难忘记忆，概括了他从十二岁到五十一岁、从童蒙初启到金榜题名，之后宦途得意、光宗耀祖的人生历程。其中有一幅《司礼授书》，隆庆六年（1572）到万历二年（1574）、四年（1576），徐显卿在内书堂为司礼监宦官教书。画中红衣者为徐显卿。听课的大小宦官有的戴官帽，有的梳髻，体现出年龄的不同，身上都穿青素直身，腰间悬挂牙牌。如下图所示：

徐显卿宦迹图（局部）

---

① 沈德符：《万历野获编》卷 5《服色之僭》，第 147 页。

宦官的官帽用竹丝编为帽胎，蒙以真青绉纱，帽的后山为两端尖锐中间略凹的形状，即三山帽。直身与道袍相似，直领，大襟右衽，大袖收口，但衣身两侧开衩处接有双摆在外，《酌中志》记载："直身，制与道袍相同，惟有摆在外。"内臣牙牌与官员牙牌形制不同，缀红线牌穗。

第三节　宦官个人品格分析

宦官政治上的作为容易给人留下大奸大恶的历史形象，进而对其品性有所贬损。但通过梳理明代文献及部分画像资料发现，他们普遍有强烈的忠孝观念，在服务宫廷、为皇帝尽忠的同时，对原先家庭也有深厚的感情，为人处世方面亦有可取之处。对宦官个人品格的探究有助于全面了解作为生命个体的宦官真实面貌。

一、忠孝观念

毫无疑问，宦官有强烈的忠君观念，"忠"是皇帝非常看重宦官并最终委以重任的重要原因。宦官脱离原先家庭，专职服务于宫廷，并且没有繁衍后代的顾虑，因此他们"移孝于忠"，将所有的精力和情感都放在宫廷之内，刘顺"其奉母孝，事兄恭，其侍上左右朝夕，敬慎不少懈，有所委任，必竭忠尽诚"[1]。陈谨"居中七十余年，历事列圣，竭尽忠诚，始终不二"[2]。由于墓志碑刻的墓主大多数是受到皇帝多次赏赐的上层宦官，因此他们对皇帝的赏赐怀有感恩之心，甚至可以以死相报。洪武年间内使云奇，"南海人，洪武间内使守西华门"[3]，时丞相胡惟庸谋逆，云奇因阻止明太祖銮舆赴其府第，以不敬被殴死，"公虑必与祸会，走冲跸道，勒马

---

[1]　王直：《太监刘公墓表》，《北京图书馆藏中国历代石刻拓本汇编》第51册，第105页。

[2]　李永通：《明故内官监太监陈公墓志铭》，《北京图书馆藏中国历代石刻拓本汇编》第52册，第145页。

[3]　过庭训：《本朝分省人物考》卷110，《明代传记丛刊》第140册，第414页。

卫言，状气方勃，崒舌駃不能达意。上怒其不敬，左右捌捶乱下，公垂毙，右臂将折，犹奋指贼臣第，弗为痛缩"[1]。卒后赠某监左少监。景泰年间，退居南宫的明英宗处境非常困难，有人欲诬陷英宗复位，安南籍宦官阮浪坚决抵制，"及上居南宫，公复以老成端谨入侍左右，事无大小，悉恣委之。时景泰已易太子，奸臣觊图爵赏，构辞加害，言公欲纠众复立正统，又欲公旁引内外勋旧织成罪状，百端拷掠，极其惨毒，未肯承服，遂忍恨而死，终不累人"[2]。王佑"益砥励图报称，尝曰：'臣之事君，鞠躬尽瘁，死而后已，庶几无愧。'又曰'吾倚荷国渥恩，常禄之外有所妄取，非忠也。'故自始授官驯至贵显，俱有廉名"[3]。

事实上，宦官亦非完全没有顾虑，他们往往仍有家庭观念，对自己的父母、子侄仍尽量照顾，并凭借皇帝的信任使亲人多次不断受到封赏。宦官还会从子侄中选择某人，以继其后。如樊坚：

> 感荷国恩，每以不能报称为念。夙夜孜孜，图所以尽其职者，未尝少懈。恒自念曰："人皆有父母，我独无；不能事之于生，尚当报之于死。"每岁时祭荐，物极精洁诚敬。公有姪二人，曰泰，曰禧。公以泰承其后。恐其久而忘其所自出也，手画宗支图以授之，曰："此吾樊氏世系也，汝其保之。"[4]

宦官仍然保持与原先家庭的联系。御马监太监王佑"性至孝，母氏孀居五十年，寿过九十，尝以贞节为有司所上，诏旌其门。公念违远膝下，语及不胜哽咽，岁时遣人奉甘旨，候问起居不辍。间有疾，辄废寝食，报

---

[1]　何孟春：《赠司礼监太监云公奇墓碑铭》，载《国朝献征录》卷117，第585页。

[2]　李贤：《御用监左少监赠御用监太监阮公浪墓表》，载《国朝献征录》卷117，第587页。

[3]　杨一清：《明故御马监太监王公墓志铭》，《北京图书馆藏中国历代石刻拓本汇编》第54册，第21页。

[4]　邱濬：《明故司设监太监樊公墓志铭》，《北京图书馆藏中国历代石刻拓本汇编》第52册，第170页。

痊乃已"①。太监邵恩"性孝友，少孤，二亲早逝，恨弗逮养，语及怅然。念二弟曰鉴、曰英在故乡，遣人迎请来京，待之甚厚，曰：'见吾弟，如见吾亲也'"②。宦官还周济族人、赈济乡邻，如吕宪"平生事亲孝，御下严，处兄弟友，祭先祖以礼，历官所至，必延师以诲其从子若孙。族人有流亡者，招集资给之"③。刘玉"有严生者，母死，弗克举葬，公为具棺敛，置地数亩以葬，其仁惠多此类"④。

宦官侍奉父母，有非一般人能做到者。如太监房懋"天性旷达，不为富贵所溺。□奉亲尤为脍炙人口，太夫人在堂时，公每食或得珍味，必先献而后食。太夫人殁，哀□□三日不食，徒跣足扶柩，安厝丧礼，无所不备。事父尤孝，同侪之得于观感者赖以兴□"⑤。

生前尽孝，部分宦官死后还希望将墓穴葬于父母之侧，如内官监太监钱安：

> 平生孝友忠信，恒念其先考远葬山海，久缺祭扫，于正统十一年三月，遣孙男钱寿往彼起迁骨椟，奉迎至顺天府昌平县清河东北，造坟安厝已，尝征予为铭及祠堂记。公复于墓旁预造母朱氏并其自己寿藏二所。⑥

正统十四年，英宗北征，钱安随驾，殁于土木，其母具棺椁，以其生

---

① 杨一清：《明故御马监太监王公墓志铭》，《北京图书馆藏中国历代石刻拓本汇编》第54册，第21页。
② 杨一清：《明故御马监太监邵公墓志铭》，《新中国出土墓志》北京卷（壹）下，第188页。
③ 张邦奇：《靡悔轩集》卷6《明故南京守备内官监太监吕公墓志铭》，《续修四库全书》第1337册，第39页。
④ 吴山：《皇明御马监太监岐山刘公墓志铭》，《新中国出土墓志》北京卷（壹）下，第225页。
⑤ 佚名：《明故司设监太监房公墓志铭》，《北京图书馆藏中国历代石刻拓本汇编》第54册，第2页。
⑥ 胡濙：《内官监钱太监瘗衣冠圹志》，《北京图书馆藏中国历代石刻拓本汇编》第51册，第170页。

前所服衣冠，招魂于清河自营之寿圹。

二、处世风格

明代宦官活动范围广泛，包括出使、专征、监军、分镇、刺臣民隐事等等。他们与文武官员关系密切，与文武官员交往时宦官往往需要克服自己的缺点，通过多种途径与文武官员、地方士绅建立良好的关系，尽量避免发生矛盾。正德皇帝遣人谕祭司设监董智，形容其"温敏之资、小心敬慎"，"盖公以实行受上知如此"。[1]宦官一般在宫廷服务达四五十年，始能到达宦官上层，宦官陈谨"居中七十余年，历事列圣"，因此经过数十年的锻炼，他们对政务非常熟悉，如张宏"能通诸史言，尤明习法令故事，引臧否，切中事情"[2]。毕云"秉性惇厚，寡言笑，鲠直不阿。扬历四朝，荐逾五纪。事君以忠，事亲以孝，待人以诚，驭下以宽。谨度节用，明刑平狱"[3]。内官监太监陈良：

> 厚重而明，直谅而文，偶居移日，或不交一谈，而出谋发虑，往往出人意表。政务当更张者，肆力施行，锐不可夺。诸凡奏疏，皆自起稿草，不假于人。酷好诗律，信意写出，多斐然成篇，可赋咏也。然其性尚谦退，不以此自多，故同列敬而爱之。出入禁闱五十余年，小心慎密，未尝有过。乃若其赈济保障之功，则谈者莫不歆艳之。[4]

成化年间，宪宗崇道，内官监太监莫英不顾安危，劝谏宪宗，并曾多次推辞晋升的机会。

---

[1]　陆深：《俨山集》卷72《司设监太监董公墓志铭》，《景印文渊阁四库全书》第1268册，第465页。

[2]　王家屏：《司礼监太监张公宏墓表》，载《国朝献征录》卷117，第607页。

[3]　李时：《总督东厂司设监太监毕公墓志铭》，《新中国出土墓志》北京卷（壹）下，第218页。

[4]　刘武臣：《明故内官监太监陈公墓志铭》，《北京图书馆藏中国历代石刻拓本汇编》第53册，第158页。

侍宪宗皇帝，升内官监右少监，谏神仙事，忤旨，犹升太监，赐蟒衣……或荐至御司房，则辞。推东宫伴读，则又辞。取六局官，则又辞。上使之访仙术，则谏。使之建延寿塔，则欲止之，会以谏止。监上林，则曰："果实充而已。"督京仓，则曰："出纳充而已。"欲广近场火道，以民怨奏止之。仓官吏旧无俸养，则曰："是教之偷也。"奏赡之月粮而弊息。[1]

滕祥是嘉靖末隆庆初权势显赫的大宦官，官至司礼监掌监事，兼掌御用、司设二监，严格管理下属，并且多所匡正。

公为人朴愿，言若不能出口，及当事，乃更刚决，咄嗟立办，处肘腋间六十年，未尝有过失。其在司礼，以刻廉闻，御下严，不可干以私，时于上左右有所规切匡正，每改容纳焉，至始终守法度，不一关说，外庭事士大夫尤多之。呜呼，自古巧慧习事者，往往能瞀视听、蒙爱幸，而上独以公质直无他，亲信公且令笔内枢，宠遇无两，岂不渊然有深识哉。乃公卒以小心慎密，善其职，斯可垂掖庭用人之法，而公之贤亦得流闻无已也。[2]

御用监太监钱义：

宅心醇厚，事上恭谨，与诸兄处，爱敬交至，犹善礼待贤士，宽驭仆役，人有见侮，略不与校，有私谒，悉拒不纳。刻操履廉介，每令评物价，纤毫无所私。凡古今奇异器物，名公书画，人所不识者，一目悉知其详，且能品题其高下。朝廷凡有制造，必经与工艺者商榷，然后称旨。[3]

---

[1] 佚名：《白石主人传》，北京出土。
[2] 陈以勤：《司礼监掌监事太监滕公祥墓志铭》，载《国朝献征录》卷117，第605页。
[3] 万安：《大明御用监太监钱公墓志铭》，《新中国出土墓志》北京卷（壹）下，第105页。

部分宦官表现出对文字、书画、诗书等文化载体浓厚的兴趣。宦官进入宫廷后，内廷会根据他们的天资进行相关方面的培养，送入司礼监内书堂读书是其中最重要的一条途径，部分宦官文化水平很高，不亚于饱读诗书的儒士。如张宏"为人踽踽，廉谨澹泊，无他嗜，雅嗜书，公务之暇，手不停披，能通诸史言"①。黎阴"性恭俭好学，退直之暇，手不释卷，涉猎经史，明大义"②。甚至撰有诗文著作，如宦官赖恩：

> 敬贤好儒，怡然去边幅，人之有技，虽韦布与之钧礼，或苦贫乏，捐俸给之。然饮其德不言，故鲜有知者。庭户翛然，园池竹石，清幽寂静，如隐者居。凡居宁波六年，敲朴弗施，音乐弗用，图书左右，鼓琴赋诗，适趋尘埃之外，而民怀其德，士颂其贤。间出巡海徼，尤民怀君，形之于言，为《东巡稿》《南巡稿》若干卷。③

司礼监太监牛玉：

> 平生孝友，喜读书，不近佛老，虽久处重任，始终谨密，避远权势，若儒生然。遇贤士大夫，情意周洽，与论理道，亹亹忘倦，恒居无他玩好，至老手不释卷，尤喜吟咏。居金陵久，山川胜概，登临题品，所至有之。事兄友弟，情爱甚笃。教诸子侄极有法，积诗书，延良师友，俾与之游。④

宦官张维，世宗时进入宫廷，穆宗时被选拔辅导东宫，诗文水平很高，并留有著作。

---

① 王家屏：《司礼监太监张公宏墓表》，载《国朝献征录》卷117，第607页。
② 《大明御马监太监黎公墓碑铭》，《北京图书馆藏中国历代石刻拓本汇编》第53册，第115页。
③ 张邦奇：《靡悔轩集》卷6《奉敕提督浙江市舶司事太监赖公墓志铭》，《续修四库全书》第1337册，第40页。
④ 倪岳：《明故南京司礼监掌印太监牛公墓志铭》，南京出土。

癸酉，上入继大统，稽古右文，每经筵回，或有疑问，维即引古史明正以对。尝奉命题咏，率闲邪禁放，俛俛应制，叨御翰有"文雅忠勤"及"雕肃殿讲鉴书"等额……庚寅春，奉旨出私第，大哉皇仁，至矣尽矣，得生还矣。即闭门思过，优游□□二十余年，未窥市里，歌咏太平，积有《归来篇》《闲居日草》《苍雪斋》等集，或为刻之。①

清初钱谦益在著《列朝诗集小传》时，曾注意到宦官诗人，介绍了张维。康熙时，朱彝尊曾大力搜集明代宦官的诗作，仅得六人，张维是其中之一。

在个人起居方面，部分宦官也非常注重节俭，如宦官刘玉"生平被服俭素，口腹之欲，略不少纵。每饮酒，未尝至乱。其不茹荤，则严戒以终其身"②。郭通"生平直质，不事华靡，恭忠持己，平恕宅心，示下恤恩，接交乎义"③。潘真"笃意绥怀，质任恬泊，不喜华缛，事存大体，不屑为苟，细性坦荡，无畛域然，不取一毫于分之外，悃愊无外饰，而于故典时宜能言其肯棨"④。

墓志碑刻墓志大多是宦官上层，因此一般具有良好的个人品质，在待人接物、为人处世方面皆有可取之处，如正德初"八虎"之一的高凤"为人纯悫简易，无疾言遽色，中不设崖穽，不屑屑为恩怨计，亹亹嗜问学，所治官自壮至老皆文翰事。其尤大者，则储宫之辅翊、内政之枢机，竭志殚力，务求实用，而恒固不易，进退裕如，遭际之盛，持养之厚，兼得

---

① 张维：《皇明张处士墓志铭》，《北京图书馆藏中国历代石刻拓本汇编》第59册，第5页。
② 吴山：《皇明御马监太监岐山刘公墓志铭》，《新中国出土墓志》北京卷（壹）下，第225页。
③ 阎钦：《钦差镇守云南御用监太监郭公墓志铭》，《北京图书馆藏中国历代石刻拓本汇编》第53册，第151页。
④ 张邦奇：《靡悔轩集》卷6《明故南京守备司礼等监太监潘公墓志铭》，《续修四库全书》第1337册，第32页。

之矣"①。良好的个人品质为宦官久处宫廷奠定了基础，太监陈谨"志尚清虚，澹然自适，凝重寡言，不易喜怒。其立心操行，俯仰无愧，诚为有道、有德、福寿兼隆者也"②。

由于多种因素，墓志碑刻难免出现夸大、过誉的现象。但仍不能否定，明代部分宦官品行良好，不事奢靡，喜读书，追求儒雅。和此前研究所形成的宦官印象不同，墓志碑刻为更加全面了解宦官个人品行提供了充足的史料。

部分宦官所作所为也得到当时士大夫的一致认可。郎瑛《七修类稿》卷十四以"本朝内官忠能"记载了云奇、沐敬、阮安、金英、覃吉、怀恩、何鼎、萧敬等人的事迹，这几位正是明朝宦官中得到外朝认可、评价较好的宦官。

嘉靖初年，陈洪谟曾任兵部侍郎，其总结明代宦官善恶。

　　　近时宦官，如萧敬之文雅、陈宽之谨厚、何文鼎之忠谠，皆不可少。前此，若金安之廉、兴安之介、金英之知人、怀恩之持正、张永之刚勇、王高③之雅饰，后乎此若芮景贤之安静，皆有取焉。至如马骐之激变交南、吉祥之怨望启叛、蒋冕之谮乱宫闱、李广之纳赂干政，又其辈中之罪人也。至于王振之专恣陷驾北狩、汪直之骄横西厂害人，后乎此若刘瑾之乱政谋叛，则又甚矣。④

王世贞根据宦官政治表现，总结更为全面。

　　　中人谋大逆者二人，曰曹吉祥，曰刘瑾。乱政者十人，曰王振，

① 李东阳：《大明故司礼监太监高公墓志铭》，《新中国出土墓志》北京卷（壹）下，第153页。
② 李永通：《明故内官监太监陈公墓志铭》，《北京图书馆藏中国历代石刻拓本汇编》第52册，第145页。
③ 疑为"王嵩"，事见碑89。
④ 陈洪谟：《治世余闻》卷3，中华书局1985年版，第56页。

曰牛玉，曰汪直，曰梁芳，曰韦兴，曰李广，曰魏彬，曰谷大用，曰
张雄，曰张锐。谋叛者二人，曰喜宁，曰毕真。贤者四人，曰金英，
曰黄赐，曰怀恩，曰张佐。忠者二人，曰云奇，曰何文鼎。有边功者
二人，曰郑和，曰刘永诚。功与罪当者二人，曰萧敬，曰张永。①

王世贞所论以正德以前宦官为主，嘉靖时期仅有张佐一人。既列举宦
官谋逆、乱政、谋叛等，亦承认宦官中有贤者、忠者、立边功者，并列功
罪相当者二人。对嘉靖以前多种类型的宦官所发挥的作用及造成的影响作
了比较准确的判断。嘉靖以后，宦官乱政者虽多，但亦不乏陈矩、王安、
王承恩等忠直宦官。

通过文献记载、雕塑图像和墓志碑刻资料，可以窥测明代宦官服饰、
外貌等比较直观的宦官形象，以及宦官为人处世的方式。虽有部分美化和
夸大，但墓志对了解宦官个人品格具有无法替代的重要作用。

---

① 王世贞：《弇州史料》后集卷38《中官淑慝》，明万历四十二年刻本。

第三章　墓志碑刻所见明代宦官来源及培养

从明初到明末，宦官来源发生了较大变化，宦官籍贯的变化明显受到明代政治、军事形势的影响。到明末，京城附近的直隶地区成为宦官最重要的来源地，对当地社会风气产生了深远影响。宦官进入宫廷，亦有着多种复杂的原因，有别于此前研究者得出的宦官是因为家贫被迫进宫，部分宦官出身于当地大族，家庭背景雄厚，家族成员亦有显赫者，充分显示出明代宦官来源的多元性。

第一节　明代宦官籍贯分布变化

一、从边地到畿辅

某地出产宦官较多的现象，唐宋时人已关注到这种现象。《新唐书·宦者传》记载："诸道岁进阉儿，号'私白'，闽、岭最多，后皆任事，当时谓闽为中官区数。"这种说法被不少研究唐代宦官问题的论著所沿袭，但未详细考究。杜文玉曾根据墓志对唐代宦官籍贯进行过统计，发现关内道所占人数最多，超过全国半数以上，其中京畿地区的人数即达全国的40%。福建所在的江南道仅占9%，岭南道占5%，其中闽籍宦官人数只占全国的4%，远远低于京畿地区，说明上引《新唐书·宦者传》所载的宦官"闽、岭最多"的说法，并不准确。从南北方比例看，北方诸道占81%，南方诸道仅占19%，可见唐代宦官的绝大部分还是北方人。杜氏所用样本较小，由于资料原因，仅统计到 75 位宦官的籍贯，并且没有具体分析不同历史时期的情况。

宦官多产于京城附近的现象，沿至宋元明而不变。郑威曾根据多种史料统计过明代宦官籍贯，洪武至正德情况如下：

区域	明直接统治区									其他地区						总计
	北直	南直	山西	陕西	浙江	福建	广东	广西	云南	合计	高丽（朝鲜）	交趾	西番	女直	北胡	合计	
人数	7	1	1	1	2	3	2	5	3	25	3	4	1	6	3	17	42
占比（%）	16.7	2.4	2.4	2.4	4.75	7.1	4.75	12	7.1	59.6	7.1	9.5	2.4	14.3	7.1	40.4	100

从上表可以看出，在这一时期可以统计到的 42 人的籍贯中，北直隶的最多，这说明越靠近宫廷的地区宦官人数越多；但这种比例仅占 16.7%，又说明这一地区并没有成熟的选取宦官的制度。而南直隶与十三布政使司的人数分配也极不均匀，以福建、广西、云南三省居多，有 11 人，占 26.2%；其他地区仅有 7 人，占 16.7%。与内地相比，外藩、部族人数更多，为 17 人，占 40.4%。如果将闽、桂、滇与外藩、部族作同一地域看待，来源于此地域的宦官人数则达到 28 人，占总人数的 66.6%。总的看来，除政治中心外，边境省份、外藩部族是宦官籍贯的主要分布地。

若以墓志碑刻为基本史料，分析的样本数量将更多，所得出的结论将更加合理。在上述统计中，明朝前期，山东、贵州、江西、河南、湖广等省均未统计，后期山东、福建、河南、广西、四川等省亦未有一人。兹补几例：

姓名	籍贯	入宫时间	史料来源
吕宪	山东阳信人	成化丁酉	明故南京守备内官监太监吕公墓志铭
房懋	山东□南□邑□县	正统己丑	明故司设监太监房公墓志铭
张丙世	山东兖州府曹州	正德丁卯	明故尚衣监太监张公墓志铭

续表

姓名	籍贯	入宫时间	史料来源
辛寿	山东东昌府濮州朝城县丈八里人	弘治辛酉	明故内官监太监辛公墓志铭
张瑛	山东济南常山世家	弱冠	故织染局右副使张公墓志铭
刘赟	山东济南府陵县思义乡人	天顺八年	大明故尚膳监太监刘公墓志铭
昌盛	贵州都匀长官司人	洪武辛未	明故神官监太监昌公墓志铭
景聪	贵州大族	天顺间	御马监太监景公墓表
龚昇	其先贵州石阡府人，幼以兵燹，流于蜀之播州	景泰五年	大明御用监太监龚公墓志铭
黄庆	贵州黎平府	成化丁酉	明故内官监左少监黄公墓志铭
王玉	河南开封府人	弘治癸丑	明故神官监太监王公墓志铭
萧平	河南开封府陈州沈丘县	正德丙子	明故尚膳监太监萧公墓志铭
李荣	河南洛阳	景泰庚申	大明故司礼监太监李公墓志铭
郑真	河南开封府阳武县	弱冠	皇明司礼监管监事太监郑公墓志铭
黄锦	河南洛阳人	正德初	司礼监太监兼督东厂黄公锦神道碑
陈奉	山东曹州	嘉靖己未	明德府协理承奉司事典宝副陈公墓志

高丽（1392 年李氏朝鲜取代高丽）是明初宫廷宦官的重要来源地。从元朝开始，身为藩属国的高丽就开始进贡火者、阉人。明朝建立后，高丽仍然是明朝最亲近的藩属国，明太祖通过多种措施向高丽展示宗主国的地位，索取战马、宫女及阉人就是其中常见措施之一。这些史料在明朝史籍中反映较少，而朝鲜半岛史籍中记载较多。《高丽史》记载，洪武二十一年（1389）十二月，"帝遣前元院使喜山、大卿金丽、普化等来求马及阉人。喜山等皆我国人也"[1]。洪武二十四年三月，明太祖下诏，"于高丽市马一万匹，并索阉人二百人"[2]。《高丽史》录有诏令全文。

帝遣宦者前元中政院使韩龙黄、秃蛮等来。礼部咨曰，钦奉圣

---

① 《高丽史》卷 137，洪武二十一年十二月。

② 《明太祖实录》卷 208，洪武二十四年三月己丑，第 3093 页。

旨：朕稽古典，三韩之地，始古至今，产马处所。即今乏马戍守，差三韩本俗阉人谓署国事王瑶及群陪臣等，谕以分明于有职人员及富家处易马一万，令各官及富家子弟将马于辽东交割，来京关领价值。更于各官处需阉人二百名。三韩远在东溟之外，产无我供，人无我用，受命称臣，以何为信？国富民稠，于斯需索交易，不为过矣。①

该诏令是明朝以天朝上国姿态敕谕高丽国王，以市马和贡阉人两中国方式作为高丽向明朝称臣的证明。市马以充武备，尚可理解，而索取阉人反映了明朝初期宫廷宦官数量急剧增多的趋势及国内阉人较少的矛盾。但阉人本非正常人，需极度伤害身体始成阉人，高丽为迎合明太祖上述诏令的要求，不得不强行对普通人进行割势，对当地社会及普通民众势必造成不良影响，明太祖很快出面制止了这种不良行为，"帝遣前元承徽院使康完者笃等三人来，诏曰'比闻高丽阉寺鲜少，为朕割势遣之。如有之，使禁约'"②。

嘉靖至明末，宦官籍贯情况初步统计如下：

区域	北直隶	陕西	浙江	山西	广东	江西	湖广	总计
人数	67	5	1	1	1	1	1	77
占比（％）	87	6.5	1.3	1.3	1.3	1.3	1.3	100

宦官籍贯发生了根本性的变化，后期来源主要集中于靠近都城的北直隶。导致这种变化发生的原因是宦官来源方式的变化，即由原来的主要靠外藩、边地以及战俘的进献转向定期的选取民间自宫者。选阉方式使得靠近京城的地区成为宦官的主要集中地。

已发现明后期宦官墓志碑刻整理如下：

姓名	籍贯	卒年	入宫时间	资料出处
邵恩	浙江上虞	嘉靖丙戌	弘治癸丑	明故御马监太监邵公墓志铭
孙洪	涿人	嘉靖二年	成化丁酉	明故御马监太监孙公墓志铭

① 《高丽史》卷46，洪武二十四年四月壬午。
② 《高丽史》卷46，洪武二十四年十二月甲子。

续表

姓名	籍贯	卒年	入宫时间	资料出处
李质	广东高州府化州	嘉靖五年	天顺间	明故神宫监太监李公墓志铭
李堂	保定府蠡县	嘉靖五年	弘治庚戌	明故内官监太监李公墓志铭
杜甫	保定府涞水县人	嘉靖六年	成化壬寅	明故神宫监右少监杜公墓志铭
杨瓛	广东肇庆高要人	嘉靖七年	成化丙戌	明故内官监太监杨公墓志铭
苏瑾	云南腾冲人	嘉靖十一年	成化乙巳	明故司设监太监苏公墓志铭
王玉	京师	嘉靖十七年	弘治癸丑	明故神宫监太监王公墓志
孙彬	直隶保定府蠡县	嘉靖十七年	弘治十四年	明故内官监太监孙公墓志铭
韩锡	其先本朝鲜人	嘉靖二十一年	成化癸卯	明故内官监太监韩公墓志铭
萧平	河南开封府陈州沈丘县	嘉靖二十三年	正德丙子	明故尚膳监太监萧公墓志铭
宋兴	河间肃宁	嘉靖二十五年	正德丙寅	大明故东厂总督前司礼内官监太监宋公墓志铭
田斌	顺义	嘉靖二十八年	成化壬寅	明司设监太监署惜薪司事公泉田公墓表
潘应	广东人	嘉靖	弘治丁巳	永陵神宫监太监潘公墓碑
刘璟	保定清苑	嘉靖辛卯	成化十八	明故前内官监太监湛庵刘公（璟）墓志铭
赵宣	顺天府涿州	嘉靖癸巳	成化壬寅	明故御用监右少监赵公墓志铭
芮景贤	真定府武邑县人	嘉靖癸巳	成化壬寅	明故御马监太监总督东厂官校办事钦改司礼监太监直庵芮公之墓
张丙世	山东兖州府曹州人	嘉靖甲午	正德丁卯	明故尚衣监太监张公墓志铭
毕云	直隶保定府容城县人	嘉靖丁酉	成化间	总督东厂司设监太监毕公墓志铭
杜江	世居山西	嘉靖二十年	成化壬寅	大明故神宫监右少监台邨杜公墓志铭
刘濬	真定藁城	嘉靖二十三年	弘治癸丑	明故神宫监太监刘公墓志铭
阎绶	昌平顺义	嘉靖戊申	弘治辛酉	明故署惜薪司事官西峰阎公之墓志铭
郑恭	祖贯福建汀州府	嘉靖戊申	成化己亥夏	明故神宫监太监郑公墓志铭
崔景	其先湖南人	嘉靖己酉	—	明故司礼监太监春轩崔公墓志铭

姓名	籍贯	卒年	入宫时间	资料出处
张保	顺天府永清县	嘉靖三十九年	正德元年	大明御马监太监乐安张公寿藏墓志铭
阎清	顺天府文安县	嘉靖庚申	正德甲戌	明故内官监太监龙泉阎公墓志铭
马腾	直隶保定府新城县	隆庆庚午	—	明故尚衣监掌监事太监马公墓志铭
赖恩	福建上杭人	嘉靖丙戌	六岁入	奉敕提督浙江市舶司事太监赖公墓志铭
张永	保定新城人	嘉靖七年	成化十一年	司礼监太监张公永墓志铭
梁玉	其先江西丰城人，后徙易州	嘉靖十七年	弘治丙戌	明故御马监太监梁公墓志铭
李镇	涿鹿人	嘉靖十八年	弘治庚戌	内官监左少监李公墓志铭
萧敬	福建延平府南平县人	嘉靖戊子	髫年给侍内廷	司礼监太监梅东萧敬墓表
刘玉	冀北怀仁人	嘉靖癸卯	弘治庚戌	明御马监太监岐山刘公墓志铭
董智	家世湖广武岗州人	嘉靖十九年，得年三十有五	正德九年秋入	司设监太监董公墓志铭
麦福	广之三水人	嘉靖壬子	—	司礼监太监掌监事兼督东厂麦公福墓志
滕祥	保定雄县人	隆庆间	正德己巳	司礼监掌监事太监滕公祥墓志铭
朱宝	广东人	隆庆元年	正德甲戌	明故内官监太监谦斋朱公墓志铭
黄锦	河南洛阳人	隆庆间	正德初	司礼监太监兼督东厂黄公锦神道碑
张宏	广东新宁人	—	世宗朝	司礼监太监张公宏墓表
晏宏	其先楚人	嘉靖甲午(72)	幼入禁庭	南京守备晏公墓志铭
吕宪	山东阳信人	嘉靖辛卯	—	明故南京守备内官监太监吕公墓志铭
徐经	直隶保定府安肃县	万历七年	嘉靖丙申	针工局署局事御马监太监徐工寿碑铭
赵芬	真定赵州人	万历十年	正德九年	皇明御用监太监西漳赵公墓志铭

续表

姓名	籍贯	卒年	入宫时间	资料出处
陈矩	安肃人	万历三十五年	嘉靖丁未	明故掌司礼监太监麟冈陈公神道碑
冯保	常山深州人	—	—	司礼监太监冯公预作寿藏记
张稳	保定府易州	—	万历癸酉	张公长生碑记
商经颖	顺天府大城籍	万历二十三年	—	商经颖寿域碑
萧准	直隶河间府任丘县	万历丁丑	正德己卯	明故御马监太监萧公墓志铭
王守成	顺天府东安县	万历庚辰	正德甲戌	明故御马监太监静庵王公墓志铭
王安	顺天	万历三十三年	嘉靖壬戌	明故奉御云山王公碑记
成敬	顺天香河人	万历庚戌	嘉靖己未	明故掌司礼监太监聚庵成公墓志铭
田义	陕西华阴人	万历乙巳	嘉靖壬寅	乾清宫近侍司礼监掌印兼掌酒醋麦局印总督礼仪房司礼监太监渭川田公墓表碑铭
杜茂	陕西咸阳人	泰昌元年	嘉靖三十八年	明故司礼监秉笔太监管监事瑞庵杜公墓志铭
张昇	—	天启辛酉		皇明乾清宫牌子尚衣监太监慧庵张公墓志铭
马荣	—	崇祯五年九月刻	—	钦差孝陵掌敕神宫监掌印太监龙湖马公碑记
汤盛	北直安素人	天启甲子	万历辛丑	汤盛墓碑
王佐	顺天府东安县人	崇祯十年卒	天启辛酉	皇明乾清宫管事提督官内两司房兼掌尚衣监印务尚膳监太监信吾王公墓志铭
高升	顺天府永清县信安镇人	崇祯十七年殉国	万历癸未	司礼监掌印云峰高公墓表
张维	孟津	—	嘉靖间	皇明张处士墓志铭

上述为可见墓志碑刻对宦官籍贯的整理，正史及方志等资料中，还有数量众多的宦官。宦官的来源会受到某些特殊原因的影响，明世宗起自藩邸，因此其王府宦官如张佐、鲍忠，麦福、黄锦等人成为世宗朝上层宦官，麦福首开以司礼监太监兼总督东厂先例，张佐则开启内臣预修实录并得蒙荫的先例。世宗朝因此尚有不少南方籍贯的宦官。

南京雨花台梅冈北麓曾出土《南京司礼监等衙门太监等官义会碑》，记载了26位宦官的姓名和籍贯，其文如下：

王公讳章，号龙山，保定府雄县人；王公讳弼，号双泉，顺天府霸州人；党公讳存仁，号义庵，西安府华阴县；舒公讳忠，号毅庵，顺天府遵化县；赵公讳继暹，号义斋，河间府任丘县；刘公讳登，号晋庵，保定府新安县；赵公讳秀，号忠斋，保定府高阳县；贺公讳贵，号秦川，关中咸阳县；王公讳德，号四桥，真定府槁城县；马公讳龙，号海峰，顺天府大成县；张公讳宪，号龙江，顺天府霸州人；□公讳□号□，关中咸阳县；孙公讳相，号南溪，顺天府霸州人；王公讳守谦，号岐山，关中咸宁县；李公讳科，号乐庵，顺天府保定县；刘公讳尚忠，号思云，湖广承天籍锦衣人；朱公讳相，号玉泉，保定府容城县；杨公讳安，号□江，南阳府郑平县；刘公讳玉，号昆山，保定府清远县；李公讳荣，号钦轩，周公讳元诏，号御亭，顺天府宝坻县；李公讳国祥，号瑞吾，顺天府宛平县人；刘公讳进朝，号松山，顺天府顾安县人；杨公讳奉，号玉山，朱公讳有光，号明斋，西安府咸阳县。[1]

上述27人均供职于南京内府衙门司礼监等，共同成立义会，积极为自己身后事筹划，死后可以葬入义会所购墓地中，并有人负责相关祭祀事务。24人籍贯清晰，顺天府10人，保定府5人，河间府、真定府各1人，北直所属府县共有17人，占比为63%。

刘若愚经历了从万历到崇祯初明朝中央政局变迁，其《酌中志》对明代宫廷情况记载史料价值极高，对宦官衙门设置、沿革、职掌的记载可信度极高。该书用较多篇幅记载妖书案及魏忠贤、客氏事迹。统计部分宦官

---

① 《南京司礼监等衙门太监等官义会碑》，南京出土，转引自龚巨平：《〈南京司礼监等衙门太监等官义会碑〉考释》，《郑和研究》2013年第4期。

记载，可以发现，万历以后，绝大部分重要宦官均来自北直隶，

姓名	籍贯	任职	备注
孙暹	涿州	司礼监秉笔、掌东厂	—
张鲸	新城县	司礼太监、总督东厂	张宏名下
孙隆	涿州	司礼太监、提督苏杭织造	—
王安	雄县	司礼秉笔太监	冯保名下
魏忠贤	肃宁县	司礼秉笔太监	孙暹名下
曹化淳	武清县	司礼秉笔太监、东厂提督	—
王体乾	昌平县	司礼监掌印	—
李永贞	通州	司礼监秉笔	—
石元雅	雄县	司礼监秉笔，掌针工局印、南海子提督	—
涂文辅	安肃县	司礼监秉笔掌御马监印	—
许秉彝	大兴县	内官监总理工程	—
王承恩	邢台县	司礼秉笔太监	曹化淳名下
梁栋	宛平县	司礼秉笔①、掌酒醋面局印	—
王朝辅	文安县	司礼监秉笔	—
赵秉彝	新安县	司礼监秉笔	—
李明道	大兴县	司礼监提督	—
刘应坤	新城县	秉笔、辽东镇守	—
纪用	文安县	乾清宫管事、辽东镇守	魏忠贤心腹
葛九思	延庆州	镇守宣大、山西	魏忠贤名下
金良辅	北直	正阳等门提督	—
孟忠	北直	大坝马房提督	—
杨国瑞	临潼县	南京守备	魏忠贤名下
李承尧	容城县	内官监总理	孙暹名下
苏若霖	安肃县	内官监总理	—
徐应元	雄县	秉笔	以兄事贤
王国泰	京师	秉笔、掌尚膳监印	后为民
马谦	宛平县	乾清宫管事	魏忠贤救命恩人
刘荣	—		魏忠贤心腹掌班

此外，魏忠贤名下宦官几乎全部都是北直人。

---

① 明末司礼秉笔数量较多，如天启元年五月，高时明、王安、卢受相继求退。秋，魏忠贤升史宾、诸栋、梁栋、张文元、裴昇秉笔。

当年曾任乾清宫管事牌子、掌银作局印，曾于天启七年五月差往锦州接济御□者，胡明佐也；掌内织染局印者，齐良臣也；掌尚衣监印者，杜永明也；掌司钥库印者，王秉恭也；总督忠勇营者，谭敬、裴芳也；提督上林苑监四署者，吴国泰、曹承恩也；掌混堂司印者，李本志也；监督勇士四卫营者，吴光成也；提督御酒房者，李昇也；提督牲口房者，张应诏也，此人乃客氏掌班，张贵之侄也。又御茶坊、弓箭房之邓汝敬、王国祚、郑思廉等，总是逆贤名下，皆北直人。①

上述北直隶宦官籍贯中，又以保定、河间等京城附近州县居多，其他如广平、大名、永平、顺德、真定所占比例并不太高。

二、宦官家庭背景

传统观点认为，宦官净身入宫是因为家庭贫困、子女众多，为求生存，不得不送入宫中。宦官墓志碑刻记载宦官家庭背景时，对宦官父、祖及其成就会有所涉及，家况一般者都用"有隐德"等词语婉转表达。此外，还有一部分宦官，家庭环境较好，系当地名家大族，其子女亦是朝廷选用宫人的重要来源。

傅容，广之顺德人，曾祖某，祖义悌，父道达，母何氏，世名家也。

兴安，其先□□□之□胤，世为显官，国人宗仰之。公自髫年，志节高尚，确乎不可拔。□授以诗书，通□义。父母姻亲既钟爱……有所为。永乐丁亥，□黎王不轨，抵中华，历事太宗文皇帝、仁宗昭皇帝。

陈谨，世出交南陈氏之宗室，自永乐五年归附天朝。

钱义，其先河西巨族。正统丁巳，与其兄太监喜、福、能，同被选入内垣，时公年才四岁。

荆端，山西平阳府蒲州衣氏县之望族，先世谱逸，莫可考究。

---

① 刘若愚：《酌中志》卷15《逆贤羽翼纪略》，第88页。

韦岇，世居广西平乐府贺县桂岭乡东水巨族，自幼天性敏达，器识不凡，父母、乡人，咸爱重之。

刘玉，世为冀北之怀仁人。自从祖清领乡荐，官至鸿胪寺丞，因占籍昌平之榆河。清子晟，晟子道，道子宓，皆登进士。晟止知县，道任至布政，宓终于行人。公父昺，娶王氏。

李堂，世系保定府蠡县巨族。

刘忠，世系广东之望族。父乐善隐德，乡人以长者称之。

其中，兴安和陈谨来自交趾，永乐五年（丁亥，1407）明朝平定安南，改称交趾，设置都布按三司，进行实际管理。一大批交趾人被送入宫中，兴安和陈谨即在其中。陈谨是交趾陈氏宗室，兴安则为高官之后。

明代有兄弟数人皆为宦官者，形成宦官家族。

> 曾祖七祖文，父瑜，母徐氏，世淮人也。瑜侍伯祖内官监太监琳居京师，而淑人从而毓之闺。鹏亦以伯兄，今南京守备、御用监太监。堂，仲兄，知司礼文书事，御用监左少监。銮，御马监太监。晖，叔弟，尚衣监太监。广，季弟，御马监太监，宣侍母王太淑人于官邸。①

廖氏一族，从廖琳开始，共有 6 人入宫为官。廖銮曾镇守陕西，后守备南京。廖堂于正德年间镇守河南，访察官吏贤否，兼理军民词讼、总督黄河，且奏保司府等官贤，拟某升、某调，被御史多次弹劾。后移镇陕西，终于南京司礼监太监。

杨定，兄弟四人俱在宫中。

> 长即公；次端，御马监左监丞；次耘，神宫监左监承；次闳，神

---

① 罗玘：《圭峰集》卷 17《封淑人廖母赵氏权厝志铭》，《景印文渊阁四库全书》第 1259 册，第 234 页。

宫监太监。稠恩异数，萃于一门，时以为□□□□为人，丰神秀爽，器宇轩昂。①

女真钱氏兄弟四人俱入内廷，钱喜、钱福为御马监太监，钱能为御用监太监，曾镇守云南 12 年，屡被巡抚王恕弹劾，后守备南京。钱义为御用监太监。北京出土的《敕赐最胜寺兴建碑》记载："太夫人所生三子，长喜，御马太监掌监事；仲即福也；季即能也，能今奉命镇守云南。从子义，亦任御用太监，皆太夫人抚教之力。兄弟联名，贵禄日盛，宠眷有加，太夫人之余庆未艾也。"②

福建同安张氏兄弟三人亦显贵于内廷，张本为御马监太监、守备南京。张庆为司设监太监，镇守浙江。张敏为司礼监太监，曾力保年幼的明孝宗。③

上述四例，兄弟数人同时入宫，并且都担任重要官职，互相提携，对仕途顺利升迁有明显的促进。

上层宦官与原先家庭仍维持着一定联系。内官监太监成敬比较特殊，永乐间中进士，宣德时被阉入宫，因此有妻有子女，有孙子。

公初娶李氏，先公卒。再娶孙氏，麻城知县讳焕之女。端静恪慎，克修妇道。子一，曰凯，颖悟过人，为文词，操楮立就，登景泰二年进士第，授吏科给事中，以疾卒于官。女一，适锦衣卫指挥同知白进。孙一，即钥也。④

上层宦官的兄弟子侄，包括养子、侄子、义子等，很多在锦衣卫当

---

① 《明故尚衣监太监杨公墓表》，北京出土。
② 商辂：《敕赐最胜寺兴建碑》，《北京图书馆藏中国历代石刻拓本汇编》第 52 册，第 90 页。
③ 陈支平：《新发现的明代太监张敏资料释读》，《史学月刊》2011 年第 6 期。
④ 高毅：《太监成公墓志铭》，陕西出土。

差。如正统时，王振专擅，侄儿王山由锦衣卫千户升世袭指挥同知。如果宦官立有军功，子侄可以获得相应赏赐，如正德元年（1506）六月，守备南京太监刘云历叙功次，为其养子伟乞升锦衣卫千户。正德八年（1513）四月，分守湖广行都司内官周景自陈有捕盗功，为其侄百户周浩乞升一级，武宗"许之，不为例"①。天顺以后，宦官子侄有封伯爵者，最早是因夺门有功，天顺元年（1457）正月，"升太监曹吉祥嗣子锦衣卫带俸指挥佥事钦为都督同知"②，同年十二月，曹钦由左都督进封昭武伯，"子孙世袭，追封三代，本身免二死，子免一死，给诰券，以有迎复功也"③。刘聚是宦官刘永诚大哥刘贵之子，累封宁晋伯。二哥刘宽有两个儿子，"长珊百户，故，子纲嗣，致正千户。次海，正千户，故，子纪纲，致指挥使，俱籍锦衣卫"④。早期宦官立功，多以升职衔、加禄米酬之，成化以后，宦官与文官受同等荫封，如成化间大同黑石崖之捷，生擒10人，斩首113级，王越加太子太傅，增禄四百石，荫一子为锦衣百户。领神枪太监傅喜加禄米十二石，"与镇守太监韦正荫同（王）越"⑤，傅喜和韦正同样也可以荫一子为锦衣百户。

正德年间，宦官恣横，子侄冒功受封更加频繁。正德五年（1510），平定宁夏安化王之乱，以金印、金瓜出征监军的张永加岁米四十八石，其兄张富封泰安伯，其弟张容封定安伯，张永墓志予以记载："正德间，尝论公勋绩，荫授富、容至伯爵，寰至右都督，今革于例，然亦非公之心也。"⑥张富、张容的伯爵在嘉靖初年被革。同时，在内的司礼监太监温祥、赖义、谷清、秦文、范宣、张钦"赏同内阁，荫弟侄为锦衣卫指挥、佥事、千户有差"。并封谷大用兄大宽为高平伯，马永成侄山为平凉伯，

---

① 《明武宗实录》卷99，正德八年四月丁巳，第2065页。
② 《明英宗实录》卷274．天顺元年正月丁亥，第5805页。
③ 《明英宗实录》卷285，天顺元年十二月壬辰，第6099页。
④ 岳正：《类博稿》卷10《明故御马监太监刘公墓志铭》，《景印文渊阁四库全书》第1246册，第450页。
⑤ 王世贞：《弇山堂别集》卷80《赏功考》，中华书局1974年版，第1530页。
⑥ 杨一清：《明故司礼监太监张公墓志铭》，北京出土。

魏彬弟英为镇安伯。山东、河南贼平，封谷大用弟大量为永清伯，太监陆訚弟永为镇平伯。明代封伯爵一向比较严格，非有军功不得封，至此极乱，幸有世宗以藩王继位，整顿并严格控制宦官，将正德年间所封宦官亲属伯爵全部革除。世宗朝，宦官子侄仍可以得到荫封，如明代最早以司礼监太监兼总督东厂的麦福，世宗荫弟祥为后军都督府右都督，侄忠等为锦衣卫指挥、千百户者若干人。继任者司礼监掌监事总督东厂黄锦原是兴府伴读，荫其弟锈为锦衣卫正千户，历升后军都督府都督同知。司礼监太监张宏，"其姪、姪孙以公任为锦衣指挥使者一、为锦衣正千户者一、为锦衣百户者三"。

宦官子侄封爵最高者为魏忠贤侄子魏良卿，天启六年，由肃宁伯进封肃宁侯，再进宁国公，加太师。崇祯即位后，很快被诛杀。

宦官去世后，其子侄积极筹办后事。如刘永诚去世，侄子刘聚主持丧礼，"宁晋少孤，公所抚立，报服以父，加又宗嫡，实主公丧礼也"。万历四年，内官监太监宋明去世，其侄子将其葬于原籍，"冠等欲迎公柩归葬于深州之源，敦本故也"①。

除宦官原生家庭外，明初，朝廷尚允许宦官拥有家众，部分宦官尤其少数民族籍贯者，有一些人跟随其征战，朝廷也允许其居住在宫外，甚至皇帝特许其婚配，以赡养其父母，由此形成人数众多的大家族。如刘通："累战有功，上深念之，特此居第，以王氏之女为配，俾理家政，以奉其母，恩至厚也……公之勇略如是，而且能孝于亲，友于弟，家众八百余口，善骑射者二百五十余人，公抚育均如己出。"②其弟刘顺，宣德元年曾随驾征汉王，"论功，赐家口二百余"③。

刘永诚，"家口累千"，自己主动申请遣散了三分之二。明中期以后，朝廷不再赏赐家众，拥有家众的宦官几乎销声匿迹。

---

① 王槐：《皇明内官监太监深泉宋公墓志铭》，《新中国出土墓志》河北卷（壹）下，第223页。

② 《故太监刘公墓志铭》，《北京图书馆藏中国历代石刻拓本汇编》第51册，第75页。

③ 《太监刘公墓表》，《北京图书馆藏中国历代石刻拓本汇编》第51册，第105页。

在明代，"家人"相当于下人，以照顾主人生活起居为主要任务，具有较强的奴仆性质。^①景泰元年（1450），宁夏总兵官张泰与太监来福、都御史韩福发生矛盾，相互讦奏，张泰并奏"来福家人指挥福海、冯友才等贿赂相通等情"^②。景帝令"福海、冯友才，着巡按御史拿问明白，照例发落"。

弘治年间，对镇守内官所带家人数量进行了限制。弘治九年（1496）六月，右少监杨友奉命镇守贵州，奏带家人，得旨："家人带六名，马二匹。是后内、外镇守官视此为例。"^③对违反规定者，朝廷将会给予一定的惩罚。嘉靖九年（1530）五月，镇守云南少监刘福安赴任，奏以家人15名自从，给事中张润身以非例劾奏其罪，世宗令"降福安三级，别遣人代。家人皆下法司逮问"^④。

家人跟随内官出外镇守，升职较快，镇守内官多为其奏请，甚至有冒功获赏者。弘治十二年（1499）十二月，南京刑科给事中史后等奏请革去南京锦衣卫指挥佥事陈禄、所镇抚陈玠及南京光禄寺监事陈璋近日传升之职，孝宗不允，"三人皆南京故守备太监陈祖生家人也"^⑤。弘治十五年（1502）六月，巡抚辽东都御史韩重奏镇守太监孙振"家人以修城堡，浪领银八百两，乞为查勘"^⑥。令勘报以闻。正德十四年（1519）九月，升都

① 相关研究可参见傅同钦、郑克晟《明代的"家人"》（《明史研究论丛》第6辑）。清代家人的相关研究有郭润涛《清代的"家人"》（《明清论丛》第1辑）、周保明《清代州县长随考论》[《华东师范大学学报（哲学社会科学版）》2008年第5期] 等。

② 叶盛：《叶文庄公奏议·西垣奏草卷》6《题为风宪失职等事》。

③ 《明孝宗实录》卷114，弘治九年六月丁酉，第2071页。

④ 《明世宗实录》卷113，嘉靖九年五月庚戌，第2691页。

⑤ 《明孝宗实录》卷155，弘治十二年十月庚子，第2775页。

⑥ 《明孝宗实录》卷188，弘治十五年六月丙午，第3464页。按，原文作"徐镇"，《明孝宗实录》卷187，弘治十五年五月丙戌记载，巡抚辽东都御史韩重劾奏镇守太监梁玘贪暴不法，令遣官往同巡按审勘以闻。《明孝宗实录》卷188，弘治十五年六月戊申，六科十三道交章劾奏各地不职的镇守内官，其中有辽东梁玘，乞回京别选人更代。可知此时镇守辽东太监为梁玘。梁玘于弘治十五年八月因罪罢归。由文可知，该太监与总兵官蒋骥同事。《明孝宗实录》卷177，弘治十四年闰七月己丑，兵科给事中艾洪劾辽东镇巡官，巡抚都御史陈瑶刚愎自用、诱降启衅、贻害地方，镇守太监孙振、总兵官定西侯蒋骥素昧远猷，巧为欺罔。嘉靖《辽东志》卷5《官师志》记载为"孙镇"，亦误。当作"孙振"。

督佥事岑玉为都督同知，"玉，太监岑章家人，自冠带总旗冒功，历升至都督"①。易获军功也是镇守内官家人众多原因之一。

家人多由镇守内官从京师带至地方，亦有镇守内官赴任地方后收养者。如钱宁，"不知何氏，少孤。鬻中贵人钱能家为养子"②。博学如王世贞者，亦不知钱宁姓氏，其初姓李氏，"钱宁，幼名福宁儿，云南李巡检之家生子也。太监钱能镇守云南时，养以为子，故名钱宁"③。钱宁本为云南临安人，太监钱能于成化年间镇守云南，将其收为家人，由此改姓钱。多数家人与所跟随的内官姓氏相同。

后世子孙对家族内显赫宦官并不排斥，福建同安《张氏族谱》将张本、张庆、张敏三人情况及皇帝敕谕记载下来。北京曾出土《皇明总督京通等处粮储内官监太监白石莫公神道碑铭》，墓主为莫英，卒于弘治十三年。嘉靖年间，其侄莫违礼撰写家谱序言时，提到了莫英：

> 正德五年，吾父锦衣卫正千户竹山公，偕侄锦衣卫正千户、封云南道监察御史玉泉公，同迁新会源清坊深涌居焉。伯父内官监大监白石公，居官忠尽，为宪宗、孝宗三朝倚重，侄辈从侍，置第京师，在玉河桥之西、金包巷之东，东江米。今居京师。新会则皆淳巷公之裔也。

康熙年间续修莫氏家谱，对莫英事迹有所补充。

> 嗣后子孙繁衍，散处于新会、恩平者不止数千余家。天顺五年，白石公讳英，十二岁值苗人叛，执公去。成化改元，官兵平苗，有司献公于朝，蒙恩选入内侍读书。公当幼年，无辜而伤体，于是博古通今，奋志为名宦，惩往代之故事，多所谏诤。官至内官

---

① 《明武宗实录》卷178，正德十四年九月甲寅，第3477页。
② 王世贞：《锦衣志》不分卷，《纪录汇编》本。
③ 田艺蘅：《留青日札》卷35，万历重刻本。

监右少监，循升太监、赐蟒玉，禁中乘马，节拜金玉宝镪之赐，总督京通粮储。所进禄俸，咸济孤贫。好读书而不信佛事，有范怀、覃吉之风。仕三朝，享禄五十余年，卒葬于京师西山白石巷，有御赐碑文。高祖玉泉公，讳达仁，白石公之嫡侄也，以锦衣卫正千户覃恩受封。

与北京出土墓志铭内容并不相悖。莫英的侄子莫达仁，荫封为锦衣卫正千户，为顺天莫氏之高祖，由此追述本支起源，绕不开莫英。

第二节　明代宫廷宦官入宫途径

明代宫廷宦官的来源途径广泛。在明朝攻进元大都时，曾继承了元朝宫廷宦官，如洪武五年五月派遣前元院使延达麻失里及孙内侍到高丽，孙内侍卒于当地，太祖大怒，传旨给高丽国王"这个火者，不是你那里与将来的，又不是躲避差发来的，是元朝那里我寻将来的……延达麻失里院使，它是元朝的火者……"[1] 元朝宫廷宦官一部分被发往南京，一部分留在北京。明太祖对元朝宫廷宦官保持高度的警惕，洪武九年九月，因有火星犯上，占卜主有奸人刺客阴谋事，明太祖专门派遣指挥佥事吴英赴北平敕谕大将军徐达要谨慎戒备，并且专门告诫："其故元阉官，尤宜防之。惟南去者可以使令。"[2] 除继承元朝宫廷宦官外，明代皇帝还会因个人好恶将自由民阉割以收入内廷，如陕西镇守太监王敏"本汉府军余，善蹴鞠，宣府爱而阉之"[3]。

除此之外，明代宫廷宦官主要有以下四种途径。

---

① 吴晗：《朝鲜李朝实录中的中国史料》，中华书局1980年版，第24页。
② 《明太祖实录》卷108，洪武九年九月癸丑，第1802页。
③ 陆容：《菽园杂记》卷1，中华书局1985年版，第3页。

一、外方进贡

明初，宫廷宦官多来自外邦，主要包括安南、高丽（朝鲜）等藩属国。洪武二年（1369）六月，明太祖遣使册封陈日煃为安南国王，双方建立了朝贡关系，洪武十四年（1381）六月安南来贡，明太祖却之并致书诘责陈炜，令广西勿纳安南进贡，洪武十五年（1382）五月，安南国王陈炜遣官"奉表进阉者十五人"①，盖因此前安南与占城交战并侵占思明府。陈炜所进阉者令朱元璋很满意，赏赐其使者钞锭。此后，洪武十六年（1383）六月进阉竖25人，十七年（1384）十二月进阉竖30人，十九年（1386）十二月进阉竖19人，4年时间共计进贡89人。宣德年间，明廷放弃交趾，安南复国，从此不再进贡宦官。

高丽也是明朝重要的藩属国，与明朝关系密切，明初曾多次进贡宦官。洪武年间，明太祖多次派遣朝鲜籍宦官到高丽索要阉人，二十一年（1388）十二月遣喜山等"来求马及阉人"②，二十四年（1391）三月"诏于高丽市马一万匹并索阉人二百人"③，同年十月，高丽遣判军器寺事金久住如京师，献火者二十人。高丽所贡之数距离明朝索要之数甚远，明太祖意识到高丽地狭人少，并且宫廷规模有限，宦官人数自然较少，于当年十二月，派遣使者诏曰："比闻高丽阉寺鲜少，为朕割势遣之。如有之，使禁约。"④但此后高丽仍向明朝进贡阉竖，洪武二十五年（1392）二月，朝鲜（1392年李氏朝鲜取代高丽）遣永福君裩等如京师谢恩，"仍献火者五人"。洪武二十七年（1394）四月，明朝派遣崔渊、陈汉龙出使朝鲜，次月二人返回，"献阉人五名于帝"⑤。明太祖派遣宫廷宦官出使朝鲜时通

---

① 《明太祖实录》卷145，洪武十五年五月丙子，第2281页。
② 吴晗：《朝鲜李朝实录中的中国史料》，第84页。
③ 《明太祖实录》卷208，洪武二十四年三月己丑。本条记载在《朝鲜实录》中亦有反映，吴晗《朝鲜李朝实录中的中国史料》记载，洪武二十四年四月，帝遣宦者前元中政院使韩龙黄、秃蛮等来。礼部咨曰：更于各官处需阉人二百名。
④ 吴晗：《朝鲜李朝实录中的中国史料》，第84页。
⑤ 吴晗：《朝鲜李朝实录中的中国史料》，第125页。

常会派遣朝鲜籍宦官，以便语言交流。

琉球国曾向明朝进贡阉竖，但被永乐皇帝拒绝。永乐四年（1406）正月，琉球国进贡阉者数人，明成祖命礼部还之，礼部臣认为"还之虑阻远人归化之心，请但赐敕止其再进"①。明成祖担心以后有效仿者，拒绝礼部的提议，最终归还琉球所贡阉竖。

外籍宦官为明朝宫廷宦官注入了新鲜血液，在明初政治舞台上发挥了独特的作用，如安南籍阮安是著名的建筑家，先后负责修建京师九门城楼、三殿二宫、黄河决堤、京师城垣等重要工程。外籍宦官所带来的各项技能在明代宫廷得到充分的发挥。

外籍宦官主要出现于明初。随着安南与明朝关系破裂，宣德以后安南不再向明朝进贡宦官，朝鲜也以无明确诏谕为由不再进贡。宣德以后，外籍宦官数量仅占很小部分，其他国家进贡宦官的现象已经完全消失，明朝势必需要寻求其他宦官来源。

二、战争俘虏

明初多次派遣军队赴西南、东南地区平定叛乱，待战事结束后，俘虏之人及其子孙会被处以相应处罚，部分年幼者会被阉割送进内府，部分则会被发给功臣勋戚家当奴仆。

永乐四年七月，因黎季犛不断骚扰边疆，明成祖派遣朱能、张辅等出征安南，五年（1407）六月，安南平定，随即设交趾布政司。早在五年二月时，明成祖就令总兵官张辅注意访察人才，"师克安南之日，其境内才德贤知之士及有一善可称、一艺可用者，广为询问，悉以礼遣送赴京"②。张辅所选人才即包括阉宦，如范弘、王瑾、阮安、阮浪均在此次战事后被送到北京，"（范弘）初名安，永乐中，英国公张辅以交童之秀美者还，选为阉，弘及王瑾、阮安、阮浪等与焉"③。范弘累迁至司礼太监，王瑾至御

---

① 《明太宗实录》卷50，永乐四年春正月壬寅，第749页。
② 《明太宗实录》卷64，永乐五年二月癸巳，第911页。
③ 《明史》卷304《范弘传》，第7771页。

用监太监，二人多次受到宣宗所赐银记，王瑾最受宠，"其受宠眷，（金）英、（范）弘莫逮也"①。阮浪"永乐中，太宗皇帝因安南作乱，遣将征之，众悉归附，时公甫十余岁，特俊爽被选入掖庭，太宗见而奇之，冀成其才，命读书于内馆"②。曾在南宫侍奉明英宗。安南籍宦官在明初数量较多，深受皇帝信任，因此成就较高。

宦官墓志碑刻比较详细记载了宦官的籍贯，来自交趾者整理如下：

姓名	籍贯	入宫时间	史料来源
阮林	交趾	永乐初	明故门副阮公墓志
阮□	交趾	宣德间由内使升奉御	尚衣监故太监阮公墓志铭
兴安	交趾	永乐丁亥	大明故司礼监太监兴公之碑
谢徕	交南人	永乐戊戌	明故内使谢公墓志铭
怀忠	交南大姓	永乐初	钦差南京守备司礼监太监怀公墓志铭
张辉	交南	太宗时	尚膳监太监张公墓志铭
阮浪	世家交趾	永乐征安南	御用监左少监赠御用监太监阮公浪墓表
杨忠	交南世家	永乐十九年	大明故南京内官监左少监杨公墓志铭
陈谨	交南陈氏宗室	永乐	明故内官监太监陈公墓志铭

带兵打仗的武官甚至不报告朝廷自行阉割俘虏，以谄媚皇帝。永乐初年征安南时，成祖还特敕令征夷右副将军新城侯张辅等曰："朕先命尔等，凡遇对敌及拒命不服当杀戮之家，有年幼者阉为火者，庶可曲全其生，今闻尔等将无罪者一概阉割，失州甚矣，今后当体朕心，不宜滥及无辜。"③张辅阉割火者数量达 3000 名之多。宣德十年（1435）六月，广西总兵官山云奏"已将所俘思恩州蛮贼幼男净身，欲行进用"④。英宗命今后再有俘获者给予功臣之家，毋得滥刑以伤和气。正统十三年（1448）十一月，福建邓茂七发动叛乱，英宗命宁阳侯陈懋、保定伯梁瑶、平江伯陈豫等领兵

---

① 《明史》卷 304《王瑾传》，第 7771 页。
② 李贤：《御用监左少监赠御用监太监阮公浪墓表》，载《国朝献征录》卷 117，第 587 页。
③ 李文凤：《越峤书》卷 2《书诏制敕》。
④ 《明英宗实录》卷 6，宣德十年六月丁未，第 119 页。

征缴，次年十一月，陈懋"献净身幼男一百八人"[1]。景泰二年（1451）八月，镇守福建右监丞戴细保"遣人送净身小口陈石孙等五十九名至京送司礼监"[2]。

部分镇守内官出于宫廷需要，在其辖境内也会阉割俘虏。天顺四年（1460）三月，镇守湖广贵州太监阮让阉割东苗俘获童稚 1565 人，既而病死 329 人，"复买以足其数，亦阉之"[3]，英宗降敕切责阮让，并责巡抚白圭不能救正。

天顺末年，广西大藤峡瑶族屡乱，朝廷多次派兵征缴，最终成化二年三月，总兵官赵辅、赞理军务韩雍直捣其巢穴，向朝廷奏捷，将大藤峡改为断藤峡。此次战事结束后，部分俘虏被带回北京，其中即有成化年间横行一时的汪直，"汪直，大藤峡瑶种也"[4]。

成化年间，明朝曾在西南用兵，亦得到部分宦官，如莫英，"成化改元，官兵平苗，有司概执公，诬为幼，献于朝。二年，选入内书馆读书"[5]。

何乔远总结说："祖宗朝宦侍，皆出俘罪囚。"[6]可见战争罪俘在明初宦官来源中占有重要比重，英宗以后，这种来源提供的宫廷宦官逐渐减少。

三、朝廷收选

和其他来源方式不同，朝廷下令收选净身男子是明代宫廷宦官的正规来源。但因为明前期其他宦官来源较广，所贡献宦官较多，基本能满足宫廷的需求，故史料中关于朝廷下令收选的记载非常少。

成化以后，宫廷宦官需求量很大，由于自宫违反《大明律》，历代皆有明禁，因此朝廷不敢随便留用自宫者，以启其他人求进之心，因此为满

---

① 《明英宗实录》卷 185，正统十四年十一月丙戌，第 3679 页。
② 《明英宗实录》卷 207，景泰二年八月己卯，第 4451 页。
③ 《明英宗实录》卷 313，天顺四年三月己亥，第 6567 页。
④ 《明史》卷 304《汪直传》，第 7778 页。
⑤ 湘源：《皇明总督京通等处粮储内官监太监白石莫公神道碑铭》，北京出土。
⑥ 谈迁：《国榷》卷 18，第 1223 页。

足内廷需求，朝廷只能下诏公开收选净身男子，大量自宫者借此机会得以进入皇宫。

孝宗末期，开始出现朝廷下旨选用净身男子的记载。弘治十八年（1505）三月，礼科都给事中倪义上疏言十三事，其中之一为"近日有旨选用自宫之人，恐起残生之术，乞行罢止"①。孝宗令下其奏于所司，未见结果如何。但该记载表明，弘治十八年曾有旨收选自宫之人，成化以后自宫者人数众多，孝宗亦多次下严自宫之禁，此次选用自宫之人，必然是因为宫廷缺人役使，不得已而为之。但这样会导致更多的人自宫以求用，因此倪义将其作为弊政之一加以劝阻。

武宗即位诏也表明孝宗希望从民间收选净身男子到宫中服役。其内容为："近日行取私自净身人五岁至十五岁赴礼部拣选者，诏书到日，即便停止，该管官司照例管束，不必起送。"②即位诏乃新皇帝登基大赦、施恩天下之举措，都是纠正即位时前任皇帝留下的弊端，故此行取净身人之诏必然是孝宗末期所下。

嘉靖以后，由于宫廷宦官需求量大，朝廷收选净身男子数量较多。嘉靖十五年（1536）六月，礼部上奏净身男子胡堂等3455人送内府供役，卑廷等2990人拨给天下各王府使用，还有李继等2001人收充上林苑海户，其余俱发回原籍，③可见此时净身男子数量巨大，有8446人被朝廷选用，还有数量不明的净身男子被发回原籍。

万历年间曾多次公开收选净身男子，数量接近万人。万历元年（1573）四月，选净身男子3250名分拨各监局应役。④十六年（1588）十一月，命"选收净身男子二千人"⑤。礼部尚书朱赓、礼科给事中苗朝阳、江西道御史荆州俊相继上疏，神宗仍以内廷缺人留用。二十九年（1601）四月，

① 《明孝宗实录》卷222，弘治十八年三月甲午，第4186页。
② 《明武宗实录》卷1，弘治十八年五月壬寅，第24页。
③ 参见《明世宗实录》卷188，嘉靖十五年六月壬辰，第3966页。
④ 参见《明神宗实录》卷12，万历元年四月丁巳，第392页。
⑤ 《明神宗实录》卷205，万历十六年十一月戊辰，第3830页。

神宗下旨"内府各顷缺人数多，着照例收用净身男子三千人，又奉旨添收一千五百名。其不选进男子遵旨，潞王拨给五十名，亲王各二十名，郡王各十名"①。宫廷再次收用 4500 名，其他拨给各王府。

天启年间，宦官权势已经达到明朝顶峰，宦官势力的扩张所受到的制约微乎其微，进入皇宫也不再是一件难事。天启元年（1621）正月，先有诏选净身男子 3000 人入宫，当月熹宗命礼部增收净身男子 200 人。② 三年（1623）二月，准收净身男子 1500 人。三年五月，再次诏礼部"会司礼监官拣选净身男子"③，三年六月，再选年力精壮者 1000 人进内府各衙门应役。④ 当月，再收用净身男子 3000 名。

求进人数众多，宫中收用数量有限，因此负责挑选净身男子成为可以索贿的肥差。天启元年正月，内侍王添爵"选净身男子，以索贿激变"⑤，被兵科给事中尹同皋弹劾，熹宗命司礼监查明具奏，王添爵仅降职处理。

朝廷下诏收选，仍以北直隶人居多，"凡中官之初入也，朝廷有旨选净身男子。先是，差中官二人为钦差，行礼部奉旨，檄五城兵马司，集净身男子。大约多北直人，他处绝少"⑥。

四、自宫求进

宦官为"刑余之人"，不仅要遭受身体上的巨大创伤，而且还要受到儒家思想主导的社会舆论的歧视。但受个别宦官权势熏天的影响，宦官受到部分人的推崇，进宫当宦官成为一些人的梦想。在朝廷下诏收选次数不定、数量有限的情况下，从洪武时期开始，就有自宫谋求入宫者，延续至

---

① 《明神宗实录》卷 358，万历二十九年四月癸未，第 6686 页。

② 参见《明熹宗实录》卷 5，天启元年正月戊戌，第 259 页。

③ 《明熹宗实录》卷 34，天启三年五月庚子，第 1754 页。

④ 参见《明熹宗实录》卷 35，天启三年六月戊辰，第 1804 页。

⑤ 《明熹宗实录》卷 5，天启元年正月辛卯，第 249 页。

⑥ 陈僖：《燕山草堂集》卷四《东厂·附中官进身》，《四库未收书辑刊》第 8 辑第 17 册，北京出版社 1997 年版，第 570 页。

整个明代。①

洪武时期制定的《大明律》"刑律"下对阉割火者进行了明确规定："凡官民之家，不得乞养他人之子，阉割火者，违者杖一百，流三千里，其子给亲。"② 在朝廷刑罚方式中也不许用阉割之刑，洪武二十八年（1396）六月，朱元璋敕谕文武群臣，宣布"以后嗣君统理天下，止守律与大诰，并不许用黥、刺、剕、劓、阉割之刑"。此时将阉割作为一种惨刑，予以废止。

洪武时期已经出现豪强家里役使火者的现象，朝廷则及时下令禁止。洪武五年（1372）四月，诏天下曰："福建两广等处豪强之家，多以他人子阉割役使，名曰火者。今后有犯者，以阉罪抵之，没官为奴。"③ 此后，明代历朝皇帝均颁布过严禁自宫的相关诏令。永乐十九年（1421）七月，"严自宫之禁"④。此次乃严禁，表明永乐后期自宫的现象较多。其后，宣宗、英宗、宪宗、孝宗、武宗、世宗等在位时期，均申严自宫之禁。崇祯二年（1629）二月，敕谕禁止民间私自阉割。

> 朕览《会典》有宫禁例一款，民间有四五子愿以一子报官阉割者，有司造册送部选，敢有私自净身者，本身及下手之人处斩，全家发烟瘴地方充军，两邻歇家不举者治罪。我祖宗好生德意，其至周密，故立法严明如此。近来，无知小民希图射利，私行阉割，咨伤和气，童稚不堪，多致陨命，违禁戕生，深可痛恨。自今以后，且不收选，尔部可布朕意，多刊榜文，自京师五城及省直近畿、州县、藩封处所、穷乡下邑，遍行晓谕。谕到之日为始，敢有犯者，按法正罪。

---

① 相关研究成果可参见 [日] 清水泰次《明代自宫宦官研究》（《西北论衡》1936 年第 9 期）、赵克生《明代私阉之禁》（《安徽大学学报》2002 年第 1 期）、帅艳华《明代社会自宫风气》（《巢湖学院学报》2005 年第 2 期）、谭邦和《明代自宫潮刍论》（《明代文学与科举文化国际学术研讨会论文集》2008 年）等。

② 怀效锋点校：《大明律》，第 202 页。

③ 《明太祖实录》卷 73，洪武五年四月戊辰，第 1351 页。

④ 《明太宗实录》卷 239，永乐十九年七月丁卯，第 2282 页。

十六以上罪坐本身及下手之人，十五以下罪坐主使及下手之其主使。除嫡亲祖父依故杀子孙律科断，如系伯兄母舅亲戚人等，与同下手之人必杀无赦。仍许诸色人等当时告首本地官司奏闻，赏银十两，里老邻佑歇家治罪，有司知而不禁并行究处。倘有强阉他人幼稚、希图诬赖的，讯明反坐亦不姑息。布告中外，确行遵守，体朕如伤之心，共跻仁寿之域。故谕。①

　　明代对阉者和被阉者均有相应处罚。从仁宗开始，对自宫者多处以戍边充军，戍边的地点仁宣时期多往交趾，宣宗以后则多往辽东；并且所属里老也有责任。②永乐二十二年（1424）"长沙府民有自宫求为内侍者"③，仁宗以其不孝，令发戍边。洪熙元年（1424）又有军民任本等人自宫以求用，最终循例"发戍交趾"，"更申明禁约，再有犯者悉如之"。④天顺以后，对自宫者多发南海子种菜，天顺五年（1461）十二月，军民自宫者数十人，俱发南海子种菜。成化元年（1465）七月，直隶魏县民李堂等11人自宫求进，宪宗命执送锦衣卫罪之，发南海子种菜。⑤

　　但被处罚的自宫者多能得到赦免或宽宥。成化二十年（1484）五月，大兴县田政等4人请山东黄县逃民李安阉割其子，刑部依法判李安当受杖刑，而"据近例自阉者本身处死，全家充军"⑥，上请皇帝裁决，最终李安受一百杖，发铁岭卫充军，而田政等4人减死，发遵化厂炒铁3年，被阉割的4人则发回当地收管。遇到大赦时，被处罚者往往会被发往南海子种菜，一旦宫中缺人，被处罚者就有机会进入宫廷。

---

① 《崇祯长编》卷18，崇祯二年二月壬寅，第1066页。

② 宣宗时，以自宫者较少所属里老不再承担责任。但《明英宗实录》卷268记载，景泰七年七月，景泰皇帝召礼部尚书胡濙等谕之曰：近闻民间自宫者甚多，洪熙、宣德年间已有禁例。尔礼部其榜谕多人，自今敢有自宫求进及投入王府并官员势要之家者，俱如旧例处以不孝死罪，该管旗甲里老邻人知而不首及隐藏者，俱罪之。

③ 《明仁宗实录》卷4，永乐二十二年九月戊子，第67页。

④ 《明宣宗实录》卷3，洪熙元年六月辛巳，第96页。

⑤ 参见《明宪宗实录》卷19，成化元年七月丁巳，第385页。

⑥ 《明宪宗实录》卷252，成化二十年五月壬寅，第4268页。

京畿民家羡慕内官富贵，私自阉割幼男，以求收用，亦有无籍子弟已婚而自阉者。礼部每为奏请，大率御批之出，皆免死编配口外卫所名净军，遇赦则所司按故事奏送南苑种菜，遇缺选入应役，亦有聪敏解事，跻至显要者。然此辈惟军前阉入内府者得选送书堂读书，后多得在近侍，人品颇重，自净者其同类亦薄之。识者以为朝廷禁法太宽，故其伤残肢体，习以成风，如此欲潜消此风，莫若于遇赦之日不必发遣种菜，悉奏髡为僧，私蓄发者终身禁锢之，则此风自息矣。①

处罚不严被认为是自宫现象屡禁不绝的原因之一，自宫者虽被处罚，但遇到大赦或其他原因，会被赦免，仍有很大机会进入皇宫，"景泰以来，乃有自宫以求进者，朝廷虽暂罪之，而终收以为用"②。天顺四年（1460）七月，襄陵王朱冲炑奏平凉等府有自宫者13人，乞收留本府，英宗不许，令有司送自宫者赴京，未作处罚。③正因有自宫而入皇宫、跻身显要的先例，故历代都有人铤而走险，自宫以求入宫。成化二十一年（1485）十一月，礼部"以自宫求进者累有处斩事例，而往往不遵，虽发充军为民，到彼即逃。近复千百成群在部告扰，乞行禁处"④。宪宗令逮送锦衣卫，自宫者痛杖五十，不分新旧充军为民悉递原籍宁家，仍令所司羁管。

英宗以后，由于法律制裁较轻，自宫人数逐渐增多，天顺三年（1459），有内官家人及龙骧等卫所军余、直隶淮安等府县民人自宫者34人奏求入内供用，英宗命锦衣卫镇抚司究治之。⑤次年五月，英宗以军民自宫人数较多，"命礼部禁之，违者照旧例充边卫军"⑥。成化元年八月，山东即墨县民于旺等71人自宫，发充贵州边卫军。六年（1470）二月，有自宫者206人，宪宗不治其罪，"俱发回原籍当差，不许投托王府势家潜

---

① 陆容：《菽园杂记》卷2，中华书局1985年版，第19页。
② 《明宪宗实录》卷19，成化元年七月丁巳，第385页。
③ 参见《明英宗实录》卷317，天顺四年秋七月戊寅，第6609页。
④ 《明宪宗实录》卷272，成化二十一年十一月甲戌，第4595页。
⑤ 参见《明英宗实录》卷304，天顺三年六月癸酉，第6430页。
⑥ 《明英宗实录》卷315，天顺四年五月癸巳，第6591页。

住，违者论死，隐匿之家发边远充军"①。十年（1474）十一月，又有自宫被谪戍者314人逃回京师，宪宗令施以重杖之刑。由于自宫人数众多，宪宗制定了更为严厉的处罚措施，规定"自成化九年五月以后，犯者本身处死，全家发烟障地面充军"②。但往往难以治死罪，成化十一年（1475）二月，永清县民权义自宫其幼子，宪宗命发义充广西南丹卫军，妻及幼子皆随住。③成化十八年（1482）十二月，通州右卫军余金凤等391人自宫以求进。宪宗令免其死刑，金凤等198人枷项示众满一月仍杖一百并年幼者俱如拟，皆发原籍原卫收管。成化二十三年（1487）六月，自宫者3000余人赴礼部求进，宪宗令锦衣卫将其逐出京城。弘治三年（1490）四月，又有自宫者626人，孝宗令发南海子编充海户。④正德七年（1513）四月，张用等500余人自宫求进，武宗命锦衣卫及五城兵马司将其驱逐。嘉靖二年（1523）三月，固安县民张惠等900人自宫求用，世宗命"笞之百，逐归，仍敕都察院榜示严禁"⑤。

武宗朝，宦官得势，自宫求进者更多，正德十一年（1516）五月，"收自宫男子三千四百六十八人，充海户，月予米人三斗"⑥。而未收者尚有数千人，武宗令逐回原籍。世宗即位后曾对宫廷宦官进行大规模整顿，裁革了很多食官粮的宦官，被裁宦官数量达万余人，嘉靖元年（1522）正月，"原充南海子海户净身男子龚应哲等万余人，诣阙自陈，先年在官食粮，今奉诏裁革，贫无所归，乞恩收召供役"⑦。世宗恶其渎扰，将为首的4人发岭南戍守，其余逐回原籍。嘉靖五年（1526）二月，南海户净身男子970余人乞收入宫廷，世宗命锦衣卫逐之。嘉靖七年（1528）三月，净身男子韩春等8000余人乞收用，世宗"命所司驱逐，有居停者罪之，为首

---

① 《明宪宗实录》卷76，成化六年二月己巳，第1464页。
② 《明宪宗实录》卷138，成化十一年二月壬辰，第2586页。
③ 参见《明宪宗实录》卷138，成化十一年二月壬辰，第2586页。
④ 参见《明孝宗实录》卷37，弘治三年四月乙酉，第789页。
⑤ 《明世宗实录》卷24，嘉靖二年三月癸丑，第685页。
⑥ 《明武宗实录》卷137，正德十一年五月甲辰，第2711页。
⑦ 《明世宗实录》卷10，嘉靖元年正月辛未，第385页。

韩春等十人发边卫充军，遂著为令"①。嘉靖十一年（1532）四月，又有净身男子 8000 余人求进，世宗命"自后九门放入及藏匿者，皆治罪不贷"②。

为躲避法令的制裁，自宫者往往编造理由。正统十三年（1488）五月，顺天府怀柔县民刘广、江西鄱阳县民樊侃、陕西鳌屋县民李肆汉皆自净身，"谬言病痟及坠马损伤"③，英宗令谪戍铁岭卫，著为例。

《大明律》的相关规定及明太祖所颁诏令，表明洪武时期已经开始有私自阉割的现象，多是地主豪强和宗室勋戚所为。地主豪强通常会金钱购买的方式获得一个自由民的使用权，私自阉割以便使用，正统五年（1440）十月，驸马都尉赵辉奏"宣德间买直隶保定府雄县自宫人刘昇在家给使，后昇潜赴行在通政使司告充内官，乞赐发与"④。英宗仅记罪而罢。勋戚家中普遍有自宫者，景泰二年（1451）八月，太监阮伯山奏公侯伯擅收阉者，英国公张懋、武清侯石亨、安远侯柳溥、惠安伯张琮、前军都督府右都督张軏俱乞存留使用，英宗不许，于是"懋进十四名，軏进十名，崇信伯费钊进一名"⑤，石亨以侍养老母为由乞留老疾者 5 人，英宗亦不许。此外尚有宁阳侯已进 9 名，余 2 名系年老有疾；西宁侯宋杰已进 2 名，余 3 名系随侍故母咸宁大长公主；会昌伯孙忠 3 名系钦赐。公侯勋戚家庭私蓄阉者数量不少。

不仅普通贫苦民众会自宫以求进，无赖落魄户和中下层军士也有自宫的现象。根据陆容《菽园杂记》的记载，军士被阉可以进入内书堂学习，有机会成为皇帝身边近侍。宣德三年（1428）六月，金吾左卫指挥同知傅广自宫愿效用内廷，金吾左卫属于皇家亲军，指挥同知为从三品，属高级武官，此时宫廷宦官级别最高之太监亦仅正四品，如果不自宫也可获得高官厚禄，于此可见宫廷宦官吸引力之大。但宣宗反而将其治罪，"此人身

---

① 《明世宗实录》卷 86，嘉靖七年三月壬申，第 1940 页。
② 《明世宗实录》卷 137，嘉靖十一年四月戊戌，第 3230 页。
③ 《明英宗实录》卷 166，正统十三年五月壬子，第 3222 页。
④ 《明英宗实录》卷 72，正统五年冬十月丙戌，第 1399 页。
⑤ 《明英宗实录》卷 207，景泰二年八月壬辰，第 4460 页。

为指挥，尚欲何求，而勇于自残求进，若勇不畏死，能立功名，何患无高爵厚禄"①。天顺元年（1457）六月，金吾等卫舍人李铭等自宫赴通政司具奏，被送法司究治。②

自宫者往往通过礼部或通政使司奏请进宫。成化以后，自宫者聚众到礼部或通政使司喧诉，多次爆发群体事件，严重影响了礼部的正常运转及国家形象，但对自宫者施以何种处罚历代皆由皇帝钦定，上奏后皇帝常命锦衣卫官直接处理。成化十年（1475）十二月，锦衣卫官奏执自宫者54人命枷项于礼部前并各大市街示众，"前此自宫者甚众日赴礼部喧诉求进"③。成化十五年（1479）二月，再次重申禁止自宫，"时自宫者至二千人群赴礼部乞收用"④，宪宗命巡城御史、锦衣卫官督同五城兵马期十日内尽逐出京城，自宫者枷项一月杖一百押回原籍。成化十六年（1480）七月，礼部奏"自宫者至千余人，喧扰官府，散满道路"⑤。宪宗令逐回原籍，并严禁京城内外寺观、豪强、勋戚收留。成化年间自宫求进者聚众于礼部，俨然成为当时国家大事，朝廷处理非常棘手。弘治五年（1492）十二月，礼部奉旨查点先前自宫发遣充军宁家者，其中"于刚等二千二百四十六名年籍相同，周英等八百三十八名无从查核，又杜刚等二百一十二名不系先年发遣之数"⑥。可见当时朝廷处理自宫者大约有3296人，数量巨大，如果处理不当必然引起突发事件，孝宗令于刚等发南海子充净军种菜，杜刚等送户部编充海户，仍令礼部榜谕。弘治六年（1493）正月，有自宫者数百人击登闻鼓求进用，登闻鼓乃用于伸冤，由皇帝直接受理，但孝宗命执送镇抚司治罪，并且给事中魏玒因违例接鼓状，下刑部鞫问。⑦ 正德八年（1513）三月，再次严自宫之禁，"时律例屡申，卒不能禁。群聚京师号

① 《明宣宗实录》卷44，宣德三年六月乙巳，第1091页。
② 参见《明英宗实录》卷279，天顺元年六月壬子，第5984页。
③ 《明宪宗实录》卷136，成化十年十二月癸卯，第2561页。
④ 《明宪宗实录》卷187，成化十五年二月戊申，第3349页。
⑤ 《明宪宗实录》卷205，成化十六年秋七月乙巳，第3587页。
⑥ 《明孝宗实录》卷70，弘治五年十二月壬戌，第1326页。
⑦ 参见《明孝宗实录》卷71，弘治六年正月丙戌，第1336页。

呼，其进或拥入礼部，挝堂鼓遮诉云"①。

天启元年（1621）正月，"民间求选者至二万余人，蜂拥部门，喧嚷无赖"②，礼科都给事中李若圭恐其生变，上疏请求设法善处之，令其早散，兵科给事中尹同皋言"此辈进不得选，退无别门，情窘势穷，多致自尽，谁非人子，而令至此。臣意自额选外，见今王桐封随用若干，稍广其途，以开生路"③。熹宗命再收 1500 名。

明代历朝自宫人数众多，其中多数被发往边卫充军或南海子种菜，有极个别者能够实现最初的理想，成为权势显赫的宫廷宦官。如刘瑾"本姓淡，幼自宫，投中官刘姓者得进，因冒其姓"④。武宗朝司礼太监张雄亦是自宫入宫，"初雄为后母所凌，因自宫"⑤。魏忠贤"少无赖，与群恶少博，不胜，为所苦，恚而自宫，变姓名曰李进忠"⑥。成功的案例成为无数人仿效的动力，"不重奄人，则无自宫以幸进者"⑦，因此明代自宫者不顾法律的严惩前赴后继，形成一股强大的风气。

自宫现象的盛行会导致形成不良的社会风气。宫廷宦官所带来的巨大利益使得正常人不顾父母之情自宫私亲自阉割子孙，以求进用，这样会助长普通民众的惰性，使得社会形成追求捷径的风气，武宗时"宦官窃权者泽及九族，愚民竞阉其子若孙，以图富贵。有一村至数百人者，虽严禁亦不之止也"⑧。北直隶自宫现象盛行，明中后期北直隶成为宫廷宦官的主要来源地。明人何乔远曾说："至景泰中有自宫求进者，暂置之罪，竟得收用。自是畿甸之民，以至山东、西，齐鲁关陕之间，其希图避徭以幸富贵

---

① 《明武宗实录》卷 98，正德八年三月戊寅，第 2051 页。
② 《明熹宗实录》卷 5，天启元年正月乙酉，第 237 页。
③ 《明熹宗实录》卷 5，天启元年正月乙酉，第 237 页。
④ 《明武宗实录》卷 66，正德五年八月戊申，第 1456 页。
⑤ 《明武宗实录》卷 116，正德九年九月壬午，第 2352 页。
⑥ 《明史》卷 304《魏忠贤传》，第 7816 页。
⑦ 顾炎武著，黄汝成集释，秦克诚点校：《日知录集释》卷 9《禁自宫》，岳麓书社1994 年版，第 351 页。
⑧ 《明武宗实录》卷 30，正德二年九月戊申，第 755 页。

者，家有数子辄一阉之，名曰净身男子，上书求用，至以千数。"①

第三节　明代宫廷宦官培养

明代内廷非常重视宦官的培养。宦官入宫年龄较小，对于有资质的，会针对性地从文、武二途进行培养。

内书堂是明代宫廷专门培养宦官文化知识的场所。② 教师由翰林等文官担任，培养出众多具备高水平文化素养的宦官，为其处理政务奠定了基础，中后期司礼监掌印、秉笔太监一般都有内书堂学习的经历。教师和宦官作为师生，其联系对此后双方政治生涯也产生了重要影响。陈逵在成化年间进入宫廷，"宪宗皇帝慎简读书者，盖欲重任于将来，公于癸巳被选读书内堂，日有开益"③。陆深在翰林院曾奉命教内书堂的宦官读书识字，对此有深刻体会。

> 念予往岁以翰林编修官奉命教内书堂，每见生徒中少年敬谨者，必加礼之，且致厚望，以为此皆他日圣天子心膂之寄，与吾辈外庭体貌之臣殊，盖君父之心虽出一致而远迩势分，终不若亲且密者之易于纳忠也。故今生徒之柄用者，往往不忘，予为师范而王公又予之旧馆人也，义不容恝，乃志之。④

---

① 谈迁：《国榷》卷 27，第 1741 页。

② 明代宫廷重视对宦官的教育，设置专门的内书堂，被学界所关注。相关研究成果可参见欧阳琛《明内府内书堂考略——兼论明司礼监和内阁共理朝政》（《江西师范大学学报》1990 年第 2 期）、梁绍杰《明代宦官教育机构的名称和初设时间新证》（《史学集刊》1996 年第 3 期）、高志忠《明代宫廷内书堂教育与知识型宦官》（《兰州学刊》2011 年第 10 期）、吴兆丰《明代宦官历史教育论析》（《史学史研究》2021 年第 1 期）等。

③ 刘春：《东川刘文简公集》卷 19《明故司设监太监陈公墓表》。

④ 陆深：《俨山集》卷 72《司设监太监董公墓志铭》，《景印文渊阁四库全书》第 1268 册，第 465 页。

陆深对宦官与外廷文武官员的作用有较深的理解，宦官和外廷官员都是君主"心膂之寄"，君主都倚重两者，但两者远近不同，故宦官更加亲近。

明太祖时规定内侍不许识字，但司礼监等衙门设有典簿，负责管理文书，与原先设想稍有冲突。永乐年间，开始有意识地培养宦官，从提高其文化素养开始。阮浪原为交趾人，永乐年间进入宫廷，"太宗见而奇之，冀成其才，命读书于内馆。公颖敏好学，孜孜不倦，遂博通群书，颉颃儒者"①。明成祖希望阮浪能够成才，因此送到内馆学习，阮浪文化水平足以与儒生相媲美。进入内书堂学习的宦官，是明代宫廷重点培养的对象，教官也深知其中利害关系，因此对"敬谨者必加礼之"。

能够入选内书堂读书，对宦官升迁有很大帮助，宦官墓志碑刻均予以记载。将入内书堂者统计如下：

姓名	进宫时间	入馆时间	入馆教师	出馆任职	史料来源
阮浪	永乐中	—	—	理尚衣监事	御用监左少监赠御用监太监阮公浪墓表
梁端	永乐十八年	洪熙元年	—	宣德二年七月，内选入司礼监	明故南京司礼监左监丞梁公寿藏铭
高通	永乐中	宣宗时	—	—	明故内官监太监高公墓志铭
樊坚	宣德辛亥（13岁）	—	—	—	明故司设监太监樊公墓志铭
韦清	宣德己酉	宣德己酉	—	宣德癸丑，任内承运库书办	孝陵神宫监太监韦公墓志铭
覃昌	正统丁卯	—	尚书文安刘公、学士恒简林公	天顺丁丑东宫伴读	司礼监太监葵庵覃公昌墓志
房懋	正统十四年	越三载	翰林院学士	进阶长随	明故司设监太监房公墓志铭
段聪	景泰丙子（9岁）	天顺丁丑	—	甲申选司礼监书办	明守愚子寿藏记

① 李贤：《御用监左少监赠御用监太监阮公浪墓表》，载《国朝献征录》卷117，第587页。

姓名	进宫时间	入馆时间	入馆教师	出馆任职	史料来源
高凤	—	景泰丙子	—	领司礼书札	大明故司礼监太监高公墓志铭
白江	—	—	—	—	故内官监太监白公墓志铭
董让	景泰丙子	—	—	天顺戊寅，选入司礼监书办	明故江西镇守御用监太监董公墓志铭
何琛	景泰庚午	一年后	故学士永信刘文安公	选长随	太监何公寿藏记
罗照	景泰庚午	辛未	—	入司设监书办	明故司设监太监罗公墓表
陈逵	天顺间	成化癸巳	—	东宫讲读	明故司设监太监陈公墓表
萧敬	髫年	—	—	天顺初元授长随	司礼监太监梅东萧敬墓表
梁宣	天顺七年	—	翰林儒臣	御用监书办	明故内官监太监梁公墓志铭
倪文	天顺癸未	—	—	成化丙戌，进司礼监东房载笔，治内文书	大明南京司礼监太监倪公墓志铭
傅容	—	天顺时	—	擢奉御，掌文书	故南京守备司礼监太监傅公墓道碑
王嵩	成化丁酉	成化己亥	—	壬寅御用监书办	钦差总镇云南金齿腾冲地方等处御用监太监王公墓志铭
莫英	成化改元	成化二年	—	六年，拨供用库书写	皇明总督京通等处粮储内官监太监白石莫公神道碑铭
芮景贤	成化壬寅	成化乙巳	—	简侍武宗于春宫	明故御马监太监总督东厂校办事钦改司礼监太监直庵芮公之墓
韩锡	成化癸卯	—	—	弘治辛亥，选内府供用库书办	明故内官监太监韩公墓志铭
卜春	—	弘治改元	—	五年选司礼监六科廊办文书	前南京守备司礼监太监卜公墓志铭

姓名	进宫时间	入馆时间	入馆教师	出馆任职	史料来源
孙彬	—	弘治十四年	—	弘治十六年冬，遂得司礼监写字	明故内官监太监孙公墓志铭
辛寿	弘治辛酉	—	—	正德丙寅，任司礼监理笔札之事	明故内官监太监辛公墓志铭
董智	正德九年	嘉靖元年	陆深	选乾清宫内侍	司设监太监董公墓志铭
宋兴	正德丙寅	—	—	司礼六科廊	大明故东厂总督前司礼内官监太监宋公墓志铭
阎清	正德甲戌	—	—	嘉靖壬午，奏拨司礼监六科廊写字	明故内官监太监龙泉阎公墓志铭
裴安	弱冠时	—	—	世宗擢典内承运库事	明德府承奉副南泉裴公墓志铭
阎绶	弘治辛酉	寻	从内翰诸名公讲学	正德丁卯，供写六科廊文字	明故署惜薪司事官西峰阎公之墓志铭
乔宇	—	弘治甲子	—	丁卯岁，钦拨尚膳监任书记	明故钦差提督巡察光禄寺尚膳监太监乔公墓志铭
赖恩	六岁入官	—	—	伴读春官	奉敕提督浙江市舶司事太监赖公墓志铭
席良	正德庚午	—	—	乙亥，擢尚宝监理笔札之事	明故御马监监丞席公墓志铭
黄锦	正德初	—	—	选授兴府伴读	司礼监太监兼督东厂黄公锦神道碑
崔景	—	武宗初	—	奉御	明故司礼监太监春轩崔公墓志铭
赵举	正德丙子	戊寅	翰林	嘉靖元年，入本监六科廊精微科，掌国之六礼诸文移	明故司礼监管文书内官监太监静庵赵公墓志铭
朱宝	正德甲戌	嘉靖改元	—	嘉靖壬辰，复拨司礼监六科廊书办	明故内官监太监谦斋朱公墓志铭

续表

姓名	进宫时间	入馆时间	入馆教师	出馆任职	史料来源
宋明	正德丙子	—	—	嘉靖改元进司礼监供书记	皇明内官监太监深泉宋公墓志铭
郑真	弱冠	嘉靖丙申	—	戊戌擢司礼监六科廊记室	皇明司礼监管监事太监郑公墓志铭
王守成	正德甲戌	—	—	嘉靖十三年下御马监司房	明故御马监太监静庵王公墓志铭
陈矩	嘉靖丁未	—	—	掌精微科	明故掌司礼监太监麟冈陈公神道碑
成敬	嘉靖己未	—	—	升掌司事	明故掌司礼监太监聚庵成公墓志铭
张昇	嘉靖壬戌	—	—	尚衣监司橡	皇明乾清宫牌子尚衣监太监慧庵张公墓志铭
田义	嘉靖壬寅	—	—	隆庆中，迁六科廊掌司	乾清宫近侍司礼监掌印兼掌酒醋面局印总督礼仪司礼监太监渭川田公墓表碑铭
高时明	万历癸未	—	—	历南司暨皇史宬提督	司礼监掌印云峰高公墓表

大部分宦官入宫的年龄在 10—15 岁之间，年小者"髫龄"入宫，最小者是陕西的高通，入皇城时"年甫四岁"，"太宗龙眸视之，曰：此子异常，后必贵显"。[①] 年长者"弱冠"入侍。从中选出优秀者入内书堂读书，如王嵩，"成化丁酉简入禁掖，己亥上以公天资颖敏，遴选于众，拔入司礼监读书"[②]。明末刘若愚《酌中志》记载："内书堂读书，自宣德年间创建，始命大学士陈山教授之，后以词臣任之。凡奉旨收入宫人，选年十岁上下者二三百人，拨内书堂读书。本监提督总其纲，掌司分其劳，学长司其细。"[③] 内书堂隶属于司礼监，提督太监为最高负责人，由掌司具体负责，下设"年长有势力"者六至八名为学长，负责处理日常学习、管理事

---

① 商辂：《明故内官监太监高公墓志铭》，北京出土。
② 孙绍祖：《钦差总镇云南金齿腾冲地方等处御用监太监王公墓志铭》，《新中国出土墓志》北京卷（壹）下，第 177 页。
③ 刘若愚：《酌中志》卷 16《内府衙门识掌》，第 97 页。

务。到明末时，宫廷对宦官需求较大，宦官群体规模较大，选入内书堂的数量较此前有所增加。

部分宦官在内书堂的学习，表现比较突出，能够积极学习各项文化知识，如梁端：

> 洪熙元年，选入内书馆读书。公天性聪敏，动止端谨，博通书史，知古今大义。宣德二年七月内，选入司礼监历事，年方十六。正统间，京师大兴工，营建奉天等殿，上知公精于书算，谙练庶务，命总掌书算。合用一应钱粮物料，并给赏文武官员，及官军、匠作银两、钞锭、彩段等物，明白奏准。用过之物，一一分理回奏。①

梁宣入内书堂学习，表现得到讲授教师的认可。

> 天顺癸未，公被选入禁庭。时尚幼，莫详其父母名氏。顾天性孝谨，语及辄呜咽不自胜。寻以材质简入内书馆，命翰林儒臣教以经训、书法，辄能诵习，侪辈有胥侮狎者，必谨避之。师傅老长，咸加器许曰："是其所就，非汩汩居人后者。"积数年，当成化甲午，入御用监书办，勤慎自效，未尝罹咎责。②

宦官完成内书堂的学习后，出路以从事内府衙门文字工作为主。《酌中志》记载，"凡各衙门缺写字者，即具印信本奏讨，奉旨拨若干名，即挨名给散"。资质较好、成绩优秀者进入司礼监，在上述统计45人中入司礼监者有18人，比例最高。梁端、高凤、段聪、罗照、倪文、董让、宋明、孙彬、辛寿等在司礼监担任书办、书记等职。卜春、宋兴、阎清、阎绶、赵举、朱宝、郑真、陈矩、田义进入司礼监六科廊。司礼监六科廊掌

---

① 钱溥：《明故南京司礼监左监丞梁公寿藏铭》，《北京图书馆藏历代石刻拓本汇编》第53册，第28页。
② 李东阳：《明故内官监太监梁公墓志铭》，北京出土。

司 6 员或 8 员，分东西两房，管精微科内外章疏，及内官脚色、履历、职名，月报逃亡事故、数目。其他进入御用监、司设监、内供用库等衙门处理文字。尤其成化以后，由内书堂，入司礼监文书房，[①] 再升司礼监太监，成为一条比较常见的途径，《明史》称"凡升司礼者，必由文书房出，如外廷之詹、翰也"[②]。将文书房宦官比作外廷的詹事、翰林学士。入职司礼监受到很多因素影响，有多种途径，由文书房进入者逐渐被视为正途，正如进士入翰林院或詹事府，再入内阁。如田义：

> 嘉靖壬寅，给事宫披，简送内书堂讲书。隆庆中，迁六科廊掌司。今上即阼，察视左右，知公愿谨，可大任。明年甲戌，拔寘文书房管事，出入纶命及百司封章惟愻，累迁内官监太监，赐蟒衣玉带……命推南京副守备，以司礼监太监掌内官监印。丙戌，转正守备兼掌司礼监印，岁加禄米。己丑，特召入司礼监随堂办事，寻管本监事，总理中外文书，提督教习兼督礼仪房，钦赐坐蟒，许禁地乘马。辛卯，掌司苑局印。壬辰，兼掌巾帽局印。癸巳，钦赐内府坐凳杌。丙申，掌司礼监印兼掌酒醋面局印，总提督礼仪房。[③]

待到宦官发达时，教官也会在政治上获利。天顺八年（1464）正月，英宗去世，宪宗即位，东宫势力与司礼监面临着明显的利益冲突，东宫宦官能够依靠的关系并不多，在内书堂学习进而结成师生的内阁大学士或翰林院学士是联系的主要对象。

> 典玺局局丞王纶事上于东宫，事多专擅，一时群小希进，用觊后福者多与交通。而翰林侍读学士钱溥以尝奉命教内书馆，纶尝受学

---

① 相关研究可参见胡丹：《明代司礼监文书房考》（《历史档案》2012 年第 4 期）等。
② 张廷玉：《明史》卷 74《职官三》，第 1822 页。
③ 沈一贯：《乾清宫近侍司礼监掌印兼掌酒醋面局印总督礼仪司礼监太监渭川田公墓表碑铭》，《北京图书馆藏中国历代石刻拓本汇编》第 58 册，第 173 页。

焉。时尚宝司丞朱奎以幼童陪读馆中，相亲昵，俱交厚。至是，先帝不豫，溥意纶必典机务，预有入阁之喜，密遣奎通纶于禁中，纶因偕奎造溥家，执弟子礼，坐溥上坐，饮至晡而去。溥邻居内阁学士陈文知其事。及帝崩，奎持晋州知州邹和所馈纶书以入，或曰此溥密草遗诏也，纶亦以例当柄用，骄矜恣肆，而司礼监太监牛玉恐其轧己，玉倕春坊赞善牛纶所厚中允刘珝与溥有隙，会帝大殓，纶衰服袭貂裘于外观望，上见而恶之。玉因数其过恶，劝上执下狱，又嗾人发其交通事，并逮溥等法司依律拟斩，以赦例，特从轻典。纶降内使，发南京闲住，溥降顺德县知县，奎盐课副提举，和云南澜沧卫经历。凡平日与纶交通者，因纶词供及，皆降调外任。①

钱溥曾在内书堂教过王纶，两人因此关系密切，再加上太子陪读朱奎，三人按例当受到重用，但宫廷环境复杂，斗争激烈，司礼监太监牛玉、牛玉的侄儿牛纶、中允刘珝三人揭发王纶等人，因此王纶被降职，发往南京闲住，受影响的官员多达十余人，兵部左侍郎韩雍降为浙江左参政。韩雍后因平定大藤峡起义任总督两广都御史，钱溥直到牛玉致仕后才掌南京翰林院事，官至南京吏部尚书，最终并未进入内阁。

严嵩曾于正德十二年（1517）在内书堂教书，后撰《内馆志》，回忆当时情形。

> 正德丁丑十一月二十一日，予受命教内馆。初六日入馆。故事，诣崇圣堂谒先圣，毕，升堂，内侍诸生行四拜礼，皆立受。司礼诸中贵散居十门，各遣学长致刺，不亲往。司礼执笔者九人居河滨，各亲往，具赞帕投刺，帕皆辞，是日提督解太监铭具宴，其后铭奉使，代者李英。英执笔，代者张准。与予先后同事者，编修陆子渊、刘华

---

① 《明宪宗实录》卷1，天顺八年正月壬午，第29页。

甫、孙远宗、尹舜弼、刘元隆，检讨边汝明。①

通过内书堂的学习，部分宦官形成了好读书的习惯。如张端，"喜读经史，通其大意。稍长，克励于行，不为他子弟绮丽之习。……退则手不释卷，惟事简古，傍通内典，一时咸以远大期之"②。姜林，"性聪慧，喜读书，乐亲文士，日临楷书一纸，暇则鼓琴自娱，欿然儒素，见者不知其为中贵也"③。弘治、正德时期颇受重用的太监萧敬，"性颖敏，少读书，能知大义。后遍观典籍，学益富。作诗清逸，无纤丽语，字初临欧帖，晚变入沈体，尤好草书"④。萧敬读书很多，精通作诗，书法也很好。宦官杜江，有空即阅读书籍，"少暇，辄检阅书史，于世道之理乱，人品之高下，过目服膺弗矢。叩之，如倒囊悬河，殆不见其穷也"⑤。甚至宦官韩锡达到手不释卷的程度。

> 成化癸卯，入内府，在廷职臣嘉公资质明敏，送内馆，从翰林院儒臣读书。日勤于学，时与教事者器之。暨孝宗敬皇帝辛亥，选内府供用库书办……公天性纯粹，智识过人。其语和而庄，其行谦而易，不骄不吝，不肆不伐，不食不鄙。爱与仕夫，平居则手不释卷。⑥

崔景精通楷书，有时替皇帝执笔批注。

> 皇上登极之初，简入内书馆肆业。公由是益勤于学，隆冬盛暑，

---

① 严嵩：《钤山堂集》卷27《内馆志》，《续修四库全书》第1336册，第238页。

② 《大明赠内官监太监张公墓志铭》，北京石刻艺术博物馆《馆藏石刻目录》，第140页。

③ 《明故御马监太监姜公墓志铭》，《北京图书馆藏中国历代石刻拓本汇编》第54册，第77页。

④ 杨一清：《司礼监太监梅东萧敬墓表》，载《国朝献征录》卷117，第603页。

⑤ 全元立：《大明故神官监右少监台邮杜公墓志铭》，《新中国出土墓志》北京卷（壹）下，第223页。

⑥ 《明故内官监太监韩公墓志铭》，《北京图书馆藏中国历代石刻拓本汇编》第55册，第79页。

手不释卷，于古人书法无所不习，而尤精楷书。上每呼至辰前命书，公纵横数楮，一挥而成，四顾成行。上喜爱不已，渊衷简注，即有执笔之托矣。①

经过内书堂的学习，部分宦官文化水平已经较高，担任东宫伴读等职。如覃昌先后两次进学，都由翰林学士及重要官员授课。

公时年幼，而姿甚美，乃选入内廷，被旨与（苗）旺同学书馆，而受业于故尚书文安刘公、学士恒简林公。已而公复被拔，进学于文华殿之东庑，特命故学士文懿吕公、少保文僖倪公教之。天顺丁丑，英宗复位，宪宗时在东宫讲学，命公伴读。②

覃昌第一次进学的地方应是内书堂，其位置在皇城东北、司礼监第一层大门稍南，门前有十余株松树。第二次在文华殿东庑，文华殿是太子读书的地方，嘉靖以后在此举行经筵。

部分宦官将自己的文字刻印成册，并增补古籍，如南京守备太监晏宏，"增补《通鉴》《纲目》《小学》诸书，刻梓以传"③。内官监太监段聪，"辑录《大学》《中庸直解》，缮刻装潢成书，用便睿览"④。

御用监太监张维于万历十八年（1590）出宫，在私第居住，"即闭门思过，优游□□二十余年，未窥市里，歌咏太平，积有《归来篇》《闲居日草》《苍雪斋》等集，或为刻之"⑤。

宦官郑旺，文武兼通，对文武关系也有独特的认识。

---

① 严嵩：《明故司礼监太监春轩崔公墓志铭》，《新中国出土墓志》北京卷（壹）下，第239页。
② 徐溥：《司礼监太监葵庵覃公昌墓志》，载《国朝献征录》卷117，第594页。
③ 严嵩：《钤山堂集》卷30《南京守备晏公墓志铭》，《续修四库全书》第1336册，第258页。
④ 段聪：《明守愚子寿藏记》，《新中国出土墓志》河北卷（壹）下，第142页。
⑤ 张维：《皇明张处士墓志铭》，《北京图书馆藏中国历代石刻拓本汇编》第59册，第5页。

以景泰庚午被选，入内廷，勤慎自将，若老成人，遂命进学司礼监书堂，从故学士永新刘文安公，讲习课试，恒先诸生，久之通经史大义，词翰并工，而于暇日兼业武事，恒语人曰："文武一道也。"癸酉，选侍乾清宫，奉宸扈跸，一循矩度。甲戌，授长随，一日演武万岁山下，公马步骑射，连发皆中的，其诸武艺亦精绝过人，观者叹服。[①]

内书堂对提升明代宦官的素质提到了极大促进作用，入内书堂学习的小宦官将有较大机会升至上层宦官，因此被文官担任的教师视为结交的对象，双方因此结成的师生关系对各自政治仕途有重要影响。

明代宦官衙门中，司礼监以内书堂受教育者居多，御马监则偏重于选拔有军事才能者，内官监宦官则多参与各种工程的建设，部分宦官衙门形成了明显的特色。如宦官彭喜，最先供职内官监，从成化至正德时期参与了多项工程的修建，伴随着重要工程的完工，其职衔不断得到晋升。

成化戊子，公性资颖秀，选入禁庭，供职内官监，莅事甚谨，服役甚勤。癸丑岁，卢沟桥决，公承命往修筑，就绪，赐牌悬带，出入禁闼。弘治甲寅，孝宗皇帝命督造宫用薰炉等器，给与牌戴。无何，重修内帑西十库，升右监丞。是年，亦修造武当山真武石坐，升左监丞。乙卯，创建泰康公主寝园，升右少监。寻命盖造清宁宫膳房，公撤其藐而鼎建其新，进太监。正德元年，掌监太监黄公瓒，怜公才识优长，辟于上，获金监事。公淬励厥职，仰感无涯，益图裨补于万一，由是上益眷注于公。丁卯，西海子等处督工营造及修饰龙凤舰，皆有殊典。[②]

---

① 程敏政：《篁墩文集》卷 20《郑公寿藏记》，《景印文渊阁四库全书》第 1252 册，第 358 页。
② 顾经：《明故内官监太监彭公墓志铭》，《北京图书馆藏中国历代石刻拓本汇编》第 54 册，第 78 页。

靖难之役中，郑和、王彦、刘通等宦官跟随燕王朱棣南征北战，立下了军功，自身得到了殊荣，涌现出一批军功宦官。后世宦官遂踵此道，在外参与军事行动，如正统时期的曹吉祥，曾参与征讨麓川思任发、攻兀良哈、镇压邓茂七起义等。再如刘永诚：

> 生于洪武辛未，越十二年，入侍大内。长而顾身昂准，虎步仡仡，久职御厩，便习骑射。当是之时，太宗皇帝用武靖难，内外之臣，多勤战略，公尝共事，又三扈北征，偏历斗辟，其于兵事，习见而闲。宣德初元，汉邸造逆，公假使侦察，亲征功成，于公多助。大宁数叛，三帅师讨，直捣乌梁海而走之，卓沁仅以身免，获其清河元帅印章，俘馘生口，类以万计。妖人李宣、张普祥党煽乱磁、相，公任捕执，即时靖肃。先帝践祚，得公绥辑南京、中都，众心帖然。甘凉国门，公出监镇，耀兵境外者二：东出镇蕃，抵捕鱼儿海子。西出西宁，远至大山之阴。再拒敌人，击扬根敦，追北至额齐讷，克之于三城儿，卫喇特入酒泉，鏖于临水堡，擒其首哈沙特穆尔等，克呼库春惧，遁出塞，躏至金塔寺乃还。先是，瓜沙首领齐勤纳木喀实喇哈扎尔南奔，各萌叛志，公轻兵肆讨，先后举之，虏其全部匹畜不遗。景泰辛未，召还，总督京师军马，计今廿年。[1]

刘永诚历事太宗、仁宗、宣宗、英宗、景泰、成化六朝，在多次军事行动中均立有军功，其侄子刘聚后封宁晋伯。王世贞赞其："中珰之久贵，无过于萧敬者……其次则刘永诚，从成祖兵间，自后历西陲大镇。总京营兵十年始辞任，入见，复勉留之。诸子封伯者一人，为指挥千户者数人。内臣至今艳称之。"[2]

宦官在内廷历经数十年磨炼，最终上层宦官均取得了较高成就，有文

---

① 岳正：《类博稿》卷10《明故御马监太监刘公墓志铭》，《景印文渊阁四库全书》第1246册，第450页。
② 王世贞：《弇山堂别集》卷4《中官寿考久任》，中华书局1985年版，第76页。

化的宦官留有著作，对琴、棋、书、画均有较高造诣。如赖恩：

> 居宁波六年，敲朴弗施，音乐弗用，图书左右，鼓琴赋诗，适趋尘埃之外而民怀其德，士颂其贤。间出巡海徼，尤民怀君，形之于言，为《东巡稿》《南巡稿》若干卷……及在浙江，馆尝产芝一茎，缙绅咏其事，公所著复有汉赋十篇，《琴谱》《隶韵》等书，皆梓行于时。①

部分宦官展现的高素质得到熟知他们的文官的认可，在文官撰写的墓志中，对宦官评价极高，如礼部左侍郎王直给宦官刘顺所写墓志，感慨道：

> 自古国家之兴，天必生才以备之，使之定祸乱，安生民，而建万世太平之业。我朝列圣之德合乎天，故夫内外之臣所以为股肱心膂者，皆一时之杰，其所树立，足以垂不朽而传无穷，非天孰能与之！②

王直俨然将刘顺与国家安危联系起来，将其看作国家股肱。

---

① 张邦奇《靡悔轩集》卷6《奉敕提督浙江市舶司事太监赖公墓志铭》，《续修四库全书》第1337册，第40页。
② 王直《太监刘公墓表》，《北京图书馆藏中国历代石刻拓本汇编》第51册，第105页。

第四章　墓志碑刻所见明代宦官个人生活

墓志最初记载姓名和籍贯，后来记载内容越来越丰富，将墓主个人生平事迹予以详细记载。明代宦官墓志碑刻记载的内容比较丰富，除姓名、籍贯、生卒年外，其在宫廷及宫外参与的大事也都在记载范围内，尤其是职务升迁、皇帝赏赐物品及待遇等凸显个人成绩的表现。宦官中有宗教信仰者，或佛或道，常会捐资修建寺院道观等，甚至会得到皇帝的赐额，这些也会记载在墓志中。墓志碑刻比较完整地体现了宦官的一生，对了解明代宦官在政治中的作用及其日常生活有重要价值。

第一节　明代宦官差遣与职责

一、司礼监职责

宣德以后，司礼监超越内官监，成为内府第一署，不仅掌握批红权，而且负责整个宦官衙门及内廷事务的管理。所收集墓志碑刻中有十余通曾任司礼监者，为研究司礼监职责变化提供了全新的材料。

早期，司礼监太监的人选非常重要，一般从入宫即在司礼监历练。如牛玉：

> 永乐十一年，以俊秀选入内廷，隶名司礼监。宣德二年进本监长随，主管内外章奏，仍命从大学士杨文定公授经学，日有进。七年，

升奉御，充英庙伴读，仍职章奏。十四年秋，圣驾亲征北虏，命公提督宫壸事宜，兼典机务。八月，景皇帝践祚，命公随侍宪庙于春官，历升本监监丞。天顺改元，英庙复辟，公以翊戴功进太监，命掌监印，加赐蟒衣、玉带、貂裘，岁加禄米，掌理中外章奏。翼翼小心，咨决庶务，率称上旨，委任日隆，宠锡优渥。五年七月，曹钦反，率众犯阙，公主画于中，随机应变，罪人既得，京师肃清，上嘉公功，赐金币诸物及河西务马房、羊房庄田二千余顷以酬之，公辞不许。八年正月，宪庙嗣登宝位，初政之行，仪度备举，率公总契纲维，内外井井。寻罢归南京，未几，复命掌南京司礼监印。[①]

牛玉入宫后，就选入了司礼监，由长随、奉御，一直到监丞、太监，并掌印。司礼太监要代皇帝"批红"，因此对文化水平的要求较高，往往都有在内书堂跟随内阁大学士或翰林院官员学习的经历。牛玉一直在司礼监任职，处理章奏等事务，未调其他宦官衙门，在明代宦官任职经历中亦属罕见。

到明中后期，司礼监人选偶尔从其他宦官衙门调入，但堪称殊遇，如滕祥：

今上御极之初，毖饬内政，诸中贵人多所汰易，而独滕公领秩如旧，已晋掌司礼监事。先是，掌司礼监事，率起自本监晓习故实者，而公素长者，惟少文，乃从他监被简任，可谓殊遇矣。[②]

覃昌是成化、弘治年间重要的宦官，作为司礼监太监，职责重要，并且多次作为使节参与册封。

---

① 《明故两京司礼监印太监牛公墓志铭》，南京出土。
② 陈以勤：《司礼监掌监事太监滕公祥墓志铭》，载《国朝献征录》卷117，《四库全书存目丛书》史部第106册，第605页。

　　高皇帝当平定天下之后，建官分职，以理庶务，又仿周礼，即御府设监局库，以内臣分理之，若司礼监，其一也。自宣德、正统以来，司礼之选益重，盖其职专掌礼仪、参预机务，非积学制行、通达政事，鲜克当之……至于御前议处大事，默赞圣政，慎密周详，而人不知者，盖多矣。惟朝廷大礼多公掌行，其次第可纪者选吉王妃一，封宸妃捧册二，尊上圣慈仁寿皇太后徽号充内副使捧册三，皇子五位冠相礼四，封兴王等五王充内副使五，封贵妃等十妃宣册六，尊加圣慈仁寿太皇太后徽号捧册七，附宪宗神主于太庙奉主八，选兴王妃九，封寿王等五王充内副使十，立皇太子充内副使奉册节十一，新建太庙夹室□奉安懿祖皇帝皇后神主十二，此其大者也。[①]

正德以后，司礼监官职衔发生变化，有时身兼数职，如张永：

　　命督显武营兵马，寻命提督三千、神机二营兼十二团营，掌乾清宫及本监事兼提督尚膳、尚衣、司设、内官诸监，整容礼仪、甜食诸房并豹房、浣衣局、混堂司、南海子事，政务填委，悉心综理，供应充牣而不私毫末[②]。

萧敬是弘治时期孝宗非常眷顾的司礼监太监，被王世贞称为皇帝眷注第一的内官。

　　自是益承眷注，升太监，金书监事，岁给禄米若干石，奉使荆襄，所过以清约闻。甲申，龙驭上宾，改神宫监司香。成化丁亥改内官监，督仓储饷，会计明允，宿蠹搜剔殆尽。未几，进司礼监金书，往勘武冈蕲州诸藩大狱，狱用不冤，归奏称旨。丁未，宪庙升□，仍

---

① 徐溥：《司礼监太监葵庵覃公昌墓志》，载《国朝献征录》卷117，第595页。
② 杨一清：《司礼监太监张公永墓志铭》，载《国朝献征录》卷117，第598页。

乞裕陵司香。弘治庚戌，司礼缺员，金谓老成练事无如公者，复起视事，与闻机务……正德初，告归私第。壬申，复起，命掌本监事，赐坐蟒，许乘肩舆禁中。[①]

嘉靖年间，司礼监太监开始兼提督东厂，又是一大变化。开此先例者为麦福，先任司礼监掌印，后兼总督东厂。

公幼入内廷，正德丁丑，以选供事清宁宫，戊寅，改乾清宫近侍。嘉靖壬午，迁御马监左监丞，改御用监金押管事，寻升左少监。甲申，升太监，赐乘马禁中，改御马监，监督勇士四卫营务。丙戌，奉命提督上林苑海子。丁亥，奉命随朝请、晋乾清宫牌子。戊子，掌御马监印，提督勇士四卫营禁兵。己丑，提督十二团营兵马，掌乾清宫事。庚寅，掌上林苑海子关防。壬辰，提督礼仪房并浣衣局提督尚衣监西直房。甲午，总提督内西教场操练并都知监带刀。丁酉，总督东厂。戊戌，兼管尚衣监印。己亥，上南巡，奉命留守京师，赐符验关防。乙巳，迁司礼监。丙午，提督先蚕坛、掌理祭礼及诸礼仪。戊申，复总督东厂，镇静不扰，缙绅谓贤。己酉，掌司礼监印，国制凡旨下诸司，司礼名为秉笔，而掌印者尤重，诸监局莫敢望焉，然每遇东厂奏事则皆趋避，故东厂尤名有事权，累朝以来未有兼其任者，兼之自公始。自受命至于卒，凡四阅岁。呜呼，其可谓贵且久矣。[②]

司礼监职责甚重，加以提督东厂，权势日张。后期司礼监掌印太监多兼提督东厂事，将管理宦官衙门和稽查重案合二为一，司礼监权势愈盛。

---

① 杨一清：《司礼监太监梅东萧敬墓表》，载《国朝献征录》卷117，第603页。

② 徐阶：《司礼监太监掌监事兼督东厂麦公福墓志》，载《国朝献征录》卷117，第604页。

二、明代宫廷宦官的升迁

(一) 明代宦官体系的建立

明代宦官制度主要确立于洪武时期。最终洪武二十八年(1396) 九月，重定宫官六尚品职及内官监司库局与诸门官并东宫六局等官职秩，设十一监、六局、二司、三库及门官。

内官监十一：日神宫、日尚宝、日孝陵神宫、日尚膳、日尚衣、日司设、日内官、日司礼、日御马、日印绶、日直殿。监皆设太监一人，秩正四品；左、右少监各一人，秩从四品；左、右监丞各一人，秩正五品；典簿一人，秩正六品。

神宫监，掌洒扫太庙殿庭、廊庑。

尚宝监，掌御宝玺、敕符、将军印信。

孝陵神宫，监掌洒扫殿庭及栽种果木、蔬菜之事。

尚膳监，掌供养奉先殿并御膳与宫内食用之物，及督光禄司供奉宫内诸筵宴饮食之事。

尚衣监，掌御用冠冕、袍服、履舄、靴袜之事。

司设监，掌御用车辇、床榻、衾褥、帐幔诸事。

内官监，掌成造婚礼、妆奁、冠舄、伞扇、衾褥、帐幔、仪仗及内官、内使贴黄诸造作并宫内器用首饰与架阁文书诸事。

司礼监，掌冠婚丧祭礼仪制帛与御前勘合、赏赐笔墨书画并长随、当差内使人等出门马牌等事，及督光禄司供应诸筵宴之事。

御马监，掌御马及诸进贡并典牧所关收马骡之事。

印绶监，掌诰券、贴黄、印信、选簿、图画、勘合、符验、信符诸事。

直殿监，掌洒扫殿庭、楼阁、廊庑之事。

又设长随奉御，秩正六品。

各门官七，掌晨昏启闭、关防出入。日午门、日东华门、日西华

门、曰玄武门、曰奉天门、曰左顺门、曰右顺门，门皆设官二人，门
正一人，秩正四品；门副一人，秩从四品。

设司二：曰钟鼓、曰惜薪。司皆设司正一人，秩正五品；左、右
司副各一人，秩从五品。

钟鼓司，掌祭乐及御乐并宫内宴乐与更漏、早朝钟鼓诸事。

惜薪司，掌宫内诸处柴炭之事。

局库九，局有六：曰兵仗、曰内织染、曰针工、曰巾帽、曰司
苑、曰酒醋面。库有三：曰内承运、曰司钥、曰内府供用。每局、库
皆设大使一人，秩正五品；左、右副使各一人，秩从五品。

兵仗局，掌御用兵器并提督匠役、造作刀甲之类，及宫内所用梳
篦、刷牙、针剪诸物。

内织染局，掌染造御用及宫内应用段匹、绢帛之类。

针工局，掌成造诸婚礼服裳，付内官监收用及造内官诸人衣服、
铺盖诸事。

巾帽局，掌造内官诸人纱帽、靴袜及预备赏赐巾帽诸事。

司苑局，掌宫内诸处蔬果及种田之事。

酒醋面局，掌内官诸人食用酒、醋、面、糖诸物。

内承运库，掌收支段匹、金银、珠玉、象牙诸宝货之物及同司钥
库掌钞锭之数。

司钥库，掌各门锁钥及收支钱钞之事。

内府供用库，掌御用香米及内用香烛、油米并内官诸人饮食、果
实之类。①

上述设置与《皇明祖训》中"内官"条所列宦官衙门基本一致。后
洪武三十年（1397）七月，"置都知监，秩正四品，掌内府各监行移、一
应关支勘合。设太监一人，正四品；左、右少监各一人，从四品；左、右

---

① 《明太祖实录》卷241，洪武二十八年九月辛酉，第3506—3514页。

监丞各一人，正五品；典簿一人，正六品。又置银作局，掌造内府金银器用，设大使一人，正五品；副使一人，从五品"[1]。宫廷宦官衙门正式形成十二监的规模，但其中包含神宫监与孝陵神宫监，缺少"御用监"这一重要衙门。御用监再次出现是在宣德年间，宣德元年（1426）六月，"改御用司为随驾御用监，命行在礼部铸银印给之"[2]。加"随驾"二字乃因此时北京尚未被正式定为都城。

宦官衙门设置明显可区分为两类，一类专门服务于皇帝，如尚宝监、尚衣监、司设监、尚膳监等，掌御用诸物。一类则负责宫廷宦官的管理与服务，如原先负责皇帝酒醋面局职责此时发生巨大转变，由供用皇帝变为供用内官诸人。尚衣监负责提供皇帝的衣着，而巾帽局负责成造内官的纱帽靴袜等。

经过洪武时期多次大的调整，明代宫廷宦官从名称、品级，到僚属、职掌方方面面基本已经成型，到洪武二十八年明代宫廷形成了一整套比较完整的宦官体系，正官、佐贰官设置比较齐备，职责稳定，分工明确，明代宫廷宦官完成了体系化建设。[3]

明代宦官职衔与品级对应表

职衔	内使	奉御	典簿	左、右司副，局库左、右副使	左、右监丞，司正，局、库大使	左、右少监，门副	太监，门正
品级	无	从六品	正六品	从五品	正五品	从四品	正四品

（二）明代宫廷宦官升迁情况

明代宫廷宦官虽有职衔与品级，却无具体的升迁标准，多凭年资循序

---

[1] 《明太祖实录》卷254，洪武三十年七月庚戌，第3661页。

[2] 《明宣宗实录》卷18，宣德元年六月壬午，第487页。

[3] 明代各宦官衙门设置和职能不断变化，前期和中后期有较大区别，理应动态去观察。对明代单个宦官衙门进行专门研究的有方志远《明代的御马监》（《中国史研究》1997年第2期）、胡丹《都知监考》（《西南大学学报》2012年第4期）、胡丹《明司礼监研究》（《明史研究论丛》第9辑）、许冰彬《明代御用监考略》（《故宫学刊》2015年第1期）等。

而升。

洪武时期，宦官员数较少，二十四衙门各有定数，十二监各设太监一名，为一监之长，其下有左右少监、左右监丞、典簿等；各局、库设大使、副使，各司设司正、司副。正统以后，宦官群体规模不断扩大，人数逐渐增多，各衙门逐渐突破了原先设定的额数，一监至有数名太监，掌印者仅有一人。如司礼监有掌印、秉笔、随堂、提督等名目。

到明末时，宦官各衙门设置更为复杂，规模也更大。[1]答应、近侍、牌子等逐渐由所管职事变为职衔，居于题名最前。如万历时，田义职衔为"乾清宫近侍、司礼监掌印兼掌酒醋面局印、总督礼仪、司礼监太监"，司礼监太监居于最后，其所执掌的乾清宫近侍居于最前。李正芳的署名为"乾清宫御前暖殿、忠勇营中军、司设监太监"[2]。

部分宦官职务升迁表

姓名	籍贯	生卒年	宦途履历		资料出处
			任职时间	职衔	
阮浪	世家交趾	生于洪武某年九月，卒于景泰三年七月	宣宗初	奉御	御用监左少监赠御用监太监阮公浪墓表
			宣德五年	御用监右监丞	
			正统改元	左少监	
			天顺复辟	特赠太监	
怀忠	世为交南大姓	天顺七年卒	正统初	奉御	南京守备司礼监太监怀忠墓志
			正统己巳	内织染局副使	
			天顺元年	司礼监左少监	
			天顺元年	寻升太监	
博啰	西域凉州部人	弘治十一年卒	成化丁亥	长随	御马监左监丞博啰墓志铭
			乙未	奉御	
			甲辰	御马监左监丞	
			乙巳	太监	
			今皇帝初	左迁复为左监丞	

---

① 参见刘若愚《酌中志》卷16《内府衙门职掌》，第93页。

② 《李□□墓碑》，国家图书馆所藏拓片：北京2946。

姓名	籍贯	生卒年	宦途履历		资料出处
			任职时间	职衔	
钱义	河西巨族	宣德甲寅十二月生，成化甲辰七月卒	天顺丁丑	升奉御	大明御用监太监钱公墓志铭
			甲申（选侍东宫，宪宗嗣统）	超升御用监左监丞	
			成化乙酉	进太监	
龚昇	贵州石阡府人	—	天顺八年七月	升长随	大明御用监太监龚公墓志铭
			成化元年十月	升奉御	
			二年闰三月	升御用监右监丞	
			八年十月	升左监丞	
			十一年十一月	升右少监	
			十二年十一月	升左少监	
			十三年十一月	升太监	
宁英	福建延平沙县	—	天顺甲申	升奉御	大明故尚膳监太监宁公之墓
			（甲申）未几	兵仗局右副使	
			成化改元	升左副使	
			成化丙戌	进尚膳监太监	
王增	保定新城	年52	成化庚子	奉御	明故中官王公（增）墓志铭
			弘治甲寅	针工局副使	
			乙卯	都知监右监丞	
黄瑜	福建延平人也	弘治十五年卒（70）	景泰	升长随	明故尚膳监太监黄公墓志铭
			天顺甲申侍春官	除奉御	
			甲申十月	巾帽局右副使	
			成化改元	升左副使	
			癸巳	升大使	
			庚子	转尚膳监右少监	
			辛丑	迁左少监	
			壬寅	进太监	

续表

姓名	籍贯	生卒年	宦途履历		资料出处
			任职时间	职衔	
郑旺	世家广东顺德	—	成化癸巳	升御马监太监	郑公寿藏记
			弘治纪元	例左迁织染局大使	
			甫九日	复御马监左少监	
			辛亥	复太监	
覃昌	世家庆远府宜山县	宣德癸丑九月生，弘治乙卯正月卒	宪宗嗣位	奉御	司礼监太监葵庵覃公昌墓志
				再擢针工局右副使	
			成化乙酉	司礼监少监	
			成化乙巳	掌本监印	
杨定	—	—	成化三年	擢长随	明故尚衣监太监杨公墓表
			八年	升奉御	
			十四年	升司苑局右副使	
			癸卯	转左副使	
			甲辰	升大使	
			乙巳	荐升内官监右少监	
			即岁冬	进太监	
			弘治改元	例左迁右少监	
			三年	仍授太监	
陈逵	广西马平县	正德九年卒（59）	成化丁未	擢奉御	明故司设监太监陈公墓表
			（丁未）	寻擢司设监右监丞	
			弘治戊申	转左监丞	
				复擢右少监	
			己酉	转左少监	
			明年	遂擢太监	
张诚	陕西西安	天顺甲申十一月生，正德十四年卒	弘治己未	升奉御	明故内官监太监张公墓志铭
			壬戌	升印绶监左监丞	
			正德丙寅	升太监	
			壬申	转内官监太监	

姓名	籍贯	生卒年	官途履历		资料出处
			任职时间	职衔	
梁玉	系出湖广襄阳南昌之望族	景泰甲戌十二月生，正德甲戌十月卒（62）	成化癸卯	奉御	明故御马监太监梁公墓志铭
			弘治乙卯	都知监左监丞	
			癸亥	左少监	
			正德丙寅	太监	
			己巳	改御马监太监	
吴振	山东青州府诸城县秀义里人	正统辛酉闰十月生，正德丁卯八月卒（67）	成化九年	除奉御	明故内官监太监吴公墓志铭
			十二年	升尚膳监右监丞	
			十三年	转左	
			十四年	升右少监	
			十八年	升左少监	
			二十三年	转神官监茂陵司香	
			弘治五年	东官典膳局局郎	
			十六年	升内官监太监	
李公	直隶保定府新城县	正德四年作铭，天顺元年十月生	成化戊戌	除尚膳监长随	大明御马监太监李公寿藏记铭
			乙巳	升奉御	
			丁未（宪庙升退）	左迁至长随	
			弘治戊申	仍升奉御	
			辛亥	升内府宝钞提举司右副使	
			壬子	升司正	
			壬子	寻转升内官监右少监	
			癸亥	升左少监	
			正德改元	进太监	
高凤	顺天涿州	正统己未六月生，正德壬申十二月卒（74）	天顺乙未	授奉御	大明故司礼监太监高公墓志铭
			壬寅	擢惜薪司右司副	
			乙巳	迁内官监右少监	
			辛亥	迁左少监	
			壬子	命东官典玺局丞	
			戊午	进太监	

续表

姓名	籍贯	生卒年	宦途履历		资料出处
			任职时间	职衔	
李瑾	广西梧州府郁林州人	正统己巳七月生，正德丙子九月卒	成化丙戌	擢奉御	明故神宫监太监李公瑾墓志铭
			本年（丙戌）十月	升兵仗局右副使	
			丁亥	迁左副使，署局事	
			是年（丁亥）冬	历升内官监太监	
王钦	保定府新城县人	年54	弘治丁巳	除长随	明故御马监太监王公墓志铭
			戊午	进奉御	
			癸亥	升右监丞	
			正德改元	加左监丞	
			寻	升右少监	
			丁卯	正监	
刘忠	世系广东之望族	一	成化己未	除长随	明故御马监太监署乙字库事栖严刘公墓志铭
			庚申	升奉御	
			辛酉	升御马监左监丞	
			癸亥	升右少监	
			正德丙寅	升左少监	
			戊辰	历升御马监太监	
			武宗昇霞，各衙门任事	注本监右监丞	
			嘉靖癸未	升左监丞	
			甲申	升右少监	
			丁亥	升左少监	
			庚寅	进位本监太监	
杜江	山西	嘉靖二十年八月卒	成化乙卯	升司设监右监丞	大明故神宫监右少监台邨杜公墓志铭
			甲子（司裕陵香）	历升右少监	
			正德戊辰	升太监	
			辛巳（武庙晏驾）	奉例为右少监（仍司香裕陵）	
			嘉靖壬辰	金押管事	

姓名	籍贯	生卒年	宦途履历		资料出处
			任职时间	职衔	
刘濬	世家真定之藁城	嘉靖二十三年卒	正德改元之明年	升内官监左监丞	明故神宫监太监刘公墓志铭
			乙亥	迁右少监	
			戊寅	太监	
				后以例降右丞，今上龙飞，复左丞，历左、右少监	
			嘉靖九年	仍秩太监	
郑恭	祖贯福建汀州府	—	壬寅仲冬	除长随	明故神宫监太监郑公墓志铭
			乙巳仲冬	除奉御	
			丁未仲春	乾清宫近侍	
			弘治改元乙卯仲春	转东宫答应，管理皇庄事	
			乙丑仲夏	升御用监左监丞	
			乙丑仲冬	进太监	
梁玉	其先江西丰城人，后徙易州	成化丙戌正月生，嘉靖十七年卒（73）	弘治	御马监奉御	明故御马监太监梁公墓志铭
			正德改元丙寅	入侍乾清宫	
			戊辰（寻升左）	针工局右副使	
			庚午	升内官监右少监	
			壬申	升御马监左少监	
			癸酉	太监	
李镇（后改李慎）	其先河南商水人，永乐间曾大父聚调涿鹿左卫，遂为涿鹿人	成化丙戌正月生，嘉靖十八年卒	弘治乙丑	奉御	内官监左少监李公墓志铭
			正德壬申	内官监左监丞	
			癸酉	左少监	
			甲戌	太监	
			嘉靖壬辰起	左少监	

续表

姓名	籍贯	生卒年	宦途履历		资料出处
			任职时间	职衔	
董智	家世湖广武岗州人	正德二年十二月生，嘉靖十九年二月卒	嘉靖二年十二月	奉御	司设监太监董公墓志铭
			嘉靖三年八月	司礼监右监丞	
			五年八月	左监丞	
			六年八月	右少监	
			七年八月	左少监	
			九年八月	太监	
徐经	直隶保定府安肃县之巨族	万历七年葬	嘉靖丙午十二月	长随	针工局署局事御马监太监徐工寿碑铭
			乙卯七月	除奉御	
			甲子四月	升御马监右监丞	
			隆庆丁卯十二月	升左监丞	
			丁巳十二月	升右少监	
			甲戌十二月	升左少监	
			乙亥	升太监	
商经颖	顺天府大城籍	万历二十三年刻	嘉靖四十一年	始进裕府而奉御	商经颖寿域碑
			隆庆改元	由右监丞升左监丞	
			万历中叶	由左监丞而升太监	
萧准	直隶河间府任丘县	万历丁丑卒	正德庚辰	着乾清宫答应	明故御马监太监萧公墓志铭
			壬辰	除小轿长随	
			丙申	升乾清宫近侍	
			本年（丙申）八月	除奉御	
			丁酉	升尚膳监右监丞	
			戊戌	升左监丞	
			己亥	升右少监	
			本年（己亥）八月内	升左少监	
			庚子	升太监	

表中所列仅为升迁时间比较明确的宦官，如宦官刘忠，先从乾清宫近侍做起，逐渐开始按照正常的宦官序列晋升，晋升过程中又担任乾清宫近侍、两次仁寿宫近侍。乾清宫近侍即御前近侍，仁寿宫乃太后住处，因此担任两宫近侍，有利于职衔提升。

从董让、郑旺、杨定、刘忠、杜江、刘濬等人的升迁，可以看出明宪宗、明武宗去世后部分宦官受到降职处理。孝宗即位后，御用监太监董让"弘治改元，以例左迁右监丞，仍掌监事"，弘治九年（1496）复升太监。郑旺由御马监太监左迁织染局大使，内官监太监杨定"弘治改元，孝宗皇帝临朝，例左迁右少监"。弘治三年（1490）即复太监。世宗即位后，"新政之初，例大汰内外冗员，监局一新"。刘忠由御马监太监降至右监丞，杜江由御马监太监奉例为右少监，刘濬由太监降至右监丞。降黜的力度不一，并且后来又再次升职。降黜的原因则是因为成化、正德年间宦官造成的危害极大，孝宗和世宗即位诏均有相关整顿措施。贤良宦官则仍旧保留，如李明道，"今上登极，改元嘉靖，诸近侍多罢去者，而公独以老成练达留"。

隆庆初，部分宦官亦被降级。如太监萧准，"隆庆丁卯正月，遇例沙汰"[①]。司礼监右监丞郑真"至冬末，伏遇世宗宾天，公预例当谪级，实先帝改元，隆庆初年丁卯，上悯公勤励，敕公职如旧"[②]。即位诏书有相关裁汰内容，但执行时需要再请皇帝定夺，郑真仍然继续供职。

到明中后期，明初"太监为一监之长"的格局已无法满足宦官规模扩大的需要，重要的监局部门或有三四名太监，司礼监甚至多至八九员，于是开始出现分工。正德五年（1510）九月，论平宁夏功，"加司礼监太监温祥、赖义、谷清、秦文、范宣、张钦禄米岁各十二石"[③]。刘若愚记载，司礼监设"掌印太监一员，秉笔随堂太监八九员或四五员"。《明史·职官志》记载："提督太监一员，掌印太监一员，秉笔太监、随堂太监、书籍

---

① 曾省吾：《明故御马监太监萧公墓志铭》，《新中国出土墓志》北京卷（壹）下，第266页。
② 徐阶：《皇明司礼监管监事太监郑公墓志铭》，北京出土。
③ 《明武宗实录》卷67，正德五年九月癸酉，第1488页。

名画等库掌司、内书堂掌司、六科廊掌司、典簿无定员。"①陈矩一直在司礼监任职，先提督，后秉笔，再掌印。

> 公自嘉靖丁未抡入内廷，于内书堂读书，寻掌精微科。历嘉隆，至万历壬午，圣驾谒陵，司礼举守披庭数人，皆不称旨，顾左右曰："有顾而哲者为谁？"及以公名奏，上曰："是也。"盖此时上已知公矣。旋除本监典簿。癸未，升右监丞，寻转左监丞。甲申，升太监，赐蟒衣，掌礼仪房事。丁亥，命宫内教书，赐玉带。己丑，典管皇史宬、提督新房。庚寅，命禁中乘骑。辛卯，差代藩，还，提督司礼监。癸巳，钦检乾清宫近侍、司礼监秉笔，赐禄米，掌司钥库。甲午，赐坐蟒，加禄米，后累加至六百石。丙申，掌司苑局。戊戌，命提督东厂官校。己亥，命禁中坐杌。辛丑，命总督南海子上林苑。乙巳，命掌司礼监。

成敬曾先后任司礼监秉笔、掌印，又以司礼监太监掌巾帽局、尚膳监、酒醋面局。

> 肃皇己未之岁，遴简近侍，遂以公应选，入司礼监读书，时公年十四耳。寻升掌司事，历选监官，鞫狱明慎，内廷称之。今上御极，公祗事益勤，日加眷礼。癸巳，晋司礼监秉笔。旋命掌巾帽局，提督南海子，及督宫内教书。又命掌尚膳监。前司礼田公卒，公继田公职御膳。至丁未，遂继陈公掌司礼监。后又掌酒醋面局。

其他监亦有此类情况，太监逐渐成为品级用词，而非职务用词。宦官管理事务取决于其掌印或署事部门。如张端，先升内官监右少监，"成化乙未，建储，转署前秩"，署典玺局丞，为东宫官员，"公益淬励，悉心

---

① 张廷玉：《明史》卷74《职官三》，第1819页。

辅导"。^① 去世后，宪宗加赠内官监太监。宦官黄瑜：

> （天顺）甲申，除奉御。是年十月，升巾帽局右副使。成化改元，
> 升左副使。二年，准金押。癸巳，升大使。庚子，转尚膳监右少监。
> 辛丑，迁左少监。壬寅，进太监，仍署局事。及今上嗣位之初，念公
> 旧臣，忠诚雅净，有辅翼绩，命掌巾帽局印。^②

黄瑜已升尚膳监太监，但仍管理巾帽局事，弘治初掌巾帽局印，职衔
与职责出现分离。

韦岷曾入内书堂读书，后一直在内织染局供职。

> 成化癸巳，奏拨内织染局书办。成化己亥，除长随。壬寅，擢奉
> 御。公侍宪宗皇帝，旦夕承命，恭谨无违。癸卯，升本局右副使金
> 押。弘治戊申，降奉御，革金押。本年，着管文书。己酉，复本局右
> 副使。甲寅，仍旧金押。戊午，升大使。本年，叠升内官监右少监，
> 仍署局事，一切施为，事不废弛。^③

黎义为御马监太监，"署惜薪司事"。高凤以司礼太监兼东宫典玺局
事，"（弘治）戊午，赐蟒衣，许乘马禁中，始进司礼为太监，仍兼局事"。
直到武宗即位，"命视监事，掌机密"。

随着明中后期宫廷宦官规模的不断扩大，如何进行有效的管理成为统
治者面临的难题，宦官制度设计与明初相比发生了明显的变化，愈趋复
杂，因职责所在转为官职的现象比较频繁，兼衔、借衔成为普遍现象，直
到明末刘若愚《酌中志》所记内廷规制及各衙门职责，可窥一斑。

---

① 刘珝：《大明赠内官监太监张公墓志铭》，《新中国出土墓志》北京卷（壹）下，第103页。
② 马文升：《明故尚膳监太监黄公墓志铭》，《新中国出土墓志》北京卷（壹）下，第129页。
③ 张天骏：《明故内官监右少监韦公墓志铭》，《北京图书馆藏中国历代石刻拓本汇编》
第53册，第93页。

（三）明代镇守内官升迁

镇守内官是明代宦官中的特殊群体。镇守内官奉敕镇守一方，建有公署，有取回京者，亦有部分镇守内官卒于任上。镇守内官任职期间所取得的功绩，尤其是御房或捕盗所立的军功，成为内官升迁的重要依据。

大约从正统年间开始，镇守内官已经出现凭借在边军功而升衔的现象。如内官赵琮，宣德元年因随驾征汉王朱高煦，升尚膳监左监丞，宣德九年（1434）起奉敕镇守宣府。正统六年（1441），都指挥陈友闻胡寇掠去使臣马匹等物，奉敕同都督黄真分兵击之，生擒贼首脱花赤等二十余人，夺回马匹，赵琮参与其中，亦受到奖赏，"俘献于廷，蒙恩升右少监，仍镇宣府"[1]。景泰元年（1450），"奉敕取回，念边境之劳，进升太监"[2]。其由左监丞升至右少监，再升至太监，皆因在边之功绩。在边之镇守内官所立军功较多，内官柏玉于宣德五年（1430）镇守怀安等卫，"己巳（正统十四年，1449），北虏犯边，因立战功，升为太监，移镇于兹。凡万全都司、宣府等一十九卫所，咸听号令，其内外官属、神机、火枪皆在兼督"[3]。以战功而升职，并镇守范围亦扩大。

将镇守内官墓志整理如下：

姓名	籍贯	生卒年	宦途履历		资料出处
			任职时间	职衔	
赵琮	永平府滦州人	洪武甲子十一月生，成化三年八月卒（84）	永乐时	复奉敕回京，升奉御，专掌御酒房，未几，升尚膳监右监丞	明故神宫监太监赵公墓志铭
			宣德元年	左监丞	
			正统六年	右少监	
			景泰元年	太监	

---

[1] 罗亨信：《觉非集》卷5《滦阳赵氏先茔碑铭》，《四库全书存目丛书》集部第29册，第585页。

[2] 刘宣：《明故神宫监太监赵公（琮）墓志铭》，载梁绍杰辑：《明代宦官碑传录》，第89页。

[3] 孙丞：《明故镇守宣府太监柏公（玉）墓志铭》，载梁绍杰辑：《明代宦官碑传录》，第84页。

姓名	籍贯	生卒年	宦途履历		资料出处
			任职时间	职衔	
阎礼	直隶广平府邯郸县人	永乐甲午九月生，成化五年卒(56)	景泰改元	织染局大使	明故都知监阎公墓志铭
			五年	内官监右少监	
			天顺改元	迁都知监左少监	
			天顺八年	太监	
崔保	河间盐山人	永乐丙申公年四岁	宣德丙午	长随	大明都知监太监崔公寿藏碑
			景泰庚午	银作局大使	
			甲戌	尚宝监左少监	
			成化乙酉	太监	
弓胜	世为济南之武定人	永乐辛丑八月生，成化戊戌九月卒(58)	宣德间	奉御	明故都知监太监弓公（胜）墓志铭
			己巳之变	司钥库右副使	
			成化己丑	少监	
董让	浙江秀水人	正德元年卒	成化乙未	（御用监）典簿	明故江西镇守御用监太监董公墓志铭
			丁酉	右监丞	
			壬寅	左监丞	
			累迁至	太监	
			弘治改元	左迁右监丞	
			弘治	左监丞（提督福建市舶）	
			弘治九年	复升太监（镇江西）	
郭通	江西人	正德己巳十月卒，生正统丙寅三月(64)	天顺甲申	长随	钦差镇守云南御用监太监郭公墓志铭
			成化戊子	奉御	
			戊戌	酒醋麦局右副使	
			庚子	转左副使	
			癸卯	转升御用监左少监	
			甲辰	进太监	
孙洪	涿州	嘉靖二年卒	成化戊戌	除长随	明故御马监太监孙公墓志铭
			弘治丁巳	升奉御	
			乙巳	升御马监左监丞	
			未及（侍候乾清官）	升太监	

续表

姓名	籍贯	生卒年	宦途履历		资料出处
			任职时间	职衔	
杜甫	保定府涞水县人	嘉靖六年卒（60）	成化壬寅	升长随	明故神宫监右少监杜公墓志铭
			弘治癸亥	升奉御	
			乙丑	转升御马监左监丞	
			本年	升太监	
			正德丁卯	调尚衣监太监	
			正德乙亥	转御马监太监	
			正德辛巳	右少监司香康陵	
刘玉	世为冀北之怀仁人	天顺甲申十二月生（81）	弘治甲寅	长随，典尚膳	明御马监太监岐山刘公墓志铭
			丁巳	奉御	
			正德丙寅	司香长陵	
			甲申	升本监左丞	
			癸酉	升左少监	
			乙亥	升太监	
			嘉靖壬午	左监丞家居	
			辛卯	镇守宁夏	
			癸巳（柳门、锋窝功）	右少监	
			乙未（芗苦滩功）	左少监	
			乙未（打砲口功）	太监	

　　立军功为明代宦官升迁提供了一条比较明确的标准，不少宦官通过在外镇守、立军功而得到升迁。天顺年间，内官阎礼镇守四川，"天顺改元，迁都知监左少监。六月，以四川为西南大藩，地接吐蕃羌夷，□公来镇其地"[1]。阎礼在任亦多立战功，天顺四年（1460），受命督理行都司会川卫密勒山银场课。五年（1461），松潘番寇阻绝粮道，勒兵以抚，平之。六年（1462），苗贼侵扰边疆，率兵以征剿之。当年十月，攻松茂黑虎等寨，倾其巢穴。直到天顺八年（1464），因讨近邑逆贼悟升、赵铎，歼其凶党，始嘉其功，升太监。由左少监而太监仅升一级，阎礼用了8年。

　　宦官刘玉任职经历更具代表性。

---

[1]　郭纪：《明故都知监阎公（礼）墓志铭》，载梁绍杰辑：《明代宦官碑传录》，第90页。

正德丙寅，司香长陵。丁卯，转督御马监郑家庄外厩。甲申，升本监左丞。癸酉，升左少监，佐理监事，于时有斗牛之赐。乙亥，升太监，承赐蟒衣。戊寅，奉敕镇守云南，抚治金齿、腾冲等处，于时有玉带之赐。辛巳，例取回京。嘉靖壬午，因移疾，以左监丞家居。辛卯，特敕起公镇守宁夏。癸巳，以柳门、锋窝功，蒙敕奖赉，仍升右少监。乙未，以芗苦滩功，升左少监，本年复以打砲口功，升太监，复赐玉带。丁酉，蒙敕取回别用，家居待命，优游颐适。①

刘玉在正德乙亥（十年，1515）已升至太监，先镇守云南金齿、腾冲，后回京。嘉靖壬午（元年，1522）以左监丞居家，墓志记载是因为疾病，明显是隐晦的说法。正德年间宦官四处为害，嘉靖帝即位后进行了大力整顿，取回了一批宦官，并且降级处理，刘玉由正四品太监降到正五品左监丞。一直到嘉靖辛卯（十年，1531），刘玉开始镇守宁夏，于是每次立军功都可以得到升迁，由左监丞、右少监、左少监，乙未（十四年，1535），再次升至太监。梁玉墓志则表明，世宗整顿，降黜了一批行为不检的宦官，而没有恶行的宦官则仍然供职。

正德改元丙寅，入侍乾清宫。戊辰，升针工局右副使，寻升左副使。庚午，升内官监右少监。壬申，升御马监左少监。癸酉，升太监，赐蟒衣玉带，在内乘马。庚辰，奉敕苏杭织造御服。先是使者皆乘时徼利，虐焰熏灼，民怨胥兴。公至，廉静□职，吴中以宁。今上嗣统，百度维新，于凡蠹政□民者，□□不少贷，公独以贤留用。嘉靖五年丙戌，仍奉敕陕西织造御服，公感上知遇，视苏杭时益敬慎，竣事称上意，供职如旧。②

---

① 吴山：《皇明御马监太监岐山刘公墓志铭》，《新中国出土墓志》北京卷（壹）下，第225页。

② 毛伯温：《毛襄懋文集》卷6《明故御马监太监梁公墓志铭》，《四库全书存目丛书》集部第63册，第306页。

毛伯温为其作墓志铭，赞其："人皆作威，吾以恬。人皆嗜贿，吾以廉。皎日既出，群翳潜。人皆降黜，吾以全。"

镇守内官的出现，尤其立军功获得升职的现象，为明代内官升迁提供了一条新的途径，由此成化以后部分宦官通过贿赂等手段，积极谋求出镇地方。既有立军功获赏，自然亦有因失机或防御不力而获罪，因墓志主要记载个人功绩，这部分内容在墓志中并未体现。

三、王府宦官职责①

除北京宫廷及南京旧宫外，全国各地藩王及勋戚亦拥有一定数量的宦官。勋戚家由朝廷特许，数量较少，产生影响较小。各地王府宦官亦有一定规模，对王府事务负有管理之责。② 王府宦官有明确的升迁系统，按照《大明会典》所记，洪武时期规定王府有内官 10 员：承奉司承奉正、副各 1 员，典宝所典宝正、副各 1 员，典膳所典膳正、副各 1 员，典服所典服正、副各 1 员，各门官门正、副各 1 员。内使 10 名：司冠、司衣、司佩、司履各 1 名，司乐、司弓、矢各 2 名。在这些机构中，承奉司等级最高，掌王府诸事，其次是典宝所。万历十年（1582）题准："王府……承奉正副员缺，该典宝正副挨补。"③

明代王府宦官品级

职衔	承奉正	承奉副	典宝正、典服正、典膳正	典宝副、典服副、典膳副	门正	门副	内使
品级	正六品	从六品	正七品	从七品	正八品	从八品	无

近年四川成都、陕西西安、湖南常德④、山东德州等地相继发现了数

---

① 学界对王府宦官关注极少。李康杰、谢歆《明代王府太监》（《故宫学刊》2017 年第 1 期）认为，太监在王府中扮演了举足轻重的角色，他们几乎与王府生活的各层面都息息相关，太监是"王府社会"中缺一不可的成员。

② 相关研究成果可参见李康杰、谢歆《明代王府太监》，《故宫学刊》2017 年第 1 期等。

③ 申时行等重修：《大明会典》卷 57《礼部十五·王国礼三》，第 956 页。

④ 墓主是明代荣王府承奉司承奉正周胜，有墓志。

量不一的王府宦官墓，为深入开展王府宦官研究提供了充足的资料。

王府宦官大部由北京宫廷调拨，其他由藩王在地方招选。新封亲王之国，一般要携带在北京内廷的宦官，如世宗由兴邸到北京，原兴王府宦官跟随入宫，均升至重要职位。如黄锦：

> 公讳锦，字尚绸，姓黄氏，别号龙山，河南洛阳人也。曾祖信，祖玘，父政。公既贵，荫其弟锈为锦衣卫正千户，历升后军都督府都督同知，加特进，故自信而下三世赠，皆如其官，妣皆赠一品夫人。公少敏慧，谨恳无躁，动无疾言，见者知为大器。正德初，选入禁庭，又选读书于内馆，继又选授兴府伴读。先皇帝在潜邸，公有保翊功。及入嗣大统，录公旧劳，累升御用监太监，再改尚膳、司设、内官诸监。嘉靖乙巳，转司礼监金书。癸丑，进掌监事兼总督东厂密务。①

如藩王病故，王府宦官则仍需回到北京宫廷，如宦官张端：

> 景泰庚午，柬司兵仗，庶务一新。英庙复辟，升奉御。未几，典宝于秀府，升承奉，凡府中一切事，咸公可否之，务不失王国体统。后奉王国于汝宁，沿水陆之用，取给而已，一毫不以扰民。王暨薨，取回，升内官监左监丞，叠沐恩宠。②

王府宦官与宫廷宦官有一定流动性。秦府宦官黄润，成化初入秦藩，九年（1473）入京，后升御马监左监丞。正德五年（1510）改承奉正。张学，正德丁卯（1507）入内府，嘉靖乙未（1535）改秦府，已亥升门官。

王府宦官的升职需要得到朝廷的认可。宦官阮林，交趾人，永乐初

---

① 《司礼监太监兼督东厂黄公锦神道碑》，载《国朝献征录》卷117，第606页。
② 《大明赠内官监太监张公墓志铭》，《新中国出土墓志》北京卷（壹）下，第103页。

进入内府，九年（1411）赴秦王府，正统七年（1442），"请命于朝，授官门副"①。王府宦官由无品级的内使升至有品级的宦官序列，也需要向朝廷报备。

陕西西安、四川成都均发现了王府宦官聚葬的现象，西安等地墓志保存若干方，从中可见王府宦官的升迁与职掌。如秦府承奉正康景，其墓志由秦府长史司左长史强晟所撰。

> 皇明弘治甲子三月二十九日，秦府承奉正康公以疾卒于内署。溯其生正统辛酉二月七日，至是，享寿盖六十四。讣闻，我国祖母秦简王妃哀悼殊甚，即命秦昭王长子遣承奉副贾公能掌行丧礼，又分委门正史潼综理庶务。既棺敛，其义嗣内官张沂，内使王泾、白润、王鹏、义孙韩金，卜以是年闰四月一日奉葬于城西敕建崇仁寺之侧，从治命也。沂等以予知公之深，哀恳请志其墓石，义弗可拒。按状：公讳景，世为陕右兴平之巨族。厥祖若考，咸有隐德，乡里称之曰良士。公自孺附内寺籍，既而被选入秦邸，其宣力于厥职者，实多历年所。成化间，秦惠王念其劳，既奏保为典服正。厥后，秦简王察其忠，复奏转为承奉副。公性质实，当事无所顾避，内外咸服其直。及我简王薨逝，昭王入继，会承奉正缺员，复奏升今秩。未几，昭王又薨，今王嗣幼冲，藩府多事，公以身殉国，毙而后已。古人所谓忠于所事者，其亦无所愧哉！公存日，所往还者，皆时之名贵。及公殁，陕之镇巡、藩臬诸公，暨诸缙绅赴吊者，冠盖相望于途。于乎！若公者，亦庶几生荣死哀者矣，是宜铭。铭曰：孔道后遮，南山前峙。右拥平原，东邻敕寺。维公令终，爰宅于是。百世保之，同休慈氏。②

---

① 《明故门副阮公墓志》，《新中国出土墓志》陕西卷（贰）下，第297页。
② 强晟：《秦府承奉正康公墓志铭》，《新中国出土墓志》陕西卷（贰）下，第317页。

　　陈博翼曾为此方墓志作跋语，通过对康姓由来、其籍贯及交往人群进行探讨，发掘相应的乡族关系、王府职事及宾客人员关系、宦官系统人事、回回群体或其他大大小小的关系，渐渐可以发现相应的人际网络和人事活动，研究非常深入，也为王府宦官研究提供了新思路。康景从无品级的王府内使开始，先升任典服正，再升为奉承副，最后升至王府宦官最高级的正六品承奉正。整理秦府其他宦官升迁如下：

姓名	籍贯	任职	墓葬地点	史料来源
梁禄	陕西华州	中侍→门正→典服正	金光侯、康二辅祖地	王九思《明秦府典服正西溪梁公墓志铭》
张学	兴平里	正德丁卯入内府，嘉靖乙未改秦府，己亥升门官。	金光里	明秦府门官西坪张公墓志铭
张德	古槐里	承运门副（属门官）	金光之兆	阎瑞《明故秦府门副张公墓志铭》
李英	凤翔府岐山县	典服副，越三年升典服正。	金光里敕赐崇仁寺之西	强晟《明故秦府典服正李公墓志铭》
王泾	富平	门正，典膳副、正，承奉副云。	金光里冈，从侯、康二公之地	马理《明秦府承奉副鹤林王公墓志铭》
黄润	长安之□苏里	成化初入秦藩，九年入京，后升御马监左监丞。正德五年改承奉正。	崇仁寺之右	强晟《明秦府承奉正黄公墓志铭》
侯介	庆阳之真宁	五岁入秦邸，康王时内使，保升典膳。惠王升承奉副，进承奉正。	长安县含光里	强晟《明秦府承奉正侯公墓志铭》

　　承奉正为王府宦官最高一级，必由内使、门官等一级一级升任，如德府承奉正张喜：

　　君讳喜，字悦君，保定之深泽人。弘治某年，籍在掖庭。正德某年，出给事于府中，久之，庄王使行守藏也。至嘉靖己丑，懿王以积劳，奏擢为门官副。癸巳，迁典服正。丙申，超迁承奉副。辛丑，改承奉正，给事今王，凡四年。甲辰，致仕，凡十有三年。丙辰四月朔日，卒，年六十四。[①]

张喜由从八品门官副，升至正七品典服正，再升至从六品承奉副，用五年的时间再升至正六品承奉正。升迁比较顺利。

到明代中后期，明代宫廷宦官逐渐出现"拉名下"的现象，新入宫的宦官会被分配给某大珰名下，双方均有一定责任和义务，形成比较稳定的利益关系。

陕西秦府宦官同样如此，地位较高的宦官会有门下、义嗣，犹如父子关系。宦官病死，门下往往承担起宦官后事的责任，从经营丧葬，到请人写碑，等等。如承奉正侯介死后，丧葬事务由承奉副康景总理，"其义嗣门正牛臣□伏恳予铭其墓石"[②]。正德六年（1511），秦府典服正李英去世，秦王命门正白润、典服副王聪管理丧事，"其义嗣内使鱼跃、张腾择本年九月十九日葬于长安县金光里敕赐崇仁寺之西偏，乃诣予官邸，拜泣丐予铭其幽室"[③]。王沂门嗣众多，"公嗣典宝正李廷政，门官韩金、冯林、马永、李京，中使刘保、徐能、吴托、李迢，孙门官刘质，中使张准、庞凤、张进、王永、晁玉、田新、周鼎、李镇"。张德有"义子中官李文章"。

陕西秦府宦官为了解王府宦官的传承提供了很好的案例。弘治年间秦府承奉正侯介，时任其副手承奉副、后接续担任承奉正康景，嗣续者有张沂（后任承奉正），王泾（官至承奉副），门正白润和中使王鹏。张沂门下有梁禄，官至典服正；张学，官至门官。梁禄"门下嗣门官李俊、李旯，其孙中官景洪盖尝事西溪者"。康景→张沂→梁禄→李俊等，前后延续四代，宦官所结成的"本管→门下"形成了一种紧密的联系，门下在生活起居、后事料理等方面尽心尽责，本管则负责门下宦官的成长、升迁。

---

① 李攀龙：《沧溟集》卷22《明德府承奉正张君碑》，《景印文渊阁四库全书》第1278册，第453页。

② 强晟：《明秦府承奉正侯公墓志铭》，《新中国出土墓志》陕西卷（贰）下，文物出版社2003年版，第314页。

③ 强晟：《明故秦府典服正李公墓志铭》，《新中国出土墓志》陕西卷（贰）下，第321页。

相互之间提携不少，为仕途升迁奠定了良好基础，如康景门下张沂和王泾，曾担任承奉正、副，"是时康独知凤冈翁才器迥出，语鹤林公当取法于翁，后凤冈翁达矣，而友于鹤林公者甚厚，由是鹤林公感，益推重凤冈翁而德业可追矣，然则鹤林公之完名全节，保享遐寿于七十有七，岂不谓之荣遇矣哉"。

王府宦官因事务相对清闲，设置往往不全，上升及流动的空间较小，升迁较慢。阮林，永乐九年（1411）进入秦府，正统十四年（1449）卒，任职长达 38 年，官至门副。张德，比较早进入秦藩，曾侍奉过四代秦王，历官 50 余年，仅仅担任门副一职。门副是王府宦官最低等级，从八品，仅仅高于无品级的内使。

门官的职责主要是负责王府宫门的安全，典膳、典服、典宝则分别负责王府的饮食、服饰、王宝。但从各地出土墓志来看，宦官处理的事务要更广泛。

蜀府门副腾英成年之时进入蜀府，60 岁去世仅仅官至门副，但奉王命管理过诸多事务。

> 既长，入蜀为中侍，定园嘉之，命侍左右。成化中，惠园当国，以公才干，寻令管辖庶事。暨昭园嗣位，屡擢之内局，典司织造。进贡上则不失公家之应，下则不耗间阎之资。迨及今上，历事五朝，始终不苟。于是正德中奏保于朝，升授今职。自受后夙夜在公，愈加刻励，未尝不以忠君为国为念。丙子秋，上命督营织染局，既今一载余，营造如法，百工庶众皆得欢心。①

秦府张德，"先年简祖知其为人，疏上，授以承运门副，委采木植，修理殿宇，兼督郡县子粒、烧造琉璃诸事，获功不一，王每嘉之"。张学，虽仅官至门官，所管理的事务较多，"凡所委任，悉殚忠荩，初督琉璃局，

---

① 赵永桢：《明故门副腾公墓志铭》，四川出土。

继而兼理各仓粮储，出纳称平。丁卯冬，地震，府城殿宇廊芜以及诸祖王寝园倾坏，王命臣工营缮，有苦其功浩大而财力不给者，公毅然承命曰局造重务也，董治匪相，机宜不可，遂理财□□□□率役，肆□□山积修建成功，于公多赖焉"。王泾，先后任门正、典膳副正，承奉副，"居门正则出入严，居典膳则出纳密，在公署则修理备，为承奉副则辅理忠"。

值得注意的是，各王府还有长史司，设有左右长史辅佐亲王，下设有审理、典膳、奉祠、典宝、纪善、良医、工正等官员。典膳，掌祭祀、宾客，王和王妃之膳馐。典宝，掌王宝、符牌。可知，明代王府亦实行内外双轨，相互监督。

第二节　宗教信仰及生死观

一、宦官多元宗教信仰

（一）佛教

佛教自传入中国后，由于其劝人向善的教义通俗易懂，修行方式亦非常接地气，因此传播极快，早在西汉时期就有楚王英好浮屠，东汉永平年间洛阳建白马寺，被认为佛教传入的标志。历经南北朝、隋唐、宋元时期，佛教深受后宫妃嫔及宫女、宦官的喜爱，传播极广，影响甚深。

明太祖朱元璋曾出家为僧，因此明代统治者并不排斥佛教，现在可见洪武年间已有宦官崇奉佛教，并自称佛家弟子。洪武十四年（1381），明朝敕封的西天善世禅师班的达"患足疾，近侍以闻，上遣官医往视之"，禅师去世后，内官为其立塔纪念，其末尾署名："洪武十六年，岁在癸亥九月二十一日，菩萨戒弟子奉御崔安、大使黄福□立。"[1] 崔安、黄福□

---

[1]　僧来复：《西天善世禅师班的达公塔铭》，《北京图书馆藏中国历代石刻拓本汇编》第51册，第18页。

皆是宫廷内官，并且有一定级别，自称"菩萨戒弟子"，可见其信奉佛教之深。

战乱之后，佛教对安抚人心有重要作用，朱棣最重要谋臣姚广孝即是僧人，尊为帝师，自然永乐一朝对佛教也有好感。成化中，陆容曾奉命犒师宁夏，到内府乙字库关领军士冬衣，"见内官手持数珠一串，色类象骨，而红润过之。问其所制，云：太宗皇帝白沟河大战，阵亡军士积骸遍野。上念之，命收其头骨，规成数珠，分赐内官念佛，冀其轮回。又有脑骨深大者，则以盛净水供佛，名天灵盌。皆胡僧之教也"。白沟河大战是靖难之役中关键转折点，战况惨烈，明成祖用头骨制成串珠，命内官念佛超度。

宣德以后，宦官普遍信奉佛教，朝廷已经开始加以禁约。宣德三年（1428）十二月，内官阮其、内使范台等私买僧牒，逃出宫，往山西陀罗山为僧，朝廷命镇守山西都督李谦剿捕。[1] 宣德八年（1488）正月，宣宗以各监局小内使多为僧人所惑，有素食者，亦有潜逃削发为僧者，召集各监局长官，敕谕曰："人立身自有常道，为臣必忠，为子必孝。忠孝之人自然蒙福，何必素食诵经，乃有福乎。佛只教人存心于善，所论天堂地狱亦只在心。心存善念即是天堂，心起恶念即是地狱。所以经云'即心是佛'，今后汝等戒之，但存心善，即是修行。敢有潜逃为僧者，皆杀不宥。"[2] 并且命右都御史顾佐榜示军卫有司及诸关隘，令有小内使祝发为僧潜逃在外者，悉捕以来。若寺院藏匿，能自首者宥其罪，官司不诘捕及藏匿不首者，事觉俱论死。朝廷已经注意到宦官潜逃为僧的现象，严加禁令。

明代内官多信奉佛教，其与各类僧侣的交往较为频繁，其中不乏文化高僧为其撰写墓志者：天顺三年（1459）二月，司礼监太监兴安卒，由僧人至全撰写墓碑，右春坊右庶子刘珝书丹，监察御史王越篆额。至全之署

---

① 《明宣宗实录》卷49，宣德三年十二月甲辰，第1194页。
② 《明宣宗实录》卷98，宣德八年正月癸未，第2217页。

名为"□□万寿戒坛传戒宗师、兼敕赐寿光禅师、□山第一代住持、奉诏内旌选校□□□□金台至全"，题为《大明故司礼监太监兴公之碑》，在历叙兴安生平后，亦有铭，与墓志铭无异。由僧人作志，盖是由于兴安崇佛、信佛，碑载兴安"晓谙禅学，深悟理性……以所获金帛修营梵宇……每岁饭僧，率以为常"①。兴安"佞佛，临殁，遗命舂骨为灰，以供浮屠"②。

　　除墓志碑刻外，全国各地修建各项工程的碑刻中也可普遍看到宦官的影子，尤其是西安碑林、北京香山等地，宦官参与了当地学校、寺庙、公署、水利设施、楼阁等建筑工程，留下了大量碑刻，其碑阴有大量宦官的刻名。万安所撰《敕赐隆教寺重建碑》碑阴有覃昌、李荣、段喜、傅容、陈宽、刘清、佛保、金铭、牛喜、刘山、阿喘、阿押、阿赶、梁芳、阿大、阿瞻、阿伟、吕宪、白怀、刘玉等157人。正德八年（1513）顾经所撰《重建寿明寺碑》大功德主有司设监太监马俊、傅平、御用监太监丘聚、司礼监太监张永、司设监太监马永成、司设监太监刘允、尹生、黄锦；神宫监太监、左少监、司设监太监15人，御马监太监、御用监太监田杰等50人，左少监张斌等12人，右少监郭添等8人，另有中贵官520人。人数众多。很多宦官自称佛家弟子，如太监王直等自念宿修深固，早预闻熏，宣德十年五月间钦承明命提督上林苑监，"夙夜拳拳，不遑寝食，窃思佛教广大深远，诱进多方，暇则遍谒招提兰若，瞻礼金容，特起建刹之心"。

　　佛教对宦官的影响体现在多方面，其处事会受到影响，尤其是丧葬时，墓地一般选择在寺庙附近，并且由僧人守护，设置祭田。宦官夏时：

　　　　自是亦渐衰惫，一日退朝归，谓太监钱等曰：予老矣，平生受国厚恩，不能报，死后幸勿妄有所费，但从释氏之教葬我足矣。逾二日，果感微疾，疾数日，忽起沐浴，易衣端坐，□□未尝□□生

---

① 僧至全：《大明故司礼监太监兴公之碑》，《北京图书馆藏中国历代石刻拓本汇编》第52册，第15页。

② 张廷玉：《明史》卷304《兴安传》，第7770页。

□□。享年七十有二。葬如其言，在卒后三十五日。墓在怀柔县景山之阳。兄忠，锦衣卫指挥使。弟道友，舍俗从释，授□□锦衣千户。公素好释教，每朝退，焚香诵经，孜孜忘倦。夜则跏趺而坐，至三鼓乃寝。积五十年，率以为常。[①]

南京守备内官监太监罗智：

年十一选入内廷，简在宸衷，攻习书史，日有进益。至于道经释典，靡不博览。……尝于城南安德乡购地一所，山明水秀，生气攸聚，卜为寿藏，且傍建梵刹，具章上请，赐额曰"静明寺"。择僧住持，以祝延圣寿，祈福苍生。复蒙圣恩，降护敕一道、佛经一藏，为山门之镇。宣德间，奉召至京，感王灵官之神庇，乃于城西南隅乌龙潭山肇建祠宇，以答神贶，蒙赐额曰"灵应观"。复塑梓潼真君像于洞神宫，建祠立碑以奉焉，其发心为善又如此。[②]

宦官信佛者最多，受佛教影响最深。从墓地选择亦可看出，宦官墓地一般选在寺庙周围，剃度若干僧人，以保障祭祀香火。

（二）道教

明代宫廷信仰受到多种因素的影响，永乐时期兴起真武帝信仰，嘉靖皇帝亦非常信奉道教，自称万寿帝君。宦官亦有信奉道教者，并自称道人，如尚膳监太监宁英，别号春云道人；内官监太监杨穆，号未能道人。宦官陈谨，信奉尤深。

内官监太监陈公以疾终于私第门道。神乐观五音都提点、前道录司右演法兼妙缘观住持吴玄海，持状请予为之铭。按状：公讳谨，字

---

① 《夏时墓志铭》，《北京图书馆藏中国历代石刻拓本汇编》第52册，第109页。
② 郑雍言：《南京守备内官监太监罗公墓志铭》，南京博物馆藏。

云卿，松谷道人乃其别号也。……以公素好黄老之学，能通玄，范科仪，尝赐金芙蓉道冠云霞法报，俾修设醮台。宣德初，宣宗章皇帝擢任本监典簿，时被恩赉。尝于城西香山创建真武祠宇，蒙敕赐为灵应观。仍于观后营建寿藏，以为身后之计。历正统间，□升左少监。复于京城东创建真武祠，又蒙赐额玄妙观。……而公操行愈谨，奉道之心弗怠。次年春，以先所赐第宅舍为道观，复荷赐额为妙缘观，仍发材本赍费助之。既成，复赐道经一藏。先后奖重其奉道之心，至于如此。公居内监掌营缮事，凡宫宇、陵寝、城池之修建，尽心区画，制作有法。迨英庙皇帝复登大宝，天顺间，累荷赐以真武、梓潼、灵官、关帅神像，于所建宫观奉侍。[1]

　　陈谨去世，曾任道录司右演法吴玄海持行状向翰林院编修李永通请墓志铭。道录司为明代统领全国道教事务的专职机构，设于洪武十五年(1382)，设有左右正一、左右演法等官。右演法为从六品。陈谨先后创建了三所道观：灵应观、玄妙观、妙缘观。前两所均奉祀真武大帝，明显是受到永乐年间真武信仰崛起的影响。妙缘观是陈谨以自己的宅舍而成，得到皇帝赐名，再邀请吴玄海来住持。宦官苏瑾，"好读书，犹笃志老庄之学"[2]。

　　内府各宦官衙门均祭祀真武，刘效祖《重修真武庙碑记》记载："国朝设立监局司厂衙门，多建北极玄武庙于内，塑像其中而祀之者，何也？缘内府乃造作上用钱粮之所，密迩宫禁之地。真武则神威显赫，祛邪卫正，善除水火妖媚之患。成祖靖难时，阴助之功居多。"[3]

　　整体而言，宦官信奉道教者不如信奉佛教者多，仅在个别朝代情况有

---

①　《明故内官监太监陈公墓志铭》，《北京图书馆藏中国历代石刻拓本汇编》第52册，第145页。

②　欧阳铎：《明故司设监太监苏公墓志铭》，《北京图书馆藏中国历代石刻拓本汇编》第55册，第2页。

③　刘效祖：《重修真武庙碑记》，《北京图书馆藏中国历代石刻拓本汇编》第57册，第83页。

所不同。嘉靖时期，受皇帝信仰影响，宦官信奉道教者较多，但亦不排斥信奉佛教者。

宦官亦有少数信仰伊斯兰教者，多为回回人，如郑和等。北京三里河清真寺《重修清真寺碑记》记载，该寺创建人是"本教司礼监太监李寿"等，"钦差提督城内外禁门地方巡城点军、司礼监文书房太监金良辅，复虔诚妆修，美轮美奂，烨然一新"①。李寿、金良辅都信仰伊斯兰教，捐资修建了清真寺，并且死后埋葬在三里河。

此外还有西番传入的藏传佛教，在明武宗时期盛行于宫廷。甚至有宦官既信佛，亦信道，也读儒家典籍，如南京内官监太监杨云，"年十二选入内廷，功习书史，学日有进。以其余力于道经梵典，亦皆博览"②。受宫廷环境影响，个别宦官呈现多元信仰。

亦有部分宦官喜读圣贤书，对佛、道等宗教不感兴趣，如宦官牛玉，"喜读书，不近佛老"③。

二、独特的生死观

宫廷宦官由于特殊的工作环境，对生死有着独特的认识。如天顺间司礼监左监丞黎阴死前"从容谓左右曰'生死一致也，吾可□有所奇而□无……冥述吾行，而志吾墓也'"④。将生和死看成一回事，潇洒超脱，见识超出他人。

部分宦官非常看淡生死，预营寿藏也说明其不讳生死的豁达态度。有条件的宦官通常预先营造自己的寿域，对埋葬地点选择非常讲究风水。南京等地宦官墓葬中发现了数通买地券，其内容表明宦官用冥钱购买了地权，因此可以自己使用。宦官墓地选择寺庙周围，甚至让僧人来守护其墓

---

① 石三畏：《重修清真寺碑记》，北京图书馆藏拓本。碑文内容可见马明达：《北京三里河明刻〈重修清真寺碑记〉初探》，《回族研究》2011 年第 3 期。
② 倪谦：《南京内官监太监杨公寿藏铭》，南京博物馆藏。
③ 倪岳：《明故南京司礼监掌印太监牛公墓志铭》，南京出土。
④ 《司礼监左监丞黎公墓志铭》，北京出土。

葬。如宦官梁端：

> 弘治七年四月廿七日终，享年九十。而蔗境优游无事，乃预为寿域于聚宝门之南、聚宝山向阳之地，堪为千年寿域，树木立石，又作石门、石兽。是地系古刹塔院，今七十余年，岁久颓废，公特捐己赀，从新修理，创造佛殿、墙垣，造三佛、罗汉、伽蓝、祖师、天王，以次完备。其塔院四至：东至宝光寺，□至高座寺，西北至雨花台，西南连山陌路。周回墙垣，其一百八十堵，公乃立石，用纪岁月，以垂永久。乃请予为文，以表其事。予惟公之预为寿藏而不讳，可谓达生知命者矣，其贤于人也远哉，予故不辞。①

崔保：

> 公春秋五十六矣，乃于关南一舍花塔村乾山之阳，近宝岩古刹，鬻昌平何氏之地，营寿藏一所，开穴其中，下施石廓，外缭石垣，前设缋堂，中绘大士像，制极工丽。其左建佛寺，右建禅堂，寺下购隙地为蔬圃，以供寺僧日给，盖寺所以寓僧而僧所以供异时菽水也。其好尚虽有长短，其设心可谓密矣。经始于成化丁亥三月，落成于己丑十月。②

部分宦官并不推崇厚葬，受佛教等因素影响，不希望在丧葬花费太多，如夏时：

> 九年，公以老乞闲，上慰谕弗许，然自是亦渐衰惫。一日退朝

---

① 《明故南京司礼监左监丞梁公寿藏铭》，《北京图书馆藏中国历代石刻拓本汇编》第53册，第28页。

② 《大明都知监太监崔公寿藏碑》，《北京图书馆藏中国历代石刻拓本汇编》第52册，第76页。

归，谓太监钱等曰："予老矣，平生受国厚恩不能报，死后幸勿妄有所费，但从释氏之教葬我足矣。"逾二日，果感微疾，疾数日，忽起沐浴，易衣端坐，□□未尝□□生□□……公素好释教，每朝退，焚香诵经，孜孜忘倦。夜则跏趺而坐，至三鼓乃寐，积五十年，率以为常。①

　　看淡生死，处世自有不同之处。和传统观点不一样，部分宦官对待钱财亦有比较豁达的态度。不少宦官并没有积蓄额外钱财，弘治年间司礼监太监萧敬很受皇帝信任，但并无多少积蓄，对其他宦官多蓄财产者亦不赞成，"比疾，草囊无厚蓄……正德间，见近幸田园第宅半京师，叹曰：是岂吾辈福哉。故历官禁近，承宠眷他莫与班，第宅如常，田园无所滋殖，回视向之声势烜赫者，泯不可见，而公岿然独存，终始哀荣"②。内官监太监莫英拒绝数千金的诱惑，"宪宗时，人或怀惠，遗以数千金，却之曰：'吾日饭一盂耳，于吾何有？'"③尚膳监太监傅锦"尝自谓此身如寄，何事厚殖货财，以故日用之间，食前方丈，颇近靡费。然于恤困穷，略无少吝。盖因见理分明，有古人风烈"④。因此，宦官在内外行事过程中，严格要求自己，努力做到不扰民，如镇守宣府太监孙洪，"公至，则持以简静，抚摩涧瘵，有如子姓。申戒仆隶，虽一菜不以取民。尝减其廪禄，以救流殍。有以前镇守所行告之者，公曰'吾内臣，无内顾，无外交，一身之奉，所需几何？残民以自封，徒自损耳，吾弗为也。'识者韪之"⑤。宣府为明代边防重镇，孙洪镇守其地，非常自律，并且严格要求仆隶，对缓和内外关系起到积极作用。

---

① 《夏时墓志铭》，《北京图书馆藏中国历代石刻拓本汇编》第52册，第109页。
② 杨一清：《司礼监太监梅东萧敬墓表》，载《国朝献征录》卷117，第603页。
③ 佚名：《白石主人传》，北京出土。
④ 《尚膳监太监傅公之墓》，《新中国出土墓志》北京卷（壹）下，第155页。
⑤ 《明故御马监太监孙公墓志铭》，《北京图书馆藏中国历代石刻拓本汇编》第54册，第103页。

第三节　养老与丧葬

一、宦官退休

明代宦官亦有退休制度，年老宦官可主动申请，由朝廷决定是否休致，若重要衙门宦官，皇帝会下旨慰留。宦官房懋，"公且以恬退是尚，乞休致，未蒙俞允。己亥，疏再上，情词恳切，准本监外级调护。受命之余，优游桑梓，日与文人墨士笑谈诗酒，无复进取之念"①。到弘治六年（1493），四川镇守内官缺，朝廷又命房懋赴四川镇守，莅任不久，再次上疏乞退，孝宗命其驰驿归老于家，"所居都城北，轩窗虚敞，坐远尘嚣，焚香燕息，气爽神□，怡怡旦暮，不知老之将至。高情雅况，殆非流辈可及也"。正德八年（1513）始卒。

宦官宋明：

> 嘉靖甲子，公年六十，遂自谓曰："人生不辱不殆，以知足知止者得之，吾今老矣，盍图过焉。"乃乞休致于上，始不可，乃再疏再乞，情词益切，上念公服劳既久，忠勤懋著，诏许之。公得旨即归私第，杜门不出，日以诗词自娱，或陶情于花木松竹之间，与一二知己谈论古今，优游□□，澹然若布衣之为，略无富贵□，盖公本之以天性之醇，加之以问学之正，终之以识见之明，故其始终节操有如此者。②

亦有部分宦官乞休，朝廷不准，如陈逵，"正德丙寅乃以勤劳婴疾，

---

① 《明故司设监太监房公墓志铭》，《北京图书馆藏中国历代石刻拓本汇编》第54册，第2页。
② 王槐：《皇明内官监太监深泉宋公墓志铭》，《新中国出土墓志》河北卷（壹）下，第223页。

遂抗疏乞休，至京谒见，上慰劳至再，仍命视事司设监"①。最终正德九年（1514）卒于官。宦官吕宪曾镇守河南，因为足疾，屡次乞休，但当地官员多次上疏请其留任，后言官又交章举荐。

> 在汴八年，以足疾乞休者三，而抚巡相继保留至于六七。大意谓公清节懿行，迥出时辈，而经纬区画，动中事宜，虽老师宿儒不能过。章每上，上辄温旨留之。己丑又辞，始获允。而言官复交章荐之，以为可大任，上复命守备留都，恳辞不许，遂力疾受命。②

宦官自入宫后，衣食住行皆取给于内廷，大部分宦官老死于内廷，终生不与外界往来，若得到皇帝特恩，年老宦官可以在宫外得到赡养之所，如赵琮，"英庙复位，命掌神宫监，时公年已七十余。复蒙恩赐于私第优老，于公可谓始终之恩遇隆矣，非他人之比也"③。部分宦官致休后，生活亦非常舒适，宦官刘璟于正德十六年（1521）被谪，归私第养闲，"居常与士大夫相接，笑谈终日，无少倦。暇则焚香精舍，以诗书教侄与孙而已"④。

岁拨禄米和夫役是明代文武大臣致仕拥有的待遇，文官须至六部尚书及以上始可得，宦官得此待遇者极少，如萧敬，"嘉靖壬午，始遂请老，上念其旧劳，岁禄外月益米十石、岁拨人夫十名共役，岁时赐时鲜如故，盖前此所无云"⑤。嘉靖中，张宏任司礼监太监，"未几，公以寝疾疏归政，上不许，疏再入，乃许，命月给廪三十石，舆隶三十人并其名下二十八人以从，虽拜命董匪日，恩施优渥，近代未尝有也"。此待遇尚未见其他宦

---

① 刘春：《东川刘文简公集》卷19《明故司设监太监陈公墓表》，《续修四库全书》第1332册，第274页。
② 张邦奇：《靡悔轩集》卷6《明故南京守备内官监太监吕公墓志铭》，《续修四库全书》第1337册，第39页。
③ 《明故神宫监太监赵公墓志铭》，《新中国出土墓志》北京卷（壹）下，第89页。
④ 李瓒：《明故前内官监太监湛庵刘公墓志铭》，《新中国出土墓志》北京卷（壹）下，第207页。
⑤ 杨一清：《司礼监太监梅东萧敬墓表》，载《国朝献征录》卷117，第603页。

官得到过。

二、丧葬

宦官丧葬亦由朝廷处理。由于所发现宦官墓志墓主是上层宦官，因此其丧葬均有朝廷惯例可循。刘通、刘顺兄弟在明初逝世，在所见墓志传主死亡时间中较早，此时朝廷鉴于二人所立军功，给予一定丧葬费用，刘通"以疾终于家，得年五十有五。讣闻，圣心为之伤悼，赐楮币万贯为赙，敕有司给斋粮、孝布，具棺椁，造坟营葬，仍命僧道资建冥福，遣官谕祭，慰念深至"①。刘顺卒于正统五年(1440)，"讣闻，上为之恻然兴悼，赐钞三万贯，遣官谕祭，命太监李公童主其丧事，有司治棺椁坟茔，诸物皆官给之"②。

在丧葬之外，朝廷还会特赐费用，如御用监太监李童，"讣音上闻，深加悯念，赐钞五千贯，俾充葬祭之费。葬毕，赐白金一百五十两，钞一万一千五百贯，以备资冥，恩至渥也"③。李童下葬后，朝廷又特赐了大量金钱，"以备资冥"，应该是用于祭扫香火及墓地维护等。

重要宦官的葬礼，文武官员会参加，皇帝及后宫亦会有所表示，如兴安，"讣闻，上震悼久之，忧形于色。以公笃实之资，清慎之行，曾效勤劳，敕太监韦□典葬事，特赐宝镪二万缗、白金百两。复命有司建塔彰义门真空寺东北之原，遣左监丞王允中谕祭。内而各监官，外而公侯伯，悉行祭礼。事竣，属余铭，勒诸石，传于不朽"④。宦官夏时，"上闻嗟悼，赐钞二万贯，彩币二十表里，白金二百五十两为丧礼费，遣太监钱喜登谕祭，命工部营葬事。内外诸臣以及老释之徒，亦莫不惋惜致奠"⑤。宦官黎

① 《故太监刘公墓志铭》，《北京图书馆藏中国历代石刻拓本汇编》第51册，第75页。
② 《太监刘公墓表》，《北京图书馆藏中国历代石刻拓本汇编》第51册，第105页。
③ 《大明御用监太监朴庵李君碑》，《北京图书馆藏中国历代石刻拓本汇编》第51册，第188页。
④ 僧至全：《大明故司礼监太监兴公之碑》，《北京图书馆藏中国历代石刻拓本汇编》第52册，第15页。
⑤ 《夏时墓志铭》，《北京图书馆藏中国历代石刻拓本汇编》第52册，第109页。

义，"讣闻，上震悼，赙钞三万缗，白米二十石，香烛各若干。敕礼部给斋粮、麻布五十石疋，工部造棺营葬，树飨堂如式。遣司正杨玮、左司副赵贤、奉御陈德，谕祭者三。仍命监护丧事"①。成化年间，朝廷赐钱处理宦官丧葬仍被视为皇帝特恩，刘永诚卒于成化初年，"上痌悼不已，命有司给葬具，工部造茔域，僧道作法事，大官给馔，礼部谕祭赙，及两宫金银布粟皆累千百，仍命太监白俊、韦玺等监护，异数稠沓，国朝以来一人而已"②。到明代中后期，逐渐形成固定的制度，工部负责提供棺椁及营造坟墓，翰林等官负责撰写祭文，皇帝特命其名下宦官负责丧葬，皇帝或后宫赐钱资助。正德七年，武宗最为亲近"八虎"之一的高凤去世，"上震悼，命司礼监太监赖公义、御马监太监李公能、内官监太监刘公英、杨公森、朱公辉理其丧。礼部谕祭，工部治凡丧事。赐银币、米、布为赙。慈圣康寿皇太后、慈寿皇太后暨中宫咸赐赙有差"③。邵恩，"上悼惜，命英及司礼监典簿路君宣、御马监右少监崔君永禄、尚衣监右少监刘君增、惜薪司副于君朋等董其丧，赐祭二坛，赙以白金三十两、宝楮二万缗、齐粮麻布各三十石匹；凡棺殓、茔域、享堂，皆有司治之。圣母章圣皇太后又特赐白金百两、彩币四表里及香烛诸物，盖殊恩也"④。

北京的香山、南京的祖堂山、西安金光里、成都南郊，是宦官聚集而葬比较集中的地点，墓碑出土也较多。

部分宦官曾担任地方镇守内官，卒于任，大部分护送回京埋葬，少部分就葬于其任职地点。如守备紫荆关太监张广，"以疾卒于官。讣闻于上，甚悼恤之，命有司具脚力送棺柩还京以葬，所以酬其劳也。"⑤

---

① 《大明御马监太监黎公墓碑铭》，《北京图书馆藏中国历代石刻拓本汇编》第53册，第115页。
② 岳正：《类博稿》卷10《明故御马监太监刘公墓志铭》，《景印文渊阁四库全书》第1246册，第450页。
③ 李东阳：《大明故司礼监太监高公墓志铭》，《新中国出土墓志》北京卷（壹）下，第153页。
④ 《明故御马监太监邵公墓志铭》，《新中国出土墓志》北京卷（壹）下，第188页。
⑤ 《明故都知监太监张公墓志铭》，《北京图书馆藏中国历代石刻拓本汇编》第52册，第167页。

朝廷赐予上层宦官祭葬的级别也较高，如司礼监太监，其丧事一般亦由同级别的司礼监太监处理，其所得赏赐及其他规格高出其他宦官。麦福首以司礼监太监兼总督东厂，嘉靖三十一年（1552）卒于任，嘉靖皇帝"赐钞三万贯，祭三坛，命有司给葬具，建享堂、碑亭，所以恤之甚厚"[①]。覃昌，"没之日，上闻悼惜不已，特命本监太监李公华率宁公等经纪丧事，所赙甚厚，三遣礼部谕祭，工部给棺营坟，坟有祠，赐额曰褒德，恩数稠叠，皆出常等。圣慈仁寿太皇太后、皇太后中宫亦皆致赙，内外之人相率吊祭，有善人已矣之叹，可谓难得也"[②]。

还有部分宦官则选择自己处理丧事，如傅锦卒于正德九年，命其义子傅清"五荷国厚恩，灰身莫补，勿乞祭葬"。朝廷允许宦官埋葬在祖籍则从嘉靖年间开始，南京守备吕宪卒，"故事，中监无葬于乡者，公尝于辞疾疏内请之。比卒，钺复以公志请，上允之，赐祭葬焉，原在长寿乡祖茔之右"[③]。司礼监段聪于正德元年预营寿藏，就是在自己家乡，后其墓志出土于三河。总镇两广太监韦眷死后亦葬于其家乡广东顺德。

部分宦官自愿结成"义会"，由热心的上层宦官发起，入会者集资购买土地，建立义地、义坟、义茔等，使部分宦官有所归宿。正德以前已经出现，嘉靖以后，宦官义会更加普遍。嘉靖十四年（1535），惜薪司景福等数十人，在宣武门外建寺，立《义会寿藏碑记》，碑阴刻有参会的26位宦官名字。嘉靖二十一年（1542），内官监太监韩锡卒，"墓在南城弘法禅林，乃公之义会地也"。御马监太监刘忠去世，"扶公柩于都城西香山慈感庵义茔之原，以为葬焉"。万历三年（1575），御马监太监徐经预营寿藏，"忽思身后之事，则寿域安定关外永安庄义会之原，建立碑铭"。影响较

---

① 徐阶：《司礼监太监掌监事兼督东厂麦公福墓志》，载《国朝献征录》卷117，《四库全书存目丛书》史部第106册，第604页。

② 徐溥：《司礼监太监葵庵覃公昌墓志》，载《国朝献征录》卷117，第595页。

③ 张邦奇：《靡悔轩集》卷6《明故南京守备内官监太监吕公墓志铭》，《续修四库全书》第1337册，第39页。

大者即黑山义会①，位于北京城西黑山，以刚铁墓地所在的灵福寺为中心，周边埋葬大量宦官，弘治年间《重修黑山会坟茔碑铭》记载"兹后，内监葬此者不下百数冢"。

南京留有司礼监、内官监等衙门，保存了一定数量的宦官，以南京司礼监为首，多所宦官衙门曾组织义会。雨花台梅冈北麓曾出土一块碑刻，题为"南京司礼监等衙门太监等官义会碑"，刻有 26 位宦官名字和籍贯。②

第四节　宦官与文武官员关系——以镇守内官为例

永乐以后，明代派驻部分内官久驻地方，肩负镇守地方、维护地方安危的职责，是为镇守内官。显然，镇守内官属于钦差官，其能否融入地方社会将直接影响到职责能否正常发挥，因此镇守内官到任后的首要任务就是与地方官建立良好的关系，由公务往来而结为同事关系进而获得身份上的认同感可以消除由身份差异造成的隔阂，抑或通过日常的交往互动来加深双方之间的私人关系，都是双方关系走向融洽的重要途径。当双方发生矛盾与冲突时，由朝廷出面调解，朝廷为平衡内外关系，一般坚持秉公处理的原则。

一、公务往来：结为同事关系

镇守内官属钦差官性质，与地方官在身份属性上小有差异。但多数镇守内官赴任地方后，并不以钦差身份高高在上，而是积极融入地方，强调与地方官的同事关系，进而建立起比较和谐的氛围。

若建立良好的同事关系，双方对彼此的身份认同是必要的前提条件，

---

① 相关研究可参见赵世瑜、张宏艳：《黑山会的故事：明清宦官政治与民间社会》，《历史研究》2000 年第 4 期等。
② 相关研究可参见龚巨平：《〈南京司礼监等衙门太监等官义会碑〉考释》，《郑和研究》2013 年第 4 期等。

尤其对久处深宫的内官而言，他们必须克制内官自身固有的缺陷。内官孙振于成化二十年（1484）赴任镇守宣府，"克去宦性，善收人情"①。镇守福建内官邓原"崇冠冕之风，绝貂珰之习"②。

上至皇帝的敕谕，下至内官自身的认识，朝野内外均已认识到镇守内官与巡抚、总兵等形成同事关系。在皇帝颁给镇守内官的敕书中，通常会有要求内官与总兵、巡抚等"公同计议、停当而行"等字样。天顺六年（1462）十二月，英宗敕镇守蓟州永平山海等处右监丞龚荣曰："凡内、外官镇守地方，既已同事，必须同心，庶克有济。"③内外官形成同事关系，只有二者和谐共处才能保证政令畅通。成化十四年（1478），镇守宣府内官弓胜卒于治所，"总戎周公以同事之故，为延吾友门静之、朱用吉经纪其丧"④。"总戎周公"乃指镇守宣府总兵官周玉，因与前镇守内官弓胜同事的关系，而负责其葬礼并请人作墓志铭。成化年间，总镇两广内官陈瑄在其苍梧府第建了一个小庵，请总督两广巡抚都御史韩雍作记，韩雍义不容辞，"予与公同事七年，知公最深，故敢记之于庵，以告来者"⑤。

与地方文武官系统相对应，各边镇守内官也存在"镇守—分守—守备"内官体系，"与各边内官镇守、分守、守备的层级状况相应，逐渐形成了太监镇守、少监分守、监丞守备的格局"⑥。镇守内官与总兵、巡抚形成同级的同事关系以各边为例，驻守镇城的镇守内官与总兵、巡抚是同级，分守一路的分守内官与分守副总兵、参将、游击等武官，分守参议等文官同级，守备一城的守备内官则与守备把总、卫所都指挥等官同级。以内地而言，四川、湖广有镇守内官，与总兵、巡抚同级，四川之建昌、湖广之郧阳设有分守内官，分别与驻守当地的副总兵等武官、分守参议等文

---

① 王崇献：《宣府镇志》卷6，《南京图书馆藏稀见方志丛刊》第8册，国家图书馆出版社2012年版，第311页。

② 汪舜民：《静轩先生文集》卷8《三锡诗序》，《续修四库全书》第1331册，第74页。

③ 《明英宗实录》卷347，天顺六年十二月丙子，第6997页。

④ 李经：《明故都知监太监弓公（胜）墓志铭》，载梁绍杰辑：《明代宦官碑传录》，第97页。

⑤ 韩雍：《襄毅文集》卷9《静庵记》，《景印文渊阁四库全书》第1245册，第729页。

⑥ 胡丹：《明代"九边"镇守内官考论》，《中国边疆史地研究》2009年第2期。

官同级。

二、个人私谊：日常的交往、宴游等

宦官与地方官由身份认同带动建立起同事关系，而这种关系的维持与巩固则需要通过日常的交往与互动。双方为此亦采取多种形式，主要有：

（一）宴会

宴会是内、外官联络感情的重要途径。发起者则不拘，或由内官，或由外官。正统年间，罗亨信巡抚大同，镇守内官郭敬宴请各官，"酒倾琥珀浮银甕，脯擘麒麟列绮筵；宾主献酬情烂漫，笙歌杂还舞蹁跹"[1]，完全是一幅其乐融融的场景。正统十二年（1447）四月，郭敬寿诞时，各官主动为其贺寿，"镇守大同太监郭公初度之晨，寿登六旬有六矣，是日也……总戎朱公以下登公之堂，举酒相属，莫不乐公已然之寿而颂其方来之福也"[2]。天顺五年（1461）十二月，大同巡抚韩雍与总兵官杨信习正旦仪于善化寺，"礼既毕，杨具酒肴，邀镇守太监王公、守备中贵罗公同此小酌，以为岁暮休暇之乐"[3]。双方互相宴请也是常见之事。景泰四年（1453），朝鲜遣通事赴中国，至广宁，"太监宋文义请宴于私第，都御史寇深、总兵官曹义、内史陈记、按察使丁信、参将刘端皆与宴。翌日，总兵官请宴于中卫，都御史、太监以下皆在"[4]。先由内官宴请各官，总兵、巡抚都在；次日，总兵宴请，巡抚，镇守内官亦与宴。

地处江南，南京守备内官与外官相互宴请亦比较频繁。成化中，南京内守备安宁宴请参赞机务、南京兵部尚书程信，"程襄毅公参赞南都日，左珰安宁时为守备，燕公。设席，中为己坐而以公位其下……中官虽为

---

[1] 罗亨信：《觉非集》卷 8《会宴太监郭公清凉亭》，《四库全书存目丛书》集部第 30 册，第 29 页。

[2] 罗亨信：《觉非集》卷 1《庆镇守大同太监郭公寿诞序》，《四库全书存目丛书》集部第 29 册，第 463 页。

[3] 韩雍：《襄毅文集》卷 1《五言古诗》，《景印文渊阁四库全书》第 1245 册，第 612 页。

[4] 吴晗：《朝鲜李朝实录中的中国史料》，第 484 页。

主，亦居首席，六卿而下，皆列坐焉"①。外官有私宴，亦邀请内官参见，"六卿中有私燕，而守备中贵人为上客，不至，迟之再三乃至。主人迎谓：明公不来，诸生无敢即席"②。

临别践行、置酒款待亦是内、外官宴会的常见事由。成化六年(1470)十二月，广东布政司右参议王英升云南左参政，其同年进士韩雍正总督两广，召集各官为王英送行，"予（指：韩雍）与总镇两广太监陈公总兵官平江伯陈公重其为人而惜其去，载酒饯行"③。天顺间韩雍巡抚大同，曾带兵巡边，大同官员纷纷为其壮行，"予整兵西巡，辱中贵韦公携酒邀太监陈公、王公同饯别行台。酒酣，韦公探唐人早朝诗和韵见赠，走笔立就"④。韩雍亦写诗回赠。弘治十二年（1499），内官朱秀自宣府还京，都御史马中锡"适巡抚于彼，饯送之须，咸惜其去"⑤。数年后，马中锡奉命巡抚辽东，而朱秀已先此镇守辽东，二人又忆前事，"十年前共把离觞，旧句犹能记两行。无计可留贤太监，有缘还会老都堂。重逢辽海成诗谶，曾对燕山恕酒狂"。二人感叹两次同事实属少见，"夫仕途两任同事，在章逢已少，况中贵与外寮乎，盖又加少矣"⑥。

地方重要的仪式场合或重要官员的宴会都可以看到镇守内官的身影。镇守内官为钦差大臣，地方官以请到镇守内官莅临为荣，镇守内官则借此机会显示自己的威严。在此相互需求的前提下，镇守内官与外官积极通过宴会等形式来增加双方之间的联系。

（二）书信往来

明代中期以后，社会存在着"儒化"的风气。多数镇守内官亦好附庸

---

① 蒋一葵：《尧山堂外纪》卷 86，《续修四库全书》第 1195 册，第 72 页。
② 王世贞：《弇州续稿》卷 123《资政大夫南京兵部尚书参赞机务致仕应谷刘公墓志铭》，《景印文渊阁四库全书》1283 册，第 724 页。
③ 韩雍：《襄毅文集》卷 2《七言古诗》，《景印文渊阁四库全书》第 1245 册，第 633 页。
④ 韩雍：《襄毅文集》卷 7《七言律诗》，《景印文渊阁四库全书》第 1245 册，第 685 页。
⑤ 马中锡：《马东田漫稿》卷 5《贻朱太监口号》，《四库全书存目丛书》集部第 41 册，第 461 页。
⑥ 马中锡：《马东田漫稿》卷 5《贻朱太监口号》，《四库全书存目丛书》集部第 41 册，第 461 页。

风雅，结交文人，若有事则请文人撰文题字，如受赏赐、祝寿、省墓、致仕等等，均成为双方书信往来的理由。

内官郭敬自明仁宗时期即开始镇守大同，一直未有印信，正统八年（1443）二月，明英宗特制"镇守大同之印"给之，用于公文行移，大同其他官员特写序庆贺，"翌日，总戎武进伯朱公合诸寅佐征予（按，罗亨信）言为贺"①。在罗亨信《觉非集》中，有十余篇序言均可体现其与内官的往来。除上述《庆太监郭公受印序》外，还有《贺太监郭公朝京受恩序》《庆镇守大同太监郭公寿诞序》《庆镇守太监郭公寿序》《庆镇守宣府少监赵公寿诗有序》《送太监郭公归乡序》《镇守大同太监郭公先茔碑铭》《祁县马氏先茔碑铭》《蠡县柏氏先茔碑铭》《滦阳赵氏先茔碑铭》等。另有《寿总戎武进伯朱公六十一序》《庆总戎武进伯朱公寿序》两篇乃因镇守大同总兵官朱冕寿诞而作，内官亦积极参与，"统镇太监郭公合诸寅佐绘寿仙下降图，奉币陈酒，升堂以为公寿，嘱予为文以壮之"②，"适公初度之辰，年逾知命，镇守太监郭公泊诸寅佐咸致礼为贺"③。正德年间，内官邓原镇守福建，因年事已高乞求休致，福建"三司群僚各用八字为韵，成诗八首以颂"④，由文人汪舜民辑其诗成册。无论从数量，抑或内容等方面，都可以看出双方的交往非常频繁。

题诗、作记、撰文都是镇守内官与文官书信往来的常见形式。韩雍《襄毅文集》卷四有诗"营建纪成陈都堂命为阮太监题"，曰："内相承宣下玉阶，经营殊不费民财。"⑤成化七年（1471），总镇两广内官陈瑄建庵于所居府第之东，巡抚韩雍为其作《静庵记》以记其事。同书卷十五，又有韩雍祭奠镇守浙江内官卢永所作《祭镇守浙江太监卢公文》。从内官墓

---

① 罗亨信：《觉非集》卷1《庆太监郭公受印序》，《四库全书存目丛书》集部第29册，第460页。
② 罗亨信：《觉非集》卷1《寿总戎武进伯朱公六十一序》，第466页。
③ 罗亨信：《觉非集》卷1《庆总戎武进伯朱公寿序》，第467页。
④ 汪舜民：《静轩先生文集》卷8《三锡诗序》，《续修四库全书》第1331册，第74页。
⑤ 韩雍：《襄毅文集》卷4《营建纪成陈都堂命为阮太监题》，《景印文渊阁四库全书》第1245册，第645页。

志撰写者的来源及身份，亦可体现出内官社会交往的范围。

明代内官本身具备一定的文化素质[1]，其与文人通过书信等形式进行的交流非常频繁，通过他们所作序言及诗文，可以看出双方的交往深厚，关系比较融洽。

三、朝廷对双方矛盾的处理与解决

镇守内官不属地方官系统，因此二者本无根本性的利益冲突。但镇守内官所受约束较少，没有足够的制约力量，使得镇守内官所作所为随意性较强，由此易与地方官发生冲突。

早在英宗即位初，镇守内官主要设于北部各边，已经出现镇守内官劾奏武官的现象。宣德十年（1435）七月，镇守大同太监郭敬奏总兵官方政专权等事，此时方政上任不足3个月。大学士杨士奇专门上疏为方政辩诬。

> 方政自永乐、宣德年间奉命率兵在外，皆有功绩。此人实是廉勤公正，上能敬事朝廷、下能抚恤军民，众所共知，众所共推。岂有才到大同，未及三月，便有许多过失。且闻郭敬在彼，与曹俭通同为非，专务贪利，不理边备，以致累次失机，宣宗皇帝屡遣敕切责之，仍不悛改。且郭敬初闻朝廷命方政往大同总兵，心已不喜，曾亲来文渊阁对臣等极毁方政之短，极夸曹俭之能。臣等已料其到彼必然不合，或致设计倾陷方政，今已果然。[2]

武官肩负边境防御的重任，武官与内官发生矛盾，文官倾向于支持武

---

[1] 关于明代宦官之教育可参见方志远《论明代宦官的知识化问题》（《江西师范大学学报》1989年3期）、梁绍杰《明代宦官教育机构的名称和初设时间新证》（《史学集刊》1996年3期）、包诗卿《明代宦官教育新析》（《史学月刊》2013年10期）及高志忠相关研究成果等。

[2] 杨士奇：《辨方政被诬疏》，《明经世文编》卷15，中华书局1962年版，第108页。

官。杨士奇在肯定方政功绩的同时，劾郭敬设计倾陷。朝廷解决的办法乃令双方和解，"宜写敕，责其今后宜协和行事"①。

内、外官发生冲突，内官因皇帝亲信的身份占有一定优势。外官轻则被调走，重则致仕、下狱等。成化十年（1474）三月，总督两广都御史韩雍因镇守广西右少监黄沁的讦奏而致仕。黄沁劾雍"坐视猺贼出没，隐匿不报，以致断藤峡贼复啸聚滋蔓，流劫郡县，且贪欲饮宴，滥赏妄费，事多违法"②，经差官按实，所奏虚实各半，宪宗免韩雍罪，命致仕。韩雍致仕的真实原因乃是与黄沁的矛盾，"雍在两广，威令素行。沁不得恣其欲，布政使何宜迁而固，按察副使张敩贪而暴，不为雍所礼，乃与沁媒蘖其短，捃摭其事，攻讦之"③。韩雍在两广战功卓著，曾平定大藤峡之乱，并任首任总镇两广都御史，此令一下，"公论为之不平，而两广人至今思之"④。正德十年（1515）六月，镇守宣府太监于喜部下私乘操马，总兵官郤永杖之，"（于）喜怒，相争诟，遂奏（郤）永专权自恣，似为不轨。（郤）永辞任，且自辩"⑤。武宗令下敕切责于喜，而将总兵官郤永和宁夏总兵潘浩对调，显然是偏袒内官。根据沈德符的记载，于喜正德初以钟鼓司选入内廷，钟鼓司职役在宫中属贱役，为"诸监局所不齿"⑥，而于喜偶得上宠，出镇宣府大同、入掌各监局十年，至嘉靖初始被劾，发充孝陵净军。

内官与外官发生冲突，朝廷并不一味偏袒内官，亦有将内官取回或调走的现象。景泰元年（1450）九月，大同镇守太监陈公与总兵官郭登发生冲突，"素不和谐，数相非议，甚至显言排诋于公会之所"，参谋军事都御史沈固言："师克在和，今二人不和，恐误边计，乞调一人。"⑦景帝乃令右

---

① 《明英宗实录》卷7，宣德十年七月丁酉，第147页。
② 《明宪宗实录》卷126，成化十年三月丙戌，第2397页。
③ 《明宪宗实录》卷126，成化十年三月丙戌，第2397页。
④ 《明宪宗实录》卷126，成化十年三月丙戌，第2398页。
⑤ 《明武宗实录》卷126，正德十年六月丁巳，第2515页。
⑥ 沈德符：《万历野获编》卷6《内监》，第165页。
⑦ 《明英宗实录》卷196，景泰元年九月庚戌，第4154页。

监丞马庆代，陈公还京。同年十月，镇守宁夏太监来福与总兵官张泰互相讦奏听谗害军、怀奸玩寇诸罪，来福命其养子福海诣京刺候之，因互有虚实，止"降敕切责之，令各改悔前非，勉图后善"①。虽当时并未作任何处罚，但是不久来福即被召回京，代之以太监王清，而张泰继续镇守宁夏。景泰二年（1451）四月，镇守福建太监廖秀奏巡按御史许仕达专权失机及沉溺游乐需索供奉等事，经覆实，廖秀乃诬奏，"械至京，罪当徒，命锢于狱，寻释之"②。成化十九年（1483）六月，镇守大同太监汪直因与总兵官许宁不和，被调至南京御马监，"宁恐直之见陵，直忌宁之相轧，互生嫌隙，不相和协"，巡抚都御史郭镗举例以证。

> （许）宁令士卒分曹攒槽饲马，（汪）直以为拘留一处，下人不便，一也。宁直嫌于共事，预将人马分为四营，营二千人，人自为战，自分彼此，何以御敌，二也。宁欲将人马拨野口、宣宁、黑山、怀远、四处，直欲拨沙河、红寺二堡，往返数次，尚未定议，三也。直以右卫游兵调大同者止有五百而把总官乃有四员，官多军少，欲令二员回卫，宁以为业已调至，不必取回，下人惶惧，无从遵守，四也。游击将军叶升近在天城截杀，直以为地方无事，可以取回，宁以为调去未久，宜留勿取，争论数日，尚未能决，五也。③

可知，内官与总兵不和，对边境影响极大，严重妨碍了边境的防御部署。宪宗乃调汪直于南京，虽有汪直失宠的因素，但二人不和是汪直调走的直接原因。成化二十一年（1485）十一月，镇守延绥太监韦敬与镇守宁夏太监简颙互易其任，"（韦）敬之在延绥也，狠愎自用，与总兵官岳嵩、都御史吕雯屡争小忿。敬会客，坐雯于西，坐嵩于下，而自据上坐"④。在

---

① 《明英宗实录》卷197，景泰元年十月庚寅，第4189页。
② 《明英宗实录》卷204，景泰二年五月癸亥，第4379页。
③ 《明宪宗实录》卷241，成化十九年六月乙亥，第4075页。
④ 《明宪宗实录》卷272，成化二十一年十一月丁卯，第4592页。

这次内外官冲突中，朝廷不是一味姑息迁就内官，而将内官调走。

内外官产生矛盾之原因有多种。既有因争坐次之类的小事，亦有因公事议论不和而产生争议。正统十三年（1448）六月，宣府总兵官杨洪奏"每年草青之时，官军马匹俱住保安卫东南燕尾河牧放，路远急难调遣，青边口一带牧放近便，遇警易调，已常奏请，准令青边等口牧放"，而镇守内官赵琮却不同意，"青边口窄狭，山峻树密，不堪牧放，况路径迂曲，急难调遣"，相反的结论令朝廷不知何从，兵部请再勘，英宗特降敕切责，曰：

> 朝廷以边境重务委托尔等，凡事宜博采众长，计议的确，然后奏闻。今尔洪等各以所见为言，朝廷其将谁从，盖尔等不以国事为重，惟徇己私，论尔矛盾，罪皆难容，今置不问。敕至，尔各具实以闻，然尔洪既以领军往青边口牧放，姑从之，仍同琮等从长计议，今后每年果于何处草场为当，毋仍各执偏见，乖方误事，尔等慎之。①

上述事例中，为牧放马匹，总兵官与内官产生不同意见，朝廷遂出面调解。弘治三年（1490）八月，镇守大同总兵官王玺以本镇有警，请调偏头关精兵驻西路策应，镇守山西太监刘政等坚持不同意见。正德元年（1506）四月，镇守宣府太监唐禄欲分兵剿寇，而总兵官李杲"沮之弗协，遂至纷争，主将失和"②。巡按劾奏，请召回镇守太监，最终结果是皇帝降敕责备镇守内官。

镇守内官与其他文武官员的矛盾，是明代普遍存在的内外官的关系的一种状态。作为双方矛盾调节者的中央朝廷，从维护稳定政局的考虑出发，竭力促使双方和解，尽量做到公平公正，试图将内外官关系维持在一种力量平衡、关系和谐的局面。

---

① 《明英宗实录》卷167，正统十三年六月丙辰，第3226页。
② 《明武宗实录》卷12，正德元年四月庚申，第374页。

结 语

墓志一般是由墓主家人或同事请文人根据传主行状撰写而成。宦官墓志碑刻因墓主身份特殊，故在编撰思想、内容选取等方面与文武官员墓志有明显区别。所收集的墓志，传主以高品级上层宦官为主，北京宦官从正四品太监到正五品监丞，王府宦官从正六品承奉正到从八品门副，各品级宦官均有数量不等的墓志流传。亦有五通墓志墓主为无品级的内使和奉御。可见明代宦官撰写墓志的现象非常普遍。撰写者身份主要包括北京官员（内阁大学士或翰林院官居多）、宦官任职地之同事等，亦有自撰或请宗室、僧人撰写的个别现象，但撰写者往往对墓主生平比较了解，撰写过程中往往摆脱完成任务式的套话，注意记载墓主生平细节。宦官墓志主要由文人撰写，因此文集当是宦官墓志收录的重要载体，但通过比较文集与碑刻发现，仅有少数文集收录了部分宦官墓志碑刻。《李东阳集》收录195 篇墓志碑铭，无一篇关于内官者，但根据收集情况看至少应有 6 通。文人不愿意收录宦官墓志碑刻给研究造成了较大困难。

此前已有部分整理成果，如《北京图书馆藏中国历代石刻拓本汇编》（1989 年）、《明代宦官碑传录》（1997 年）、《新中国出土墓志》（2003 年）等。但时代较久，收录有限，出土地点过于集中在北京。随着各地考古挖掘不断深入，不断出土了数量更多的宦官墓志，分布范围更加扩大，南京、成都、西安等地均有宦官墓志碑刻出土，并且通过考察挖掘地点分布发现各地宦官倾向于聚集而葬，南京祖堂山、西安金光里、成都南郊都有成片的宦官墓地。宦官家乡、任职地亦有零散墓志出土。

明代宦官墓志碑刻是个人生平最可信、最全面的记载。宦官墓志详细记载了明代宦官完整的个人生命历程，包括其相貌、性格、籍贯、出身、进宫、培养、信仰、养老、丧葬等等，内容丰富。这些内容可以加强对宦官群体自身认识的研究，如宦官相貌史书很少记载，由于宦官人物评价不高，给人容易造成阴险丑陋、形象不佳的印象，但明代内廷选择宦官有严格标准，墓志中常常用"俊秀""秀爽""颖悟"等词形容，部分宦官亦是因为形象较好、身材魁梧被选入内廷。如宦官籍贯，明代前期和后期有明显的地域变化，前期宦官来自高丽（朝鲜）、交趾、西南等地者数量较多，后期北直隶地区宦官占大多数。这种变化是由明代政治军事形势的变化导致，是社会变化的反映，同时对当地社会风气、价值观变化都会起到明显作用。

王府宦官久被研究者所忽略，此类宦官墓志的出土将大大推进王府宦官系统的研究，可以发现王府宦官的活动范围并不局限在王府之内，由于掌管王府对外的经济等事务，王府宦官与地方社会亦发生密切联系。

宦官墓志碑刻为研究明代政治史、制度史、社会史提供了有别于官方正史的全新史料。若将宦官墓志碑刻与其他存世文献进行比较研究，可以更加突出宦官墓志碑刻的独特价值。上层宦官都是明代重大历史事件的亲身经历者，几乎所有重大历史事件均有宦官的影子，靖难之役、永乐北征、土木之变、景泰易储、嘉靖南巡等在宦官墓志碑刻均有涉及。因此墓志碑刻可以补充明代历史重大事件更多生动具体的史料，如明代宦官制度的前后演变，前期朱元璋制定的太监—少监—监丞—奉御—长随体系到成化以后即发生重大变化，官、职、差遣发生了明显的分离，署衔、借衔现象频繁，内廷牌子、乾清宫近侍逐渐成为最显要职务。如张永是正德年间著名的宦官，关于张永平宁夏之乱、设计擒获刘瑾、随武宗南征等重大事件，《明武宗实录》《明史》等文献中已有很多记载，但这些文献均属第二手资料，而张永墓志由与其关系密切的大学士杨一清撰写，杨一清为张永所撰墓志为了解宁夏安化王寘镭叛乱、宁王叛乱、刘瑾被诛等史实提供了最原始、最权威的记录。

不同类型文本所站的立场不同，将明代官私史书和墓志碑刻对比研究有利于得出更加准确的结论。墓志碑刻可以补充大量宦官个人信息，也可以从侧面反映明代政治生活。

关于宦官人物评价，在正史和墓志碑刻两种不同价值观体系所作的文本中呈现截然不同的评价，墓志碑刻撰写者较多受到当时形势的影响，要考虑人情远近和现实政治等因素，因此墓志碑刻中宦官评价较高，"铭"的内容均有明显美化的痕迹。

从墓志撰写者的角度出发，墓志的作用有二：一则为标明墓主身份，故详细记载其姓名、籍贯、家庭，墓中一般还有买地券，表明土地所有权；一则垂示后人，使前人事迹不被湮灭，故对宦官良善事迹进而得到朝廷的奖励和赏赐予以重点加载，使后人有所激励，忠心事主，尽职尽责，不断为皇帝及朝廷作出更大贡献。

附录　明代宦官墓志碑刻辑录与整理[*]

一、墓志碑刻

1.云奇　《赠司礼监太监云公奇墓碑铭》(《国朝献征录》卷117)

南京太平门外钟山西，有内官享堂一区，我太祖高皇帝所赐、今加赠司礼监太监云公奇葬地也。按旧碑，公，南粤人。洪武间内使，守西华门。时丞相谋逆者居第距门甚迩，公刺知其事，冀因隙以发。未几，彼逆臣言所居井涌醴泉，邀上往幸，銮舆当西出，公虑必与祸会，走冲跸道，勒马卫言，状气方勃，嵽舌駃不能达意。上怒其不敬，左右挝捶乱下，公垂毙，右臂将折，犹奋指贼臣第，弗为痛缩。上乃悟，登城频顾，则见彼第内壮士衷甲伏屏帏间数匝，亟返樱殿，罪人一一就缚，召公，息绝矣。上追悼公，死非罪，忠弗白，宜申恤典，遂赠某监左少监，赐葬兹地，命有司春秋致祭，仍给六人，备岁时洒扫役。于戏，此我高皇帝所以为天下臣民主而当祚及万世者也。公受累朝祠祀若干年，正德庚辰，守备南京司礼太监黄公伟、高公隆、芮公景贤尝一新其亭台，兵部尚书乔公宇实记堂壁。嘉靖乙酉，王公堂守备之明年，偕高公巡视孝陵垣墙，道经公墓，感厥忠义，咨诸同守备秦公文，复请于朝，加今赠致祭，公获报身后，久而盖彰如是哉。祠堂视制颇闳深，前有门廊，后有池有桥，百余年来中官之

---

* 受多方面因素影响，将宦官墓志收集穷尽难度很大，2014—2015 年，北京发现明清宦官墓葬 304 座。江西鄱阳出土《淮府承奉正张公墓志铭》，湖南常德出土荣王府承奉宋贵墓，四川成都出土魏玉和阮英墓，洛阳出土《明故承奉副辛公振王墓志铭》等。陆续还会有部分宦官墓碑出土。

没而旁袝者咸得墉护庇。南京内官监太监杨君顺实募厥役，高、王二公既为公获兹新命，欲树碑茔域，衷委君而问铭于春，春惟云公忠义皎然，冬霜秋日，高皇帝洎今上显敭之，以感厉天下后世臣子，于是乎在诸公秉彝好德为之兴感，于是乎在铭，曷敢辞。公所遭谋逆者，旧状以为胡蓝二党，夫胡惟庸之不轨在洪武十三年，蓝玉在二十六年，胡被诛后，诏不设丞相，至蓝十四年矣，春敢定以胡为是，以补旧碑之缺，备他日史官之考证。于戏，公之灵弗泯，其将大慰矣夫。

2. 杨庆　《大明故都知监太监杨公墓志铭》（南京博物馆藏）

文林郎监察御史陈芸撰文，徵仕郎中书舍人姜濬书丹，徵仕郎中书舍人刘素篆盖。

都知监太监杨公庆，宣德五年三月二十四日奉敕差来镇守南京，其年四月十九日到，遂病，不能视事。以七月二十二日终于三山里第，寿年六十有四。卜以八月二十八日葬于城南窑头山之原。前期，中书舍人姜孟珪率其养子杨仁等拜而求铭，辞不获，乃按状而为之铭。铭曰：杨氏之先，派出南滇，历世显贵，簪绂蝉联。父曰寿奴，万户姚安。母曰赵氏，德容克完。是生我公，际会云龙。发始垂髫，入侍皇宫。出入内廷，谨密志诚。圣情欣悦，赐以庆名。祗奉天戈，克平内难。厥功居多，恩升太监。扈驾北征，再镇永平。胡人远遁，赫有声名。上念其劳，复怜其旧。重惟南京，命公镇守。宠锡既隆，公心实喜。胡为南来，一病弗起，吏民失望，部属感伤。公卿奔吊，车马盈廊。生既显荣，官为中贵。寿过六旬，死复何愧。吉日令辰，将以窆斝。窑山之原，是公玄宅。我本无文，忝曾荆识。中书属我，命题墓石。文虽不工，事则确实。用勒坚珉，以昭无极。从仕郎中书舍人胡廷铉仲子彦闾镌。

3. 张镔　《承奉正张镔墓碣》（朱有燉《诚斋录》卷5）

周府承奉正张镔，字至坚，北京直隶之宝池县民家子也。年十四为内使，侍予于京邸，禀性纯粹，聪明俊彦，忠勤敬慎，端庄正直，旦夕侍奉，裨益良多，谦让和悦，为众所羡，又能涉经史，解文义，且精于音律管弦，诸艺皆通，实为其伦之铮铮者也。年三十七，钦蒙朝命授以本府承奉司承奉正之职，既即此任，愈恭愈勤，忠爱之心有加无已，守职任，奉尊长，待同列，使下人，各尽其道，咸得其欢心，府中其他莫能及也。较之平昔言行，乃若晋寺人勃鞮之流耳，聪明音律则又过之。宣德八年五月十一日以疾终，寿年四十五岁，以是月二十有二日甲戌葬于宝相寺之西，乃立石碣，以表其忠爱恭勤之劳，报其德而思之悠久矣。乃为歌曰：天星夜降云雾开，化作松桧生金台，实与王家为良材，雨露滋养情性谐，颜色美好姿质该，心理缜密枝柯排，名实相副真奇哉。方期百岁常培栽，缘何一瘁不复来，使我长叹为汝哀。呜呼何以释我怀，呜呼何以释我怀。

4.刘通《故太监刘公墓志铭》（《北京图书馆藏中国历代石刻拓本汇编》第51册，第75页）

儒林郎光禄署正前乡贡进士罗浮陈骏撰书丹，将仕郎工部营缮所丞姑苏杨春篆盖。

公讳通，世为三万户大族，父阿哈，母李氏，俱尚积德。公生于大明辛酉七月廿九日，性刚毅，及长，勇略过人，仕为内臣。洪武丙子，奉命开平、大宁修筑城堡，能称厥职。初事太宗文皇帝于藩邸，时权倖用事，离间宗室，上嘉公忠谨，委以腹心，俾察外情。公广询博采，悉得其实以闻。岁己卯，随驾肃清内难，公奋身效劳，首平九门，攻取雄县、漠州，收捕永平、刘家口，复大宁，回还郑村坝大战，继克大同、蔚州、广昌等处。明年庚辰，大战白沟河，取济南，平沧州，定东昌。辛巳，蠡槀城，击西水寨。壬午，破东阿、汶上，征小河、齐眉山，讨灵璧，攻泗州。夏五月，过淮河，伐盱眙，屠扬州，戮仪真。六月，渡大江，夺金川门，平定金陵，肃清宫禁。节次大战，屡著功能。上登大宝，授公尚膳监左监丞。永乐庚寅，扈从扫除沙漠，至静房镇广漠，成答兰那末儿葛克台，屯儿威河，与虏大战三日，斩首无算。丑虏败走，公弃鞍，独骑划马，追赶七十余里，生擒达贼二人，凯还，嘉乃茂绩，升擢尚膳监左少监。甲午，征进瓦刺，次九龙口、忽儿班慷葛刺，大战，胡寇催循，公独骑追及，手擒虏酋二人，得胜而还，能声益彰，特进公直殿监太监。壬寅，分统精骑哨瞭东路，至舍儿墩遇虏，战胜，斩获人口不可胜计，马三千余匹，牛羊二十余万。癸卯，征阳和。甲辰，征大小出纳，累战有功。上深念之，特赐居第，以王氏之女为配，俾理家政，以奉其母，恩至厚也。宣宗章皇帝即位改元之初，扈从武定州，征讨不臣。三年，率神铳骑士五千，随驾出喜峰口剿捕胡寇，此皆汗马功劳之尤大者。其他功次，未易悉举。公之勇略如是，而且能孝于亲，友于弟，家众八百余口，善骑射者二百五十余人，公抚育均如己出。宣德庚戌，钦承上命，镇守永平、山海等处，由是东北边境辑宁，军民乐业，公之力也。乙卯夏四月，以梓宫在庭，命公回京以备委任。是年秋八月十四日，以疾终于家，得年五十有五。讣闻，圣心为之伤悼，赐楮币万贯为赗，敕有司给斋粮、孝布，具棺椁，造坟营葬，仍命僧道资建冥福，遣官谕祭，慰念深至。公弟御马监太监顺躬执衰麻，哀毁逾节，殓祭之仪，咸克如礼，卜以本年九月己卯安厝于昌平县白仙庄之原，预以状来速铭。呜呼，生荣死哀，始终尽善，可谓无遗憾者矣。为之铭曰：繄惟刘氏，始自丰沛。支流繁衍，如水分派。逮公之生，性刚而毅。文武全才，殿庭伟器。早居近侍，出入禁庭。忠勤谨伤，曰为腹心。风云际会，扈从圣明。戮力敌忾，勋业卒成。擢长内职，谦和不矜。四十余年，惟忠惟诚。功能既彰，孝友尤笃。克敬克恭，敦睦宗族。爰镇藩屏，边境辑宁。宸衷允惬，宠遇方增。光阴迫逼，速如过客。倏以疾终，上闻悲恻。赐棺营葬，用妥九泉。卜其宅兆，昌平之原。山高水清，实维佳城。我铭阡石，永扬厥声。

5. 昌盛　《神宫监太监昌公墓志铭》[《新中国出土墓志》北京卷（壹）下，第68页]

资德大夫正治上卿礼部尚书毗陵胡濙撰，会稽散人任氏仲安书并篆。

太监姓昌，讳盛，贵州都匀长官司人也。洪武辛未进内廷，祗事太祖高皇帝，夙夜勤劬，小心慎密，极承恩眷。越十年壬午，太宗文皇帝践祚，首用公为长随，能勤厚寡言，特加宠异。明年升长随奉御，事上临下，咸得其宜，由是日在左右，应对合上意，恒蒙奖谕。时交趾初平，以公才堪任使，遣奉命，凡八往返，条画措置，无纤毫过差，上益重其为人，可属大事。永乐壬辰，宣宗章皇帝在青宫，遂选入随侍，凡十四年，恭勤辅相，所为一出于正，并无诡伪骄矜之失。仁庙尤器重之，委任益专。逮宣宗章皇帝登极，录其旧劳，即升神宫监太监，以优待之。凡御驾亲征及北巡，公皆前驱，鲜有疏虞。累使朝鲜，皆能宣布圣化，使夷人悦服，朝贡者接踵于道。公之功著于内外也如此。公生于洪武庚申十二月二十四日，终于正统戊午九月十九日，无疾端坐而逝，讣闻于上，恻然骇叹，赐钞万缗，以瞻丧事，敕有司营葬，遣官谕祭。始终宠遇之隆，蔑以加矣。钦委提督庆寿寺庶务中贵阮公兰斋状请铭，予故遽其实而铭之。铭曰：生于南土，长于内廷。资质厚重，性行纯诚。列圣宠任，不骄不矜。侍卫青宫，惕厉战兢。宣德改元，即受褒旌。朝鲜交趾，使命屡承。人怀其德，事克有成。始终无间，内外驰名。何啬其年，遽尔遐征。讣闻于上，宫掖震惊。恤赠有加，敕建坟茔。爰遣谕祭，备极恩荣。光昭来世，照耀泉扃。后知公者，其视斯铭。正统三年岁次戊午冬十一月吉日。

6. 刘顺 《太监刘公墓表》（《北京图书馆藏中国历代石刻拓本汇编》第 51 册，第 105 页）

通议大夫礼部左侍郎翰林侍读学士国史总裁兼经筵官庐陵王直撰，奉政大夫修正庶尹礼部祠祭郎中赐食三品禄直文渊阁永嘉黄养正书，从仕郎中书舍人姑苏徐瑛篆。

正统五年十二月十五日，御马监太监刘公以疾卒，年五十七。讣闻，上为之恻然兴悼，赐钞三万贯，遣官谕祭，命太监李公童主其丧事，有司治棺椁坟茔，诸物皆官给之。明年二月十七日，葬昌平县白仙庄。葬已，其姻戚羽林前卫指挥佥事潘义与其养子清等谋曰："我公之卒也，天子嘉念劳绩，所以宠赉其终者甚厚，而少保杨公备志于幽堂矣，若又取其功德之大者，刻诸墓前之石，使人人得有所考见，岂不益彰彻显闻。"众皆曰然，于是因余友礼部郎中黄养正属余为之表。公讳顺，女直人，祖某，仕元为万户。考阿哈，姚李氏，自幼与兄通偕入禁庭，太宗皇帝奇之，赐姓刘氏，加恩育焉。年十三，精骑射，以武力著闻，于是选拔在侍近。靖难兵起，公与诸将夺九门，鏖郑村坝，蹙白沟，大战东昌、灵璧，遂渡江克金川门，皆有功。甲申，擢御马监左监丞，自是益见信用。丙戌，以辽东重地，命公往镇之。戊子，备倭海上，与贼遇于安东，连战一昼夜，贼败走。己丑，淇国公丘福出漠北，公以兵偕。至胪朐河遇虏，福不戒，陷焉。公引兵冲虏阵而出，酋长葛孩追公，公引弓踣其骑，虏乃退，全所部而归。其后屡从上北伐，皆为前哨。庚寅，至灭胡城，出答剌河，走本雅失里，复征东路克台哈答答诸部。公所领兵适当敌，下马步斗，身被五十余伤，而勇气弥厉，复上马进战，虏不能支，乃溃去。甲午，从驾至九龙口，与瓦剌遇，公失马，步战，射杀其酋长，虏散而复合，连战破之。庚子，哨开平，获虏知院满子台等十余人。壬寅，征兀良哈，禽其酋长孛克扯儿等五人，射死一人，大获其羊马，以功升御马监太监。甲辰，随驾北征，遂以所部东略，回军至刁窝，护梓宫还北京。洪熙元年六月，宣宗皇帝归自南京，公率精骑迎卫于固城。明年为宣德元年丙午，前乐安州以反闻，上亲征，命阳武侯薛禄与公为前锋，时诸将多畏怯，或持两端，公与禄引兵疾驰传城下，围之，逆徒不得逞，遂成禽。论功，赐家口二百余。丁未，引兵出塞，败虏哈剌哈孙，生禽镇抚晃合帖木儿等百余人，获羊马二万，有金壶、玉盏、彩币、白金之赐。戊申，出古北口，至小兴州，与虏遇，杀百户猛可沙儿，生禽扯扯秃等二百余人，获羊马四万。己酉，复出古北口，引兵夜行，至款堆，斩虏酋脱脱口温等百余人，进至红螺山而还。赐酒三百缸、羊百牵犒军。甲寅，哨至小伯颜以北，获胡虏格干完者帖木儿，其绩在东北二边为最著。公身长七尺，而心雄万丈，状貌伟然，沉毅有谋，勇决善战，临敌安闲，意气自若。又能与下同甘苦，有功则推与之，故人乐为之用。其奉母孝，事兄恭，其侍上左右朝夕，敬慎不少懈，有所委任，必竭忠尽诚。其典内厩马，比德齐力，所以奉乘舆、供军国之用者，无不适其宜。历事四圣，始终如一，而上之宠任益加，金玉、裘马、田宅、人口之赐，他所不能及。于戏，若公者，可谓英伟不常者矣。自古国家之兴，天必生才以辅之，使之定祸乱，安生民，而建万世太平之业。我朝列圣之德合乎天，故夫内外之臣所以为股肱心膂者，皆一时之杰，其所树立，足以垂不朽而传无穷，非天其孰能与之！公之功德既已赫然显于世，而平生所至，与其所立，不能以尽书。姑取其大者书之，而使镌诸石，百世以下有考焉。是为表。正统七年岁次壬戌九月庚午立石。夫人潘氏立碑，宣城张士斌镌。

7. 罗智 《南京守备内官监太监罗公墓志铭》（南京博物馆藏）

中议大夫赞治尹南京太常寺少卿四明郑雍言撰文，正议大夫资治尹南京吏部左侍郎萧山魏骥书丹，朝请大夫赞治少尹南京国子祭酒四明陈敬宗篆盖。

公讳智，姓罗氏，柳之迁江茂族也。曾祖讳某，祖讳某，父讳秀、母李氏。公生而岐嶷不群，警敏爽朗，性姿醇谨。年十一选入内廷，简在宸衷，攻习书史，日有进益。至于道经释典，靡不博览。年二十擢大使，掌宝藏承运库事，详于出纳，纤悉无遗。永乐丙申，掌内官监事。洪熙乙巳，升本监太监，钦赐龙山田地十六顷，免其税粮。宣德改元，命守备南京，夙夜祗慎，恪勤匪懈，机务庶政，无不毕举。尤精于造作，凡陵庙、殿宇、城垣修创之工，必躬亲提督。制度规模，坚完壮丽，超轶往古。正统元年，敕书褒其忠勤，赐白金一百两，彩段四表里。迄今守备二十有余年，存心平恕，处事详慎，令行于上，事集于下。军民为之安堵，京师为之帖然，其摅忠荩政如此。尝于城南安德乡购地一所，山明水秀，生气攸聚，卜为寿藏，且傍建梵刹，具章上请，赐额曰"静明寺"。择僧住持，以祝延圣寿，祈福苍生。复蒙圣恩，降护敕一道、佛经一藏，为山门之镇。宣德间奉召至京，感王灵官之神庇，乃于城西南隅乌龙潭山肇建祠宇，以答神贶，蒙赐额曰"灵应观"。复塑梓潼真君像于洞神宫，建祠立碑以奉焉，其发心为善又如此。嗟乎！公历事五朝，忠贞之志无间始终，仁厚之心老而弥笃。国家之所倚重，人民之所仰赖。正期寿考，以享遐福，夫何一疾，奄忽长逝，惜哉。公生于洪武乙卯十月二十日，卒于正统戊辰九月二十八日，享年七十有四寿。子三人：长曰喜，次曰铭，曰祥。将卜是年十一月八日葬焉，喜等具公行实来征铭镌诸石，不获辞，遂次第其事，序而铭之。铭曰：显允罗公，天姿卓异。遭际圣明，擢为近侍。勤于德业，富有才能。识见益博，福禄攸增。历事五朝，小心翼翼。委任日隆，克殚忠赤。南京守备，机务寔烦。从容处分，政妥民安。曰生曰死，夜旦常理。预卜寿藏，达生如是。下人怀德，千载不忘。刻铭贞石，于以揭芳。

8.阮林　《故门副阮公墓志》[《新中国出土墓志》陕西卷（贰）下，第297页]

公讳林，交趾世家也，自幼失记其父母姓名。永乐初，朝廷选入内府，以备宫使。永乐九年蒙拨秦府，公性明敏，恪尽乃心，王喜其勤慎。正统七年请命于朝，授官门副，夙夜匪懈，事上接下，处事之道，皆得其宜，上喜而信任，□□不愧，而趋事□□，君子称贤，小人怀惠。公生于洪武乙亥十月十三日亥时，殁于正统十四年七月十三日亥时，享春秋五十有五，卜是年八月初二日葬于咸宁县鲍陂里鸿固原。呜呼，公生能尽其诚以事上，死能顺正，命以善终，生事尽矣，死事备矣。人生如何亦何憾焉。姑述其概，纳于幽扃，用垂不朽云。大明正统十四年岁次己巳秋八月朔旦志。

9.钱安　《内官监钱太监瘗衣冠圹志》（《北京图书馆藏中国历代石刻拓本汇编》第51册，第170页）

太子太傅兼礼部尚书前太子宾客兼国子祭酒毗陵胡濙撰，亚中大夫太仆寺卿云间夏衡书，嘉议大夫太常寺卿广平程南云篆。

内官监太监钱安，其先直隶常州府宜兴县人，因宦游北方，遂占籍蓟州西花乡。祖讳仲兴，祖妣许氏。父讳贵甫，母朱氏。太监自幼秀爽，体貌魁梧。洪武三十四年①选入内廷，周旋殿陛，仪度肃然。太宗文皇帝喜其聪慧，敦厚笃实，慎重寡言，凡应对之间，悉称上意，赐名僧保。历事仁宗昭皇帝、宣宗章皇帝、太上皇帝，累升至太监。平生孝友忠信，恒念其先考远葬山海，久缺祭扫，于正统十一年三月，遣孙男钱寿往彼起迁骨槥，奉迎至顺天府昌平县清河东北，造坟安厝已，尝征予为铭及祠堂记。公复于墓旁预造母朱氏并其自己寿藏二所。今于正统十四年七月十六日随驾北征，八月十五日不幸被陷，命终于土木。老母在堂，悲号悒郁，念太

①　即建文三年（1401）。

监没于战阵，不克归葬，哀伤无已，仍具棺椁，以其生前所服衣冠，招魂于清河昔所自营之寿圹。事虽不经，而情甚可哀，是诚礼之变也。公生于洪武癸酉七月十二日，享年五十有七，葬于正统十四年十二月二十四日。呜呼，母之于子，至其死而不克葬，何以为心也。则葬衣之举，亦尽其心而已。尔后之人，观斯志，则哀斯人之不幸。其母之情，尤可悲矣夫。

10. 李童 《大明御用监太监朴庵李君碑》(《北京图书馆藏中国历代石刻拓本汇编》第 51 册，第 188 页)

太监公讳童，字彦贞，姓李氏，号朴庵，世江西之庐陵。祖宗文，父仁佑，俱隐德弗耀，乡称长者。母萧氏，贞淑慈惠，善抚诸子。永乐初，公尚幼□，其天姿秀爽，举止老成，被选入侍。太宗文皇帝目其仪度端□，置诸左右。公夙夜小心恭谨，周旋殿陛之间，罔或僭差。上益怜恤，恩赐甚厚。累随皇上出塞北巡□，皆披戴甲胄，朝夕环卫。至甲辰，御上回京。逮仁宗昭皇帝即位，特加宠异，令参侍帷幄。公益加勤谨，竭力摅忠，数蒙赐与彩段等物。至宣德改元，扈驾平武定州，征喜峰口。还，宣宗章皇帝升授太监，赐第园沼、家人若干户，锡赉便蕃。正统丁巳，公重念列圣宠锡洪恩，无由补报，遂将所赐缎绢印钞，并馨倾己橐，易买木植、颜料、砖瓦，于都城之西翠微山创建梵刹一所，完备，太上皇帝赐额为法海禅寺。复于寺右建一龙泉寺，俱殿阁峥嵘，像设严整，金碧交辉，照耀山谷。四方云水者，无不留意。今上皇帝嗣登大宝，宠渥尤隆，付托愈重。公亦馨竭勤劳，督工趋事。平昔绥和下士，抚以慈仁，故事集而人怀。上察其志行，嘉其勤能，赐以玉带蟒龙衣服，以旌异之。恩宠之隆，同列罕俪。公旧染风疾，于壬申秋复作，竟至危笃。令归第调养，医莫能疗，终于景泰癸酉夏五月十四日，距公生洪武己巳四月十六日，享年六十有五。呜呼！公今卒已，历事五朝，荷蒙列圣宠眷，有隆无替，岂偶然哉？讣音上闻，深加悯念，赐钞五千贯，俾充葬祭之费。葬毕，赐白金一百五十两，钞一万一千五百贯，以备资冥，恩至渥也。其同居义嗣谭应等，卜以本月二十八日，安厝于法海寺右。状其履历，征予表其墓，铭曰：人之用舍，实系遭逢。乘时偶出，或跻显融。朴庵李君，出值时雍。

周旋殿陛，仪度从容。小心慎密，竭力摅忠。护驾出入，环卫圣躬。历事五朝，职业愈崇。列圣宠眷，锡赉弥丰。胡遭艰疾，委顺而终。讣音上闻，遽感渊衷。赐以宝楮，恩义兼隆。卜葬寺右，翠微郁葱。峰峦环拱，清淑所钟。承天恩泽，永贲玄宫。景泰四年八月望日光禄大夫少傅兼太子太师礼部尚书前太子宾客兼国子祭酒毗陵胡濙撰。

11. 成敬　《太监成公墓志铭》（陕西出土）[①]

光禄大夫少保兼太子太傅工部尚书东阁大学士知制诰同知经筵事淮南高穀撰文，征仕郎中书舍人直文华殿会稽汪景昂书丹并篆盖。

内官监太监成公以景泰五年十二月四日卒，讣闻，上深嗟悼。谓内侍臣："朕自幼居藩邸，而敬能开导学问，启沃予心，论议讲解无间寒暑，其所以匡辅翼成者，皆切实恳要之语，忠国爱君之意。洎朕登极，尤眷恋不忘，年虽衰而志益坚，爵虽隆而行益谨。方期朝夕纳诲以弼予治，奈何一旦奄逝，朕甚恻焉。其命太监王诚往祭于家，赐以白金、彩段、绢布、楮币为丧礼费，内官阎礼以主丧事，护柩西归，有司为敬造坟安厝，凡百日用，咸于内帑取给，一毫勿烦其家。"噫，朝廷待公之心可谓极至，而恩可谓极厚矣。公之孙钥奉太常寺卿许彬状，匍匐涕泣请铭。因伏睹圣谕，谆谆于公者，古今罕比，矧敢以无陋辞乎？公讳敬，字思恭，其先本上谷人，周文王子郕叔式之后，以国为氏，厥后去邑为成，仕隐不常。由周暨汉，有讳某者，子孙由关西始徙武功县，即公之高祖也。曾祖讳仲礼，祖讳克己。国朝洪武中又自武功徙居耀州石人村，故其嗣续不绝。父鼐，字文彝，母王氏。公少游邑庠，性颖敏，博学强记。永乐辛卯，以书经领乡荐。越三年，始登进士第，选入中秘读书译文，久之，擢授晋王府奉祠正，小心翼翼，进止有度，王甚重之。时宣庙在御，思得贤才置左右。适公以逮系入京，特留不遣，命侍今上于潜邸，职典宝。夙夜匪懈，以事一人，出入禁廷，多见信任。盖其平素以忠厚老成辅导陈谏，裨益圣

[①]　2006 年出土于陕西铜川。嘉靖《耀州志》载成敬为永乐二十二年（1424）进士，明清进士题名碑记成敬系永乐十六年（1418）戊戌科三甲第四十七名进士，与此碑所记永乐十二年均不同。

学，以正大统。上由是念公旧劳，三转而至今官。君臣之间可谓两尽其道也。公初娶李氏，先公卒。再娶孙氏，麻城知县讳焕之女，端静恪慎，克修妇道。子一，曰凯，颖悟过人，为文词，操楮立就，登景泰二年进士第，授吏科给事中，以疾卒于官。女一，适锦衣卫指挥同知白进。孙一，即钥也。公卒之日，在朝外内，廷臣有识者，无不奔走哭奠。以公纯粹无伪，画皓一节，足以感动上下者如此，宜为之铭。铭曰：粤若成姓，上谷是宗；以国为氏，去其邑重。于汉有嗣，治郡弘农；散处关西，徙于武功；再迁耀州，石村之东。猗欤良士，才备德崇；天性颖敏，问学亦充。业修翰苑，职奉祠宫；乃进御幄，夙夜秉公。谋谟笃棐，裨益宸聪；光明正大，启迪渊衷。在帝左右，眷遇日隆；胡为一息，溘然令终。当宁兴嗟，圣心惟恸；赙赠有加，金帛裕丰；摛文墓石，用章厥功。峨峨高堰，松柏郁葱。于以安之，与生则同。荣石美誉，照耀无穷。

12. 阮公　《尚衣监故太监阮公墓志铭》[《新中国出土墓志》北京卷（壹）下，第82页]

赐进士及第文林郎翰林院编修吴兴陈秉中撰，征仕郎中书舍人金台韩定书，奉训大夫礼部员外郎直文渊阁古虞陈纲篆。

国朝混一区宇，凡内外臣之有功者，必褒崇之。天顺戊寅十二月二十八日，尚衣监太监阮公卒，内官监昭典丧仪，翰林院撰文，□□□□□□安厝。越明年二月，□征铭于余，因遮其实□□而□□□□□□□其□交州山□□曰名籍咸者，仕晋为□臣。后隐居□□□□□□家于交南焉。□□□阮氏著姓□为最，为内显官者益多，□□□□□之父□□□不仕。公自幼奇特，重厚简默，识者知其不凡。□□□以治□□□□□慎密。历事□宣德间由内使而升奉御，正统间，□□公以勋功而升前职，□金银器皿禄米彩段，以褒崇功勋。又□□养赡不时□赏赍甚厚。先是，公以□不□，遭□，春秋享年六十有六。讣闻，上悼惜之，赐宝钞万贯，复命太监颜义以督其事，□□□□门外大顺屯之原，□宠遇之隆，何其至与。于□公为□□□边，于人公□□以泯，是用以铭。铭曰：尚衣阮公，□内名臣。恩顾益厚，赐赍极隆。□□与□，

□□不□。

13.兴安　《大明故司礼监太监兴公之碑》（《北京图书馆藏中国历代石刻拓本汇编》第52册，第15页）

承旨万寿戒坛传戒宗师兼敕赐寿光禅寺开山第一代住持奉诏内经筵校雠三藏圣教金台至全撰文，赐进士出身右春坊右中允承直郎侍文华殿讲读前翰林国史修撰经筵官东齐刘珝书丹，赐进士出身文林郎山东道监察御史黎阳王越篆额。

天顺己卯二月十有二日，司礼监太监兴公卒，讣闻，上震悼久之，忧形于色。以公笃实之资，清慎之行，曾效勤劳，敕太监韦□典葬事，特赐宝锭二万缗、白金百两。复命有司建塔彰义门真空寺东北之原，遣左监丞王允中谕祭。内而各监官，外而公侯伯，悉行祭礼。事竣，属余铭，勒诸石，传于不朽。谨按状，公讳安，□□□□人，其先□□之□胤，世为显官，国人宗仰之。公自髫年，志节高尚，确乎不可拔。□授以诗书，通□义。父母姻亲既钟爱……有所为。永乐丁亥，□黎王不轨，抵中华，历事太宗文皇帝、仁宗昭皇帝。出入内监，小心缜密。宣德丙午，宣宗章皇帝以公道□□□□长随奉御，掌库藏出纳事。甲寅岁，太监王景弘等□□□货宝来归，公奉命往视……务。正统丁巳，差两制苏松暨扬、泰二州，清理盐法，兼选军士。公而□私，□而益谨。事无□□，处置得宜。上以□□之□□之□□□□□理案牍所未明，命公决诸疑谳，订其重轻，将使枉者直之，毙者生之。公论□从，人心允服。由进阶左少监，寻升太监。及蟒龙□□之赐，岁给廪禄，优礼甚隆。己巳七月，皇上亲率六师，北征虏寇，公守备京师，抚安中外，一时忠肝义胆，将士如云，公谋略有方，事皆克济。尝以委任之重，辅导经纶，累膺锡赍而宠异之。迨天顺改元，皇上复登宝位，当天下太平之日，念公垂老，俾就闲散，日给所需，眷顾如昔。呜呼，公之绩业，其大矣乎。公平生为人耿直，抗志不阿，既喜禅学，深悟理性，视功名犹草芥，富贵如浮云。间以所获金帛修营梵宇，创□舆梁，每岁饭僧，率以为常。其博施广济，仁民爱物之心，近世未之有也。然□灵山授纪，乘本愿力，乌能臻此。公生于洪武己巳七月，寿跻七十一，官至太监，受列圣洪恩，克专厥美，始终荣幸，无以加矣。为之铭曰：范公堪舆，以覆以载。华夷一统，匪中以外。山川清□，秀气郁积。庶物森严，罔或攸□。公自遐域，万里来朝。风云庆会，造化靡逃。侍立宫中，屡效勤劳。宝鉴斯□，明察□□。动以有为，静以渊默。执法奉公，冰清玉洁。五朝恩宠，善始善终。胸怀落落，渤□□□。彰义之原，真空之国。千载清风，一轮明月。工部营缮所丞陈亮、陆裕镌。

14. 柏玉　《明故镇守宣府内官监太监柏公墓志铭》[《新中国出土墓志》北京卷（壹）下，第84页]

庚午科乡贡进士清江孙丞撰，宣府前卫怀远将军胡玉书篆。

食禄锦衣卫指挥柏公珍偕诸昆季，天顺三年九月吉旦，自宣府扶其堂兄太监柏公灵柩，葬于金台西山广善禅寺之右，以来请铭。予按行状，太监公讳玉，字福圭，世家保定蠡县，自幼而孤，其世次莫考。永乐己丑岁，简入侍内。辛丑，督工建鳌山，得式，升奉御。既而命往川蜀，采办神木，极有其能。丁未，宣皇宠蟒衣，使入番邦撒马儿罕公干。回还，愈著其声。庚戌，命来守镇怀安等卫。勤于公务，爱恤军士。己巳，北虏犯边，因立战功，升为太监，移镇于兹。凡万全都司、宣府等一十九卫所，咸听号令，其内外官属、神机、火枪皆在兼督。至天顺改元，今皇复位，恩锡白金、彩币、蟒衣，功能益懋。今年夏五月，偶尔得疾。上命医视，未愈。七月十八日卒，讣闻于朝，命该部宣府造坟，赐赙钞一万贯，及遣祭之优。弟珍闻命，职居锦衣，不舍之情，恐失奠扫，复请于上，果允其奏，得葬金台之兆。公生于洪武二十年二月二十三日，享年七十有三。堂弟六人，曰珍者，累建军功，任今锦衣挥佥；其五人曰琛，曰能，曰祥，曰玹，曰端。弟妇王氏、陈氏。侄男三人，曰杞，曰富，曰廉。嗣男四人，兴，任锦衣百户，纲、昇、斌，皆锦衣总旗。孙男四人，奇、亮、童、安。呜呼，若公者，诚可谓富寿荣显，中贵之极也。不可以无铭。铭曰：有善足称，有美足许，福寿功能，历历可取。宠遇极隆，富贵莫拟，宜勒贞珉，垂示不已。

15. 谢徕　《明故内使谢公墓志铭》[《新中国出土墓志》北京卷（壹）下，第77页]

赐进士出身征仕郎中书舍人广阳赵昂撰，赐同进士金台王琮书，承德郎兵部主事云间金钝篆。

公姓谢，讳徕，字觉徕，其先交南人，自大父以下至厥考，皆隐德不仕。先妣孙氏，有淑行，克相厥内，故生公而资质秀发，颖悟过人，人咸器重之焉。永乐戊戌，进入内廷为中贵，侍近左右，虔恭寅畏之心，朝夕匪懈。太宗文皇帝大加宠爱，命掌内官监事，事得以举，上下悦服。宣德戊申，改莅承运库。至乙卯，迁兵仗局。今上即位以来，以公端谨，才干可当大任，遂命往冬官，总督成造军器等事，以故器械精备，丰俭得宜，而百工罔不秉心尽力，以供其事，不啻如子之趋父命焉。公犹歉然不以为功，且曰职分当尔。至若兼通书算，涉猎子史，又皆一时同侪有不能及者。每于上之所赐，或日给廪禄之类，咸不为己奉，惟周恤贫匮，赞襄善事而已，其他富贵不慕焉。今年八月十日以疾终于正寝，春秋五十，距其生洪武三十三年①七月之七日也。公未死之前，择吉地于顺天府宛平县玉河乡旸台山之原，为寿藏之所。其义男传、福、让将卜是年九月初七日扶枢往葬焉，先期衰绖奉状，请予为铭诸墓。铭曰：事君也，忠而不欺；持己也，公而有为。葬此玄宅，永安厥禧。吴兴林碧潭镌。

16. 怀忠　《钦差南京守备司礼监太监怀公墓志铭》（南京出土）

赐进士朝议大夫南京国子祭酒前翰林侍讲安成吴节撰文，赐进士资德大夫正治上卿参赞守备机务南京兵部尚书庐陵萧维祯篆盖，赐进士出身通议大夫资治尹南京工部侍郎汝南郝璜书丹。

天顺七年三月十七日卯刻，钦差南京守备、司礼监太监怀公卒于莅政之官署。同寮官属具公行事始末为状，来成均征铭。按状：公姓怀，讳忠，字秉直，世为交南大姓。永乐初，入侍内廷，荷蒙圣皇抚育，深沐宠荣。宣德中，奉旨简拔，命从翰林讲习，以待擢用。皇上嗣登大宝。正统

---

① 即建文二年（1400）。

初，授奉御之职，凡内殿经筵、区画事机、谋谟治道，公晨夕居左右，躬侍讨论，竭忠效劳，已有年矣，由是台阁儒臣咸加礼敬。正统己巳，奉敕镇守山西，声誉益振。未几回朝，擢升内织染局副使。天顺元年春，升司礼监左少监，寻升太监。信任尤重，顾待愈隆。天顺三年冬，奉敕南京守备，综理内外政务，训练军马，护守城池。文武庶职咸服其公，合属军民皆被其泽。公尝诣太学，见先师孔子圣位年远蠹损，即命工更新制造，加彩严饰，用昭祀享。都城之外，旧有神祠，曰"天妃宫"。永乐初年，奉敕创建，典守不谨，厄于回禄。公念其神显灵洋海，护国庇民，具疏请于朝，捐平昔恩赐之赀，市材鸠工，鼎新盖造。复募两京内外重臣官员士庶，舍财以成其事，可谓乐善好施者矣！公赋性聪敏，忠鲠不阿；达古今之典，通书史之要；事上以诚，待人以恕。功著国家，名扬遐迩，内臣之中卓荦有为、笃于大义者也。以癸未春得疾而卒，寿六十有六。京师上下之人，闻者莫不痛伤焉。内外守臣具闻于上，深加恻悯，遣南京司设监右少监陈鲁谕祭，赐宝钞十千贯，复命所司造坟于应天府江宁县龙山之阳，择是年五月初九日安厝。其始终兼全、恩荣备至如公者，鲜矣！是宜铭之曰：发迹交南，归于中土。位列内臣，为国匡辅。识达古今，博通书史。初授奉御，恭勤帝所。出镇太原，遏绝戎虏。归司内监，制精纂组。少监荣升，雍容天府。遂陟太监，聿为心膂。守备南畿，军民按堵。崇重神明，奖劝文武。困苦颠连，咸获绥抚。六十六年，溘然仙举。都城有山，嵯峨伊阻。归窆于兹，永奠千古。

17. 张辉 《尚膳监太监张公墓志铭》[《新中国出土墓志》北京卷（壹）下，第85—86页]

赐进士及第翰林院学士奉议大夫□，奉议大夫□，承德郎尚□。

生以摅忠报国为心，死以端坐而逝者，世所难得，□尚膳监太监张公焉。公讳辉，贯系交南，□太宗文皇帝时，甫及髫龄，小心慎谨。至宣宗章皇帝闻，公愈克敬诚。宣德二年春升右监丞，累升至于太监，日观□内廷。至今亦尽厥忠，拳拳以精洁宝□，上知勤劳，尤重公之老成练达，累赐金帛厚赏，卓越中贵，声扬内外。□敕赐兴福禅寺金额并佛像伽蓝。□

钦赏庄田，承恩至渥，荣显至崇。内臣若此，无以加□形于色。惟常好善乐施，安享□全等官曰：吾将归西日近矣，□。上闻讣音，悼叹不已。遣官韦廷谕祭，敕命有司营葬如制。呜呼，可谓□七十有一，终于天顺癸未四□，次曰能，娶赵氏妙莲。其以所□艮方吉地，住山门僧真月□忱。遂为之铭曰：惟公鬓□，□□天庭，谨事匪懈，练达惟□。□□列圣，升宠嘉荣。忠勤弗□，恩光焜然。日近龙颜，精洁尚膳，惟心□□。瘁□建塔，千古□□。大明天顺七年岁次癸未□□。

18. 黎阴　《司礼监左监丞黎公墓志铭》（北京出土）

正议大夫资治尹礼部左侍郎南昌……太常寺卿直文渊阁经筵侍书南郡……太常寺少卿直文渊阁经筵侍书杭郡……

公名阴，其先广西柳州郡城安湘之明镜里人。累德积庆，世为名□□□□循于中，以英伟暴于外。适太宗文皇帝缵□南畿，载新景命，选入内府，给事帝阃。未几，随驾迁都北燕。□□□监极研深儿，□□仪制，□□高明，誉日章徹。于时大营宫宇，以公善书，钦命□□□□考工程能□有道编籍□□□嘉纳之。太宗亲征北虏，□守尽□□之□扬武，有整肃之略。仁宗昭皇帝即位改元，询公□□，拜官内使□□。宣宗章皇帝亲□武□□□□云，密承帝命，祇事守御，内□肃然，阙声赫奕。师还，上嘉召奖勤劳。英宗睿帝□□□守御，密命如□□□扞卫盆口。景泰庚年，英□驾留虏庭，虏酋蔑德□□□□，京城内外摇然靡宁。公于是督同太监兴安，与执政大臣惕心□□，内固门禁，外张皇威。虏不得肆其横，民得以安其生，天下□以靖其难者，公亦与有力焉。英宗复辟，□□□□□以奉御起官，覃以祭□之赉，亦公所宜膺也。□□皇上□□□选□□□□。内则守卫宫禁，外则督巡五城，公□弗倦于□，□□□职。享年七十□□□□从容谓左右曰："生死一致也，吾可□有所奇而□无□□冥述吾行，而志吾墓也。"乃命左右□□右□□而□□□□□即征名公文以记之。兹复为余□以□□卒之年□月□□□之□□于此□□□□有生而自为□□亦有生而自□□□□公选……不辞，而为之铭。铭曰：即劳我□，生□不逸。我以□□□大□□□宅也公生大□，历官有声。五

□□□□□□□将辞□□□□自□□□□维□自铭，死不□□。

19. 阮浪　李贤《御用监左少监赠御用监太监阮公浪墓表》（《国朝献征录》卷117）

公姓阮，讳浪，世家交趾。永乐中，太宗皇帝因安南作乱，遣将征之，众悉归附，时公甫十余岁，特俊爽被选入掖庭，太宗见而奇之，冀成其才，命读书于内馆。公颖敏好学，孜孜不倦，遂博通群书，颉颃儒者，然德性惇笃，能以礼自持，与物无竞，辈行莫不折己加敬焉。用是太宗命理尚衣监事，公益敬谨小心，克勤所事。洎侍仁宗，尤爱其才，将有宠任之渐。宣宗初，遂擢奉御，俾掌宝钞司。时官军直禁卫者宜置金牌，特委公督治事，不日而完。宣德三年，西洋诸国进御船抵广南，有司驰报。宣宗以为封褚宝物，必得其人，命公驰往处置，周密而还，所历秋毫无犯，宣宗甚喜，赏赉殊厚。五年，宣宗念丑虏弗率，亲帅六师出塞以振威武，公扈征有功，升御用监右监丞。正统改元之初，今上以公为先朝旧臣，多效劳绩，特升少监，侍上十有五年，恭慎不懈如一日。及上居南宫，公复以老成端谨，入侍左右，事无大小，悉恣委之。时景泰已易太子，奸臣觊图爵赏，构辞加害，言公欲纠众复立正统，又欲公旁引内外勋旧，织成罪状，百端拷掠，极其惨毒，未肯承服，遂忍恨而死，终不累人，闻者莫不酸辛。呜呼，公能之死不变，以息内外勋旧之祸，视古之剖心明诬者，亦何让哉。公生于洪武某年九月九日，卒于景泰三年七月十二日，春秋若干。今上复位，改元天顺，首诛奸恶，深悼公之诬枉，特赠公御用监太监，赐以秘器，如礼敛之，复令所司择地为营塚圹，遣官谕祭，以妥其灵。公虽弗克享高爵于生前，而所以表公之节，白公之心，伤公之亡，宠眷已极，则公之死不为徒死，所谓有重于泰山者也。司设监丞贾公安犹虑公之行实未尽系于世，属予为表，刻石墓道，以示不朽云。

20. 姚铎　《都知监太监姚公墓表》［北京图书馆藏中国历代石刻拓本汇编》第52册，第38页］

赐进士翰林院编修文林郎经筵讲官西蜀……奉议大夫修……光禄少卿淮南……英宗敕旨赐习楷书东吴孙……

天顺□年四月二十五日，葬太监姚公于昌平县中□□之原。公讳铎，其先海西女直人。自髫龄洪武□十五年□□内府，随侍太祖高皇帝□□□□，敬谨无怠。洪武三十五年[1]，守金陵城，益尽勤劳，升奉御。永乐十二年，同总兵官安远侯□□太宗文皇帝□北□□□□□有功，升监丞。□□年，又□上命□□。二十五年，又征虏□□宣德间，近侍□□倦，升少监。至正统间，侍卫带刀□□都知监□□列圣钦赐宝□□功多。天顺元年二月初□日，□恩升□子□贵任锦□□□□司右所世袭百户。惜公□恙，调治弗愈。讣闻，痛悼，遣官谕祭。呜呼，□□□七十有九，为人诚□□谄，进止有仪，福寿荣□，□以康宁。又得□□斯可□□崇善积德□□子二人，长即□为锦衣官，次曰福，守公墓。孙男四人，长曰□，次曰敬，曰顺，曰聪。惟敬□勇敢擒□□□有功，升□□户。孙女一人，曾孙男一人，曾孙女一人。盖公所积余庆□□公丧之日，凡宗族少长皆□□□□处于碑□□芳名硕德于千载□□□□大明天顺甲申□□□□。

21. 赵琮　《明故神宫监太监赵公墓志铭》[《新中国出土墓志》北京卷（壹）下，第 89 页]

赐进士出身奉议大夫右春坊右庶子同修国史经筵官安成刘宣撰，直仁智殿征仕郎中书舍人洮阳任杰书，直南薰殿征仕郎中书舍人东吴杨玘篆。

成化三年八月十有七日，献陵神宫监太监赵公之卒于京师之私第。讣闻，上悼之，遣中贵治丧葬，以是年九月初八日窆公于顺天府大兴县常兴坝之原。其从孙清持公之状，谒予铭其墓。且予与公之从孙锦衣卫指挥顺之交久，于公之铭，其固不可辞。按状，公讳琮，字廷器，姓赵氏，其先永平府滦州桥头社王禾庄人，曾大父、大父、父。公早以俊秀，于洪武间选入内府，侍太祖高皇帝，小心慎密，遂授以长随，尝同都督刘真往征辽东。滨海外至南京，复入内府。太宗文皇帝念其劳，命各还其家省亲，仍敕免其家之徭役。复奉敕取回京，升奉御，专掌御酒房。未几，升尚膳监右监丞，随驾迤北，征进有功。宣德元年，复随车驾克武定州，还，升左

---

[1] 即建文四年（1402）。

监丞，掌神机营左哨兵。宣德三年，复随驾征迤北，命公前锋，从喜峰口至地名乱塔黄崖，遇贼甚众，当先杀败虏寇，获其贼首、马匹、牛羊无算，复追至宽河等处，获其马匹、军器，累立战功。宣德九年，复命与恭顺侯出征，至双海子，生擒贼首那孩等及百人，斩获首级甚众。回镇宣府，遂奉敕镇守宣府，公则夙夜抚捕，及会同总兵官都督谭广整督官军，沿边巡狩，直抵大同，凡周及千里，公即尽心为国，挑堑垒垣，至是，胡寇远遁，不敢侵界。正统六年，都指挥陈友闻胡寇掠去使臣马匹等物，奉敕至，公同都督黄真分兵击之，生擒贼首脱花赤等二十余人，夺回马匹，升右少监。复有白金、彩段之赐。景泰元年，奉敕取回，念边境之劳，进升太监，掌尚膳监事，复有莽龙玉带之赐，仍兼理神机营。英庙复位，命掌神宫监，时公年已七十余。复蒙恩赐，于私第优老，于公可谓始终之恩遇隆矣，非他人之比也。生于洪武甲子十一月之初九日，享年八十有四。从侄男三人：礼任锦衣千户，次文聪，次聚，俱早卒。孙男五：长即顺，次清，授百户，次洪，次显，次颖。曾孙男九人：钦、铎、镛、锐、钺，余幼。曾孙女五人。呜呼，公器宇魁梧，天性忠诚，其可为之铭。铭曰：器宇之才，世不多有。有则显之，如星如斗。呜呼赵公，忠诚不泛。功名事济，宇宙之干。其何鉴焉，不朽者良。我作斯铭，千古其藏。

22. 刘永诚 《明故御马监太监刘公墓志铭》（岳正《类博稿》卷10）

皇明御马监太监奉敕总督五军、神机、三千、十二营、腾骧等四卫军马刘公永诚，自以年老，任重两朝，七辞皆不赐许。成化丁亥八月，又具列圣所赐两京内外田宅、内侍、禄米、仆从、工匠之类辞之，亦不即许，许解任颐老私第而已。入谢，上不忍遽舍，慰留久之，比出，随颁物段，亲御宸翰，称美恩曲，妙如大造体物莫可形状，其药石之资则有白金、彩弊、宝锭百千，怡寿之具则有组金龙衣、珚玉镂金云龙笻杖。公今年壬辰，寿八十二，占疾日笃，自度不起，又具前辞未尽许者以辞，疏凡三上，上感其诚，许辞其半，半听处业，成公志也。自是医问交道，觊公复朝，乃二月十有七日甲申告逝，上痛悼不已，命有司给葬具，工部造茔域，僧道作法事，大官给馔，礼部谕祭赙，及两宫金银布粟皆累千百，仍命太监白俊、韦玺等监护，异数稠沓，国朝以来一人而已。公，魏人，世家清丰留宁里。祖讳八老，考讳大老，俱赠特进荣禄大夫、后军都督府右都督，祖妣杜、妣马俱赠夫人。生于洪武辛未，越十二年，入侍大内，长而颀身昂准，虎步仡仡，久职御厩，便习骑射。当是之时，太宗皇帝用武靖难，内外之臣，多勤战略，公尝共事，又三扈北征，徧历斗辟，其于兵事，习见而闲。宣德初元，汉邸造逆，公假使侦察，亲征功成，于公多助。大宁数叛，三帅师讨，直捣乌梁海而走之，卓沁仅以身免，获其清河元帅印章，俘馘生口，类以万计。妖人李宣、张普祥党煽乱磁、相，公任捕执，即时靖肃。先帝践阼，得公绥辑南京、中都，众心帖然，甘凉国门，公出监镇，耀兵境外者二，东出镇蕃，抵捕鱼儿海子。西出西宁，远至大山之阴，再拒敌人，击扬根敦，追北至额齐讷，克之于三城儿，卫喇特入酒泉，鏖于临水堡，擒其首哈沙特穆尔等，克哷库春惧，遁出塞，蹑至金塔寺乃还。先是瓜沙首领齐勤纳木喀实喇哈扎尔南奔，各萌叛志，公轻兵肆讨，先后举之，虏其全部匹畜不遗。景泰辛未召还，总督京师军马，计今廿年。南城之谋，公乃按甲，独以满盈求退，子姓受教辞去职任，不干戎政，家口累千，遣三之二，杜谢造请，泊如素门。先帝嘉念，宠以肺腑，至任将相，谋或及焉。公二兄，伯贵赠特进荣禄大夫后军都督府右都督，仲宽赠昭勇将军锦衣卫指挥使，俱畨世，贵子聚即推恩赠公祖父母者，累勋进爵宁晋伯。子四：禄、祥、福、祯，各幼未任。女嫁吴氏，为嗣清平伯玺夫人。宽二子，长珊百户，故，子纲嗣，致正千户。次海，正千户，故。子纪纲，致指挥使，俱籍锦衣卫。他如支属麾下、僮圉、僧道鼎贵都位者，不能枚举。经事五朝七十余年，动辄如意，家极贵富，呜呼，固公福履天幸，亦人品警敏在伸能屈者欤。宁晋少孤，公所抚立，报服以父，加又宗嫡，实主公丧礼也。葬以今年三月念有五日，通州安德乡北五里原公预卜墓田也。前进士陕西按察佥事唐封李君用宾状公生平，宁晋奉以问铭，辞不可得。为之铭曰：兵国制命，易戒勿用。矫矫刘公，督监厥容。三锡是宠，保有令终。我最铭之，诏告世忠。吁嗟来也，式瞻方中。

23.阎礼 《故都知监太监阎公墓志铭》[《新中国出土墓志》北京卷（壹）下，第90—91页]

四川等处提刑按察司按察使云中郭纪撰文，四川等处承宣布政使司左布政使马显篆盖，四川等处承宣布政使司右布政使余姚杨文琳书丹。

公讳礼，字廷节，姓阎氏，直隶广平府邯郸县人。父敬，母任氏。早岁入侍内廷，景泰改元之初，授织染局大使，兼管近侍，寻掌神机营右掖三司。五年，升内官监右少监。七年，往滇南取其所产方物，民无所扰。天顺改元，迁都知监左少监，六月，以四川为西南大藩，地接吐蕃羌夷，□公来镇其地。四年，□督理行都司会川卫密勒山银场课。五年，松潘番寇阻绝粮道，勒兵以抚，□之。六年，叙戎苗贼侵扰边疆，率兵以征剿之。十月，攻松茂黑虎等寨，倾其巢穴。八年，讨近邑逆贼悟升、赵铎，歼其凶党，嘉其功，升本监太监。成化改元之二年，荆襄贼石和尚流劫夔州等处，同藩宪都阃官剿捕，郡邑获宁。三年往会川银场检其额课，贡于京师。七月，以都掌夷寇叛服不常，屡为民患，疏奏朝廷，遣内外文武大臣出师征剿，公保固封守，会计兵费，不越月而还师。五年春，疾作，经□弗愈，朝廷命还京师就医，而公已捐馆矣，是年五月二十一日也。上距所生之年永乐甲午九月七日，享年五十有六。弟杰，字廷英，锦衣卫正千户。侄男二，曰武，曰文，侄女四：长适指挥董瑁，次适应袭指挥舍人巨洪，次在室。官具舟楫以归其梓，卜期葬于宛平县香山乡新庄村之先茔。廷英复来请铭诸墓，惟公以笃厚和易之资，聪敏练达之才，涉猎经史，崇尚儒雅。居宫庭之职，简在宸衷，出镇大藩，体宽仁之心，施公平之政，居守攻伐，深识事机，有益于国。捐馆之日，兵民感泣，为之罢市，亦可谓难也已。是宜铭之，以垂不朽。铭曰：于惟阎公，内臣之良。近侍宸严，端确诚庄。出镇西蜀，闿亮公方。靖安边圉，慎固封疆。兵民怀惠，口碑载扬。璞全而终，厥名永藏。归正丘首，香山之阳。勒铭贞石，有炜其光。

24.张瑛 《故织染局右副使张公墓志铭》[《新中国出土墓志》北京卷（壹）下，第93—94页]

赐进士奉政大夫通政参议前翰林编修广阳赵昂撰，赐进士中顺大夫鸿胪寺卿前监察御史新城杨宣书，文林郎前军都督府都事尧封寇林篆。

成化壬辰四月廿三日，织染局右副使张公卒于私第。其子鉴哀泣请铭，以垂永久。按状，公姓张，讳瑛，字廷光，山东济南常山世家。祖父以上，皆隐德不仕。考讳浩得，母乔氏，积有德善，笃生四子，公最季者。性姿沉重，举止不凡，孝友忠信，克尽于己。读书知大义，年才弱冠，入侍内廷，小心慎密，见知列圣。景泰丙子，升奉御。天顺丁丑，英庙念公旧人，进内织染局右副使，赏赉益隆，屡以重务委公，而竟以疾辞。于是专督外厂，井然有条，人心称服。公善经营，有余赀不已私，或修葺公廨，或赈恤贫寒，动以万计。尝于城南黄村造一僧刹，敕题其额"华藏寺"。垂老之年，罄其所有，又于城西田村创建梵宇一座，金碧辉暎，壮观京畿。以其名上请，诏特赐"寿宁寺"。其始终遭遇之盛，非侪辈可同日而语也。迹其所自，盖公平生忠诚谦谨所致，岂若他人侥幸苟且于其间哉，良可嘉也。公生于永乐戊子五月十二日，春秋六十有五。鉴乃公之弟之子，义官，因其贤，继公之后。卜以今年五月十八日，葬公城西田村所建寺之侧，遵治命也。铭曰：忠以律身，义以恤贫。敬恭谦慎，名重朝绅。田村之原，梵刹之邻。安此玄宅，于千百春。

25. 夏时　《夏时墓志铭》[《北京图书馆藏中国历代石刻拓本汇编》第52册，第109页]

□德大夫工……赐进士亚中大夫光禄寺卿……奉天翊卫宣力武臣特进光禄大夫柱国监修国史知经筵事太傅会昌……宗[1]篆。

成化十年二月七日，司设监太监夏公以疾终于官。上闻嗟悼，赐钞二万贯，彩币二十表里，白金二百五十两为丧礼费，遣太监钱喜登谕祭，命工部营葬事。内外诸臣以及老释之徒，亦莫不恍惜致奠。于是太□□□迪之，勒书公行实，俾请文□铭墓道之碑，欲以昭示永远焉。予辞不获，乃为叙而铭之。按状，公讳时，字景芳，姓夏氏，先世本凉州人，祖、父皆弗仕。□□□赋性□□，人或以事授之，□不□□。永乐□，以中给事

---

① 当作"会昌侯孙继宗"。

选入内廷，祇事太宗文皇帝，久之，克著忠勤，升为奉御，屡随驾北征，有功。甲辰冬，仁庙临御，升司设监右监丞，益加修慎。宣宗初，从征武定州，蒙赐白金楮币，后升右少监。正统中，英宗睿皇帝以公老成谨厚，特升太监，赐玉带、织金蟒衣以宠异之。天顺改元，复念旧劳，累赐金帛，加以禄米。时众王有自藩国入觐者，命公往迎候，公详缜周密，庭事无失，遂益重之，俾掌本监印。成化四年，今上念公硕德旧臣，命总三千营军政。凡朝廷有大典礼如选王妃、册封之类，多命公掌行，宠遇尤厚。九年，公以老乞闲，上慰谕弗许，然自是亦渐衰惫。一日退朝归，谓太监钱等曰："予老矣，平生受国厚恩，不能报，死后幸勿妄有所费，但从释氏之教葬我足矣。"逾二日，果感微疾，疾数日，忽起沐浴，易衣端坐，□□未尝□□生□□，享年七十有二。葬如其言，在卒后三十五日。墓在怀柔县景山之阳。兄忠，锦衣卫指挥使。弟道友，舍俗从释，授□□锦衣千户。公素好释教，每朝退，焚香诵经，孜孜忘倦，夜则跏趺而坐，至三鼓乃寐，积五十年，率以为常。人或有□□赐额京都住宅为成寿寺，安定门外崇化寺、景山定慧寺万寿齐天宝塔二座、擦擦殿一座，历事累朝，垂六十年，淳笃之行，终始不渝。至其从征胡寇，往来虏庭，垂危蹈险，辛苦劳瘁，处之恭然。故公福寿高远……猗嗟夏公，逢时之隆，列身中涓，荐跻显庸。六十□年，小心缜密，出入禁庭，鲜有缺失，□□□□。

26.杨忠　《大明故南京内官监左少监杨公墓志铭》（南京博物馆藏）

嘉议大夫南京吏部左侍郎前国志总裁直文华殿赐一品服东吴钱溥撰，敕南京守备掌中军都督府事成国公凤阳朱仪书，敕参赞机务南京兵部尚书前都察院右都御史资善大夫三原王恕篆。

公姓杨，讳忠，字德遵，其先交南世家。生而气清质粹，闲于诗礼。永乐十九年，被选入内廷，侍太宗文皇帝，小心慎密，眷顾日隆。仁宗昭皇帝目公秀异，命从学于翰林，气质丕变，异于侪辈。宣宗章皇帝特加奉御之职，奉敕巡察内外奸邪，益深付托。英宗睿皇帝命掌内务数年，尤得上之欢心。景泰间，命往南京尚膳监，恭祀宗庙，祇诚寅畏，夙夜罔懈。成化九年，今上皇帝特升南京内官监左监丞。十二年，命侍孝陵，掌神宫监事。十三年，仍升内官监左少监，兼管大报恩斋供一切事，及修大庖厨，咸著成绩，人众皈仰。享年六十有八而卒，生永乐辛卯十一月廿七日，而没则成化戊戌十月廿一日也。公天性淳俭，不尚侈靡，涉猎子史，能达大义。临政简约明决，无有壅滞，挥翰敏捷，处事老成，至于谦和，待人不以贵贱而有异。诚愿接物，一以不欺为主本，人皆乐从而信向，故其没也，人争哀悼而吊惜之者甚众。其犹子福成，卜以其年十一月十五日，奉厝于德恩寺后，乞司礼监奉御梁公端为状，托都指挥彭铸来请铭，余不能辞也。为之铭曰：维楚有才，晋实用之。公生交南，入际盛时。恭侍列圣，委以重寄。勤慎有加，率谐睿意。聿来南都，尚膳是专。祗事宗祐，夙夜惟虔。历升监佐，守大报恩。祝釐万寿，深结善因。乐此浮生，逾六望七。一朝千古，竟与世隔。都城之阳，梵刹之傍。室坚且好，于焉永藏。朱大用镌。

27. 弓胜　《明故都知监太监弓公墓志铭》[《新中国出土墓志》北京卷（壹）下，第 97 页]

赐同进士出身翰林院庶吉士临淮李经撰，吏部听选监生雁门解性书，吏部听选监生华亭朱佐篆。

镇守宣府等处都知监太监弓公以疾卒于治，总戎周公以同事之故，为延吾友门静之、朱用吉，经纪其丧，既含敛而殡之。二君以总戎公之意，诒书具事状京师，请铭其墓。公于予有官临宾礼之义，不可辞也。谨按状而书之。公讳胜，字以德，世为济南之武定人。宣德间，备命宫闱，辄以敏慧勤慎受知，待官奉御，综理内帑，兼领神机营。己巳变故以还，北虏内寇，薄都城，公偕主帅御之，卒败以遁。紫荆之捷，公亦与焉。公初名本，上以其屡战屡捷，为易今名。进司钥库右副使，盖异数也。景泰初，独石八城失守，公与都督孙安，奉敕往镇抚之，人复其旧。寻奉敕守永宁。既而还京，佩刀侍卫，仍领神机营。天顺己卯，出镇代州。未几，移镇怀来。成化己丑，进少监，遂有宣府之命。继赐蟒衣，进今职。公历事四朝，小心殚力，未始有过。其受命出也，事资同事文武诸公以行，不任己为更张，人或忤其意，一怒而罢，不宿于中。始予在诸生间，公过而顾之，予以其地弗敌，不敢有所报。公不予计，且益有所爱也。今年春，予窃科第，方将以书报公知爱之私，而公不可起矣。呜呼，惜哉！公生永乐辛丑八月十六日，卒成化戊戌九月二十五日，春秋五十有八。其家之人，以公之丧，归葬都城西十五里黑山会之原，是年十二月十日也。铭曰：圣明御极，内廷供职，公始出也。御帑司直，戎务整饬，公荐历也。歼寇摧敌，克捷非一，勋伐立也。圣心载怿，名以胜易，恩宠锡也。出镇北域，外攘内辑，众宁谧也。处满戒溢，谦恭是执，孰鞥轹也。乘云跨蜺，八极挥斥，不可即也。我铭贞石，来者之式，匪公惜也。瑞阳李廷纲勒。

28. 陈谨 《明故内官监太监陈公墓志铭》（《北京图书馆藏中国历代石刻拓本汇编》第 52 册，第 145 页）

赐进士第翰林院侍讲承德郎与经筵前国史编修长宁李永通撰，赐进士中书舍人桐城何恂书，征仕郎中书舍人直内阁三山赵玹篆。

成化己亥夏六月十有一日，内官监太监陈公以疾终于私第门道。神乐观五音都提点、前道录司右演法兼妙缘观住持吴玄海，持状请予为之铭。按状，公讳谨，字云卿，松谷道人乃其别号也，世出交南陈氏之宗室，自永乐五年归附天朝。公秀异敦敏，太宗文皇帝怜爱之，命侍左右，试其才识超卓，遂令督营缮。公善于其职，宽恤工役，人多德之。逮事仁宗昭皇帝，尤为器重，以公素好黄老之学，能通玄，范科仪，尝赐金芙蓉道冠、云霞法服，俾修设醮事。宣德初，宣宗章皇帝擢任本监典簿，时被恩赉。尝于城西香山创建真武祠宇，蒙敕赐为灵应观，仍于观后营建寿藏，以为身后之计。历正统间，寻升左少监。复于京城东创建真武祠，又蒙赐额玄妙观。景泰纪元，上以公历事先朝，才德优硕，特升太监，赐以玉带、蟒龙服饰，任用益专，恩赉益厚，而公操存愈谨，奉道之心弗怠。次年春，以先所赐第宅舍为道观，复荷赐额为妙缘观，仍发材本赍费助之。既成，复赐道经一藏。先后奖重其奉道之心，至于如此。公居内监掌营缮事，凡宫宇、陵寝、城池之修建，尽心区画，制作有法。迨英庙皇帝复登大宝，天顺间，累荷赐以真武、梓潼、灵官、关帅神像，于所建宫观奉侍，及赐象牙、蟒龙彩绣衣服等物，仍加委任。今上皇帝嗣位以来，念其忠事列圣，为宫掖旧臣，特加优厚，复有蟒龙衣服之赐。既而以年老艰于近侍，复优赐从容于外第，屡遣内臣倾问之，且节有白金、内帑之赐，及询取平昔所藏道教科仪并养生秘诀，公一一录进，上深重之。卒之日，得寿九十。择以今年七月十九日，启寿藏而葬之。上距所生，乃洪武庚午闰四月十有五日也。公平生为人，读书明理，识见高远。居中七十余年，历事列圣，竭尽忠诚，始终不二。且志尚清虚，澹然自适，凝重寡言，不易喜怒。其立心操行，俯仰无愧，诚为有道、有德、福寿兼隆者也。是宜为之铭。铭曰：南岳降神，笃生贤秀。入侍明廷，忠勤克懋。聿修厥德，不□□仪。受知列圣，惟深眷之。眷慕玄科，游心老氏。诚格神明，身服王事。宠锡弥隆，福寿其崇。其行无阙，其量有容。仰不愧天，俯不怍地。生顺死安，名垂亿世。乡山之阳，启尔寿藏。勒此铭词，永发幽光。

29. 高通　《明故内官监太监高公墓志铭》（北京出土）

资德大夫正治上卿太子少保吏部尚书兼谨身殿大学士淳安商辂撰，中顺大夫直文华殿顺天府丞金陵张福书，征仕郎直南薰殿中书舍人东吴杨玘篆。

公讳通，字大用，姓高氏，三代隐德，不希闻达，俱弗叙名。永乐辛丑，公以俊秀自陕右进皇城，时甫四岁，太宗龙眸视之，曰："此子异常，后必贵显。"敕礼部钦爱。十有余年至于弱冠，以通为名，果能发言中节，识见出类，信乎？文皇帝有预见之明，实公际遇，非偶然耶？逮奉宣宗章皇帝，夙夜勤慎，□□设内馆，命□臣翰林□□授诲，以至成□。英宗睿皇帝即位，知公有出类才能。天顺戊寅，敕往□木启设普度大□。明年己卯，又敕广东，海内采取珍珠，既□□□，上再命复采，克罄辛劳，以遵恩宠。天顺甲申，□□湖广，谕祭楚王。成化己未，密敕山西大同，设法处置定安□□王，乃服从，人咸惊悚。六年庚寅，敕公总督设放京粮，均粜赈济，虽有给事绣衣，罔敢擅较。七年辛卯，又敕公率领官军匠余，修筑卢沟桥□岸堤口，不数月工毕。是岁冬，复赍金帛钦赏河南、襄阳等处各王，公荷特旨，于鳌山前宣扬《烟火诗》，音响句清，累受钦赏，升至太监。乙未年敕往南京，直抵湖襄等处，总摧各样水类，诸司协力，并足呈贡。成化丁酉冬，钦差总提督京通等处仓场，不意一载有余，忽疾而逝。公生永乐丁酉九月二十二日，卒于成化己亥三月二十一日。犹子福等扶枢，安厝于顺天府昌平县清河里之阳。宜为之铭曰：出自西安，童稚俊秀。文皇惠爱，良教抚就。成立摅忠，累展厥功。历皆应名，宠顾益隆。敕谕总提，掌握非征。声扬遐迩，足表光辉。耳顺余龄，遘疾弗兴。扶枢安厝，千载后荣。

30. 张广 《明故都知监太监张公墓志铭》（《北京图书馆藏中国历代石刻拓本汇编》第 52 册，第 167 页）

赐进士奉政大夫兵部郎中太和杨铎撰，将仕佐郎鸿胪寺序班四明金铨书，光禄寺署正前中书舍人东吴杨杞篆。

成化十七年五月二十八日，钦差守备紫荆关兼提督易州等处都知监太监张公，以疾卒于官。讣闻于上，甚悼恤之，命有司具脚力，送棺枢还京以葬，所以酬其劳也。其侄义官斌，卜于都城西直门外香山乡昭应村之原，营公之墓，将以是年七月十二日葬焉。谓不可以无铭，乃具衰经请于予。按状：公讳广，字□□，世为顺天府固安县足紫屯人。其先皆有世德，父讳经，母潘氏。公于正统间以俊秀选入掖庭，自幼及长，小心谨慎，恪恭不怠，历侍英庙，克尽其心。景泰初，升长随。公任职益谨，服劳不渝。至今上登极，进为奉御，察公忠勤，可任重寄，升都知监左监丞，遂命守备紫荆关。公至镇，开诚心、布公道，内外之事，措置得宜，兵民悦服，商旅不病，边境宁谧，烽烟不生，公勤弗懈，遂加升右少监。未几，上甚嘉其能，复升今官，特赐玺书奖谕。敕兼提督易州等处，安民禁盗，仍加赐以蟒衣，恩至渥也。惜哉！偶以婴疾弗起，距其生永乐庚子四月十六日卯时，卒于成化十七年五月二十八日酉时，享年六十有二。于乎！公可谓生有荣名，殁有恩命，生荣死哀，瞑目无憾矣。序而铭之，铭曰：惟公之生，质粹才英。早膺俊秀，选入内廷。忠勤是效，委任匪轻。蟒衣玉带，恩遇宠增。香山之原，公之佳城。玄堂幽闭，体魄永宁。

31. 樊坚 《明故司设监太监樊公墓志铭》（《北京图书馆藏中国历代石刻拓本汇编》第 52 册，第 170 页）

赐进士第嘉议大夫礼部右侍郎掌国子监事前翰林学士兼修国史经筵讲

官琼台丘濬撰，亚中大夫太仆寺直文华殿东吴朱奎书，中顺大夫光禄寺少卿直南薰殿云间于信篆。

　　成化十八年七月四日，司设监太监樊公卒。朝廷念其历事列圣，有劳于国，命工部营葬域，特命中贵监其丧，而赐以白金、彩段、宝钞各若干，复敕词臣作文谕祭之。将以是月二十四日葬于宛平县白纸坊之原，此盖公治命所作寿藏也。公讳坚，广右柳州人，自宾之迁江徙上林。父亮，隐居不仕。母韦氏，有贤行。公年甫十三，即入禁掖，时宣德辛亥岁也。寻以俊选，读书禁中学馆。书读数过即成诵，不劳教督。在侪辈中恂恂谨密，见者知其老成。正统丙寅，始授职为奉御，忠实无他肠，未尝有寸举。成化乙酉，以年劳升局副使。丙戌，奉命监造大慈仁寺，规画有方。逾年，厥功告成，升司设监监丞。明年，升少监。又明年，升太监。每有任使，咸惬圣心，屡有莽衣、玉带、禄米、厩马之赐。寻以忠勤，选侍皇太后宫，朝夕奉事惟谨。尝护亲王之国，水陆往还，常廪之外，一无所取。沿途郡邑驿传闻公至，喜曰："福人来也。"公在内臣中最为忠谨，心慈仁而量弘大。遇人有贫苦者，辄恻然怜之，施货不少吝。感荷国恩，每以不能报称为念。夙夜孜孜，图所以尽其职者，未尝少懈。恒自念曰："人皆有父母，我独无；不能事之于生，尚当报之于死。"每岁时祭荐，物极精洁诚敬。公有姪二人，曰泰，曰禧。公以泰承其后，恐其久而忘其所自出也，手画宗支图以授之，曰："此吾樊氏世系也，汝其保之。"先是监工慈仁寺，特爱其近地，风气环合，指谓人曰："吾百岁后，藏我体魄于此。"又恐其一旦不讳，而贻累于人也。乃预作寿藏，间录其身后当行之事，一一条析，付泰兄弟暨诸门下贵竖，俾谨识之。比疾革，呼张监丞福谓之曰："我自幼鞠汝，汝曹于我有子道焉，众中惟汝长且贤。我死，以形骸累汝，汝其尽心。"张丞泣对曰："唯。"公遂奄然而逝。公生永乐己亥十一月十三日，至是卒，享年六十有四。予与公素昧平生，而久闻其贤名。兹以田侍御尚贤持状来乞铭，乃序而铭之。铭曰：旸谷之旁，日光斯晃。河流之润，必先近壤。天日之下，恩泽滉瀁。优游其间，陶铸薰养。有懿斯樊，世居西广。一闯掖廷，遽变其曩。气随居移，德与年长。质朴而温，心开而朗。三圣四朝，屡承恩奖。带以玉狮，衣以金莽。选侍长乐，益虔而憼。赞慈资孝，克全其两。世皆而人，天下安享。胡为不禄，居然长往。内外闻之，孰不惘惘。我铭其藏，有征匪谀。

32. 张端 《大明赠内官监太监张公墓志铭》[北京石刻艺术博物馆《馆藏石刻目》，第 140 页；《新中国出土墓志》北京卷（壹）下，第 103 页]

赠进士第资政大夫太子少保户部尚书兼文渊阁大学士知制诰经筵官兼修国史玉牒青齐刘珝撰，奉天翊卫推诚佐理守正文臣特进光禄大夫柱国太子太傅威宁伯黎阳王越书丹，奉天翊卫推诚宣力佐理武臣特进光禄大夫右柱国太子太傅保国公睢阳朱永篆盖。

成化壬寅九月二十四日，署典玺局丞张公卒于正寝。讣闻，上恻然，赠今官，赙宝镪万缗，遣官谕祭于第，工部官营葬域于都城西香山之原，仍遣司设监太监刘公广襄事。皇太子痛念老成，亦赙文绮、白金各若干。内自怀太监而下，咸往致祭。噫，公可谓死无遗憾矣。其生则永乐己亥二月二十一日，得寿六十四，以甥锦衣千户庆为后。前此，珝偕官僚进讲，每春坊前揖公，见其动静有节，绪论合理，又质干魁伟，毅然不苟，金曰："斯人宜乎东宫处供事，朝廷委用当矣。"至是卒，罔不叹惜。庆来征志铭，不得辞，乃志曰：公名端，怡春居士其号也，浙之嘉兴平湖人。上世以来，代有显者，中经兵燹，谱牒莫存，无可逆考。考讳真一，乡善士。母舒氏。公儿时俨如老成人，喜读经史，通其大义。稍长，克励于行，不为他子弟绮丽之习。宣德甲寅，选入禁庭，即自树立，慎言进学，习知古今典故，老宿咸奇之，曰："此子可用。"时范太监建永安寺于香山，其山水环回襟带，他匠作所图皆不惬范意，惟公经画规模，某宜居，某宜门，一一合矩，寺乃成，遂大有贤誉于时。景泰庚午，柬司兵仗，庶务一新。英庙复辟，升奉御。未几，典宝于秀府，升承奉，凡府中一切事，咸公可否之，务不失王国体统。后奉王国于汝宁，沿水陆之用，取给而已，一毫不以扰民。王既薨，取回，升内官监左监丞，叠沐恩宠。公感上知遇，多所建明。都衢大小，何啻千百，军民室庐傍午，致俾狭隘，车马艰于来往。有司奏请内外大臣，督工整饬，上以命公。公不亟不徐，弗刻弗纵，在在定为例，而人大称便。功就绪，升右少监。成化乙未，建储，转署前秩。公益淬励，悉心辅导。退则手不释卷，惟事简古，旁通内典，一时咸以远大期之。讵意遽不起也。是宜铭。乃铭曰：生于江浙，长于禁苑。弗图侈靡，惟嗜古简。供奉□□，□五十霜。荐升重职，贤誉诞彰。颂德在人，遗行在己。晚事□□，预讲经史。众方期公，逾远愈隆。奄乘大化，内外忡忡。□□□□，粤葬粤祭。粤锡厚赙，畴其若俪。香山之麓，郁郁兹丘。埋玉泉室，万古千秋。

33.钱义 《大明御用监太监钱公墓志铭》[《新中国出土墓志》北京卷（壹）下，第105页]

光禄大夫柱国太子太傅史部尚书兼华盖殿大学士知制诰经筵官眉山万安撰，赐进士及第通议大夫礼部右侍郎兼修玉牒前翰林院学士豫章谢一夔书，奉天翊卫推诚宣力武臣特进荣禄大夫柱国前征夷将军太子太保襄城侯历阳李瑾篆。

初，公以足疾，乞假调摄。一日，痰忽作，上命医诊疗，至，则不可复治，急舁出禁城西私第，已瞑目矣，实成化甲辰七月廿二日申时也。距其生宣德甲寅十二月廿七日，得年五十有一。上闻，悼惜再四，赐白金百两，纻丝六端有副，楮币万缗，为殡葬资。皇太后、中宫、皇太子俱有赙。命礼部谕祭者再，遣太监郭润、柯兴二公襄事，恤典稠叠焉。公尝奉敕建真觉寺于都城西香山乡，每语润、兴曰："身后务瘗我于斯，使体魄有依，尔等识之。"至是，润、兴卜以是岁八月十八日，扶枢葬于寺侧，从夙愿也。乃具状介公诸子，锦衣指挥钱通征铭纳诸幽，予弗获辞。按状：公钱姓，讳义，其先河西巨族。正统丁巳，与其兄太监喜、福、能，同被选入内垣，时公年才四岁。三代祖考妣，莫知其详。赋性警敏、嗜学。稍长，动静每取法于监局前辈，前辈见者咸奇之，且曰："是子将来必大显贵。"天顺丁丑，英庙复辟，日见近幸，升奉御。寻选侍今上于东宫，夙夜执事，罔敢少怠。有暇，辄取儒书读诵，或有诮之者，答曰："不犹愈于闲坐乎？"闻者韪其言。甲申，上嗣统，超升御用监左监丞。明年成化乙酉，进太监。公仪观瑰伟，言动详雅。自是，宴四夷，简命主席；聘王妃，命与司礼监掌礼，且通释老经典，命祈祷，累有感应。用是，渊衷简在，蟒衣玉带，禄米金币，宝锱、图书、玩器，不一赉予也。盖公宅心醇厚，事上恭谨，与诸兄处，爱敬交至，犹善礼待贤士，宽驭仆役，人有见侮，略不与校，有私谒，悉拒不纳。刓操履廉介，每令评物价，纤毫无所私。凡古今奇异器物，名公书画，人所不识者，一目悉知其详，且能品题其高下。朝廷凡有制造，必经与工艺者商榷，然后称旨。其生而累荷宠遇之厚，没而重承恤典之颁，岂偶然哉。据状备述于右，且系以铭曰：公性警悟，公资瑰伟。自入禁御，业习勤只。瘁力供奉，皇用载熙。晋升既崇，赐予曷已。近臣遭逢，伊谁堪比。岁嗟在辰，大造阕止。皇恤以恩，士吊以诔。佛祠之旁，营魂实倚。为勒墓铭，传示千祀。

34. 龚昇 《大明御用监太监龚公墓志铭》[《新中国出土墓志》北京卷（壹）下，第106—107页]

尚宝司司丞会稽许瀚撰文，中书舍人直武英殿姑苏顾经书丹，尚宝司司丞四明金铃篆盖。

公讳昇，字彦明，姓龚氏，其先贵州石阡府人。幼以兵燹，流于蜀之播州。未几，没入京师，选备□中职，时景泰五年八月十三日也。公方幼，仅能记忆州郡、姓氏，至于父祖所自出之详，皆不能知。及入内，稍长，好读书，知君亲大义，授之事惟谨，咸器重之。天顺八年七月初七日，升长随。公姿状清丽，选俾学琴，用心精密，指法雅妙，上听之悦。今上成化元年十月，公以材识推升奉御。二年闰三月升御用监右监丞，八年十月升左监丞，十一年十一月升右少监，十二年十一月升左少监，十三年十一月升□□□□。公练达不羁，而御下仁恕。其事上一以□□，故宠遇日隆，赉赐频数，蟒服优异，荣耀之极，人皆侈之。公自处淡如，人益知其廉静。方拟□□，忽遭疾，医胗弗疗，岁甲辰十二月二十三日，卒于正寝，以闻，上加悼惜，命御用监右少监□□、奉御那安往治丧事，乙巳正月二十六日卜藏于宛平县香山乡之原，享年四十有六也。以义子顺为祀，具状请铭于墓，惟公生于遐裔，少历多难，乃致显庸成终始，岂偶然之故哉。呜呼，是可铭也。铭曰：有岗石阡，笃生才贤，中叶其迁，入侍御前。倚任日专，恩渥自天，蟒衣其翩，俦其与骈。二竖构愆，一疾弗瘳，当宁惊怜，士类惜焉。德音以宣，珉琰以镌，藏幽痤泉，百千万年。

35. 罗祥　《御用监太监罗公墓碑记》(《北京图书馆藏中国历代石刻拓本汇编》第 53 册，第 9 页)

赐进士第正议大夫资治尹奉敕总督粮储户部左侍郎闽人吴原撰文，赐进士第兵科给事中□苏鲁昂书丹，赐进士第太仆寺□丞江东熊宗德篆额。

弘治建元之二年己酉岁除日，太监罗公以疾卒于寝前。近□太监刘公通，具题乞恩葬祭。朝廷念公历事四朝，勤劳屡效，廉介素彰，赐宝钞一万以营葬。仍遣刘公谕祭于公之丧次，于是卜以庚戌岁二月吉旦，葬于宛平县京西乡之原。公自宣德癸丑选入内禁，守己平淡，临事端确。且天性至诚，惟善是向，在宣宗、英宗朝遂办监事。公不嗜利，不诡随子立，尽职至□。宪宗朝，位进御用监太监，□益老成，有□朝廷。因各王府有违祖训，累降敕旨，命公同驸马都尉、刑曹、亚卿、锦衣、堂官及巡抚都宪，前□各府推鞫事情。公务体至公，不畏威势，尤副上意。至于秀府薨逝，钦命司礼太监偕公会巡抚、布、按等官，水陆起送灵柩、宫眷，公殷勤周悉，不负委托。蟒衣玉带，累蒙恩赐。戚畹分理财产，光禄提督钱粮，以至九门盘点兵器，与夫监臬京储以赈饥，关领内帑以给军，公受□□□□□□□□□及设东厂，以纠不□轨，公任而复辞，辞而复任者三，朝廷推公倚重，惟不欺心，不坏法，中外咸仰公之安静。迨今上嗣统之初，公恳恳求退，得以提督本监外三厂事，优游自适，一旦卧疾□弗能□，乃召□太监刘公通，嘱以后事，遂□目□□□公者□□朝内相中之□人，而刘公亦呕谓善继其后者矣。及葬毕，朝廷复恩赐膝下三人，以□□御马监勇士守公之□，奉祀香火，荣莫大焉。公讳祥，字□□，享年六旬有二，湖广辰州卢溪人也，是为记。弘治三年二月　日立。

36. 宁英　《明故尚膳监太监宁公墓志铭》[《新中国出土墓志》北京卷(壹) 下，第 114 页]

光禄大夫柱国少傅兼太子太师吏部尚书华盖殿大学士知制诰经筵国史

官眉山万安撰，赐进士第奉议大夫户部山东清吏司郎中京口赵祥书，赐进士第征仕郎中书舍人义兴储材篆。

公讳英，字廷秀，别号春云道人，宁其姓也，世为福建延平之沙县昭宝山巨族。曾大父以下，皆隐德弗耀。公生而异常，稍长即知礼让。正统间，简入内廷供事，侪辈中以勤慎见称。天顺丁丑，宪宗纯皇帝居春宫，时英庙知公之贤，命公随侍左右。甲申，升奉御。未几，升兵仗局右副使。成化改元，升左副使。丙戌，进尚膳监太监，忠勤益力，上赐以金织蟒衣、玉带，以旌其劳。甲午，钦命提督军器、鞍辔二局事。弘治改元，当今圣天子嗣登大宝，任贤使能，励精图治，公以耆旧，老成练达，宠眷益隆。公感荷厚恩，夙夜匪懈。公赋性聪敏，端谨朴实，不尚华靡，乐善好施，赒恤匮乏，拯济颠危，惟恐不乃。所居惟经史图书，暇目参究古今得失及嘉言善行靡不讲贯，人莫不服其贤。历事五朝，忠恳一致。尝曰："人之有生必有死，理数之自然，奚可逃乎？"遂预择葬地为寿藏。征文勒碑以纪之，诚所谓达生委命者矣，可不重乎？距生宣德壬子七月二十二日，弘治癸丑闰五月二十一日以疾卒，春秋六十有二。讣闻于上，赐宝镪五千缗，遣内官监太监陈良谕祭。呜呼！公之生荣死哀，诚无憾矣。侄男二：长曰洪，尝输粟赈边，朝廷荣以冠带；次曰德通。以卒之年六月廿九日，葬于阜城门西二十五里黑山会玉河乡所卜寿藏之原。先期，洪等虑公之德久而淹没，衰绖持状，泣拜请铭，志诸墓石，用垂不朽，是以序而铭之。铭曰：伟哉宁公，世系延平。早由选拔，入侍禁宫。礼义是尚，诗书是崇。历事五朝，惟勤慎忠。蟒衣玉带，宠渥优隆。寿逾六袠，以正而终。玉河之乡，松柏参空。我铭昭之，千载无穷。

37.覃昌　徐溥《司礼监太监葵庵覃公昌墓志》（《国朝献征录》卷117）

高皇帝当平定天下之后，建官分职，以理庶务，又仿周礼，即御府设监局库，以内臣分理之，若司礼监，其一也。自宣德、正统以来，司礼之选益重，盖其职专掌礼仪、参预机务，非积学制行、通达政事，鲜克当之。若太监覃公，其可谓称其职矣。公讳昌，字景隆，别号葵庵，世家庆远府宜山县，为广右著姓。父讳敬才，娶韦氏，生公兄弟姊妹八人。正统丁卯，岭表兵扰，公避乱山谷间，及事平，兄弟辈俱先亡，独遗公与弟旺及季妹莲而已，时悉送诣京师。公时年幼，而姿甚美，乃选入内庭被旨，与旺同学书馆，而受业于故尚书文安刘公、学士恒简林公，已而公复被拔，进学于文华殿之东庑，特命故学士文懿吕公、少保文僖倪公教之。天顺丁丑，英宗复位，宪宗时在东宫讲学，命公伴读。甲申，宪宗嗣位，擢奉御，再擢针工局右副使，管局事。成化乙酉，始进司礼监右少监，乙巳命掌本监印。丁未，今上嗣位，乞侍山陵，不允。弘治戊申，求退愈切，上重其老成，数勉留之，癸丑十月，公疾作，遣医视，且使人存问不绝。及疾笃，门下尚衣监太监宁公诚具奏，始命归私第，是夜竟卒，实乙卯正月九日，距生宣德癸丑九月十二日，享年六十有三。没之日，上闻悼惜不已，特命本监太监李公华率宁公等经纪丧事，所赙甚厚，三遣礼部谕祭，工部给棺营坟，坟有祠，赐额曰褒德，恩数稠叠，皆出常等，圣慈仁寿太皇太后、皇太后、中宫亦皆致赙，内外之人相率吊祭，有善人已矣之叹，可谓难得也。公为人孝行，追其先恩，义周于族，弟旺官承运库奉御以卒，言及，必流涕。季妹为择婿，归于腾骧右卫指挥使陈宽，封淑人。笃于故旧，久而不忘，及与人交，重信义，持己谦恭，惟以盈满为戒，不自骄侈，事上忠诚而不欺，待下慈厚而不刻。至于御前议处大事，默赞圣政，慎密周详，而人不知者，盖多矣。惟朝廷大礼多公掌行，其次第可纪者选吉王妃一，封宸妃捧册二，尊上圣慈仁寿皇太后徽号充内副使捧册三，皇子五位冠相礼四，封兴王等五王充内副使五，封贵妃等十妃宣册六，尊加圣慈仁寿太皇太后徽号捧册七，附宪宗神主于太庙奉主八，选兴王妃九，封寿王等五王充内副使十，立皇太子充内副使奉册节十一，新建太庙夹室□奉安懿祖皇帝皇后神主十二，此其大者也。平生蒙列圣恩宠，有御食厩马之命，蟒衣玉带之颁，庄田禄米之给，至于金帛奇物，时有赏赉，不可胜计。又尝赐象牙图书二，其文曰：忠诚不怠、谦亨忠敬，金石图书各一，其文曰：才华明敏、补衮宣化，皆所以表著公之才德云。

38. 王增 《明故中官王公墓志铭》[《新中国出土墓志》北京卷（壹）下，第116页]

赐进士出身奉□大夫吏部郎中太原乔宇撰，赐进士出身□训大夫刑部员外郎广阳吕杰书，赐进士出身文林郎广东道监察御史襄阳李良篆。

有谒者王瑾，变服向吾哭且革，而告曰："吾不幸，不意吾弟之遽死也。吾兄弟不戚戚者，赖有吾弟为之助也。今死矣，将何以塞吾居世者之望，而慰吾父母于地下。"又曰："人之生死，亦大矣。吾不忍没吾弟之可偿于人者之行于扫地，愿为之志铭，以白于世，且为人弟而能致兄长之感爱，非诚于恭敬者，不能也。"按状：公讳增，系出保定新城名里之巨族也。天顺丁丑，公被选入禁庭，位司礼监左少监樊公为宗。比樊公见公敦实，而遂以家事命理焉，无不如意。成化癸巳，属针工局，上命管理成造赏赐各王府长子、将军、仪宾婚礼及内里官衣服等项。丁酉，选习武备，公廉简便捷，事罔不慎。庚子，擢为奉御。弘治甲寅，进副使。乙卯，升都知监右监丞，一有所属，举力勉之，而鲜有败事，自是，上愈重焉。久之，命分守密云、古北口事，乃赐金帛、良马，以彰殊渥。公素材干，非落落居人后者。登是地，帅千军，属人皆英奋厥武，则夫关塞、城堡、墩台、墙垣崩溃倒塌者，无不率力修茸，计所曰六十有五，而筑补则二百五十有奇焉。凡所督理，夙夜勤勚，弗敢少怠。适今八月二十七日，公以疾卒，年五十有二。而事为之隆于后者，于今线矣。公父母早逝，兄弟三人，长瑾，次聚。弟勉为理家尊望。侄五：长雄，次进、昭、钺，为瑾之所出者。举，为聚之所出者。孙二：长继宗，次才，乃雄之子。是辈皆公丧之哭悼者。瑾居长，为公卜厝于都城西玉河乡之原，而以九月初九日为公葬焉。时讣闻，上乃命司礼监奉御王公、巾帽局左副使郭公偕董丧葬事。夫王公，乃公之叔弟，而郭公性与公同辈，相知深且久，乃以状为公请铭。铭曰：不懈于位，不替乃谋。克协心志，休征是遒。人亦有言，良不遄死。寿将及耆，于公足矣。富贵不寒兮，鼎祸其昌。令闻不没兮，内外其彰。公归有所兮，灵宅荒芜。公铭不朽兮，夕阳千古。

39. 江惠　《明故都知监太监延平江公墓志铭》[《新中国出土墓志》北京卷（壹）下，第117—118页]

赐进士嘉议大夫礼部右侍郎□兼经筵讲官前太子谕德□国史三山林瀚撰文，赐正二品禄正议大夫资治尹太常寺卿直内阁经筵钱唐林章书丹，提督十二营诸军事兼神机营总兵官掌中军都督府事荣禄大夫柱国太保兼太子太傅新宁侯谭祐篆盖。

镇守贵州都知监太监江公，以弘治九年丙辰闰三月十六日卒于官，有司以闻。上念宫掖旧臣，许归梓于京畿，且命官谕祭，营葬事，赐宝钞锭二千，皆特恩也。司礼太监陈公于公为懿亲，以予同出闽产，乃遣公之弟锦衣百户忠奉状请铭其墓，予虽前未荆识，然闻公贤名旧矣。曩壬子岁，都匀苗寇群扰我疆宇，虔刘我居民，势日鸱张可虑。朝廷命将征之，敕公监督军务。乃会总兵官镇远侯顾公溥，暨巡抚方岳百职事，设策进兵，一鼓剪之，境土赖以宁谧，而宸衷南顾之尤纾矣。复念贵藩人才视昔聿盛，疏请如云南设科取士，奉诏增解额五人，人以是多贤之。公之重文事，成武功有若此者，予奚容以不文辞哉。公讳惠，字洪载，姓江氏，世为延平尤溪右族。父祖诚，号敬庵，隐居种德，乡人以长者称之。母林氏，有懿行。公生于正统壬戌正月十有一日，幼器度俊伟不凡。甫八岁，选入内廷，逮事清宁宫，出入宫闱，动循规距。天顺改元丁丑，宪宗纯皇帝正位东宫，简公侍从，小心勤慎，夙夜罔敢少懈。己卯，复登近侍之选，为英宗睿皇帝所爱重，历升御马监左监丞。甲申，转裕陵神宫监。成化丁酉，进献陵神宫监右少监、太监。弘治己酉，改都知监，佩玺书出镇贵州，至则宣布德意，抚士卒，缮城池，威立爱行，兵民安辑。比平都匀奏凯，荷赐蟒衣、玉带，岁给禄米二十四石。恩虽隆厚，而公感激图报，未始以寇靖民康而少懈厥心也。讵意年仅五十有五，遽以疾终，未究所施，远迩罔不慨惜。公天性坦夷，与物无竞，友爱锦衣最笃。公暇则留心文墨，乐亲贤士大夫，以质所学，盖蔚然中贵之良，人未易及也。卒之明年夏五月壬寅朔，葬于都门外沟泥河之原，谨按状探其梗概，用志于石，而系之以铭。铭曰：惟公器度，蔚乎其良；惟公才识，卓乎其长。入侍宫闱，寸心翼翼；出镇雄藩，芳声籍籍。剪厥臣寇，民生以宁；广厥贤路，士类以兴。胡不永年，倏尔去世；一方旌倪，拊膺垂泣。于皇恤典，重祭高坟；寿千百载，系兹铭文。

40. 梁宣 《明故内官监太监梁公墓志铭》（北京出土）

赐进士出身嘉议大夫礼部右侍郎兼翰林院侍读学士知制诰经筵官兼修国史长沙李东阳撰，儒林郎大理寺右寺副兼司经局正字侍经筵预国史玉牒事长洲刘棨书，提督十二营诸军事兼神机营总兵官掌中军都督府事荣禄大夫柱国太保兼太子太傅新宁伯滁阳谭佑篆盖。

今上在储宫时，内外诸侍从之臣随所分职，各共厥事。上既登极，罔不蒙钦录、沾宠遇，其不幸而没者则为之优恤。有恒格所不及，若太监梁公其一也。公讳宣，其先世为广西人，府曰平乐，县曰贺，乡曰开山。天顺癸未，公被选入禁庭，时尚幼，莫详其父母名氏。顾天性孝谨，语及辄鸣咽不自胜。寻以材质简入内书馆，命翰林儒臣教以经训、书法，辄能诵习，侪辈有胥侮狎者必谨避之。师傅老长，咸加器许曰："是其所就，非泪泪居人后者。"积数年，当成化甲午，入御用监书办，勤慎自效，未尝罹咎责。戊戌，始侍官坊。丁未，擢官为奉御。未几，进内官监右监丞。弘治改元戊申，转左监丞，签内织染局事。己酉，进右少监转左少监。辛亥，升太监。监事丛委，凡所受任，夙夜勤勋，弗敢少息，动称意旨，眷顾日益隆，赐予骈叠，最后有蟒衣、玉带之赉。久之，命分领神机营事，训练士马，必遵令式，有声戎阃间。乃今年丙辰四月十七日以疾卒，年四十有五而已。讣闻，上为悼惜，赐白金宝镪若干为赗，命尚衣监太监覃公舆、梁公嵩，董丧葬事，遣礼官谕祭者，再敕有司营圹域。盖自中使不十年而官至高品，可谓难已。人之有材质干力者，固系于所遇如此哉！公义子广，卜以是年五月二十六日，葬公都城西八里宛平县之香山乡。惜薪司正贾公性与公同，业相知深且久，乃以大理刘寺副棨，所具状为公请铭。予尝侍宫坊讲读，知公名，谓于其存没之际，国家令典可以考见，不可以无纪，乃为作铭。铭曰：五岭西南，去国万里。公来自兹，入侍天子。青宫禁地，内监高官。昼日三接，恩数孔殷。谓宜寿康，中道而仆。

皇则念之，恤典尤厚。何以赗之，宝镪累千。何以祭之，纶音载宣。何以葬之，官有兆域。公归其间，永奠幽宅。公灵有知，宁怀旧乡。刻石著铭，永世其光。

41. 罗照 《明故司设监太监罗公墓表》（《北京图书馆藏中国历代石刻拓本汇编》第 53 册，第 64 页）

赐进士第中宪大夫贵州□□司副使……赐进士第奉政大夫刑部郎中……尚宝司丞承德郎直文华殿……

公讳照，姓罗氏，世为广东广州府顺德县大梁村人，高曾以下皆弗仕。父□□，母龙氏，生公兄弟四人：长（下缺）绩；次荫，内官监太监；次即公，景泰庚午，简入内廷。辛未，选送内馆读书。丙子，入司设监书办。成化戊子，擢长随。甲子，除奉御。丙申，迁右监丞，莅□□。庚子，（下缺）未几，升右少监。壬寅，升左少监。丁未，进太监，公之忠谨见称于侪辈。弘治戊申，例降左监丞仍……二其心，随迁右少监。壬子，转左少监。癸丑，复进太监。是年重□卤簿大驾，命公总理，既而工完，时公已得疾。上召公，见公□疾以见，上甚悯之，赐五彩金织斗牛大红纻丝，以慰其劳。自是疾增□。弘治十年三月初八日卒□寿□十。讣闻□上嗟悼，赐宝镪五十缗，太皇太后赐白金五十两为赗，遣荫董治丧，命翰林撰文，礼部谕祭，恩至渥也。以卒之年二月十六日，葬公于宛平县香山乡城子里崇化庄……戊午三月十九日。侄男三：曰全，曰盛，俱义官；曰桥。公自幼聪敏，读□□□，孝友慈祥，好施予。□旧……喜，恬淡于利泊。然历事四朝，凡祀天地、享太庙公所司之事居多，未尝不在左右。以故，身后犹子罗福、罗杰俱进，公虽没而朝廷益加眷注，历升斯职，皆以年劳，无非分逾越，以是人多贤之，宜□□□遽幽于斯，惜哉！□□太监□供状……石，用垂于后，故表而出之，以示来者。弘治十一年□月□日立。

42. 阎通 《明故御马监太监阎公墓志铭》[《新中国出土墓志》河北卷（壹）下，第 136 页]

赐进士出身光禄大夫柱国少傅兼太子太傅户部尚书谨身殿大学士知制

诰国史总裁同知经筵事洛阳刘健撰文，文华殿直奉直大夫鸿胪寺右少卿前中书舍人安城李纶书丹，奉敕提督三千营总兵官掌右军都督府事太子太傅遂安伯古渝陈韶篆盖。

弘治十一年六月二十一日，御马监太监阎公卒。讣闻，上悼惜之，特赐新钞三万贯、白米四十石，斋粮五十石，麻布五十疋及攒香、油蜡等物，命礼部谕祭，工部造坟安葬，建享堂，赐额曰：旌勤。仍命内官监太监杨公雄、杨公旺、杜公恭董丧事。上以公随侍年久，悼惜不已，又与中宫各赐白金二百两、彩币八表里，太皇太后、皇太后、东宫各赐白金五十两、彩币四表里。凡旃檀异香及尚方油蜡，悉从厚，盖近来中贵恤典之盛所未有也。公之弟伣将以是岁八月二十一日奉枢归葬，以礼部右侍郎兼翰林学士程公敏政状来请铭。成化中，余与公同事今上皇帝于春宫，有旧，不克辞，乃按其状序而铭之。公讳通，姓阎氏，世为顺天府之三河人，高曾而上多不仕。祖讳贵，始以武功累官武德将军，大宁前卫正千户。父讳聚，嗣其职，复以子胜贵赠怀远将军、腾骧右卫指挥同知。母于氏，赠淑人。公自幼俊颖，正统丁卯被选入内廷，不数年授银作局副使，侍乾清宫。英宗皇帝复位，慎择近臣，察公可用命提督鞍辔、军器二局，兼理神机营。宪宗皇帝嗣位，宠任有加。成化乙未，擢春宫典兵局郎，随侍今上。丁未，今上登极，进升御马监太监，莅事兼提督勇士四卫营，有蟒衣玉带之赐。是年奉命之山东，班赏于鲁、德二府。弘治改元冬，复奉命四川，班赏蜀府及授之敕符簿。壬子，命提督三千营，兼哨马营事。癸丑，永康公主婚礼，命公典其事。乙卯夏，益王之国建昌，命公护送。丙辰，复命提督五军营，公固辞不受，岁加禄米至三十六石。至是，以疾卒，距其生宣德辛亥正月十四日，享年六十有八。公历事三圣五十年，管御帑，典兵戎，司内厩，奉使四方，无虚岁，受恩宠，被锡赉，同侪者多莫与齿。然公性孝友，每时祀极其丰洁。兄弟五人：兄胜、能，弟成、清、顺，皆辑睦有礼。从子钰、宗、锐、秦、山、川、铸、钢、钺、林、杲十余人皆训育有成，而阎氏之族益盛。士大夫与公识者，咸称之。公尝营寿藏于三河西南二十里初家庄之原，少师宜兴徐公为之记，今葬即其地也。铭曰：京畿望族，世家贤裔，内廷妙选，时鲜与俪。历事列圣，宠数屡加，一疾弗起，有识咸嗟。恤典载隆，九重深念，善始令终，夫何所憾。初原之兆，生有寿藏，铭以掩之，惟吉惟昌。

43.博啰　《御马监左监丞博啰墓志铭》（罗玘《圭峰集》卷15）

弘治十一年冬十一月，上将明年郊，凡郊，法驾以卤簿从，卤簿马万驷，太仆不与焉，咸出于中厩之良御马监是也，监之官太监下少监，少监左右监丞，夙戒虔恭，训饬奚厮，箄以刬尘，菽以火熬，栉鬣膏骏，比物齐毛，穷殚日夜，或时辟易，调骋凿冰，以濯以饮，则多丞主之。右监丞博啰，以七十犹在事，然卒以是撼顿，得心胃疾，气壅逆膨，脟胒塞口，张呼呷彻昼夜，从子成、锦衣百户寿更迭入侍，有以闻太皇太后者，亟遣宫监来视，且赐银半铤，市善药，然医工烹粉和剂，成、寿捧以进，歠辄呕出，或掉首不歠，势愈剧，狂悖掠发羌语，寿惊曰：是返本侯也。急以毳蒙身首，拥出私宅，阖扇张帟，蕴火床下，熨脐摩足达旦，至二十五日，属纩绝，卜以十二月某日葬城西香山煤厂村之茔。博啰，西域凉州部人也，正统丁巳，甫八岁，以其父平章哈喇库春来内附留京师，库春死，与母王老老选入宫，备洒扫。成化丁亥，进长随，出理外厩。乙未进奉御，甲辰进至御马监左监丞。乙巳遂至太监，移理北厩，厩称治，太皇太后、皇太后赐银五铤、绮一、帛一旌之。先皇帝亦如太后之赐，而银杀其二焉。今皇帝之初，左迁，复为左监丞，宿卫六十有二年，在职凡三十二，牝牡骊黄，驽骥汗血，饥饲渴饮，痒搔瘠疗，真其生知性能处。得其据，而死其官，前老老之丧，斩斩一依丧礼，知丐余铭，今其葬也，奚宜泯泯无闻。况寿哀哀，誓必得余铭。铭曰：雏离纥干，翰飞戾天，天闻天闲，居之盘盘。鶃鶃之冠，且毁且完，老而大还，吁其安安。

44.牛玉　《明故南京司礼监掌印太监牛公墓志铭》（南京出土）

赐进士出身资德大夫正治上卿太子少保吏部尚书侍经筵官前翰林院学士同修国史钱塘倪岳撰，赐进士出身中顺大夫通政使司左通政江东王敞书丹，赐进士出身资善大夫礼部尚书掌通政使司事汤阴元守直篆盖。

公讳玉，字廷圭，姓牛氏，别号退思居士，其先世居龙门。吴元年，始徒实京师，占籍涿州。曾大父郎，大父道兴，考德川，妣王氏。德川生三子，长贵，季瑄，仲即公也。公生而资性颖敏，自为童子，动止老成，不为嬉戏，乡长者多鉴赏之。甫十岁，母忽媾疾，甚危，迎医问药，殆忘其劳，夜则焚香吁天，祈以身代。疾良愈，时称孝童。永乐十一年，以俊秀选入内廷，隶名司礼监。宣德二年进本监长随，主管内外章奏，仍命从大学士杨文定公授经学，日有进。七年，升奉御，充英庙伴读，仍职章奏。十四年秋，圣驾亲征北虏，命公提督宫壶事宜，兼典机务。八月景皇帝践祚，命公随侍宪庙于春官，历升本监监丞。天顺改元，英庙复辟，公以翊戴功进太监，命掌监印，加赐蟒衣、玉带、貂裘，岁加禄米，掌理中外章奏。翼翼小心，咨决庶务，率称上旨，委任日隆，宠锡优渥。五年七月，曹钦反，率众犯阙，公主画于中，随机应变，罪人既得，京师肃清，上嘉公功，赐金币诸物及河西务马房、羊房庄田二千余顷以酬之，公辞不许。八年正月，宪庙嗣登宝位，初政之行，仪度备举，率公总契纲维，内外井井，寻罢归南京。未几，复命掌南京司礼监印。居久之，公浩然有故乡之思。弘治六年，奏乞归闲，皇上念公旧劳，优诏许之，俾佚老于京，兼赐人夫供役，盖八年于兹，始以微恙卒于所居之第。上闻讣悼惜，命内官监太监王福、谭朗经纪其丧，赐祭者三，命工部营坟，建享堂以葬，皆殊恩也。公平生孝友，喜读书，不近佛老，虽久处重任，始终谨密，避远权势，若儒生然。遇贤士大夫，情意周洽，与论理道，亹亹忘倦，恒居无他玩好，至老手不释卷，尤喜吟咏。居金陵久，山川胜概，登临题品，所至有之。事兄友弟，情爱甚笃。教诸子侄极有法，积诗书，延良师友，俾与之游。诸侄若纶遂以明经登景泰甲戌进士，入翰林，累官太常寺少卿。若绶尤谨厚，公请于英庙，立以为嗣，官至锦衣百户。若纲从公南都，为应天郡庠生，奉命供事中书，授官有日，皆贵出也。若纹归守先茔，瑄出也。诸孙诚、让、赞、访、谅、谏、谨、峦、谅、证，曾孙杰、儒、英、森、然、兰、桂，皆承公义方之训，循循雅饬，有可观者。公生于永乐七年二月十日，卒于弘治十三年九月七日，春秋九十有二。兹绶将以卒之年十月十六日奉公枢归葬于涿之鹿头里之原，乃具公事行，偕纲诣予泣请为铭以葬。惟公历侍七朝，居官几八十载，荣名寿考，可谓备矣，是宜铭。铭曰：王畿育秀，贤俊挺生；出入禁闱，巍然老成。恭侍七朝，荐被宠荣；参决大政，用赞治平。声望之著，洽于两京；德偕年进，福与寿盈。贻孙诗书，绍休簪缨；有启其先，斯后之赢。恤命之优，贲于新茔；我则铭诸，永昭令名。

45. 赵新 《大明内官监左监丞赵公墓志铭》[《新中国出土墓志》北京卷（壹）下，第124页]

赐进士第大理寺左少卿前都察院右佥都御史济南刘璟撰文，赐进士出身承德郎顺天府通判三山李廷仪书丹，太子太傅掌右军都督府事遂安伯古渝陈韶篆盖。

弘治十三年正月十六日，内官监左监丞赵公以疾闻于上，乞移私第，许之，命其下典簿吕公宪视以汤药，加以调护，越二十九日，竟不作而卒。卜以是年三月初六日，葬于宛平县香山乡之原。先事宪持其儒士吴钦所述事状，请为铭。按，公讳新，字尚美，姓赵氏，湖广兴国大冶人。考伯公，妣叶氏，生子三，公其一也。公少颖敏，颇通书义。稍长，言行雅饬不浮。天顺庚辰，膺选入侍内禁，小心端谨，众多器之。英宗朝，声闻日著，授职内官监监事。宪宗嗣统，屡升，寻位本监太监。公持守益坚，而遇事必为。上眷顾之，特锡赉以蟒衣、玉带、禄米焉。然恩宠虽隆，而心恒谦抑。公退，辄杜门披阅图史，且延访师儒，讲究古今得失，于势利淡如也。迨宪宗登遐，公哀临几毁，乃谢事，徒跣就次陵侧，夙夜尤惶，恭事几筵无怠。未几，皇上悯其勤劳，起为寿王府奉承。其在府也，一务大体，不屑细故，备尝启沃，王亦嘉纳，中外称之，以得辅导之方。比王之国，遂召入乾清宫供事，授以左监丞，其事皇上，视列圣尤有加焉。鸣呼，公之为人，惇厚温裕，缜密不肆。若是，宜永其年，无何今遽已矣。享年五十有八，行既有状，墓必有铭，古之制也，故铭之。铭曰：秉心维贞，业事维寅。忠于君不忘乎亲，食于朝不私乎身。终始弗替，托有而人。年逾艾兮死非夭，首正丘兮斯其仁。

46. 刘赟 《大明故尚膳监太监刘公墓志铭》[《新中国出土墓志》北京卷（壹）下，第124—125页]

应诏山人临川黎珏撰文，中书舍人永嘉赵式书丹，锦衣勋卫古汴张钦篆盖。

公讳赟，字廷玉，山东济南府陵县思义乡人。天顺八年选侍仁寿宫，成化间累升尚膳监右少监，佥监事。今上即位，钦差荐祭先皇帝，升太监，赐飞鱼服蟒龙服、玉带、纹绮、段匹等赐，不可具述。弘治己未夏，卧疾，至庚申春三月六日，殁。距生年正统丁巳，寿六十有四。讣闻，上赐谕祭，圣祖母遣奉御刘值治丧事。公名下织染局副使魏景与公养子刘增、刘山佥议，以殁之年夏四月十一日，葬于西直门外去广源闸不远永禧寺之傍，地乃公生时所卜之寿藏，守墓则公请度二小僧圆寿、圆秀，以为香火图。公墓上手。神宫监杨公景寿藏，上手西下，近侍李公彪寿藏，三墓品列，盖同家以义聚者也。魏与刘增、刘山等，奉状再四乞为铭。为之铭曰：于赫山东，吾刘大宗。发祥启瑞，生公实公。早膺廷选，入侍宸聪。忠勤敬谨，著闻三宫。肆承恩眷，雨露渢融。夫何一疾，竟殒厥躬。卜葬有地，五气萃中。永禧寺右，吉□惟壤。吾铭告后，其庆斯鸿。

47. 侯介 《明秦府承奉正侯公墓志铭》[《新中国出土墓志》陕西卷（贰）下，第313—314页]

秦府长史司右长史奉政大夫汝南强晟撰文，秦府长史司左长史奉政大夫阳城原宗善书丹，秦府致仕左长史中顺大夫云中吴文篆盖。

弘治十四年二月五日秦府承奉正侯公卒于内署，讣闻，王震悼殊甚，且奉国母秦简王妃旨祭葬之礼一皆从厚，乃命承奉副康公景总其丧事，陕城自镇巡藩臬而下吊祭者相属于道，其义嗣门正牛臣持状恳予铭其墓石。按状：公讳介，庆阳之真宁人，甫五龄，以良家子被选，入侍秦邸，自幼好读佛书，恒持斋素，如浮屠法。其为人勤慎小心慎密，凡事皆有远虑，且质实无伪，未尝有事干官府，人亦以此多之。在康王时始充内使，备极劳悴，既而以年老久次，遂保升内典膳之职，凡宴享之礼，供应之费，皆有成法，至今用之。成化初，惠王以承奉副缺员，请于宪庙，以公补任，未几复进承奉正之职。我简王嗣爵，以耆旧，恩典甚隆。及今王入嗣，又以公为家老，礼待尤厚。公以五龄入府，八岁考终，经事四王，历年七纪，其扶主之忠、富国之功、驭众之才，此实中贵之所难者，孔子曰君子没世而名无称焉。如承奉公者其可称者盖多矣。公生于永乐庚子八月初十，逮今盖享年八十又二，以无疾不药而逝，议者以为积善所报信不诬也。于乎！公有功无过，今始令终，殆无愧于史矣。公尝以己资建寺，蒙敕赐"荣仁"之额。其无恙时，恒语其嗣牛臣曰"吾老即墓于寺侧"，牛臣遵其治命不忍违，卜是年三月廿二日葬于长安县金光里之原。铭曰：维愿而公，匪执而通，自矢以忠。于乎！宜其令终。

48. 黄瑜　《明故尚膳监太监黄公墓志铭》[《新中国出土墓志》北京卷（壹）下，第129—136页]

赐进士出身光禄大夫柱国少傅兼太子太傅吏部尚书侍经筵钧阳马文升撰，赐进士出身资善大夫工部尚书侍经筵彬阳曾鉴书，特进光禄大夫左柱国太师兼太子太师英国公监修国史知经筵事提督五军十二营诸军事总兵官掌后军都督府古汴张懋篆。

弘治十五年壬戌秋九月有九日，太监黄公自内出，卒于公所，得年七十。时皇上御宴，未及奏。越二日，其僚属合名下官，以其事具闻，上惊讶震怜，命奏官舆出之归，发丧私第，寻请祭丧，上许之，命阅录额例如其数。按状：公讳瑜，姓黄氏，福建延平人也。正统间，值弗靖兵革，所至合门罹难，独遗公籍于官。景泰辛未，简入禁庭，渐升长随。天顺丁丑，英庙复位，见公动止端谨，足为幼习范，命侍春宫。甲申，除奉御。是年十月，升巾帽局右副使。成化改元，升左副使。二年，准金押。癸巳，升大使。庚子，转尚膳监右少监。辛丑，迁左少监。壬寅，进太监，仍署局事。及今上嗣位之初，念公旧臣，忠诚雅净，有辅翼绩，命掌巾帽局印。为行辈率约，凡事无大小，悉归综理。自是恩下雨然，寻锡以蟒衣、玉带，内府骑马，时爱优厚。公自始迄今，得事四朝，历官八阶。其宅心类纯，笃于简俭，不事警炫华媚，大过人矣。侄一，曰臣。孙一，曰斌，臣之所出也。义男二：曰铎，曰住。以公荫，俱荣充勇士。初，事闻，上命公名下司苑局右副使张靖辈董丧事，卜今十月十六日，葬于都城西宛平县香山乡海甸之原。其张公靖奉状请铭，为幽圹录纳作不朽计，予弗获辞，乃序而铭之。铭曰：呜呼皇天，眷不偶然。嗟哉黄公，来自闽川。简官内司，分曹禁垣。不作罔累，乃施善贤。志焉则笃，坚之弥坚。心焉则宏，渊渊其渊。祗事四朝，荣受八迁。惟皇有爱，锡福万绵。弗克永终，大归冥玄。延平心志，朝夕鸣鹃。海甸志石，千古遗编。

49. 韦岍　《明故内官监右少监韦公墓志铭》[《北京图书馆藏中国历代石刻拓本汇编》第 53 册，第 93 页]

尚书户部郎进阶亚中大夫光禄寺卿直文华殿云间张天骏撰文，中宪大夫太仆寺少卿直文华殿奉敕提督书篆事安城李纶书丹，征仕郎中书舍人维扬张瓒篆盖。

呜呼！有才而不克大用者，固众人所共惜也；才不大用而年不底于上寿者，又庸非众人所深惜者欤！吾于少监韦公作铭，不能不临文兴叹，为人才惜也。按，公姓韦氏，讳岍，字克明，世居广西平乐府贺县桂岭乡东水巨族。自幼天性敏达，器识不凡，父母、乡人，咸爱重之。公自天顺癸未选入内府，司礼监书堂肄业。成化癸巳，奏拨内织染局书办。成化己亥，除长随。壬寅，擢奉御。公侍宪宗皇帝，旦夕承命，恭谨无违。癸卯，升本局右副使金押。弘治戊申，降奉御，革金押。本年，着管文书。己酉，复本局右副使。甲寅，仍旧金押。戊午，升大使。本年，叠升内官监右少监，仍署局事，一切施为，事不废弛。历侍三朝，忠勤一致，屡赐飞鱼之服，恩至渥矣。弘治十五年壬戌，是岁公年五十有一，偶患风疾，奉钦依准外私宅调理。冬十二月二十日，气绝不苏。人皆交口赞讼之，谓其才当大用，谅不如是而止哉！上闻讣。哀悼弥切，特赐谕祭一坛，宝镪三千缗，命奉御梁忠治丧，礼文无不周备。其侄曰宠，授锦衣卫冠带总旗，守法奉公，克成家业，不事奢侈，皆公平日教养，底于成立。公以今年正月廿三日，葬于阜成关外三里河之原，余按其状以为铭。铭曰：公之大才，宜乎大用。疾患不起，竟成仙梦。远近闻之，无不哀恸。惜公有为，人皆仰讼。生长华族，遭逢治时。入侍惟谨，天休荐滋。克忠克孝，芳誉四驰。中道伊阻，寿止于时。有侄曰宠，锦衣炜煌。日劳国事，年富力强。阜成之外，筑彼高冈。刻此铭石，千古其藏。

50. 杨穆　《大明故内官监太监杨公墓志铭》[《新中国出土墓志》北京卷（壹）下，第131—132页]

赐进士第资善大夫兵部尚书奉敕提督十二营军务华容刘大夏撰文，特进光禄大夫左柱国太师兼太子太师英国公奉敕提督十二营诸军事五军营总兵官掌后军都督府事监修国史知经筵事古汴张懋篆盖，敕提督三千营团营掌前军都督府事太子太保镇远侯维扬顾溥书丹。

弘治癸亥二月九日，皇上有事于南郊，内官监太监杨公时在扈从列。及坛，疾偶作，归第，益剧。上出内药赐之，数迎医诊视。越六日，竟不起。距其生正统壬戌八月十日，得年六十有二。讣闻，上为震悼，命有司给葬祭，遣太监覃鉴等董其丧，赐赙甚厚，盖殊恩也。是岁四月一日，当祔葬公于先陇之侧。其犹子煇偕弟焌以予与公尝同掌军旅事，涕泣持状，以铭为请。呜呼，予将何词以为公慰哉。公讳穆，字德深，号未能道人。其先世居陕西之鄠县，祖讳大，以行义见称于时。父行三，号静庵处士，承戍甘州，始隶籍焉。公生而秀敏，六岁入内廷，即授长随。及冠，英庙诏典御府帑藏，出纳惟慎，同侪咸推服之。今上在春宫时，宪庙为择侍从，以公忠谨可托，擢典兵局丞，奉职无过举。及上正位辰极，录公宿劳，升太监，掌兵仗局事，兼摄神机中军，复领鼓勇营事，赐蟒衣玉带，四使藩府，皆清慎无公私扰。庚戌，北虏入贡，公实莅其事，宣布恩威，赫赫有容。虏使虽倍常数，宴会间无敢喧哗者。上以是知公可大用，进提督十二营。公再辞，不允，乃就任，无私役，无偏听，不数月而利兴弊革，昔以侵渔掊克为事者，皆却足屏息。六军之众，安之如慈母，颂之为佛子焉。其处机务，言悉中肯綮，同事、公卿、勋戚有所商度，未尝不虚襟以听，援古证今，必折之至当而后已。丁巳，虏寇云中，上将遣将往讨之，命公监其军，时予与总兵饷，偕元戎会公议。众议欲给士卒赏赐，公徐曰："国用未裕，师行尚迟，姑竢事定，而给之便。"厥后，师不果行，省白金数万两。予时已窃贤公，及再起同事，心犹未能谅公他所为，而日察公事迹，乃有士夫行义，贵富中所不易得者。自是，益敬服焉。营队长有诘告军中弊者，其人素不驯，众怒欲杖之。公不可，曰："此人受杖固宜，但军中一时骤闻，以为吾辈不采舆言，谁复以情诉于上，而吾自此耳目锢矣。"于是，止罢其领队。武学未有碑，公受命阅武，至学遂捐己资，为礧石费。既而有以学中旧文呈者，公命刻之。或嫌无公名，公曰："我知举此废典而已。此文可励诸生，便自当用，何必置名以要誉哉！"盖公之立心处事，余所亲见者，每类此。即此以例其余，则数十年间，所以裨辅于内者，亦可想矣。公严毅恭俭，平生言笑取与，一无所苟，服食不以重锦兼味，而独嗜读书，能了大义。历事五朝，忠谨一节。被上恩遇以来，岁加禄米至六十石。间御书居仁由义等字，以宠异之。而公退自韬抑，未尝肯为外人言也。静庵处士卒于甘，公责己不逮养，乃迎母夫人张来京筑邸，属二侄供事虔甚。乃卒，诏许自治丧，而厚赐之。公遂得迁处士合葬于七园村之原，即公今所祔地也。铭曰：圣神抚运，统一寰宇，清乾宁坤，恬文熙武。惟公敬承，惟上倚毗，惟才之良，靡用弗宜。左右五朝，服勤帷幄，靖共正直，执事有恪。内典兵仗，外总兵营，利兴弊革，德布令行。峻陟崇资，丕昭异数，貌滋益恭，进退为度。公卿勋戚，同事几年，有言及公，□□□贤。六军戴恩，如受饱燠，私语及公，至目为佛。时有久速，义无成亏，公逝不留，当宁兴思。降赙自天，给葬且□，□□□□，□幽有贲。七园之原，其封若堂，百千万年，寿此石章。

51. 景聪 《御马监太监景公墓表》（北京出土）

公讳聪，姓景氏，世为贵州大族。天顺间入内廷。成化初，宪宗皇帝□□□御不久，转供用库大使，又四五年，转御用监少监，升太监，兼视团营事。弘治改元，上践阼，特命公率师坐守东直门。寻用兼理神机营军务，入则乾清宫答应。凡受赐银缎、织金、飞鱼、蟒服、玉带，禁城乘骑，恩数不可具述。弘治壬戌秋八月，不幸病故，享年五旬有四。上闻讣悼惜，遣礼部官谕祭，赐缎若干缗，营葬于都城西四十里永济寺之傍。明年，其同官张公恕，念公之德隐而弗彰，求文表诸墓。夫公自少，蒙朝廷恩眷，荣矣！终而沐朝廷祭葬，哀矣！其生功荣，其死也哀。赐进士出身、嘉议大夫、工部右侍郎（下缺）大明弘治十六年岁次癸亥，御用监太监陈元、锦衣卫镇抚梁山（下缺）内府供用库奉御赵□□□太监张□□。

52.黎义　《大明御马监太监黎公墓碑铭》（《北京图书馆藏中国历代石刻拓本汇编》第53册，第114页）

赐进士及第翰林院侍讲学士奉训大夫经筵讲官兼修国史会典南宫白钺撰文，赐进士出身翰林院国史编修临淮赵永书丹，奉敕提督神机营总兵官掌左军都督府事前节制陕西等处地方柱国遂安伯永城张伟篆额。

弘治乙丑五月二十七日，御马监太监黎公卒，距其生景泰丙子六月十二日，享年五十。讣闻，上震悼，赙钞三万缗，白米二十石，香烛各若干。敕礼部给斋粮、麻布五十石疋，工部造棺营葬，树飨堂如式。遣司正杨玮、左司副赵贤、奉御陈德，谕祭者三。仍命监护丧事，杨公等卜以七月初二日，大葬于都城西翠微山之原。赵公与予同郡，故奉状来请铭，既不获辞，乃按状序之。公讳义，世家广□□□□□下皆隐德弗耀。公自幼即颖敏凝重，父母爱之，期以大门户。成化丙戌，选入内廷，宪庙奇公秀□，俾习□□。甲辰，擢直乾清宫，历惜薪司左司副。辛亥，改进司正。壬子，升内官监□□□。是岁□月，上□知公谨恪，命事今上于东宫，授典乐□□。迁御马监左少监。□□旬，加太监，仍兼□□。今上嗣登宝位，念公有辅翼□□，赐玉带金织斗牛衣，署惜薪司事，示□□恩也，柄用有日，而公卒矣。公性恭俭好学，退直之暇，手不释卷，涉猎经史，明大义。留心方药，每有处疗辄应时取效。至于轻财敦义，秉公主信，盖素恐□。然则□□□三朝，持达之知沐□，秉骈蕃之宠，□岂偶然哉！是宜铭，铭曰：越山□□，越水□渊。钟奇炳灵，于□有焉。公降不迟，亦云匪先。遭逢圣明，□震□乾。风云龙虎，拥□翼前。煌煌丽日，飞御中天。恩光□烛，九垓八埏。帝眷公劳，峻秩历迁。金衣玉带，霞□□鲜。人俣柄用，公寿□延。当□兴□，恤典□全。存没哀荣，□之与肩。幽堂有述，以永厥传。□□双表，相向屹然。过车必式，曰惜哉此。

53.谷清　《明蜀府承奉副谷公墓志铭》（四川出土）

赐进士奉训大夫守山东武定州里人赵永桢撰文，赐进士奉直大夫户部员外郎里人郑□德书丹，蜀府明威将军左护卫指挥佥事里人张顺篆盖。

公讳清，字蕴秀，新津县人，祖志高、父朝祖咸有隐志。公生而歧□，景泰中以秀整入侍内廷，端简凝重，有老成器□□师传授悉领要义。天顺中和园当国，励精藩服，□□□□，公持己□乘间之□矣。初□□□，至是改为谷姓，已而被遇定园以及怀园，眷注荐至，始有□用之□。成化己丑，奏奉宪宗皇帝特授蜀府门正，与司喉舌，出纳惟□，上方有意大用之，□□□□勉学以□□□□□□□□□□爱自□。戊戌，惠园在位□之用公疏名奏□升承奉司承奉副，秉钧□□，内臣荣遇亦云至哉。历□□二十有八年，乃弘治甲子孟冬辛未卒于公□，疏入，上悼念不已，遣宫门正秦嵩、张宗伟、中侍宋瑄、宋□经理丧葬，赐祭凡十，悼亡之典抑又至焉。公□□载籍□事□为而事上□□□□一本于□故能上副□□中□□□慰人望，一时□□□□□□□心□忠清俭退厚可无愧矣，生于正统戊午十二月十四日，寿□□□□□十一月十六日礼葬成都南郭无□□之原，以侄孙昂承祀，□子二曰永□□□永安、永苍，侄孙四曰昂忠恩□，昂百户□承祀者，忠宜宾，侄女一适吴□□□□焉。嗟夫，公以忠爱之德翊戴家邦，敬承五叶，福获□□□□□□□□□□□□□□□□□□□□□□□。

54. 康景 《秦府承奉正康公墓志铭》[《新中国出土墓志》陕西卷（贰）下，第 317 页]

秦府左长史奉政大夫汝南强晟议文，秦府致仕左长史进阶太中大夫云中吴文书丹，秦府致仕左长史进阶中顺大夫阳城原宗善篆盖。

皇明弘治甲子三月二十九日，秦府承奉正康公以疾卒于内署。溯其生正统辛酉二月七日，至是，享寿盖六十四。讣闻，我国祖母秦简王妃哀悼殊甚，即命秦昭王长子遣承奉副贾公能掌行丧礼，又分委门正史潼综理庶务。既棺敛，其义嗣内官张沂、内使王泾、白润、王鹏、义孙韩金，卜以是年闰四月一日奉葬于城西敕建崇仁寺之侧，从治命也。沂等以予知公之深，哀恳请志其墓石，义弗可拒。按状：公讳景，世为陕右兴平之巨族。厥祖若考，咸有隐德，乡里称之曰良士。公自孺附内寺籍，既而被选入秦邸，其宣力于厥职者，实多历年所。成化间，秦惠王念其劳，既奏保为典服正。厥后，秦简王察其忠，复奏转为承奉副。公性质实，当事无所顾避，内外咸服其直。及我简王薨逝，昭王入继，会承奉正缺员，复奏升今秩。未几，昭王又薨，今王嗣幼冲，藩府多事，公以身殉国，毙而后已。古人所谓忠于所事者，其亦无所愧哉！公存日，所往还者，皆时之名贵。及公殁，陕之镇巡、藩臬诸公，暨诸缙绅赴吊者，冠盖相望于途。于乎！若公者，亦庶几生荣死哀者矣，是宜铭。铭曰：孔道后遮，南山前峙。右拥平原，东邻敕寺。维公令终，爰宅于是。百世保之，同休慈氏。

55. 白江　《故内官监太监白公墓志铭》（罗玘《圭峰集》卷 17）

提督光禄寺内官监太监白公，年五十一，以正德元年五月六日卒于京师昭回坊之私第，奉御李应、长随田雄以闻，上震悼，赐祭暨楮币五十恤其丧，命左少监郑玺、奉御王恭营墓域，墓在城西香山之原，葬以六月十二日。兄凤，侄钊、钢、锐、铸异母宗自涿来会葬，玺、恭、懋、雄，公所卵翼者也。上知之，故疾以懋、雄侍，丧以玺、恭治焉。公疾自弘治癸亥，移命入寺，始寺天庖也，四方供入，泉注壑然，而市豪饵，奥枢为泄孔百出，公至惟嗅荤芬，无一啖啐而大施疏浚法，劳其操畚锸者，孔遂塞，以是体浸尪蒸耗，嗽血缕缕，下脏复败，遗为瘘痔，而母逾耄年，刺骨在念，迫益炽犹，忍支一年。明年乙丑四月，遂以情请，不许，越五日复请，会寺寮入，疏留谕慰，又不果许。正德丙寅，用登极恩，赐蟒衣玉带，为非望赏，三月疾大作，恳辞谕如初，疾至剧，复疏恳赐复监就汤药，部寺疏公履行，宜留任寺事，公至以死恳，得赐就外私第，果便终事。方公未入寺也，岐王暨惠妃薨于国，公承命还其枢返，往万里馆侯，舆皂不知为肘腋亲臣，过临其地，寺事之柄，良以是选。公始为内使，营卫圣恭僖夫人冢。弘治辛亥预修太庙后殿，进长随，毕工，进奉御。戊午清宁宫灾，预鼎建功，进今职，监临诸库，秋毫无所近，受知先帝，赐蟒衣，恩隆倚重，日进一日，至再世而益耀。公讳江，祖庆，父聚，世居涿之韩村，公生有异质，幼即知学，长离群褒，出以事君，竭忠飏为口实，用是获登内，以成其志，非偶然也。玺、恭德公如父，而悲公遽尔陨弃，丐铭。恭予教内馆时，生也其知所向往者，铭曰：凭厥栖而，为枭为鸥，曰谗实祸基，不如期期，凭厥栖而，为狐为貍，曰奸实危梯，不如依依，素介则匪，勇勤致赢，折于里轴，届门尤谁，其命也夫，铭以哀之。

56. 白江　《故内官监太监白公墓道碑》（罗玘《圭峰集》卷13）

先皇帝末，历思有以奋振更图而兴革劝沮，先笃诸近，于时光禄寺之剂钱阴漏，入于中外干没者十二三，睿志潜求所以代莅者，难其人久之。内官监太监白公江适还岐惠王之丧，至自楚，慎静之声籍籍闻于内，遂诏解旧所莅诸库事，改莅寺事。既至召酒人、饔人、庖人，戒曰："今以始，毋以尔所主品置，吾几日以童炊烹时，其渴饥饮食之至，旦日坐于门，平量衡阅出内，内以东入以西出，给以西入以东出，入毋比行，毋偶立，毋耳语，毋偻步，毋謦毋哗，违比通关节为奸，例有常诛不贷。"比日入扃封乃退，既匝月，奸朋故智败解去，寺之上下贺公以勤，公有绪喜。而母宗氏与兄凤居涿，渴一见，迎之不至，伤泣得嗽血疾，尤旦旦酬事，事不知愈，遂下摧为瘘疡，医继继至，莫注手，乃困卧连乞免。会寺寮疏留，止之。今上登极，赐蟒衣玉带，同列皆惊其异，既而转剧，两乞免，得赐复监饮药，部寺误疑为允旨，惧公去，疏留益恳，公自分不可起，乃乞骸归私第，上乃假奉御李懋、长随田雄以外事便侍其疾，疾果不能药，正德元年五月六日遂卒，年五十一。上闻，悼其以职死，赐祭且赙其丧，命左监丞郑玺、奉御王恭营其墓，皆异例，若以为劝者。墓在城西香山之原，葬以六月十二日，母闻之，悔不及生，就迎又悔，疾不及视危恶，候以凤偕孙钢、钊、锐、铸自涿来哭，玺、恭、懋、雄有父道焉，故亦子哭公，非上命在事然也，及是亦会哭哀，至与涿来者比。公，涿之韩村人，父聚、祖庆世居涿，以选入给事，预营卫圣恭僖夫人坟，修大庙后殿，建清宁宫功，自长随历奉御，以至今职。先所服蟒衣，先朝赐者也。荷荣两朝，显柄伊始，而年不究用，恭辈痏之，恭号知文，予教内馆时爱之，出诸生上尔，乃丐予铭，公铭已又丐碑其墓之隧，夫恭也，岂以予文足征于后也欤。词曰：野焉舍来，壶焉代食。垂玠施施，曳露白白。匪其躬私，庙建封筑。月迁岁登，帑实遍督。万里潜行，岐魄反庙。帝曰天庖，予嘉尔诏。狩其若酣，疴偻罔觉。陟屺在书，床肤以剥。死要归全，恤恩汤汤。西郊幽堂，蔚蔚桧柏。

57. 董让　《明故江西镇守御用监太监董公墓志铭》（《北京图书馆藏中国历代石刻拓本汇编》第 53 册，第 124 页）

赐进士及第中顺大夫太常寺少卿兼翰林院学士同修国史知经筵事钱塘李旻撰，赐进士出身光禄大夫柱国太子太保刑部尚书侍经筵前都察院左都御史吴兴闵珪书，敕管三千营兼提督十二营总兵官掌右军都督府诸军事前征虏大将军侍经筵太保保国公睢阳朱晖篆。

公姓董氏，讳让，字克谦，先浙之秀水人。太父文荣，父福，读书好礼，皆有隐操。祖母时氏，惠顺慈和，得妇道。母白氏，亦如之，生子二人：曰让，曰诚，长即公也。景泰丙子，选充掖庭内侍，内馆肄业。喜读书，尤善书法。公自幼敏慧有智识，盖亦天性然也。天顺戊寅，选入司礼监书办。英宗睿皇帝见而奇之，进御用监学琴。成化丙戌，复改本监书办。乙未，升典簿，掌监事。丁酉，升右监丞。壬寅，转左监丞，累迁至太监，管造金宝册。公奉职虔恭，夙夜匪懈，事毕，宪宗纯皇帝察其劳勚，赐蟒衣一袭。弘治改元，以例左迁右监丞，仍掌监事，小心谨畏。上爱之，续命提督福建市舶司事。寻升左监丞。九年，复升太监。上知公才力之优，克堪重寄。明年改镇江西及提督烧造磁器。公到任，首革奸弊，爱惜下民，百尔所行，惟务公道，军民帖然畏服。既奉命起盖益王府第及修葺教场，筑立城池台岸，公为之经营谋画，民不告劳，财不告乏，功亦随之甫成，其为政大率类此。今上方欲倚用，未几寝疾，卒于江之公馆，实丙寅五月十四日也，享年六十有七。讣闻，上嗟悼久之，命有司护送枢还至京，上命御用监太监等官阎公整等治丧事，复遣官谕祭及赐宝镪者，以十月二十五日卜葬于都城西赤水村之原。公素廉洁有为，事不苟且。先，成化丁未，奉命凤阳起取盟津王送回复府，途次往还，公私皆有馈饷，公力辞不受，时论归之，此尤人所难者。其后镇洪都，强盗邓迟八等，攻劫摽掠，人莫能致，公设法剿捕，获丑类五千三百余名，不惟军民仰赖，而缙绅大夫亦伟其才也。事闻于朝，公具疏上奏，赐蟒衣、玉带，以旌异能。《书》曰"功懋懋赏"，公之谓也。前后共历四君，虽显晦随时，略不为之忻戚，临没复谓其家人曰："惟以不能报国为憾，再无他及。"呜呼！为国爱民如此，其至公亦可谓贤矣。宜乎终始保全，名誉远播，没而其有光也。公弟诚将葬，太监阎公等具状请铭，予悼其贤有可述，为之铭曰：入侍惟勤，出守惟忠。公罔内外，咸有厥功。奕奕才猷，人孰与同。宠赉自天，名爵愈崇。历事四朝，德音孔隆。小心奉国，令始令终。圣泽洋洋，贲于丘封。勒之穿石，用垂不穷。

58. 王瑀　《明故惜薪司右司副王公墓志铭》（北京出土）

赐进士出身奉议大夫翰林院学士兼修国史经筵官藁城石珤撰，中大夫光禄寺卿直文渊阁莱阳周文通书，赐进士出身奉直大夫吏部郎中直内阁巴渝蒋恭篆。

正德丙寅十一月二十五日，惜薪司右司副王公以疾卒于正寝。厥侄敬等殡敛如礼，将于十二月十六日，葬公于香山乡翠微山之原，近昔司礼监太监、赠褒善黄公之墓，盖公乃褒善之爱子也。先期具中书舍人王君琪状求予文，以图不朽。予与君交谊有年，闻其才德之美久矣，乌可以不文辞哉？按状：公姓王，讳瑀，别号道贵，其先本顺天府东安县人。曾祖茂兴，祖斌，父福义。母马氏，生公。自幼资质凝重，器宇不凡，众咸期以远大。及长，以俊秀被选入内廷。天顺八年，入送司礼监学业。公性聪明，精于其事，同辈推让之，遂为褒善公所喜。成化九年，奏改监工。十一年，除长随。十七年，升奉御，惜薪司外厂监工。惜薪司专理受柴炭之所，厥任匪轻。而外厂先为收贮，尤其要也，官此最难得人。公能廉慎有为，搜除故弊，凡收纳之际，务极其精大，为上下所敬服。弘治八年，升今右司副。公虑厂之房屋坍塌，遇阴雨柴炭多为腐坏，设法修葺，焕然一新，且周围筑以高垣，严于防守。厂前旧有沟桥倾圮，阻塞旁民。每被水患，公亦修治疏通之，今称便焉。公生平持身正大，事君以忠，与人交有终始，尤厚同气。痛父母俱逝之早，待兄保、嫂谷氏，久敬弗渝。抚育诸侄孙，俱底成立。侄男二：长即敬，尝输粟为义官；次安，以武功授锦衣卫中所戈戟司百户。孙男五：淳、浚、潜、淹、瀛。淳，习举子业。孙女二。公生于正统辛酉十二月二十七日，享年六十有六。既序而复系之以铭，铭曰：王氏积德，久隐未通。迨公乃显，仕于禁中。累朝擢用，事君以忠。官不及德，才比位丰。正宜委任，溘焉以终。翠微之地，筑尔幽宫。勒铭贞石，垂休无穷。

59.荆端　《明故内官监太监荆公墓志铭》(《北京图书馆藏中国历代石刻拓本汇编》第53册，第125页)

赐进士第翰林院编修京口濮韶撰文，征仕郎中书舍人东吴王哲书丹，登仕郎鸿胪寺序班古燕程玉篆盖。

正德改元，苍龙建寅冬月二十日，太监荆公卒。讣闻于上，悼惜久之，遣其尚膳监太监蔡公珍董治丧仪，内官监丞毕公真偕赵公升，协襄葬事，恩亦殊也。今特录公生平履历，遭际显融，乞余铭墓石，以掩诸幽。遂按，公讳端，姓荆氏，山西平阳府蒲州衣氏县之望族，先世谱逸，莫可考究。公以景泰丙子简入掖庭，小心缜密，供事慎勤。天顺辛巳，除长随，执锐披坚，随朝侍卫。宪宗纯皇帝御极十有四年，念公先朝旧人，命侍孝宗于青宫。公殚乃心，引道启迪居多。成化丁未，以公劳效有年，升司苑局右副使，得金局事。未几，命答应乾清宫，寻转内官监右监丞。弘治改元戊申，升监左，署巾帽局事。乙酉，升右少监兼理神机营，号令仁严，士卒感戴，升左少监。至癸亥，晋太监，许乘马行禁中，寻赐蟒衣、玉带。弘治八年乙卯，命提督鞍辔局工役，蒙□作无浪费。方宜效劳，俄婴一疾，不起。距生正统三年七月六日，得寿六十有九，葬以卒之年十一月廿七日，从吉兆也。盖公为人□质纯朴，宅心平易，以故历事累朝，恭忠不懈，生有荣名，没有令终矣。宜而可铭，乃铭曰：猗欤荆公，禀赋淳仁。髫年选拔，入侍明庭。荐膺宠被，日近枫宸。稠恩叠惠，蟒衣光莹。生享□荣，没无余憾。我铭纳幽，公永其窆。

60.吴振　《明故内官监太监吴公墓志铭》[《新中国出土墓志》北京卷(壹)下，第140—141页]

资善大夫礼部尚书前翰林学士国子祭酒南京吏部尚书经筵讲官国史副总裁东吴李杰撰文，通议大夫吏部左侍郎充国史副总裁前詹事府少詹事兼翰林院学士南海梁储书丹，敕管三千营兼提督十二营总兵官掌右军都督府诸军事前征虏大将军侍经筵太保保国公睢阳朱晖篆盖。

内官监太监吴公卒，皇上特加悯悼，赐祭三坛，新钞三万贯，斋粮、麻布各五拾石疋，殡具、槟葬、造茔、享祭、建堂、董丧事命太监杜公甫、刘公杲、郭公表。公之卒也，恩典备且厚矣。尚膳监奉御张公昇等，爰具状属予铭其墓隧之石。按状：公姓吴，讳振，其先山东青州府诸城县秀义里人，后迁顺天府顺义县，祖讳彦礼，父讳祥，母王氏。天顺六年选入内廷，九年除奉御。成化十一年转安喜宫答应，十二年升尚膳监右监丞，十三年转左监丞，十四年升右少监，十八年升左少监，十九年升太监，二十三年转神宫监茂陵司香。弘治五年，蒙孝宗敬皇帝选，充皇上东宫典膳局局郎。十六年升内官监太监，兼掌局郎事，赐蟒衣玉带，得于内府乘马。十八年皇上嗣登宝位，赐禄米十二石。公之生也，恩典亦备且厚矣，夫公之生与卒，所以荷恩宠如此之隆，岂无自哉。观之谕祭文，有云"惟尔早以简拔，供事内廷，历年既深，克效劳绩"，则公之生平可见矣。公生于正统辛酉闰十一月初三日，卒于正德丁卯八月十四日，春秋六十有七，墓在宛平县香山乡委兀村之原。为之铭曰：内廷侍近惟公贤，阅历既久职屡迁。供奉几将五十年，忠勤一节矢弗谖。蟒衣玉带光烨然，渥恩殊宠降自天。生荣死哀福履全，饻终有典何便蕃。香山之原土厚坚，卜葬于此营新阡。佳城郁郁固且安，伐石刻铭掩诸玄。

61.陈良 《明故内官监太监陈公墓志铭》（《北京图书馆藏中国历代石刻拓本汇编》第 53 册，第 138 页）

赐进士第奉直大夫刑部山东清吏司员外郎西蜀刘武臣撰文，征仕郎中书舍人直文渊阁经筵玉牒官广阳李淇书丹，赐进士奉议大夫吏部郎中直文渊阁侍经筵官阜城沈文魁篆盖。

公讳良，字仲善，姓陈氏，号崖庵，福建之长乐人。长乐有镇曰海路，公世居焉，厥族最钜。邑人□□□路陈氏，以别其族。曾祖以谱逸忘其讳，祖讳志郎，考讳外生，俱不试。外生□□木质，有先民风。妣马氏，秉德贞淑，六姻称之。公生而骨相不类群儿，术者异之，目为贵人。

正统己巳，公时年二十有六，用有司荐，入内府，英宗命翰林儒臣教之。已而，命入司礼监文书房供事。英宗复辟，授奉御，为皇太子伴读官。未几，改针工局右副使，转内官监左少监。英宗升遐，皇太子嗣统，是为宪宗。宪宗以公旧臣，仍令给侍左右。公理宫掖事有条绪，宪宗悦，益宠任之。成化庚寅，畿内饥，京师米价腾踊，有旨命公借户部尚书薛远赈济，且发太仓米五十余万硕，属公监粜。公计处精核，全活者众。朝廷嘉公绩，升本监太监。甲午六月，命公领玺书，提督都城九门暨皇城四门。公持廉秉公，一时宿弊划革殆尽。孝宗每有事南郊，公奖率军士，昼夜巡逻，禁令斩斩。弘治癸丑，大礼成后，诏以公有保障功，赐蟒衣、玉带，时论荣之。正德丙寅，是为今上登极之明年，公以老疾，列疏求退，上重违公意，特命即其故宅调理。戊辰正月二十有二日，疾作，终于正寝，讵生永乐癸卯十月二十有五日，享年八十有六。讣闻，上震悼，赐宝镪万缗赙焉，且遣太监陈庄祭之，仍属庄监其丧。公之从子伟，将以卒之年二月十有六日，葬公都城之西四里□钓鱼台之阳。公厚重而明，直谅而文，偶居移日，或不交一谈，而出谋发虑，往往出人意表。政务当更张者，肆力施行，锐不可夺。诸凡奏疏，皆自起稿草，不假于人。酷好诗律，信意写出，多斐然成篇，可赋咏也。然其性尚谦退，不以此自多，故同列敬而爱之。出入禁闱五十余年，小心慎密，未尝有过。乃若其赈济保障之功，则谈者莫不歆艳之。而皆以其寿跻耋耄，生死光荣，为食天之报。呜呼，其信然哉！兹伟奉状来请铭，予以谓不俞其请，无以为世劝，乃铭之。铭曰：吾以赈济之功，见公之笃于仁；以保障之功，见公之笃于义；而以膺寿福，善始终也。又见公获天之庇，伟哉公乎，含笑入地，后公者谁，绎兹遗事。正德三年岁次戊辰二月吉日孝侄男伟刻石。

62. 郑强　《明故南京守备司礼监太监郑公墓志铭》（南京出土）

赐进士出身资善大夫南京兵部尚书奉敕参赞机务前刑部左侍郎兼都察院左佥都御史新昌何鉴撰文，钦差南京协同守备兼掌右军都督府事西宁侯濠梁宋恺书丹，赐进士及第嘉议大夫南京吏部右侍郎前太常卿国子祭酒经筵讲官杭郡李旻篆盖。

南京守备司礼监太监郑公卒于官，其嗣子庠生节持副留守梅君纯所述行迹诣予，拜泣请铭其墓。予惟公为留都重臣，劳绩著于累朝，勤慎闻于当宁，已有褒能制词，照耀星日，乌用予言以为铭邪！固辞，不可，乃按状而序之。公讳强，字文毅，别号芝山，福之同安衣冠旧族也。曾祖伦，祖友谅，考降，皆抱隐德；曾祖妣王，祖妣陆，妣吴，俱著姓。公生而端重不凡。正统末，甫九龄，选入内廷读中秘书，渐长遂充学术成伟器。天顺初，英宗皇帝复辟，选入春宫。甲申宪宗皇帝嗣位，升内官监太监，赐蟒衣玉带，极荷宠眷。庚子，上念南都根本重地，欲付公以留钥，乃先命往察事宜，遂改公掌南京内官监事，在昔东南诸郡输纳财赋者，苦于多索，公至一无所取，其弊遂息。壬寅，命同隆平侯张公佑修理孝陵。时军士以万计，工价倍之。公受命，相度惟谨，综理周密，一夫一钱下人无敢私者，不逾年而毕工。甲辰复命同平江伯陈公锐、侍郎白公昂修理皇陵。时凤阳地方灾，民不聊生，人以为疑。公曰："古人有因饥荒而赖以成事者"，遂市谷以赈饥民。民因役而得赈，官因赈而得力，下不告劳，官得省费，而事克济。先时省费，例皆人统事者，至是典守以费余钜万，异而馈公，公不受，归之于官。事竣，上特假公以礼服祭告。寻复敕公守备机务。戊申，孝宗皇帝登极，又复命公督修南京内府诸库藏，公亦不以事体之异，少忽于二陵，于是三告成功，皆有白金、文绮、宝镪之赐。前守备太监黄公赐没，公吊祭以礼，厚抚其家，董其丧事，殡葬无不周至，其家酬以遗物，公一毫无所受。后于太监陈公祖生之没亦复如是。太监蒋公琮同事，或遇事偶相抵捂，公能委曲周旋，务存大体，不露圭角。蒋后落职，公待之益厚，识者韪之。守备成国庄简公病革，公往视，直入卧内，相与永诀，自谓平日赖公夹助，以得不负朝廷重托，公感其言。继闻魏国徐公俌当代，公即往拜其家欢甚。盖魏国正大老成，夙受公知，幸同僚寀，自宜庆慰，礼也。一日将具服，侍者碎公玉带，复有捧羹者污公蟒衣，群下莫不悚惧，公神色不异，其雅量如此，非有德者能然乎！初公于城南天阙之阳买山一区，构屋数楹，又取隙地植嘉木、凿广池，时往游憩，以容与禽鱼之适。山中尝茁瑞芝，人以为公德之征，因号芝山居士。

乃即其山为茔域，以屋为祠宇，计终老焉，上特敕赐祠额曰"褒能"。乙丑，今上皇帝嗣登大宝，公与总辖守备太监傅公容俱上疏乞骸，上特进公司礼监，代傅专司留钥，加赐禄米、蟒衣、玉带。公居南都最久，人情事体无不谙熟，一旦当轴，上而礼接同僚、公卿、士夫，商榷政务，下而统驭诸司官署、军民，剖析事宜，悉皆允当，人咸敬服。然退休之志日不少忘，近于祠旁构一小寺，上特赐额曰"成恩"，令僧人居之，为公护守，其制词有曰"历事累朝，多著劳绩，典司留务，勤慎不渝"，人皆以为实录。公感激，莅事愈勤，朝夕不倦。乃是岁秋，忽病痬，竟卒，为正德戊辰九月十二日，距其生正统辛酉八月一日，享年六十有八。卒之日，诸内外僚友、公卿士夫暨官属军民老幼，悉皆奔走吊哭，行道之人亦为流涕。讣闻，上悼公历事六朝两京、办事公廉勤慎，赐谕祭者三，宝镪二万贯，斋粮、麻布各五十石疋，造坟营葬，启建享堂，恩至渥也。节将以十一月十五日扶柩葬于天阙之麓。公尝立兄珩之子为嗣，即节，读书好修，将跻膴仕。孙男三，曰仁，曰义，曰礼，孙女一，尚幼。乌呼！公自被选迄今，掌机务五十余年，硕德重望，深沐隆恩，此其所以坐镇庙堂而成丰功伟烈，屹为江南屏蔽。比其没也，囊无余赀，章章在人耳目，又足以验其平日之清约，斯当代之伟人与！是宜铭，铭曰：系公之生南闽陲，河岳秀孕璠玙姿。内廷被选成环奇，读书中秘侍储帏。龙飞从龙上天池，銮舆彩仗日相随。留都根本系安危，聿遣先往相时宜。陵寝大内命修治，经营相度多猷为。指麾号令风雷驰，惠泽宣布雨露滋。功成不受费余货，一念许国实在兹。掌司留钥非公谁，声色不动如山维。劳绩端受九重知，南顾无忧仗保厘。纶音屡降无愧词，马鬣高封恤典遗，允矣公名千禩垂！

63. 李英　《明故秦府典服正李公墓志铭》[《新中国出土墓志》陕西卷（贰）下，第 321 页]

赐阶正四品中顺大夫秦府左长史汝南强晟撰文，秦府右长史奉政大夫辽阳杜谨书篆。

正德辛未八月十八日秦府典服正李公卒于内署，遡其生于正统丁卯六月二十七日，享年六十又五。讣既上闻，我秦国祖妃暨今王殿下悼念不已，遂遣门正白润、典服副王聪董厥丧事，且遣官赐祭，礼惟从厚。其义嗣内使鱼跃、张腾既择本年九月十九日奉葬于长安县金光里敕赐崇仁寺之西偏，乃诣予官邸，拜泣丐予铭其幽室。公讳英，字廷位，凤翔岐山之良族。成化中被选入秦府，事我简祖多效劳勤，历弘治壬子蒙奏保典服副，越三年复以年劳保升典服正。公为人淳实，绝浮靡，奉公守法，未尝有毫发过愆，凡有织造土作，务罄乃心，必精必微，乃敢献于王所，由是王赏其能，每加优锡，而予辈亦善之于乎。士君子之生于世生有令名，而殁有美誉，若李公者亦可以无憾矣，是宜铭。铭曰：呜呼李公，其生也人称其善，其殁也人称其善者无厌，兹葬于今地之西，尚惟百世永奠。

64. 郭通　《钦差镇守云南御用监太监郭公墓志铭》[《北京图书馆藏中国历代石刻拓本汇编》第 53 册，第 151 页]

赐进士出身征仕郎吏科给事中古岍阁钦撰，钦差镇守两广总兵官征蛮将军安远侯金陵柳文篆，征仕郎中书舍人直文华殿豫章王杲书。

正德己巳十月二十三日，御用监太监郭公卒于云南公署，侄男郭铺、郭铎，殓如其礼，扶柩返京师徇葬焉。讣闻，上为悼念，遣公门下御马监太监张君通、苏君璋治其丧，赐祭一坛，宝镪半万缗为赙，恩亦渥矣。葬期临，张君复介公之表弟房林，持事状征铭纳幽，以彰潜德，辞弗获。按状：公讳通，姓郭氏，其先江西人。父讳福得，乐善循礼，乡隐有操。母刘氏，贞淑贤良，恪执妇道，生公。幼而岐嶷颖秀，志意殊常，为里闾所羡慕。景泰壬申，简入掖廷供艺，小心寅畏，莅事安详。天顺甲申，选侍乾清宫。本年五月内，除长随，禁直殷勤，夙夜匪懈。成化戊子，升奉御。戊戌，升酒醋面局右副使。庚子，转左副使，益殚乃心，淬励厥职。癸卯，宪宗皇帝怜其才识之捷，委任是承，转升御用监左少监金监事。甲辰，进太监。公愈仰感无涯，益图裨补于万一。乙巳，许禁中乘马。丙午，上察公从事之久，赐蟒衣、玉带，岁加禄米如其例。弘治己未，孝宗皇帝察公倚旧之臣，且老成练达，命护送雍王之国，往返途陆，恤惠军民，下无搔扰，有司德之。甲子，公以耆年，命裕陵神宫监司香。公于事隙，乃兴善念，盖寺一座，疏陈，赐额曰永恩，延以行僧圆智而住持之。

修盖二圣庙宇，续建桥梁，以崇报本。正德三年戊辰，今上皇帝轸念劳效，中官公被玺书，出镇云南藩镇，案临金齿、腾冲等处，下车问民瘼，兴革利弊，边境晏然。己巳，遽尔婴疾不起，距生正统丙寅三月二十二日，春秋六十有四。墓属顺天府昌平县率勤里留村之原，窆厝则以是年六月□□日也。公生平直质，不事华靡，恭忠持己，平恕宅心，示下恤恩，接交乎义，而任中监之官，侍廷有稔，保全始终，荣名令闻者矣。宜铭，铭曰：卓彼贤公，秀毓灵钟。才逸江右，简入禁中。侍我皇明，效力摅忠。宠锡蟒玉，渐被光荣。出守滇南，金齿腾冲。殊方被化，异服尊崇。云胡不愁，遽尔告终。国有优典，赐祭与赙。存没濡恩，泉渊瞑目。若窀若堂，七尺寻有。媲美伊何，贞石同久。

65.傅容　《故南京守备司礼监太监傅公墓志铭》（罗玘《圭峰集》卷16）

正德六年春三月十日，葬南京守备司礼监太监傅公于昭功祠之阴、永宁寺之右，曰昭功，曰永宁，皆上宠公赐额也。初孝宗简于肘腋，得公来南，付以留钥，公感知遇，事丽兵民便宜，大以驿闻，小以意制，寝机拔萌，化嚣成寂，泯厥声迹，时阴便之。凡南畿岁钦虑狱，则守臣，则部院寺咸视公色可否，公主其疑者，咸厌众心，或至宣诸言，公亦默然，遏自念曰："奉若钦恤谓何，吾何敢居累，厘宸翰褒谕，益怵惕冰渊，矻矻恒以弗任为忧。"遂以疾请，上怜公诚，月有廪，岁有役，俞公休。官一僧至左觉义为永宁寺主，以主公祀，制下之日，蠲及税焉。从子豪入粟为郎，杰千户，皆宜役公。而公以是年正月二十五日疾剧，卒，春秋七十五矣。而豪、杰以豫遣归，未视属纩也。公，广之顺德人，曾祖某，祖义悌，父道达，母何氏，世名家也。以选入掖庭，肄内馆业，有器干。英宗擢奉御掌文书，宪宗擢纪事奉御，侍悼恭位下，转宫禁教书，擢春宫局郎。孝宗弘治初，进司礼监太监，赐蟒衣玉带禄米，宪宗茂陵、英宗懿妃金山二功成，继命选永康大长公主婚，褒赍皆有加。上新即位，赐又如弘治初焉。至于钦遣方岳之臣祭公考妣，盖异典也。公性于俭朴，平居慢藏，诲从者之㢮振衣，误羹翻之浼，家众缩项，蒲伏股掉，掉公顾讶曰：尔何为第，去意气晏如也，鸣珰贵人，重德成就，类阶德位皆父母，公至，是哭亦如之。且以闻于上，方徯恤典也，而又来属予铭。公讳容，字某，号某，铭曰：学之牧之，以蓄厥施。龙飞则随，宫月夜白。委裘之侧，鞠躬屏息。凤兴仗行，东有启明。折旋陛扃，帷幄孔严。传宣日三，有堂有廉。维南有钥，惟以休乐，噫公不作。

66. 傅容 《故南京守备司礼监太监傅公墓道碑》（罗玘《圭峰集》卷13）

正德六年正月十五日，南京守备司礼监太监傅公卒。守臣以闻，且请木请食，其丧衰麻其子弟请封其墓而堂之，诏听遣官三祭，赐宝锸事，不三月十日，公已葬昭功祠阴矣。公讳容，字体仁，松庵其号也，春秋七十五，广之顺德人。曾祖某，祖义悌，父道达，母何氏，世名家，公以选入内，内书馆者，制馆阁诸贤荏焉，以肆中贵人之幼秀出者也，例不以群凡众又以选入，入日有誉，动英宗知，擢奉御，掌文书。宪宗嗣擢纪事奉御，侍悼恭位下，教官人禁中，转局郎侍春宫。孝宗弘治初，进司礼监太监，赐蟒衣玉带禄米，日向柄用，而于茂陵工甫毕，又督懿妃金山工，继选永康大长公主婚，褒赉有加，钦遣有司祭公考妣，以优公殊属意焉。一日以一函付公，命乘南传，公请启则留都玺书也，拜舞辞，即日行，既至，人无知者。故事，勋宿元臣，扃阃内外，为意向久之无何形迹，隐然示大体，迺交相说，而公于殿器遏嚚，敛溃控奔，又多潜为之。所若岁虑大狱，无文之拘，有疑积滞者，意持之，倾耳群议在所则毁，校脱梏者居多，寂不居德以为色，德音屡下，郊迎宣读，既纳诸函，或讶之摇手闭目，人多愧而去。遂墅城南，因山而垣，称垣而祠，祠左为寺，僧一童与谈空焉，为佚老计，请额祠，赐额曰昭功，请额寺，赐额曰永宁。泣叹曰："吾不能生事天子矣。"无何以疾请，上怜公诚，月有廪，岁有役，听公休官所，谈空僧即永宁，居蠲其税食之，主公祀焉。公从子豪入粟为郎，杰千户也，鸣珰贵人父母公者无虑数十，崇卑间剧布中外，南内殆十三相与曳碑砻之于墓之道，来请刻辞。予春既铭公墓辞，乃合辞言曰："众志瀟瀟，旨味公铭，然而阒幽，孰愈昭揭，于表表之，观公其谓何。"

予无能让，乃袭叙而诗之，其词曰：逾岭而燕，居也木天。业也执师，之龙之夔。维从龙升，乾清坤宁。嫦娥环罗，内则孔多。载橐螭头，敷政优优。玉匣黄肠，堂玄之藏。帝曰钦哉，公其南来。培柢培根，有实无文。永宁昭功，百世祀公。

67. 高凤　《大明故司礼监太监高公墓志铭》[《新中国出土墓志》北京卷（壹）下，第 153 页]

特进光禄大夫左柱国少师兼太子太师吏部尚书华盖殿大学士知制诰同知经筵事国史总裁长沙李东阳撰，赐进士第资政大夫太子少保礼部尚书掌太常寺事侍经筵同郡田景贤书，特进光禄大夫左柱国太师兼太子太师英国公奉敕提督五军并十二团营总兵官监修国史知经筵事掌后军都督府事古汴张懋篆。

正德壬申十二月初十日，司礼监太监高公卒，讣闻，上震悼，命司礼监太监赖公义、御马监太监李公能、内官监太监刘公英、杨公森、朱公辉理其丧。礼部谕祭，工部治凡丧事，赐银币、米、布为赙。慈圣康寿皇太后、慈寿皇太后暨中宫咸赐赙有差。公以正统己未六月四日生，至是寿七十有四。卜以癸酉二月初三日，葬于都城西玉河乡之寿藏。公之存，尝预属予为墓表，及诸学士、大夫为碑及传。兹其从子后军右都督得林、尚宝司丞荣，以诸太监意，请为埋铭。辞弗获，司礼太监温公祥、蒋公贵亦为速，予乃叙其履历岁月，而以恤典先焉。公自入内廷，景泰丙子始受学内书馆。天顺戊寅，英宗命领司礼书札。甲申，预治大丧及宪宗纳后礼。乙未，授奉御。壬寅，擢惜薪司右司副。癸卯，金司事。甲辰，致祭襄府。乙巳，迁内官监右少监，仍署司事。己酉，孝宗命治秀怀王陈夫人丧礼。庚戌，理岐王就邸事。辛亥，迁左少监。壬子，奉使辽府。归，特命为东宫典玺局丞侍今上讲读，夙夜勤恪，凡讲官所进授，日为温习，起居动止，食饮寝处，因事启沃者，不可胜计。甲寅，遣祭顺妃。戊午，赐蟒衣，许乘马禁中，始进司礼为太监，仍兼局事，赐玉带。癸亥，以疾告，累命医诊视，仍赐御药，比入谢，以步履未健，命乘肩舆。乙丑，上登极，命视监事，掌机密，委任隆重，累辞弗许。一时新政，裨益居多，赐岁禄二十四石，命典大丧。复奉太皇太后谕，选大婚。丙寅，礼成，加岁禄前后至八十四石。公累引疾求谢事，上不忍释，面谕再四，乃许之。命归外第，秩禄皆如故，加给内库米十石，薪夫十人，既而复召入视事。己未，复得谢。又三年，乃卒。公为人纯悫简易，无疾言遽色，中不设崖穽，不屑屑为恩怨计，蚤嗜问学，所治官自壮至老皆文翰事。其尤大者，则储宫之辅翊、内政之枢机，竭志殚力，务求实用，而恒固不易，进退裕如，遭际之盛，持养之厚，兼得之矣。其所制祠堂，尝赐额曰"褒贤"，诚贤也哉。公讳凤，字廷威，号梧冈，世居顺天之涿州，谱逸不可考。考四翁，赠荣禄大夫、后军都督府都督同知；妣白氏，赠夫人。从子五：景春、景文、得山，皆义官；得林，初以军功，历都指挥同知，掌锦衣卫事，奉敕缉访，功进都督同知；荣，以恩历中书舍人，皆至今官。从孙六，淮、友、才，俱锦衣卫百户，万良、瓒、安贤，为涿鹿卫百户。兹不厌重录者，为埋铭计也。铭曰：储宫翼翼，职专承弼。惟先皇帝，手自甄择。宸居肃肃，官列监局。惟今天子，□筦是属。有美高公，两际其盛。尽思尽忠，退不失正。煌煌命服，郁郁佳城。禄赐山积，恩波海盈。惟天锡之，实备寿祉。惟帝念之，用笃终始。公生达死，公死犹生。维百千年，永此令名。

68. 李荣 《大明故司礼监太监李公墓志铭》（北京出土）

特进光禄大夫左柱国少师兼太子太师吏部尚书华盖殿大学士知制诰同知经筵事国史总裁长沙李东阳撰，赐进士第资德大夫工部尚书前兼都察院左金都御史汤阴李燧书，特进光禄大夫左柱国太师兼太子太师英国公奉敕提督五军并十二团营总兵官监修国史知经筵事掌后军都督府事古汴张懋篆。

公姓李氏，讳荣，茂春其字也。上世出西安之三原，相传为唐卫国公靖之后。卫国葬开封之祥符，子姓蕃□其一胜国，时从戎凤阳之怀远，以功授千夫长，后流荆州，卒葬□陵。其一居汝南之确山，季世兵起，公□祖讳清甫，偕其兄仁卿避地河南之洛阳，今为洛阳人。曾祖讳成，府学生，未第而卒。祖讳敬，父讳升，皆□□仕，乡称长者。母魏氏，实生公，早失怙。景泰庚申，甫十余，被简入内廷，侍乾清宫，终天顺之世，未显世也。成化改元乙酉，累官至太监，许乘马禁中，赐蟒衣一袭。戊戌，汉阳王冒报宗籍，宪庙命公往勘，得诱引者置之法。比归，命入司礼监，命□公事，赐玉带。卒日，再命宣府阅实边鄙，以劳给岁禄十二石。壬寅，□使土□事，亦告集，寻命守备留都。弘治改元戊申，孝庙召入复命，同典机务。辛亥，命与驸马都尉周景勘□徽府狱，毁其离宫，革服用违式者。丁巳，命选德清公主婚礼成，赐肩舆，出入屡同，延臣冒献重辟，平反甚众。今上在春宫，公兼领进读，夙夜惟谨。每入侍讲筵，必先再□祝千岁寿，上眷而怜之。嗣位之初，益隆眷注，命阅五军三千神机及十二营军务，赏罚明当。进掌监事，凡国家大政皆预参决，久益谙练。当是时，权奸盗柄，委曲调济，裨益良多。戊辰，垂八旬，赐敕慰劳及白金彩币，间以疾，请出外第。城西南有别墅，水石竹木，□于郊甸，往来其间，屏撤驺从，人猝然遇之，不知其为重臣故老也。壬申，上笃念耆旧，特再起□既陛见，感恩奋励，继之以泣。未几，再以疾辞，遂不起，实九月十日也。公赋性朴厚，入内垂六十年，一心慎密，未尝有过，与人夷坦，未尝念旧恶为报复。计福寿之盛，盖众所鲜及云。公从子珍，累官镇国将军、锦衣卫掌卫事、都指挥同知，卒。华、春，皆指挥佥事。裕和鸾，皆正千户。凤，千户孙旻珍之子也，嗣其官。江，指挥佥事。钺，正千户，昂、昱，皆副千户，晟、淮、昙，皆百户。公生于宣德庚戌四月二十五日，年八十有三。讣闻，上为哀悼，赐布□为赗，遣礼官谕祭，工部治葬事。命太监丘公聚、于公经、莫公英、柴公历、田公智治其丧。将以是年十月十二日，窆于顺天宛平香山乡之原，亦公所自卜地。先帝尝赐祠额曰旌义，且赐敕守护焉。旻以诸公之意，持状请予铭，予承内阁与公周旋有年矣，乃为铭。铭曰：皇有燕翼，重千储宫。公劳其间，辅翊之功。国有近臣，必先司礼。公□其端，枢钥是委。公练世务，亦通书诗。有试必效，糜微弗知。晚获优闲，益臻寿考。山林城郭，亦□□老。煌煌召命，肃肃趋朝。皇实眷之，公心则劳。曾不几时，旋焉告疾。方再浃旬，得正而毕。隆隆恤典，贵彼幽原。存没之□，□□□□。山环水回，

□气攸宅。勒铭著行，永托贞石。

69. 邓贤 《明故神宫监太监邓公墓志铭》（北京出土）

文华殿旧直征仕郎中书舍人前乡贡进士滇南杨缵撰，征仕郎中书舍人直内阁合肥马涉书，征仕郎中书舍人直内阁上虞陈瓒篆。

公讳贤，字彦良，其先广东肇庆府阳江县人。上世谱系远逸，莫可考见。公生幼而聪敏，立志超卓。自成化丙戌进内廷，甲午赐牙牌，戊戌赐帽，癸卯升兵仗局右副使，乙巳升左本监金押管事。弘治己酉转御马监，升左少监。明年升太监，又明年赐蟒衣。乙卯赐玉带，恩数稠叠，赏赉甚厚，而公操存愈谨。己未许内府乘马，以便出入。甲子转惜薪司金押管事。正德庚午，移陵神宫监司香。公自妙龄简入禁掖，历事三朝，始终一致。越壬申二月十二日，偶获一疾，卒。距其生景泰癸酉四月廿七日，得寿六十。讣闻于上，遣内官监段公祥董治丧仪，择卒之岁是月廿一日，公之犹子曰和辈，具服累然扶棺，葬于京城西宛平境翠微山之原。公之为人厚重，勤敏温纯笃实，虽祁寒酷暑，未尝竟日亵服，温言煦色，人亦乐亲之。是其生不徒荣，其没不可使泯，而不白于世也。复系铭曰：广山维崇，公秀所生。自入内禁，宠遇日隆。蟒衣玉带，特赐华躬。既宠既贵，不侈不矜。行藏古拙，节俭平生。翠微之原，风气攸钟。我铭藏幽，百千万春。

70. 房懋 《明故司设监太监房公墓志铭》（《北京图书馆藏中国历代石刻拓本汇编》第54册，第2页）

特进光禄大夫左柱国少师兼……华盖殿大学士知制诰……特进光禄大夫柱国太师兼太子……敕提督十二团营军务总兵官……□大夫光禄寺卿直文……经筵官……

公讳懋，字时勉，勉斋其别号也。始居澶渊，相传为唐梁国公之后裔，徙居山东□南□邑□县。祖讳源，亡于兵。祖妣张氏，携其四孤：宽、胜、友、刚，避地大名府开州东明县，遂占籍焉。父宽，母崔氏，实生公。年五岁为舅氏所育，以俊逸简入内廷，正统己丑□也。越三载，诏选司礼监内书馆读书，授学于翰林院学士。公天资明敏，过目成诵，端庄沉静，动止老成，识者知其非凡才也。景泰庚午，进阶长随。至成化丁亥，累官至司设监太监，赐蟒衣、玉带、禄米，许乘马行禁垣，殊恩异典，重沾叠沐，德业才望，烨然称著。成化□□，公且以恬退是尚，乞休致，未蒙俞允。己亥，疏再上，情词恳切，准本监外级调护。受命之余，优游桑梓，日与文人墨士笑谈诗酒，无复进取之念。弘治癸丑，四川□□员缺，公奉敕以往，既就道，慨然以抚绥自任。兴利除害，民受其赐。昔月之间，政清狱简，上安下顺，风化为之一新，朝廷以得人为喜，而公夙昔退休之志拳拳不忘。居无何，上疏固辞。孝庙怜其久在边镇，诏驰驿归老于家。所居都城北，轩窗虚敞，坐远尘嚣，焚香燕息，气爽神□，怡怡旦暮，不知老之将至，高情雅况，殆非流辈可及也。盖公天性旷达，不为富贵所溺。□奉亲尤为脍炙人口，太夫人在堂时，公每食或得珍味，必先献而后食。太夫人殁，哀□□三日不食，徒跣足扶柩，安厝丧礼，无所不备。事父尤孝，同侪之得于观感者赖以兴□。正德癸酉夏，疾复作，竟弗起，五月二十二日也。兄整，参随在镇归于途。娶荆氏，生子三人：长□，娶崔氏；次照，娶仝氏；次杰，娶宁氏。孙男一：诚。弟英，以武功升锦衣卫正千户，娶贾氏。□□正统辛酉四月十七日，得寿七十有三。讣闻，上为悼惜，赐米、布为赙，遣神宫监太监廖昕谕祭，工部治茔域，命神宫监太监廖公昕治其丧。卜以是年七月十九日，窆以顺天府宛平县香山乡七□村之原。墓有祠，额曰旌劳，有敕护守，皆特恩也。廖公持状请予铭，铭曰：有美梁国，为唐名相。东鲁之胄，衣冠相望。今几百年，乃复见公。煌煌蟒玉，报德旌功。□□□退，服明且□。徜□林麓，□名全节。恤典望重，□泉水□。存没光荣，时所难致。松柏森森，郁然风气。贞石勒铭，垂休百世。

71.傅锦　《尚膳监太监傅公之墓》[《新中国出土墓志》北京卷（壹）下，第155—156页]

特进光禄大夫左柱国少师兼太子太师吏部尚书华盖殿大学士致仕长沙李东阳撰，荣禄大夫少保兼太子太保吏部尚书侍经筵官前奉敕总制提督军务都察院右都御史石淙杨一清书，特进光大夫柱国太傅兼太子太傅新宁伯奉敕提督十二营戎务兼五军营总兵官掌后军都督府事侍经筵滁阳谭祐篆。

尚膳监太监傅公以正德甲戌四月二十四日卒于外第，遗命义子清等曰："吾荷国厚恩，灰身莫补，勿乞祭葬。"清等谨卜五月二十八日窆于都城西香山乡南海甸之原。御用监右少监苏公章，公所抚育，为治大事，谓墓不可无铭，遣清来礼请于予。予虽老，而且病，辞不可得。强起，叙而铭之。按状，傅氏乃山后蔚州人，其先世系未详。公父讳福兴，永乐壬寅，方幼，被虏掠去，在彼服力勤事。虏遂将牢不疑，以女钵啰罕氏妻之，即公生母也。久之，公阴谋南归。正统己巳，乘间弃其妻，独携公并幼女伯失罕潜奔来降，边臣遣人送至京。闻于上，赐公父充勇士，收公妹入宫，以公为寺人。讳锦，字文组，送进禁中，给与尚膳监太监张公辉名下抚育。景泰丙子，以勤敏有声，选本监长随。成化乙酉，受荐加奉御。丙戌，擢右监丞。丁亥，迁右少监。戊子，转左。壬辰，进太监。历任年深，积有劳勚，钦赐蟒衣玉带，内地乘马，以彰其功。庚子，遂膺心疾，力请辞职归田；恳乞三章，特以奉御侍香长陵。甲辰，病愈，诏起为右监丞，调景陵神宫监管事。弘治壬戌，转尚膳监左监丞，提督羊房。癸亥，兼提督里外牛房。正德丙寅，升太监，提督如故。公出入履历，更事最多，衙门百凡供御，庶羞品味，修制极尽精微。办官之外，禁止浮费，恒以节财裕民为念。平生刚中而气和，貌严而心平，言不妄发，发必中节。读书虽少，听人讲诵，颇晓大义。长于射法，所谓范我驱驰，舍矢如破者也。盖人有非常之才者，必获非常之用；际非常之用者，必享非常之福。公自少而壮，由壮而老，以稀旬有七之年，承五朝明主之宠。威益重，而名益著；节愈坚，而志愈贞。夙夜匪懈，善始善终。中贵大臣年高德劭如此者，夫岂多见。公既失恃，奉养继母如嫡母，克尽子道。有一继母弟曰钺，早逝。妹为宫人，年老放出，卒于家，公并葬之以礼。止遗弟妇刘氏嫠居衰迈，此外更无别亲。尝自谓此身如寄，何事厚殖货财，以故日用之间，食前方丈，颇近靡费。然于赒恤困穷，略无少吝。盖因见理分明，有古人风烈。而忠君孝亲，良德美行，足以使人追慕不已。呜呼！此不可为有职者劝哉！铭曰：人生可嘉，落茵之花。彼委溷者，徒归泥沙。人亡可纪，流芳青史。豹死皮存，其文蔚耳。日近清光，侍膳馨香。蟒衣玉带，五服攸彰。奉盈履冰，在宠思辱。节财裕民，安享天禄。乐施尚贤，处之泰然。忠孝兼尽，性成自天。位显名扬，既福且寿。归窆近郊，铭镌不朽。

72. 黄润　《明秦府承奉正黄公墓志铭》[《新中国出土墓志》陕西卷（贰）下，第 321—322 页]

秦府左长史赐阶正四品汝南强晟撰文，秦府右长史奉政大夫前敕授登仕郎国子监学正稷山梁溥书丹并篆盖。

正德九年九月四日，秦府承奉正黄公以疾卒于内署，遡其生于天顺己卯，得年五十有六。卒之明，予与内外同寅既往奠之，明日有门正王泾来予官所，述吾王睿意，命为作铭。于乎，予与承奉公有同寅之义，铭之固宜，矧奉王命，又安敢辞。按公讳润，籍长安之董苏里，世为良族。成化初以俊秀被选入秦藩内籍，九年奉例钦取赴京，累升御马监左监丞，正德五年奉敕改除秦府承奉正。公自履任以来，勤慎干济，极蒙睿眷，而总镇藩桌亦相礼重，实中贵之表者也。偶构寒疾，仅九日竟弗起，讣遹，王震悼痛惜，而通国内外悉皆惊怛，以为才干如公而寿考乃止此，岂非天乎，岂数乎。公送终之具若棺椁衣衾百凡之资皆出于王，比昔有加，虽云早卒而恩则有余矣，又以厥母何氏八衮尚存，悉归其有，毫发无预，此又他邦之所无。门正择以本年十月八日大葬于敕赐崇仁寺之右，亦睿恩也。公终始承恩而锦衣玉食者四十余年，尚何憾哉，是以铭。铭曰：嗟乎黄公，早侍内廷。锦衣玉食，履历宫丞。乃迁国奉，不放而升。王宠眷厚，一朝遽变。数不可增，大葬高原，永永其宁。

73. 杨定　《明故尚衣监太监杨公墓表》（北京出土）

中宪大夫太常寺少卿兼经筵官预修国史玉牒东吴刘启撰文，奉直大夫礼部员外郎兼经筵官预修国史玉牒太原乔宗书丹，承务郎大理寺左寺副兼经筵官预修国史玉牒临安方英篆额。

尚衣监太监杨公，正德甲戌九月四日以疾卒。讣闻于上，悼惜移时，寻遣御马监太监李公文才、西华门门副郑公端，治其丧仪，具其衾椁，殓如其制。卜兆于顺天府宛平县京西乡马鞍山石厂圆照寺之原，窆公为窀穸之所而安厝焉。李公以上世潜德，久而湮没，乃属于鸿胪序班贾君政状公之行，征予文表于墓石。状曰：公讳定，字世安，姓杨氏，别号静轩，本湖广人，世系竟罹于燹，莫可考究。天顺六年，以质奇伟，简入内廷。成化三年丁亥，宪宗皇帝命侍乾清宫，小心慎密，恭忠匪懈。是年冬，擢长随。八年壬辰，升奉御。公殚乃心，淬励厥职。十四年戊戌，升司苑局右副使。十八年壬寅，佥局事。癸卯，转左副使。甲辰，升大使。乙巳，公以久侍禁闱劳勋，荐升内官监右少监，局事如故，即岁冬，进太监。丁未，移局事□□乾清。弘治改元，孝宗皇帝临朝，例左迁右少监。三年庚戌，孝庙轸念勤慎笃实，仍复太监，赐蟒衣玉带，内府骑马。十八年乙丑，公随泰陵神宫监司香，方殷效劳，竟作仙逝不返。距生殆卒之甲戌，得寿六十有九。昆玉四人：长即公；次端，御马监左监丞；次耘，神宫监左监承；次阅，神宫监太监。稠恩异数，萃于一门，时以为□□□□为人，丰神秀爽，器宇轩昂。□已端庄，宅心平易，接僚友克孚信义，御□下兼施惠威，历侍三朝，忠恭一致，其居中监之生享尊荣，没有余余者矣。宜而表之墓，以昭于世云。正德十年夏四月吉日立。

74. 梁玉 《明故御马监太监梁公墓志铭》[《新中国出土墓志》北京卷（壹）下，第156—157页]

光禄大夫柱国少傅兼太子太傅吏部尚书谨身殿大学士南海梁储撰，敕提督三千营总兵官掌中军都督府事侍经筵太子太傅成国公凤阳朱辅篆，赐进士第通议大夫刑部左侍郎前大理寺卿侍经筵都察院右金都御史宣城张纶书。

公讳玉，字德润，姓梁氏，系出湖广襄阳南昌之望族，高、曾、祖俱有潜德。父讳真，尤谨饬，甘隐不仕。母张氏，庄静慈淑，乡党称无间言。生公，自幼天资颖秀，气宇轩昂，所谓桂林一枝，崐山片玉者，公其拟之。厥后于成化丁亥，有司荐入内府。成化丙申，宪宗命公分理兵仗局事。成化己亥，复有抱关之责。成化癸卯，升奉御。丁未，宪宗升遐。孝宗嗣统，改元戊申，迨乙卯年五月十八日，升都知监左监丞，次日，简命分守凉州，恩至渥矣。越八载癸亥，历升本监左少监，仍守凉城。而四境冲突，且近番虏，公则处之无难，寻添设墩台，挖掘壕堑，斩削山崖，重整武备，故数年之间，匈奴远遁，居民晏安。弘治乙丑，孝宗宾天，今上登极，改元丙寅，遂升太监，命镇陕西，特容以蟒衣、玉带之赐。公在陕右不数月，而诸司百职靡不企仰，郡黎百姓咸有称颂。是年十月三十日，钦命回京，督理惜薪司南厂。至己巳，改御马监太监，复命镇守大同，公则益奋勇力，愈固谋猷，若夫擒斩之功，不可胜计，又于要害处所，则以增墩台，防范有方，而匈奴不敢猖獗，皆公之力也。故闻于上，特敕便宜行事，复遣官赉蟒衣三、玉带一，以劳公之忠诚。及壬申，朝廷又以公德望素著，远夷久服，因移镇甘肃。特以公素知其地，轻车熟路，凡贼势有犯，易为御侮。三四年间，威名大振于西羌，眷顾愈动乎九重，奈何公寿聿暮景，正德甲戌十月二十日，卒于斯地。逾年乙亥正月十六日，讣闻，上震悼不已，辄遣官赉敕，往迎公柩至京，赐以宝钞，谕祭葬、祠额，官其公素所爱者数人、勇士十人。仍遣御马监右少监刘祥、内官监奉御韩让董其事。二公素在公爱下，知公行实，具状请予铭，义不可辞。公生于景泰甲戌十二月初七日，享年六十有二。公名下二：即刘、韩二公。侄男五：梁锐，锦衣千户。梁富，锦衣百户。梁能、梁贵、梁仓，俱总旗。皆森然玉立，承继无忝。呜呼梁公，其生也荣，其死也哀，终始一致，功业伟哉。今年六月六日，择葬于西直门外香山乡白石桥之原，因为之铭。铭曰：瑞气呈祥，著于南昌，笃生伟器，恭侍明皇。潜心事业，夙夜弗荒，始终遭遇，宠渥汪洋。内辅君德，外殿边疆，上下悦服，名誉昭彰。寿逾卦数，星殒忠良，西山晚翠，松柏严霜。孤云出岫，鸟倦莫翔，刻兹金石，千古流芳。

75.陈逵　《明故司设监太监陈公墓表》（刘春《东川刘文简公集》卷19）

正德九年十二月六日，司设监太监陈公卒，讣闻，上命司设监太监何俊、尚膳监左少监秦忠治丧，复命太监覃瑄谕祭，仍赐宝镪五千贯为赙，而升其义嗣锦衣卫百户陈鉴为副千户，陈斌、陈英冠带总旗，及充勇士者八人。既葬，鉴辈谒余表诸墓。公出广西马平县世家，初姓熙，天顺间入内廷，改姓陈，故今以为氏。其讳造，字达道，生而资性敏慧。在成化时，宪宗皇帝慎简读书者，盖欲重任于将来，公于癸巳被选读书内堂，日有开益。戊戌，孝宗皇帝在青宫，缉熙问学，公又以端谨被简随侍，朝夕讲读。丁未，孝宗皇帝登极，遂擢奉御，供事乾清宫，寻擢司设监右监丞，签书茌事。弘治戊申，转左监丞，复擢右少监，己酉转左少监。明年遂擢太监，赐内府乘马以宠异之。癸丑，赐蟒衣玉带，岁加禄米十二石。丙辰命于显武营管操，丁巳又被命体量益府事宜，盖公持心谦厚，临事不苟，随所任用，克副上意，故简在帝心，而获宠待如此。庚申，奉敕镇守山西，至则省谕所属禁奸慝，招逋逃，抚流离，凡利弊之当兴革者以渐行之，不激不随，人心大悦，其于身所当行者殚虑竭力，不告劳。正德丙寅，乃以勤劳婴疾，遂抗疏乞休，至京谒见，上慰劳至再，仍命视事司设监。至是卒，得年五十有九，鉴等卜葬于宛平县香山乡广慧寺之侧，寺乃公所创置，其名额亦出上赐也。公为人明达靖重，勤于所事而详审周密，不务苛察，故所至法行而人自不敢犯。在山西凡体量藩府事，公平宽恕，未尝滥及无辜，人尤颂之，无弗爱戴者。若关隘之戍守、边防之备御，又皆督所司整饬经略，盖诚国之老成人矣。是宜书之坚珉，以表于墓，庶公之所以蒙列圣知遇暨上之优恤逾于寻常者，非无自也。于戏，是岂但陈氏子孙所宜思之而不泯哉。

76. 王佑 《明故御马监太监王公墓志铭》（《北京图书馆藏中国历代石刻拓本汇编》第54册，第21页）①

光禄大夫柱国少傅兼太子太傅吏部尚书武英殿大学士知制诰经筵官石淙杨一清撰，中宪大夫太常寺少卿经筵官预修国史玉牒长洲刘棨书，文华殿直奉政大夫通政使司右参议前中书舍人东吴顾经篆。

公讳佑，字天用，世为陕之西安府咸宁县人。高、曾祖俱隐不仕，谱牒逸无所考。父讳七，早卒。母马氏，抚育于成。幼颖敏，识者谓非凡

---

① 同时发现的尚有《明故御马监太监王公茔券》，分刻二石。

子。成化丁未，被选入内廷，又选入司礼监书堂，受翰林儒臣业。今少师致仕，西涯李先生实尝教之，业用有成。庚子，供事六科廊，克勤职务，时有赏赉。弘治癸丑，以年劳给牌带。戊子，简授司礼监典簿。癸亥，迁右监丞。正德改元丙寅，上嗣登大宝，擢左监丞，晋府表庶人败度，安置凤阳，命公护之行，往返道途，秋毫无扰，人至今称之。丁卯，擢右少监，进御马监太监，奉敕总督京通仓场粮储，赐蟒衣、玉带。早夜在公，出纳惟谨。辛未，上汰督仓冗员，察公慎勤，仍留监督。公益砥励图报，称尝曰："臣之事君，鞠躬尽瘁，毙而后已，庶几无愧。"又曰："吾倚荷国渥恩，常禄之外，有所妄取非忠也。"故自始授官驯至贵显，俱有廉名。正德乙亥四月，忽得疾，犹力起治事，疾增剧，至六月初八日竟不起。其生天顺壬午四月十七日，年才五十有四。性至孝，母氏孀居五十年，寿过九十，尝以贞节为有司所上，诏旌其门。公念违远膝下，语及不胜哽咽，岁时遣人奉甘旨，候问起居不辍。间有疾，辄废寝食，报痊乃已。生平无他嗜好，公退则读书写字，以为日，喜接文儒士夫，权利所在，视之漠如。讣闻，上悼惜，命司礼监右监丞郑公润、御马监奉御杨公端主襄事，赐宝镪五千缗，遣官谕祭。公门下士锦衣千户赵达、总旗赵通，偕公侄杲、旻辈，以是月三十日，葬于阜成门玉河乡池水村之原。且以郑公等意，述公世行履历，请予为墓志铭。予官陕西时，知公母之贞，且知公教行于家，其兄弟子侄，足迹不至官府，心切敬之，志铭之请不得辞。铭曰：公器夙成，亦惟母教。母节式彰，旌门有耀。白云亲舍，日怅以眺。贵且不衰，系公之孝。公仕既显，而守益严。其服玉蟒，其茹壅盐。众为利驱，峻不我沾。履险不渝，系公之廉。子孝官廉，公行在此。虽不永年，其名无泆。

77.李瑾　《明故神宫监太监李公瑾墓志铭》[《新中国出土墓志》北京卷（壹）下，第160—161页]

赐进士出身奉议大夫司经局太子洗马经筵讲官国史纂修官建安滕霄撰文，中顺大夫太常寺少卿直文渊阁经筵预修国史官东吴刘棨书丹，奉议大夫礼部员外郎直内阁经筵玉牒官太原乔宗篆盖。

正德丙子秋九月六日，太监李公以疾卒于咸宜坊之私第。讣闻，上遣御马监等监太监田公春、崔公文治其丧，悉如礼制，赐赙如例。奄岁卜期九月二十八日，窆公枢于顺天府宛平县香山乡小南庄之原。公之弟侄自具事状来请铭志于玄堂，庶幽潜之德不泯。状曰：公李姓，讳瑾，字廷玺，广西梧州府郁林州博白县盘邻乡石脚庄人，怙恃早失，系莫能记。父讳东圭，循礼尚义，才雄于乡。母刘氏，女行婉婉，贞淑贤良。公生正统己巳七月十七日，幼而丰神磊落，态度清奇，乡长钟爱之。天顺戊寅，时方甫岁，辟于大廷。己卯禁中从事，恭慎谨密，夙夜匪懈。成化丙戌，宪宗纯皇帝见而怜之，赐牌、帽，擢为奉御，本年十月，升兵仗局右副使。丁亥迁左副使，署局事，是年冬，历升内官监太监，赐蟒衣玉带。寻许禁行乘马，天恩洊被，萃于一时，同列者鲜俦。辛卯，给岁禄十二石。乙未，获金监事，丁酉，委命精专，应对敏捷，再赐蟒衣，加禄米至三十六石，累膺钦命，仰感皇上之洪恩，益悚寸心之惕慄。丁未，葺理仁寿宫并奉慈殿。本年十月，恭尚孝宗敬皇帝即位，册宝赍捧与列。弘治庚戌，奉敕与同平江伯陈公锐、尚书贾公俊修筑都城。工竣，劳有殊典。甲寅，转御马监金事。戊午，被玺书前往山西等处公干。己未，复奉敕前往湖广、江西等处公干，屡应经遇途陆往还一无所扰。有司服德，民怀其惠。正德初，而公以年高志倦，乞优散地，诏俞允。方晏然薄暮，遘疾长逝。其享春秋而度六十八霜，有弟一人曰瓒。惟公勋授锦衣副千户，居官尽职，绰有能声。侄三人：长洪，亦以公贵授锦衣百户。次涝，次淳，率皆卓立，皆公平昔训迪之启也。生平赋性爽恺，志意轩昂，礼以接交，宽以御下。历侍三朝，矍矍一致，其受锡也，衣至蟒，带至玉，马至乘于内，禄至倍于显。内府监局之官，获一者亦足以为荣，况公兼之者乎。呜呼，若公生享尊荣，没复何憾，保全臣节者矣，宜铭。铭曰：惟天降才，赋禀斯异。百粤钟英，公生兹地。毓秀髫年，丰神秀丽。辟于大庭，简为中侍。恪秉忠贞，弗辞劳绩。天子嘉之，宠光日裕。视事藩邦，劳谦谨饬。简在帝心，骈繁是锡。遘疾无何，竟然长逝。赙有殊典，颁白于庭。具此众美，为身后荣。南庄之原，有岿者坟。有铭昭之，百世攸存。

78. 余俊　《明故南京守备内官监太监余公墓志铭》（南京出土，南京博物馆藏）

赐进士资善大夫南京工部尚书蜀人黄珂撰文，钦命南京协同守备奉敕掌行祭礼兼管南京右军都督府掌府事西宁侯凤阳宋恺书丹，赐进士第通议大夫都察院右副都御史奉敕总督南京粮储晋陵白圻篆盖。

正德丙子十二月壬申，南京守备、内官监太监余公卒于官。越明年丁丑二月丙寅，葬于聚宝门外安德乡之兆域，遵治命也。初，公少孤，久违丘原。后入掖廷，益贵，徧索之无应者。既领留务，继母袁氏、弟俌方自荆至，会于官所，悲喜交集。遂遣人归，迁葬考龙、妣何于原立祖茔。数年孝思之心，方始克慰。去年，公择地于安德乡，上其事于朝，请立祠若寺，以诏永久。上眷方深，可其奏，仍各赐额：祠曰"彰勤"，寺曰"祝禧"。今发慎有期，门下士傅澍录所撰状诣予乞铭。予在工部，所职多涉诸贵人，其间机警有器干者，必知之。反是者亦然。予既忝与公为乡人，又知公之行，焉敢辞。按状：公本夔人。成化初，夔大饥，适大父先有别业在郧，由是厥考同季父虎奉母就养于郧。未几，考、妣俱以客死郧。时值弗靖，公方龀，当选入内，即肆力书史。长益明习技艺，关□染翰，崭崭出侪辈右，累官至尚衣监太监。纯皇升遐，职司香。弘治癸丑，今上在春宫，公朝夕侍，盖敬皇简于肘腋云。乙丑五月，用登极恩，迁御马监左少监。寻进太监，有蟒衣、玉带之赐，为非望赏。且令掌乾清宫，宠以肺腑。正德丙寅，改内官监，职如故。时宫闱之役起，公实董之，事以集告。是年冬，天子思得旧人，付之留钥，遂以玺书旌钺授公。公感知遇，自矢惟俭惟慎，以固上宠。在南都十年，勤于公事，喜接缙绅。士夫有大政，则诸贵人、勋旧及诸卿之长贰月再瘁留司议之。咸取必诸贵人色可否，苟当于理，公必首肯，予深敬之。公掌兵仗局，局所攻函甲之事，岁进其良若干于朝。惟四方所输材如泉注壑，废旧坊者辄洩之，厥孔百出。公莅焉，浚之必尽塞，其源乃清。由是入武库者，经公监制，辄甲他进。所谓机警有器干者，其斯人哉。卒之日，支属麾下僮圉若丧父母。呜呼！经事三朝，备极贵富，而又值时承平休然，余乐施及。弟佣亦藉锦衣，向进可冀，福履天幸，可铭也。公讳俊，字世伟，号竹居道人，年五十九。铭曰：奋翼孤骞，脱其羁樊。致身天阍，龙潜在泽。维以毓德，汝婴汝侧。眷焉旧都，有敕有符。乃应时需，乃心帝室。善于其职，甲光耀日。鶄鶢峨峨，托体山阿。吁其不磨。

79. 腾英 《明故门副腾公墓志铭》（四川出土）

赐进士中顺大夫云南曲靖府知府赵永桢撰文，赐进士亚中大夫陕西布政司参政郑怀德书丹，昭勇将军四川都司都指挥佥事张龄篆盖。

正德十有二年丁丑岁闰十二月八日，蜀藩门副腾公卒。按状，公讳英，字德彰，其先眉阳鱼耶镇崇道乡。父刘妙海，母黄氏，生公于天顺戊寅三月二十四日亥时。自幼颖异不凡，人皆奇之。既长，入蜀为中侍，定园嘉之，命侍左右。成化中，惠园当国，以公才干，寻令管辖庶事。暨昭园嗣位，屡擢之内局，典司织造进贡，上则不失公家之应，下则不耗闾阎之资。迨及今上，历事五朝，始终不苟。于是正德中奏保于朝，升授今职。自受后夙夜在公，愈加刻励，未尝不以忠君为国为念。丙子秋，上命督营织染局，既今一载余，营造如法，百工庶众皆得欢心。一旦俄染婴疾，浩然长逝而归，享年六十岁。卒之日讣闻于上，俯加悯悼，中外戚然，乃命中侍昌公享司理丧葬。赗所需毕给于官，即且遣官谕祭者三，恩至渥也。越十月四日，安厝于锦城之西附郭闹市河之原。将葬，子刘本清、本准具状征铭以掩（函）宅。永桢尝辱公爱，故不敢辞，为系之以铭曰：贤哉中卿，为国之桢。历事不苟，朝野闻名。德以润身，爵以荣贵。始顺终安，死生不愧。锦城之右，水秀山明。刻石昭示，百世流馨。

80. 苏荣 《大明故蜀藩门正苏公墓志铭》（成都出土）

赐进士第奉政大夫云南知曲靖军民府事里人赵永桢撰文，赐进士第大中大夫山东布政司左参政成都许淳书丹，赐进士第中宪大夫福建按察司副使锦官李志刚篆盖。

正德丁丑岁夏四月二十有五日庚午，蜀藩门正苏公卒。公讳荣，字天赐，世系直录苏州吴县人，本姓周。大父讳鹏，避元兵燹，遂之蜀而而焉。父讳源，姒张氏，生子四人，公居其次，公生而岐嶷秀敏。成化间，怀园当国，励精图治，登收俊髦，公被命入侍内廷，改赐今姓。夙夜在公，克笃勤慎。及侍惠园，益嘉爱隆，随事干理，厥有成绩，而人多贤之。弘治中，昭园倚任而大用之，疏名朝著，擢以门正品秩，内臣荣遇，抑何至哉？公相王室，逮及今上，仅四朝矣。公忠一节终始，弗渝中外，以老成见称，而雅望素著，自非公负真实之德，怀忠非之心，坚鲠介之操，曷能如是邪。公抚子二人，苏忠、祝琦。公皆教育成立，为国伟器，立犹子周廷弼为嗣而属以后事，乃为援例，输粟拜官义员，此公之存心不以亲疏有间也。公生于天顺丙子年十二月二九日子时，享年六十有二。一旦无疾终于公署，讣入，上悼念不已。命司官昌公盛董理丧葬，锡祭凡三，赐赉优于庸典。生死之荣，恩至渥也。时交弟谷公堂、孙公德者，亦为哀恸而往治其丧，以是年五月初十日甲申归葬于东郭华阳永安里之原。葬之日，廷弼衰至，抱公行状来请余而为之铭。曰：岷山毓秀，锦水钟英，公生颖异，卓哉天成。为人之杰，为国之桢，志忠节劲，才伟政平。四朝眷注，三蜀驰名，俄登迁梦，漏尽钟鸣。正德十二年五月初十日孤子周廷弼泣血稽颡瘗石。

81.倪文　《大明南京司礼监太监倪公墓志铭》（南京出土，南京博物馆藏）

赐进士通议大夫南京礼部右侍郎丰城杨廉撰文，大中大夫太仆寺卿直文华殿事制玺册官东吴杨杞书丹，奉政大夫尚宝司卿直南薰殿事舜江严勋篆盖。

南京司礼监太监倪公以疾卒于私第之正寝，其嗣子纶将奉柩葬于应天府江宁县安德乡山之阳，以太监张公、刘公之命，具事状来请予，以书其墓中之石。二公，皆公之乡人，其拳拳为公不朽计如此。予固辞不获，乃为序其事而铭之。公讳文，字仲章，姓倪氏，建之政和人，倪为其邑巨族。公父讳公进，母宋氏，生公及公弟州、童、胡、留五人。公自少颖敏异常，不与群儿伍，见者皆奇之，以为他日必为伟器。天顺癸未，选入掖庭，肄业内书堂。成化丙戌，进司礼监东房载笔，治内文书。公小心谨慎，勤劳益著，历官至本监左少监。弘治改元，奉使湖广诸亲藩，凡所赐与，不敢毫发受。所过郡邑，驿传寂然无扰，人不知有中贵至也。弘治己未，转内官监太监，领敕守备凤阳，奉祀祖陵，为国肺腑。公以委任愈重，敬慎愈加，至于御下临众，事尚简静，不作威福，人以甚得大体称之。正德丁卯，转南京司礼监，盖上以公年老，故优之耳。公卒年七十有一，是为正德丁丑十月之八日，其葬以十一月四日。公以弟童子为后，即绅也。公际遇四朝，在帝左右，惟宪庙为最久，其尤宠任，在孝庙及今上，为甚隆云。铭曰：巷伯疾恶，吕强清忠。我朝□英，独知薛公。公亦何愧，前辈之风。最其廉静，以昭无穷。

82.莫英 《白石主人传》（北京出土）

赐进士出身朝列大夫南京国子监祭酒前（下缺），奉政大夫尚宝司卿内阁供诰敕事（下缺），征仕郎中书舍人直内阁预修玉牒国（下缺）

白石主人者，广东肇庆恩平良族也。姓莫，名英，字国器，附都之西山有白石别业，因曰："予游于斯，乐于斯，死即葬于斯。"是为白石主人。少时，父母命省其姑于沙冈，为流贼劫去，官兵得之，遂诬为幼男，进用。入内书馆，进书办供用库，授奉御，转副使，升大使。侍宪宗皇帝，升内官监右少监，谏神仙事，忤旨，犹升太监，赐蟒衣。同列蒋琮谮之，降长随，降小火。及琮得罪，皇帝悟前诬，稍复奉御，监上林苑，寻复内官监左监丞，复右少监。督京仓，用荐者复左少监，复太监，用司礼奏，复蟒衣，赐玉带，加总督。初，琮以郊祀不与赐，讪上，英即以大义责之，遂见兼内官。梁氏之子斥去其父，父自家来也，英谕以父子之恩，不喻，出己资归之。宪宗时，人或怀惠，遗以数千金，却之曰："吾日饭一盂耳，于吾何有？"或荐至御司房，则辞。推东宫伴读，则又辞。取六局官，则又辞。上使之访仙术，则谏。使之建延寿塔，则欲止之，会以谏止。监上林，则曰："果实充而已。"督京仓，则曰："出纳充而已。"欲广近场火道，以民怨奏止之。仓官吏旧无俸养，则曰："是教之偷也。"奏赡之月粮而弊息。暇则焚香，好读书，至忠义事，则义气益激发。或为之私谋，则曰："用舍，命也。"或语之时事，则俯而默。友爱其弟豪，至友也，食亦食，出亦归，弗归弗食，诫其弟雄之遗孤违仁与豪之子违礼曰："余生也不辰，亏厥身为若人，惟名教之辜。惟尔二人，其谨就乃师友，力乃学，其乃有光于余，尔之弗学，惟余弗光，惟尔之辜，尔辜则浮于余。"乃仁礼游交于贤士大夫之间，屹有立志。君子曰：可以观厥自矣。生景泰元年月，卒正德十三年三月。讣闻，上命近官治其丧。太史论曰：予待罪金马，阅史馆宪宗朝章奏，稍波及莫太监英，以英侍宫闱也。及与仁、礼二子游，因相见退然而如士夫，入而让行，行而循墙，分庭而升，坐执主位，甚礼，闲曰："吾入内府，俯首而行，不敢仰视，以此自存耳。"或引以柄用不答，夫然后知白石公之贤，又知天下古今毁誉，不足考信，而人未易以类知也。及去上林，人遮道留之。死之日，旁仓之人，若失父母然。岂可诬哉？故述其行之可采者，无亦使其无传焉？正德十五年三月吉日立。

83. 莫英　《皇明总督京通等处粮储内官监太监白石莫公神道碑铭》(北京出土)

光禄大夫柱国少傅兼太子太傅户部尚书谨身殿大学士知制诰国史总裁兼经筵官湘源蒋冕撰，资政大夫户部尚书侍经筵前奉敕总提督京仓等处仓场支一品俸赐蟒麒服保定杨潭篆，征仕郎中书舍人直内阁预修玉牒国史官永嘉金云鸿书。

明故内官监太监莫公既葬，越厥二月，厥犹子违仁辈，爰衔哀致币执公事状介予，宗侄、户部主事彬，来乞予铭诸墓碣。□刘义讥韩昌黎谀墓中人，予文劣于韩而识刘之讥，予曷能铭。然公子乡人知其善□书谓蔽诬斯欺，欺则失己，蔽斯昧，昧则失人。予不敢蔽，予曷已于铭。按状：公讳英，字国器，号白石主人，广之肇庆恩平人。父满，以子贵赠武略将军、锦衣卫千户。母梁，继母邹，俱赠宜人。大父通，曾大父苟，俱隐德弗耀。公少天资明敏，举动异群儿。天顺五年，公年十二，家人偶网获巨鱼，公窃其美者，往省姑病于沙冈。值苗人叛，且至家□□□□□公俊服食异蓄之。成化改元，官兵平苗，有司概执公，诬为幼，献于朝。二年，选入内书馆读书。六年，拨供用库书写。十二年，除奉御。十五年，进本库右副使。十六年，进大使。十七年，改升内官监右少监，循升太监，赐蟒衣，禁中乘马，节拜金玉、宝镪之赐。上郊祀，赐从臣职衣。同列蒋琮不与觖望，公责以君臣大义，遂构怨焉。二十三年，帝崩，公疏乞司香陵寝，允调茂陵神宫监。孝庙改元，琮舞文玩法，用仇谮公，降长随，复降小火者。厥后，琮守金陵，奸妄不法，为言官交劾，律坐极刑死于狱。上始觉琮之奸妄，迁前被谮者。七年春，复公奉御，署上林苑监事。公勤而严，蔬果茂植，人莫敢窃取，部民拖欠，皆感德输纳，□年库充用饶。八年，复内官监左监丞。十年，复右少监，督京储。十二年，寮寀疏□□□□□监荐，复蟒衣，并赐玉带。再荐，改命总督。十三年戊寅三月十一日，以疾终于正寝。讣闻，上命内官监太监孙铎、神宫监右监丞高宣，董治丧事。越月十七日，葬于都城外西山白石港南向之原。公谟范儒雅，动静庄谨，爰自入内，以至属纩，出入禁闼，绝无失德，俱有足称。若宪宗访求神仙，则以非义谏阻，终不与议。番僧以术召入，则谏曰："恐遗笑四方，启衅后人。"上尝命访司礼监怀恩脏滥，不避权奸，廉其情以复，上嘉其勇直弗欺。孝宗欲建延寿塔于崇文关外，命公经度其事，则谏曰："此非盛世。"事后，台阁亦如公言，以谏乃寝。尝出郊，闻孝皇晏驾，大哭失声，遵制成服，素食茹哀。当司香茂陵，入则俛首屏息，凛然竦敬。凡遇列圣忌辰，不服彩，闻朝钟不正席，祭祀必致敬。公之事君，敢谏不欺，始终不渝者多类此。弘治间，有荐公司御司房事，辞曰："此机密之地，非菲才宜居以。"公文学端谨，推为东宫伴读，固辞不赴□□□□青宫，欲取充六局官，仍以疾辞。督仓时，内欲更置或以谋告，则曰："用舍有命，予岂为利禄移哉！"权贵每欲处公要地，□叹曰："居此欲不欺君剥民得乎？"讫不为动，公之辞荣避要者多类此。公之待物□□□□□□性弗从，乃出己资归之。乡人至自南，虽差役者，遇以礼仆，从怀以恩，至今乡人犹佩服不忘。处寮寀以谦，御属吏以礼。公律己甚严，有感德者馈金数千，却不纳，曰："日用惟三餐，将焉用是。"公父报□□□□□□□同列多荫亲信从人官，公从人亦伺候颜色，公厉声曰："名器，岂尔滥叨！"乃止。督仓秋毫不染，人每呼为莫青天。故旧当权者，匪公事不谒，谒亦不多言。有问正色以对，殊无谄容。公亲亲出于天性，

□□□□□□□失，即正色不言，使自愧悟。每至戒曰："我不幸忝于名教，汝辈宜苦学，以光门弟。"常坐待三鼓，诸侄读罢，令坐卧榻前，谆谆以修身理家为训，毕乃就寝。侄尝病笃，皇皇致祷曰：某赖有弟侄，承我先□□□□□□置义田合族，值京城私第，为官所夺。又二年，而公薨矣。其惠民也，若督仓时，同列欲开北新草场，方正火道，近□居人，号泣无措。公闻之告于同列曰："上无益于国，下使民失所，作此何为？"仓中官吏□□□□□□群下有瞻，宿弊少除。同列每欲展盖仓廒，公对曰："昔者，粮斛之出，月仅十万，今何啻倍之？且各廒屡空，吾□□□知忧而涂炭斯民，无乃不可乎！"至于去上林，而民遮留；捐宾客，而仓民悲泣。至久而□□□□□□香观诵。至忠烈，即欣然想慕。及奸贼，必掩卷疾视。接遇士夫，分庭拜揖，恂恂若儒生。孝庙时，人咸相庆，以乐太平。公暇默坐，改容久之，子姓请所以，叹曰：民非后，罔克胥匡以生。斯脉在□□□□□□恶左右，惟僻好鹰犬乐战斗胡为不忧乎！大角见彗于西北。公曰：此变主退忠良衣冠祸□□□凌犯，公曰：主无功受爵。至秋，果以平西擒刘封数伯。病亟，戒其子侄曰："吾历事三朝，享禄五十余年，无奇勋报国，无异政及民，惟知廉谨敬事耳已。即吾殁，切勿随时引例妄干□□□□□□□供事，吾素不信，不可从俗，诸侄丧葬一惟命焉。"君子曰：敢谏近乎忠，不欺近乎诚，不渝近乎毅□□仁，识机虑远近乎知，数事合焉近乎德，德立矣，其又奚忝乎？宜乎？人拟诸吕疆存亮之流宜（下缺）朝盛，福庇于后昆矣，予又曷已乎铭哉！公生于景泰元年庚午九月八日，寿年六十九。仲弟□□□□□□□□锦衣卫千户。侄四：违仁，锦衣卫千户；违义、违礼、违智，俱业儒。侄孙五：如爵、如齿、如德、如士、如□。铭曰：于惟莫公，裔出南服。流远弥芳，既富方谷。大道堂堂，公禀其粹。可学可充，素耳□绘。孰知□□，□□□□，□□终穷，致身行内，行内伊何，惟谨惟忠、赤心上逮，帝眷日隆。何以隆之，玉带蟒衣。彰德显庸，赫赫于时。何物菲萋，成是贝锦。爰谪其居，司香陵寝。公□□□，□□□□，显达有殊，公心无二，无二则诚，久焉乃征。帝炳忠邪，竟获其情。帝乃益眷，宠乃益崇。复厥采章，以荣厥躬。共事三朝，有善可书。此其大都，我也匪诔。忠君孝亲，友弟慈侄。信接朋寮，始终靡失。五伦既全，众善可言。□□□□，□□弗愆，顾瞻夜台，白石之原，堳埒不毁，公曷憾焉！公我乡人，知公之真，惟真乃□，□□□□。正德十四年六月吉日立。

84. 张诚　《明故内官监太监张公墓志铭》（北京出土）

赐进士出身翰林院国史编修经筵讲官泰和王忠撰，奉议大夫通政使司右参议姑苏顾经书，征仕郎中书舍人直内殿东吴杨润篆。

正德十四年岁在己卯春正月二十六日，太监张公以疾卒于正寝。讣闻，上悼惜弗置，遣御马监左监丞弟训董治丧仪。窀穸将临，悯公之潜德，命侄男、锦衣卫右所副千户张祥，乃具事状，来征予铭。状曰：公讳诚，姓张氏，原籍陕西之西安府华州华阴县岳前里人。曾祖孝忠，祖演，父忍。母杨氏，生子五人，太监公即第五子也。上世谱牒逸散，莫可考究。弘治庚戌，公以俊秀选入内廷，服属司礼监太监覃公昌、贺公能为名下，莅事慎勤，服劳底豫。癸丑岁，送应差役，本年差委左顺门，接天下文卷，多出于公手。丙辰。以公练达而鲜愆，举升甲字库管事，时出纳尤精，每事详细。己未，升奉御。壬戌，升印绶监左监丞，仍照旧管事。癸亥，发心修盖白云观，住持德元领众朝夕经典，为国焚修，每诵玉皇宝经。乙丑，转上林苑监金书管事。正德改元丙寅，皇上念公练达老成，调度有方，特升本监太监，赐蟒衣、玉带，命往镇守云南金齿腾冲地方，兼理戎务，军民悦服。壬申取回，转内官监太监，许内府乘马，仁寿宫答应，管理皇庄兼督真定府、宁晋县等处庄田，行事详明，人民皆感德。劳效方殷，遽尔婴疾，药弗奏效竟世，距生天顺甲申十一月十九日也，得寿五十有六。兄弟五人，公行五也，长曰镇、钊、鼎、隆。侄男三：长祥，任锦衣副千户；次曰川，次曰升。墓在阜成关外香山乡白云观之原，从吉兆也。卜葬以是年二月二十六日。呜呼！公平生赋性倜傥，志意平和，信义接交，惠威示下。历侍三朝，恭忠一致，履常安顺者矣。是宜铭。铭曰：伟哉张公，系出关中。早以才质，简侍皇明。业肆文典，出入禁门。五十余春，蟒衣玉带。乘马禁中，命守滇南。兼理戎务，奏对专精。香山之阳，有观者坟。若鼎若堂，媲美伊何，史氏勒铭。东吴杨锐镌。

85. 苗旺　《明故神宫监太监苗公墓志铭》[《新中国出土墓志》北京卷（壹）下，第 169 页]

赐进士出身承直郎刑部主事真定王宇撰，光禄寺寺丞豫章王杲书，征仕郎中书舍人李升篆。

公讳旺，姓苗氏，世为山西夏县人。大父清，有隐德。母太孺人靖氏。公成化甲午进入内府，恭慎小心，夙夜匪懈，事务毕集，随选为办事长随，以积劳连转，随侍坤宁宫办膳，公闿爽有为，谙练事故。有难克济者，其长多以委之。至是无不洒尽，裨益良多。弘治戊申，点升尚膳监太监，管理霸□□河等处皇庄，公平心驭物，廉约宽厚，上不累公家之赋，下不亏小民之心，惟正是取，纤毫无所入。每遇少有水旱虫蝗灾，即上奏闻，蠲免其他。所以为上为民之事，无不尽心竭力，诚革故垂后。迄今人咸称诵不忘。弘治丙辰，上嘉其劳绩，特赐蟒衣玉带。正德壬申，迁委茂陵治事，公仪状魁梧，温纯乐易，不事矫饰。官事未毕，继之以日。性敦孝爱。兄盘，义官。弟广全，同居白首，无间言。戚里穷急，力为赒施。而自奉俭约，不为禄位所移易。人皆喜其德之宏裕，下至旗校亦感慕无饮怨者。兄先卒，公念之不置，厚葬以礼，不计其费。侄男长山，义官。次霖，锦衣卫左所见任百户。次天秀，学官弟子员。次海、嵩、淮、洪、越，俱勇士。皆蒙抚摩教育有成，是亦可谓难已。公生于正统十年十月初五日卯时，卒于正德己卯五月二十六日，得寿七十四，以六月初十日葬于都城高碑店先茔之原。其卒之三日，内遣中官赐赙白金及治丧事，所以慰谕者甚至，实异数也。余与有识，兹奉乡进士李文鸣状，请铭诸墓。乃为之铭，铭曰：历任最繁兮，厥职孔修。全所终始兮，先民之仇。彼有德兮，泽或不流。嗟公生兮，系人戚休。公已去兮，孰恃孰求。后有过兮，尚有感于兹丘。

86. 王钦　《明故御马监太监王公墓志铭》[《新中国出土墓志》北京卷（壹）下，第 173—174 页]

武德将军锦衣卫衣右所副千户海山王深撰并书篆。

公姓王氏，讳钦，字惟寅，别号肃庵，其先保定府之新城县人。公幼而聪丽，慎动举，不轻言笑，邻里敬重之。弘治癸丑，被选入内廷，供执御马监。丁巳，除长随。戊午，进奉御。癸亥，升右监丞，事故司礼监太监黄公中为明府。正德改元，上命黄公出守南都，付以重寄。公疏名请随之，上准南京御马监如其官，署事兵仗局，带管龙江关。未几，上念黄公伴读春宫，早夜勤慎，终始不渝，召还，管司礼监密务。公亦遇取前监，加左监丞金押，出管旧都府草场出纳钱粮事。寻升右少监，丁卯迁正监。黄公卒，公董治丧事，殡葬悉如礼，第造祠堂请额"悯贤"，寺宇额"保恩"，生死一致，人咸称之。事成奏上，遂有蟒衣玉带之赐。公历政公勤，不苟取与，不妄交接，为官长僚友称重。政务□暇，诵诗读书，鼓琴作字，延贤论道，消遣世虑，此外无为也。公尝与同门署惜薪司事司设监太监张公环辈，于都城西宛平县香山乡广源闸悯贤祠左择地一区，治以墙垣、树株，以为归葬之所。意以大期之来，万岁千秋，图与黄公密迩。未数岁，而公卒，公以廉干之才，人方重望起渥疲癃，奈何未遂而没。呜呼惜哉，公生于成化丁亥十二月十有一日，卒于正德庚辰九月十有九日，得寿五十有四，以卒之年十月十八日归葬于前卜之地。父母暨兄皆早逝，宗弟中贵王君玺甥男养为子者二：钺，锦衣卫衣中所冠带总旗；闵，腾骧左卫中所勇士。义弟徐辅者，公未贵时所交也。予昔事黄公，与公有同门之旧。公病将革，属予后事，恳恳再四。予弗获辞，故志之如此。铭曰：粤惟世重，为约与谦，公阶正监，厥志引恬。质直无华，动履有则，不冰而寒，不火而热。左诗右书，岁月与居，守默自重，不事时誉。惟公与勤，孜孜为国，藻鉴殊明，不为物惑。人方重望，在起疲癃，皇天弗吊，正命而终。湖山之东，广源之北，千载佳城，悯贤祠侧。

87.彭喜 《明故内官监太监彭公墓志铭》［《北京图书馆藏中国历代石刻拓本汇编》第 54 册，第 78 页；《新中国出土墓志》北京卷（壹）下，第 175 页］

奉议大夫通政司右参议东吴顾经撰，将仕佐郎鸿胪寺序班贾政书，将仕佐郎工部文思院副使顾聪篆。

公讳喜，字文悦，怡庵其号也。家世粤之雷州府海康县人，怙恃早失，谱系莫能详记。成化戊子，公性姿颖秀，选入禁庭，供职内官监，莅事甚谨，服役甚勤。癸丑岁，卢沟桥决，公承命往修筑二就绪，赐牌悬带，出入禁闼。弘治甲寅，孝宗皇帝命督造宫用薰炉等器，给与牌戴。无何，重修内帑西十库，升右监丞。是年，亦修造武当山真武石坐，升左监丞。乙卯，创建泰康公主寝园，升右少监。寻命盖造清宁宫膳房，公撤其蔽而鼎建其新，进太监。正德元年，掌监太监黄公瓒，怜公才识优长，辟于上，获金监事。公淬励厥职，仰感无涯，益图裨补于万一，由是上益眷注于公。丁卯，西海子等处督工营造及修饰龙凤舰，皆有殊典。戊辰，有蟒衣之赐。公曰："际此非常之遇，感此莫大之恩荣，幸甚矣。"正宜享福，正德辛巳三月初二日，忽以疾卒，终得寿六十有八，距其生于景泰甲戌。讣闻，命内官监左少监刘公奉先，董治丧事，实异数也。公自入官任事，敭历五十余年，慎以自持，忠以事上，和以处众，人咸服其老成廉静，今不可见矣。呜呼，悲哉！卜以是年三月初九日，葬公于顺天府宛平县香山乡广源闸镇国寺东之原。左少监刘公奉先、郑茂来请铭，不敢以不文辞。铭曰：于惟彭公，夙官禁近。历事三朝，厥存弥慎。香山之原，水深土厚。刻铭于兹，永昭厥厚。

88. 姜林　《明故御马监太监姜公墓志铭》(《北京图书馆藏中国历代石刻拓本汇编》第 54 册，第 77 页)

赐进士出身奉直大夫春坊太子右谕德兼翰林院侍讲经筵讲官同修国史任丘李时撰，赐进士出身中顺大夫通政使司右通政前兵科都给事中侍经筵沧州张瓒书，赐进士出身中宪大夫山东按察司副使前奉敕整饬徐州淮扬等处兵备燕山蔡需篆。

公讳林，字廷茂，世家河间景州。大父以上俱隐德弗耀。父泰，赠明威将军，母宋氏，封太恭人。明威公有子四人，公其亚也，生而形质秀爽。甫弱冠，孝庙选入掖庭。今上改元，授奉御。正德丁卯，命典南京甲字库。五阅岁，来京师，留任上林苑海子。又五岁，升御马监太监，督天师庵草场。公慎于出纳，勤恪小心，未尝少怠，上赐蟒衣、玉带，以旌其劳，行辈荣焉。性聪慧，喜读书，乐亲文士，日临楷书一纸，暇则鼓琴自娱，欲然儒素，见者不知其为中贵也。迎母京邸，供养周备，母卒，哭之甚哀。洗马滕公子冲，为志其墓既葬，录志座隅，每读辄下泣。有弟二人：曰河，曰淮。淮，早卒；河，以军功升授锦衣卫指挥佥事。公笃于友爱，河亦敬事之。尝奉使命，所经郡邑，必诫从者，毋事侵暴，常禀之外，一无所需。童仆有过，但诲饬令其知改，未尝辄加鞭笞。居常不以贵势凌人，人多德焉。正德辛巳二月七日，倏以疾卒，距生成化己丑十一月十六日，春秋五十有三，以其年三月九日葬白纸坊弘法寺侧。从子二人：曰学，曰举。学，锦衣卫指挥佥事；举，百户。俱循理守法，率公教也。予与公同郡，未尝一接公颜，然乡缙绅数称其贤，闻之稔矣。比卒，学、举持光禄少卿贾君启之所为状，丐铭于予。锦衣千户魏君颐，予武举所取士也，雅与公善，又亟为之请，谊不可辞，乃为之铭。铭曰：生于广川，卒于燕蓟。既康而安，亦近以贵。孝竭母慈，友笃昆弟。恭恪勤劳，始终无替。帝城之西，吉壤新窆。勒词贞珉，以贲幽窀。

89. 王嵩 《钦差总镇云南金齿腾冲地方等处御用监太监王公墓志铭》[《新中国出土墓志》北京卷（壹）下，第 177 页]

赐进士及第翰林院国史馆编修文林郎西晋孙绍祖撰，赐进士第朝列大夫河南按察司佥事前吏科给事中古岍阁钦书，登仕郎鸿胪寺鸣赞直中书舍人事预修国史武进许锦篆。

公姓王氏，讳嵩，字惟岳，世系顺天府涿郡之旧。厥先父鉴，多隐德。母张氏，生子二：长宝，以干蛊克家，继承父业。次即公，幼尝力学，读书明理，人皆以远大期。成化丁酉简入禁掖，己亥上以公天资颖敏，遴选于众，拔入司礼监读书。壬寅，命御用监书办，立身恭谨，克效勤劳。弘治庚戌，进长随，甲寅进奉御，公秉忠正直，处事纲为。丁巳冬，一监保举，命除典簿、金押、管理内外监事。己未，迁左监丞，辛酉升右少监，上赐彩币、飞鱼服饰之赐。正德改元夏五月，命总督监务，凡成造上用龙凤样式，巧制御物，若巨若细，指示有方，钱粮出纳，撙节有度。寻升左少监。冬进太监，赐以蟒衣玉带，恩至渥矣。正德己巳，奉敕镇守江西等处，自抵镇之后，无故不轻举，中理则发言。凡接士大夫惟以礼，每论事必须先别是非，论人必须分别小人君子。君子人有善，乐道之，如己出；有过，面斥之，不少恕，其中则介然无私曲矣。公剿平姚源洞夷寇，本镇三司见公英文威勇，具闻于上，特降敕旌奖谕劳之功，钦赐花银表里。正德辛未，公具恳辞再三，特命回京。辛巳，今上即位，轸念耆旧，庭臣首举公贤，特命镇守云南等处。未几而病于道，甫下车一日，遂卒于辛巳十一月三十日，距生于天顺壬午十一月二十八日，享年六十。侄男二：长良辅，次良弼，克承家业，有司以状闻。上悼惜之，特遣御用监典簿张公元、陈公文林董其丧葬。良辅辈以今嘉靖改元八月初九日将葬公于顺天府宛平县八里庄之原，乃衰绖持状，勒铭于予。予辞弗获，遂因而铭之。铭曰：于惟王公，挺生于燕，间气所钟，抱负奇特。简为禁员，恭忠是竭，总镇两省，丕著勋业。老当益壮，少而辉煌，历侍四朝，厥彰是列。阜城之阳，松柏苍苍，公葬其间，百世孔藏。

90. 江时 《大明蜀府故中侍江公墓志铭》（四川出土）

赐进士第出身翰林院编修杨慎撰，赐进士第出身大理寺寺丞顾必篆，赐进士第出身刑部主事陈力书。

公讳时，字世享，姓江氏，系湖广安陆州太平坊钜族。阙祖姓陈，名崇正，任江西瑞州州判。乃父明官省祭，母沈氏，积善累德，继承前代，生子女四人，公居中子，气质殊常。于弘治十八年十二月内，不事产业，拜辞父母投于内府。蜀王时见其幼稚，器宇清奇，付与钦赐飞鱼服色、承正周宣抚育，赐姓江也。及长，教以读书习礼。聪慧敏捷而与婴辈不群，近侍蜀王任以长，随事左右。惜其才干殷勤，委擢正字，命以总职。分理正任间，又优其青年智识，伴侍储君，小心翼翼。公为人性禀刚柔，德兼和厚。酷嗜诗书，品题访问，善与人交而始终一致。忠孝君亲而仁义两闲，谨慎如法，慈恭恺悌。公于弘治戊申十二月初六日亥时生，享年三十五，卒于嘉靖壬午八月二十五酉时。时上闻之，痛为哀悼，赐以赙葬之厚，择以本年九月初四子时葬于迎晖门外二十里信平之右原。恩弟周鹏等哀血扶服礼于予求其铭，藏诸函室，欲其传不朽之意云。铭曰：性秉乎从容，行执乎庄敬。事君父殷勤，交朋友诚信。享天年五七，嗜诗书吟咏。生也悦诸人，死也痛乎命。葬信平之原，乐山水无尽。

91. 孙洪 《明故御马监太监孙公墓志铭》（《北京图书馆藏中国历代石刻拓本汇编》第54册，第103页）

赐进士出身奉直大夫协正庶尹右春坊右谕德兼翰林院侍讲经筵日讲官同修国史任丘李时撰，后军都督府管五军营坐营管操戚晼世家会昌侯东鲁孙杲书，特进荣禄大夫柱国右军都督府管府事兼管团营安乡伯凤阳张坤篆。

公讳洪，姓孙氏，涿人也。父讳泰，母董氏，家世以农为业。公幼聪颖纯懿。成化丁酉，被选入内廷。明年，除长随，寻改监工。再逾岁，司香裕陵。弘治丙辰，孝宗皇帝知公勤敏谨畏，选侍春宫。逾年，升奉御。乙丑，升御马监左监丞，奉候乾清宫。未几，升太监。正德初，调茂陵神宫监，又调南京司设监。壬申，诏取回京，署上林苑监事。五阅岁，乃复旧衔，奉命监督京仓。己卯，加总督之任。公当烦剧，孜孜奉公，无敢逾纵，户曹士夫咸称许焉。辛巳，今上即位，划弊剔奸，励精图治，以宣府重镇，北控夷虏，南屏京师，思得老成镇重之士任之，乃以命公，锡之符敕，乘传以行。公既受命，益矢厥心，以图报称。先是，武皇帝数幸宣府，六师驻跸，边吏疲于奔命。为镇守者，既锐于奉承，又值连年燠旱，野无青草。公私匮乏，旰庶告困。公至，则持以简静，抚摩涸瘵，有如子姓。申戒仆隶，虽一菜不以取民。尝减其廪禄，以救流殍。有以前镇守所行告之者，公曰："吾内臣，无内顾，无外交，一身之奉，所需几何？残民以自封，徒自损耳，吾弗为也。"识者韪之。岁余，疾作，奏乞还京师，提督军务。刑部右侍郎即臧公凤、巡抚右金都御史李公铎，各具疏荐公莅事公平，地方无扰，人赖以安，上优诏答之曰："孙洪廉静不扰，方膺委任既有疾，写敕取回。"命下，中外称叹，行辈皆企慕焉。公病剧，未得旨先卒，嘉靖癸未三月二十二日也，距生于天顺己卯八月二十日，春秋六十有五。讣闻，上为恻然，赐宝镪二千贯，祭二坛。以其年五月二十一日，葬京城西南弘法寺之东原。从子二人：曰钦，曰铭。从孙一人：曰胜。呜呼！孔子有云：性相近，习相远。人生夫岂殊哉！第居贵富之中，耳目之所濡染，气俗之所渐习，鲜有不变厥初者。公历事四朝，近侍两宫，其所见亦既宏矣。而乃俭约自持，终始弗替，不其难矣乎。公没无余赀，葬具皆经营于前内官监左监丞马玉，玉，公名下，视公如父，读书尚谊，有士君子之风云。铭曰：性近习远，训垂尼父。不为习移，孰克践古。猗与中贵，既硕且武。约以自持，民瘼是抚。贞石有铭，以励厥后。

92.永忠　《明故中贵永公墓志铭》（四川出土）

蜀府经筵侍讲千户黄嵩撰文，蜀府义庠教读先生罗薪书丹，蜀府宝资堂冠带总旗李瑶篆额。

公讳忠，字正之，生于天顺六年壬午六月初一日卯时，世系彭山县人氏，先以成化十二年荐举入侍蜀惠王，赐以姓讳，为中贵焉。早年历炼，□□殷勤清公正直，立志□凡事上进忠，交朋以信，敬长恤下，惠及于人，当道者嘉其众能□其孝笃，无不推举，□□□天左右□金陵小心谨慎，名誉播扬非一日也。后于正德间见其年弥德年弥德，复取回府干理国事，参佐公务，事无巨细，咸得其平。□嘉靖三年转任内库收贮，□费出入有常，自斯以往，日盛月新，勤学□□□值今四年十月二十一日寅时□疾奄世，享年六十有四，盖积德存仁以敛然也□时具闻于上，□切不已，□赐谕祭，金帛殡葬，恩莫大焉。□府□宫属俱各伤感，遣人吊慰，存日典门□□典膳张公幼处善交，预卜吉地于锦城之南报国庵之右寿藏一穴，坐子向午，兼有平素交爱亲□友辈者俱服衰经，旦夕哀悼，躬行祀礼，助治丧事，名下□书择本年十月二十九日寅时而安厝之，但孝子余仲、丘万山、王钦等具状请铭，以图不朽。其铭曰：贤哉中贵，寿而且康，丰姿淳厚，德性□良。淡泊自甘，乐静如常，□侪多福，荣佩□光。小心慎密，虑事相□，善言善行，在人不忘。生顺死安，乾与□当，□□□去。神□自安，地久天长，泣血请铭，昭示无疆。皇明嘉靖四年岁在乙酉冬十月二十有九日堂弟秦昱、陈俊，孝孙马贤等刻石。

93.张德　《明故秦府门副张公墓志铭》[《新中国出土墓志》陕西卷（贰）下，第325页]

秦府伴读将仕佐郎邑人阎瑞撰书，乡贡进士长安韩钺篆盖。

按状，公张姓，德讳，古槐里人，族氏甚殷。早岁入我秦藩，侍列祖及今睿王盖四世矣，尝以公勤自居，好善事，施药饵，累有功效，中外人多仰慕之。先年简祖知其为人，疏上，授以承运门副，委采木植，修理殿宇，兼督鄜县子粒烧造琉璃诸事，获功不一，王每嘉之。公历官五十余年，安享金紫之荣，诞膺承平之福，寿几八袠，无恙而卒，呜呼，可谓生有余庆而死亦安枕，其福寿之阶当何如哉。距公生正统十三年二月二十四日，享年七十九岁。有义子中官李文章、弟张祥、侄张永、张直、张强、张廷禄、张豸、张廷甫、张万卿可以当公大事矣，卜是岁十月二十日葬于长安城西金光之兆，予为同邑人知公甚悉，不可不铭。其墓铭曰：年跻上寿，福享承平。入官王室，金紫安荣。呜呼盛哉，是以为铭。长安邓锦镌。

94. 李质 《明故神宫监太监李公墓志铭》（《北京图书馆藏中国历代石刻拓本汇编》第54册，第136页）

赐进士出身兵科都给事中承德郎前翰林院庶吉士安庆齐之鸾撰，赐进士出身承事郎户科都给事中黄重书，推诚宣力武臣柱国荣禄大夫金□安仁伯王桓篆。

嘉靖丙戌十一月廿日，李君哀泣血以书抵予言："世父、神宫监太监于十月己卯卒于□，将归窆，以乡进士□君琇状乞铭，欲纪其行，以垂不朽。"言之甚哀，有弗容辞者。谨按：公讳质，字守正，世家广东高州府化州。祖讳畅，力田治生，□□闾里。考讳天□，能世其业，妣黄氏，克修中馈，表仪□□。兄讳勋，孝友著闻乡党。公乃仲子，生而才识□□，动止中节，里中耆旧见者曰："此非寻常人，异日必有功业鸣于世者。"天顺间，朝廷命将出师讨断藤峡，兵逾化州路，公方髫髦，不知趋避，为过兵执去。主将见公容止与众迥异，报捷后乃进于朝。宪宗纯皇帝见而悦之，乃付御用监太监廖公寿□名下。年既长，所为尽能识大体，字法日影颜柳，虽急遽亦不草率。读书自分程□，日应事后即□诵，夜分方就寝，由是隐然名动内廷。成化丙申，自长随升奉御。癸卯，升尚衣监右监丞□给乾清宫事。弘治庚戌，转升惜薪司右司副金押署事。癸丑，升司丞。乙卯，升御用监右少监。戊午，升太监，仍署司事。孝宗敬皇帝重其谨悫，乃命总管仁寿宫，特锡蟒衣、玉带，恩及其门，尽免践役。正德丙寅，武宗毅皇帝登极，公以年劳望重，复进掌□□宫事，在内乘马，日侍御筵，岁给禄米，优其颐养。皇太后素重其贤，尝称李掌事而不名，公愈谦谨，恂恂自谓宠任已极。皇上犹以任未称德。辛巳，再受命典兵仗局印，公夙夜祗惧戎事，孔肃内外，□庆其得人。及今皇上御极，一时恣宠作威者屏斥几尽，公以德望掌一宫事，□□□安然不移。嘉靖壬午，寿安皇太后宾天，公哀感废寝食，辞典兵仗局印，恳求茂陵神宫监供事，以报平昔恩礼之隆，皇上重其义，遂命掌本监印。公泣而语人曰："今日庶几无愧臣道矣。"四时哀感，远□闻之，无不泣下。皇上复欲进用，公疾作，不可起矣。公出入禁□六十余年，历事四君，一无过举。事兄抚侄，□尽恩义，□振人之□乐，与人之善，虽不求人知，识与不识者，咸称之，无间言。生于天顺乙亥六月初六日申时，享年七十有二。侄子衮，以军功授锦衣卫指挥，侄孙宴朝、宴庭、宴臣，皆天资卓越，有志儒业。内官监太监李公傅、御马监太监李公岑，皆名下，教育抚成之也。马公遄、滕公祥、陈公□，亦名下。□公之德教，奉命董理丧事。皇上垂念有功，敕礼部谕祭，仍赐宝钞、斋粮□□□祠治坟，极其隆重。葬于其卒之岁十二月十三日，墓在宛平县香山乡门头村广仁寺之原。呜呼！公处族党称厚，事宫禁称良，及其卒于位也称荣，斯其可铭也。铭曰：化山之灵，正气之英。龙飞凤舞，卒于南溟。世有令德，笃生□人。忠义为□，势利乃轻。蟒衣光锡，玉带尊荣。荷知列圣，倚任之隆。天宠弥重，臣道愈恭。不忘后德，求思神宫。高志厉云，恩机入冥。呜呼天乎，□我国祯。帝命礼臣，治其祠坟。匪私于公，惟以劝忠。用垂不朽，勒之坚珉。

95. 李堂　《明故内官监太监李公墓志铭》（《北京图书馆藏中国历代石刻拓本汇编》第 54 册，第 137 页）

荣禄大夫太子太保吏部尚书兼武英殿大学士经筵讲官丹涂杨一清撰，后军都督府掌府事奉敕提督五军营兼提督十二团营太子太保武定侯凤阳郭勋篆，赐进士出身右春坊太子中允经筵讲官同修国史前翰林院编修文林郎代郡孙绍祖书。

公姓李氏，讳堂，以疾卒于正寝，适嘉靖丙戌十一月二十三日未时也。其弟进，持其友人、顺天壬午乡进士王佐状，衰绖诣予，乞作乃兄墓铭。予素仰其公之高风节操，又嘉其弟之哀痛迫切，讵可以不文辞欤？按状：公世系保定府蠡县巨族，考讳鉴，隐德弗仕，妣温氏，淑行贞静。公自幼天性颖悟，气宇轩和，动循绳矩，考究群籍，孳孳不已，大有进益，乡邻远近，皆以伟器目之。后果于弘治庚戌有司荐入掖庭。甲寅岁，嘉其公之才识，遴选随侍恭穆先帝。继而孝宗宾天，武宗改元后辛巳，随扈圣驾来京，升内官监左监丞，署巾帽局事，命乾清宫应职。本年五月，命中军三司管理敢勇营军务重事。寻升太监，锡以蟒玉荣，并上公之爵位，极人臣之尊，命本监金押管事，禁城乘骔。公之忠尽荩克笃，荷朝廷之宠命，恩至隆重，尤念公勤劳不已。八月荫其侄一人世袭百户，食禄锦衣。迨我今上龙飞，壬午八月，赏禄米十有二石，以养廉能。癸未二月，改命乾清宫牌子，复赐蟒龙胸背。本月又赐禄米十有二石。乙酉六月，上营建世庙，以公老练，洞达国体，奉敕提大石窝，督董匠作，采取砥砺，多称厥职，又赐禄米十二石。及功告成，特赐彩币、白金，用施报功之典。本年九月，修盖观德殿，知公素善营理，严饰群下，中外一词咸称。再奉敕提督大石窝，采取石料，恩命屡下，宠赉弥深。正宜克笃忠贞，永保休命，奈何天不假年，而公疾作，竟以劳于王事而卒。讣闻，朝廷惊念不已，赐赙礼谕祭告文，旌公劳勚，令有司为治茔域、祠宇，彰公德誉。公之丧，御马监太监李公政、监丞吕公进、长随李公保、刘公川，实奉钦命董其事。公弟一：进。侄二：长钺，锦衣百户；次钊，舍人。公生于成化癸巳正月二十四日子时，卒于嘉靖丙戌十一月二十三日未时，享年五十有四。克勤王家，历事有年，凡宫府重务，悉以委之。公生荣没哀，永有令名，公固可以无憾矣。择墓于本年十二月二十四日，都城西香山乡嶻山村广济寺之左安厝。予仰公之德，慕公之行。卒之日，远近闻者皆贤而惜之。幸而后裔世奉其祀云。铭曰：瑞气呈祥，攸聚名乡。笃生伟器，恭侍明皇。内养君德，外扶纪纲。带横荆玉，蟒绚彩章。光生门楣，名著朝堂。古之郑吕，今之忠良。泽及后裔，百世永光。勒铭兹石，千古流芳。

96. 邵恩　《明故御马监太监邵公墓志铭》[《新中国出土墓志》北京卷（壹）下，第188—189页]

光禄大夫柱国少师兼太子太师吏部尚书谨身殿大学士知制诰经筵官石淙杨一清撰，赐进士出身中大夫光禄卿东吴崔杰书，后军都督府掌府事奉敕提督五军营兼提督十二团营诸军事总兵官侍筵荣禄大夫太保兼太子太傅武定侯凤阳郭勋篆。

古称当官三事：曰清，曰慎，曰勤。然人之才器不同，趋向各异，兼是三者，卿大夫且难之，况于帷幄贵近之臣乎，此御马监太监上虞邵公之所以贤于人也。公讳恩，字天锡，初姓葛氏。祖彦令，妣戴氏；考孟四，妣金氏。公幼时天资颖异，敏而持重，不与凡儿为伍。稍长，诣京师。弘治癸丑秋，被选入掖廷。是年冬十月，进供奉仁寿宫，得侍圣祖母孝惠皇太后，赐邵姓。公出入禁闱，颛颛持谨，进止之间，不差尺寸。既贵而谦，不以才智骄人，与之处者，莫不折节敬礼。乙卯秋，赐牙牌。戊午冬，赐帽。壬戌之秋，擢御马监右监丞。正德元年，转左。丁卯秋，改内官监右少监，寻升太监。公曰："吾遭际明圣，仰承任使，敢不以古训清、慎、勤自励乎？"乃书前三大字，揭之坐隅，日夕顾諟，以求无负。用是上承下接，服官政，未尝有过举焉。寻赐蟒衣、玉带。辛巳，武宗上宾，今皇上以伦序入嗣大历服。公奉圣祖母懿旨，迎扈抵京。新政之初，例汰内外冗员，监局一新。上慎选左右，知公忠谨，且录其奉侍圣祖母之劳，命与潜邸张公忠等同供事文华殿，继又被简供事乾清宫。寻命掌本监印，提督牲房，许内府乘马，随朝则负剑以从，岁赐禄米，提督五军营戎务。继奉敕营建康陵及督乾清宫之役，比告成，每赐白金、文绮及羊酒、宝钞，恩宠稠叠。公以盈满为惧，自顾歉然，若弗能堪，曰："吾何以报上，惟鞠躬尽瘁，以终吾身焉耳！"未几，圣祖母上宾，公恳乞侍奉茂陵香火。越月，上念公旧臣，不忍远离左右，召还，调御马监太监，奉侍圣母章圣皇太后于清宁宫。嘉靖甲申夏，加赐禄米。丙戌秋，命总领宫事。方将大用，而公以疾卒矣，是岁冬十有二月十六日也。距其生成化辛卯十月初八日，享年五十有六。公初得疾，乞归私第，上允其请，仍听公门下御马监左监丞何君英、内织染局左副使张君良、长随何君潮为视汤药。及是讣闻，上悼惜，命英及司礼监典簿路君宣、御马监右少监崔君永禄、尚衣监右少监刘君增、惜薪司副于君朋等董其丧，赐祭二坛，赙以白金三十两、宝楮二万缗、斋粮麻布各三十石匹；凡棺殓、茔域、享堂，皆有司治之。圣母章圣皇太后又特赐白金百两、彩币四表里及香烛诸物，盖殊恩也。公性孝友，少孤，二亲早逝，恨弗逮养，语及怅然。念二弟曰鉴，曰英在故乡，遣人迎请来京，待之甚厚，曰："见吾弟，如见吾亲也。"鉴以公故，推恩授锦衣卫百户；英为入赀，得授义官。皆先公卒。其从子曰继祖，曰堂，皆幼。将以卒之明年丁亥二月七日葬京城西香山乡门头村之原。路君等以公生平植善履忠，行多可述，不宜泯焉无闻于后，乃砻贞石，请予为志及铭，纳诸墓中。铭曰：天启昌运腾潜龙，沂源探本后德崇。孝惠章圣庆所钟，有如妊姒绵周宗。公际其盛奉两宫，既贵多祉日显融。衣蟒带玉华厥躬，公不自有心忡忡。出入禁闼无惰容，劳勤克副两圣衷。惟帝眷注任且隆，公不少延罹闵凶。埃风上征何匆匆，门头之村马鬣封。恩光下贲昭始终，寿不满德天梦梦。所不泯者孝与忠，我铭我志垂无穷。

97. 赖恩 《奉敕提督浙江市舶司事太监赖公墓志铭》（张邦奇《靡悔轩集》卷6）

上御极之初，肇新庶政，内外臣僚清淑端愿者，咸见擢用。惟时太监赖公始获将命，颁赏于寿藩。未几，承敕提督浙江市舶司事，至则革宿弊，悯饥羸，戒饬左右不丝毫扰于民，服食器用雅素如寒士，敬贤好儒，怡然去边幅，人之有技，虽韦布与之钧礼，或苦贫乏，捐俸给之。然饮其德不言，故鲜有知者，庭户翛然，园池竹石，清幽寂静，如隐者居。凡居宁波六年，敲朴弗施，音乐弗用，图书左右，鼓琴赋诗，适趣尘埃之外而民怀其德，士颂其贤，间出巡海徼，尤民怀君，形之于言，为《东巡稿》《南巡稿》若干卷。嘉靖丙戌，旱既太甚，公寝食弗宁，冒暑徒跣，祷祠山川，中热秘结疾，以七月三十日卒于宁波之公署，远近闻者莫不掩泣焉，公性恬柔而内见卓然，得于天性。六岁入，宪庙简入内馆，禀学词臣，年十三赐牌帽，伴读春宫。孝庙登极，遂入司礼监，历升奉御、监丞、少监，以至太监，赐蟒衣玉带。正德丁卯，逆瑾日张，公守正弗阿，出居天寿山。寻复出南京，摈弗用者数年。瑾既伏辜，武宗乃召掌鞍辔局事。及在浙江，馆尝产芝一茎，缙绅咏其事，公所著复有汉赋十篇，琴谱、隶韵等书，皆梓行于时。讳恩，字天锡，别号非丘子，福建上杭人。考讳某，携家客于长乐，生公成化己丑八月十二日也，未几，考没，妣温氏。公卒之日，耆民谢淳辈相率闻于有司，捐赀构祠，以报公德，公所知佘文通氏将以年月日葬公山之原，乃遮行实，率公参随史通辈谒铭于予。铭曰：小雅巷伯，烨乖篇章。勃貊管苏，于邦有光。清忠退厚，如贺如强。咸炳青史，曷负银珰。嗟嗟非丘，为陵为冈。违世不惧，维时显藏。好善忘己，视民恐伤。以赫厥声，永怀不忘。有祠越徽，有原冀方。于戏天道，维人之常。作善恒休，不善恒亡。来者必思，以助专良。

98. 杜甫 《明故神宫监右少监杜公墓志铭》[《北京图书馆藏中国历代石刻拓本汇编》第 54 册，第 150 页]

赐进士第资善大夫奉敕提督团营侍经筵兵部尚书东黄王时中撰，后军都督府事奉敕提督五军营兼提督十二团营诸军事总兵官侍经筵荣禄大夫太保兼太子太傅武定侯凤阳郭勋篆，奉议大夫鸿胪寺少卿盐山高岱书。

公姓杜氏，讳甫，保定府涞水县人也。父礼，有隐德弗仕。母张氏，生三子：公俱三，曰原，曰庆，兄也。侄男一，锦衣指挥同知，曰昂。公幼有异质，躯干雄伟，顾视过人人。以成化壬寅选入内廷，事御用监肄业，上心推取，随侍春宫。是年，以勤劳自执，除长随。弘治癸亥，以才行升奉御。弘治乙丑，转升御马监左监丞，着金押。本年升太监，许内府乘马，赐蟒衣、玉带。正德改元，钦命陕西王府等府送敕符。正德丁卯，调尚衣监太监掌印。敕掌显武营军务。正德壬申，岁加禄米二十四石，命福建地方挂袍织造。正德甲戌，命总督京通等处仓场。正德乙亥，转御马监太监，钦差总镇湖广等处地方。公抚民，人安之，有司奖劳数多，赐坐龙服。武宗皇帝念公练达老成，乃旧臣也，命转福建地方镇守。正德辛巳，例革右少监，康陵司香。公得寿六十，生于成化戊子四月初四日辰时，卒于嘉靖丁亥十月十四日申时。上闻悼惜，命御马监左少监孙君瑛、御用监左监丞孙君瑜董治丧事。卜以卒之年十一月初十日，扶柩安厝顺天府宛平县阜城关外四里园之原，请为铭之。遂为之铭曰：始迍而穷，终显而亨。其学之诚，其道之通。命服煌煌，以华其躬。圭璋颙颙，以令其终。无忝所生，已持于恭。有美曷胜，功光于崇。志勒坚珉，芳溢幽宫。于千斯年，视此吉封。

99. 张永　《司礼监太监张公永墓志铭》（《国朝献征录》卷 117）

特进光禄大夫左柱国少师兼太子太师吏部尚书华盖殿大学士知制诰经筵官石淙杨一清撰，荣禄大夫太子太保兵部尚书兼都察院左都御史侍经筵奉敕提督十二团营军务嘉鱼李承勋篆，奉敕提督神机营兼督十二团营诸军事总兵官掌左军都督府印前节制陕西等处地方兵马太子太傅惠安伯永城张伟书。

嘉靖五年夏，上采公议，召前御用监太监张公永还京师，复其旧职，养疴私第。六年冬，上念团营戎务督理非人，又纳廷臣奏，召公见，仍命掌御用监印，提督神机营并十二团营兵马，供事乾清宫，岁增禄米三十六石。公感恩遇，夙夜在公，经理庶务，出而阅武训戎，划奸革弊，不遗余力，积劳既久而疾乘之，方在内直，疾作，急归官寓而卒，七年冬十二月三十日也，得年六十有四。上闻之悼惜，谕祭三坛，予棺椁，命有司营葬事，建造享堂。又追录遗功，升其弟锦衣千户容为指挥佥事，本卫堂上管事，官其兄富为锦衣副千户，皆特恩也。容偕其弟卜以卒之明年三月初七日奉柩葬于阜城门西香山乡祖茔，乃持太常卿魏君璟所述状谒予请铭。公督师西征，予实与同事，请乌可辞。公生成化元年七月二十六日，十一年选入内廷，宪庙简侍乾清宫，历升内官监右监丞，二十三年龙驭上宾，孝庙命茂陵司香。弘治九年简侍武庙于春宫，十八年以登极恩改授御马监左监丞，进御用监太监，赐蟒衣玉带。许乘马及肩舆禁中，岁给禄米十二石，命统显武营兵马，寻命提督三千、神机二营兼十二团营，掌乾清宫及本监事兼提督尚膳、尚衣、司设、内官诸监，整容礼仪、甜食诸房并豹房、浣衣局、混堂司、南海子事，政务填委，悉心综理，供应充牣而不私毫末。武庙日见亲信，众亦倾心饮德，无间言。正德五年夏四月，宁夏贼臣何锦等挟宗室寘鐇反，戕杀镇巡重臣，传伪檄召调各路兵马，伪铸印章，封拜其党，僭称大将军、都督①、总管名秩，将渡河窥窃神器，守臣以闻。武庙下诏征讨，命公总督军务，统京营兵三万暨诸镇军马，往正其罪，赐金关防、金瓜、刚剑，许便宜行事，驾亲出东安门送之。予时致仕居江南，召起总制陕西各路军务兼提督西征师旅，与公偕往。会边臣擒斩诸贼，道得报，公即遣京兵归朝，帅诸部曲往抚其地，险不乘舆，暑不张盖，与士卒同甘苦而申严纪律，所过秋毫无犯。凡有赏犒，或出家赀佐之。夏人始共为乱者，逸未就法，心怀惧疑，构危言相恐喝，众兀兀不自保，裹粮出走，官司莫能制。公道闻之，出榜数百言，宣布德意，谕官兵农贾各安职业。六月，至灵州，会予鞫诸逆犯，释其胁从，第列情罪，传之槛车，北入夏城，耕锄不废，市肆如故。公又谓手刃镇巡重臣者、造伪命伪符者、破人庐室污人子女者曰：是不可赦，悉遣人掩捕之。其受贼赏赉、听指使者，悉置不问，自是帖帖，莫敢复有言者，而藩镇威令渐复其旧矣。公又偕予奏言：庆王当变故时，给贼蠹仗，虽出迫胁，顾尝率宗室行朝谒礼，事关名节，恐不可但已，朝廷乃革其护卫，削岁禄三之一，公又请改其侍卫百户所，备兴武营要害，禁诸王府交通宾客，其招诱邪术左道之人，并见采纳。献俘之日，武庙亲慰劳之，是夜独见，乃出一疏，称刘瑾负恩怙势，窃弄威权，积衅酿患，以致大变，幸赖天地宗庙之灵，悉底平定，而瑾包藏祸心，不呕诛戮无以谢天下。因条列其十有七罪，又言寘鐇以讨瑾为名，伪出榜示，为边臣所缴奏者，瑾匿不以闻。武庙震怒，下瑾诏狱，命廷臣鞫之，具得其交结内外官符同奏启，矫托诏令，紊乱祖宗成法，私制兵甲，伪造宝印，刻期为变诸不法状，置诸极典，并诛其党数人，窜黜者数十人。凡诸司修令为所纷更者，悉加厘正，再赦天下，廷臣皆上表称贺。诏录公功，赐金牌银币，累岁禄至三百石，赐敕褒谕，至再至三，复以枢机事重，特命改司礼太监掌监事，诸所领监局兼督如故。

---

① 《新中国出土墓志》北京卷（壹）下记作"都统"。

公知无不言，雠怨有所不避，门无私谒，一切利弊以次奏请罢行。会山东、河南、北直隶寇盗充斥，公以为尤，内赞帷幄，遣将出师，协谋剿捕，悉出指画，他如录遗才、省浮税、谨出纳诸奏，皆关大政。又奉敕会三法司录囚，原情议法，所活若干人，节被宝褫、羊酒之赐。时近幸多怙宠干纪，公多所匡陈，不复顾忌，群小共媒蘖之，几中奇祸。壬申，力辞解任。越二年，乾清宫灾，仍其官，掌御用印，内董大工，外督营务。宣大边报急，命公与都御史丛公兰总制诸路兵马，提督战守，兵势既扬，虏贼远遁，具奏班师。嬖幸钱宁、江彬辈招窃威权，诱乘舆亲督王师远涉沙漠，公日切忧惧，寝食不安。十四年，宸濠反，诏督师亲征，公随行，命先往江西勘反叛始末，至则开释胁从若干人，驾驻南都，留几一年，枭雄在内逆犯泊江滨，众虑不测，公独任防卫之责。还至通州，逆彬握边镇重兵，留驻四十余日，召文武百官胥来会集，贼濠尚在，人心惶惑，莫知所为，彬卒有所避而不敢萌一念者，公之力也。次年春，宫车晏驾，公以讨擒彬，督视京城九门，防奸制变，中外倚之而安。今上嗣位，众方议其宜有褒赏，而权臣有忌嫉之者，嗾言官一二人劾之南去，留滞五年，始蒙召还。上既谅其忠荩，眷注方隆，而造物者遽夺其年以没，惜哉，公平生勋绩，可述者固多，而奏诛逆瑾之功为大。瑾之窃柄四五年间，中外士夫侧目重足，噤不敢出一语，货贿公行，剥民膏脂殆尽，至其潜谋肘腋，祸且不测。公不动声色，一言悟主，消大变于呼吸间，复祖宗之旧章，脱斯民于水火，此岂寻常建立一事功、讨平一寇贼者之可比哉。公之性行历履多有纪述，予独识其大且重者云。公名永，姓张氏，字德延，别号守菴，保定新城人。①其上世居湖湘，谱逸，无所于考。元有宽福者，习武尚义气，死事石岭关。曾祖胜，业举子，兼通六艺。国朝洪武初，来居新城。至宣德间，年八十六乃卒。祖讳林，以孝敬闻。考讳友，性谨信，爱人好施。子四人：长即富，次公，次即容，次寰。公笃于伦理，事亲曲尽孝诚，处兄弟真如手足，忧喜恒关情焉。正德间，尝论公勋绩，阴受富、容至伯

---

① 《国朝献征录》记载止于此。

爵，寝至右都督，今革于例，然亦非公之心也。又尝命兄之子连曰："汝今嗣我，亦可伤其志矣。"铭曰：有玉在璞，至和韫藏兮。追之琢之，宣珪璋兮。有木在山，饱风霜兮。匠石采之，以栋明堂兮。古有金台，今之匄服兮。千里之驹，匪伯乐其谁瞩兮。供事内廷，帝嘉其忠兮。以谏见斥，遑恤我躬兮。将命于外，奔奏御侮兮。以功见忌，匪藏仓莫我躬兮。晚际明皇曰：我事尔襄兮，诘我戎兵，我武其扬兮。能夺之人，不能夺之天兮。谓天难谌，理固有或然兮。阜城之西，山水秀明兮。□□□□，公之佳城兮。

100. 萧敬　《司礼监太监梅东萧敬墓表》（《国朝献征录》卷 117）

司礼监太监萧公以疾卒于外第，讣闻，上悼惜之，命司礼监太监赖义督理丧仪，御马监太监韩锡等综治葬事，谕祭三坛，赐新钞三万缗，棺木、造坟、安葬、建享堂，皆如故事。皇太后推先朝旧恩，赐白金百两又绮四表里，盖异数也。其侄孙锦衣卫指挥使赟既请太学士石门翟先生撰墓志铭，又以墓上之石不可无书，谒予请为之表。按状，公讳敬，字克恭，别号梅东，其先福建延平府南平县人。公自髫年给侍内廷，选入司礼监书馆肄业，业日以进。天顺初元授长随，英宗御便殿，劳赉近臣，金襁填集，公执簿算无差，英宗察其有心计，潜倚任之。戊寅进奉御，再进御用监左监丞。辛巳迁右少监，赐蟒衣、玉带诸珍物有差。端阳上亲阅射，指谓公曰："知尔能文，复能射否？"公顿首据鞍，发三矢俱中的，自是益承眷注。升太监，金书监事，岁给禄米若干石。奉使荆襄，所过以清约闻。甲申，龙驭上宾，改神宫监司香。成化丁亥，改内官监督仓储饷，会计明允，宿蠹搜剔殆尽，未几进司礼监金书，往勘武冈蕲州诸藩大狱，狱用不冤，归奏称旨。丁未宪庙升□，仍乞裕陵司香。弘治庚戌，司礼缺员，金谓老成练事无如公者，复起视事，与闻机务，惟公惟慎，未尝涉私，熟于典故，燕间赐问应对，历历如指诸掌。时有规谏语，圣心益重之，屡奉敕督理冠婚丧祭诸大礼，阅视团营人马，审录三法司重狱，皆详审精当，人无异议。乙丑，承顾命以东宫为托，公泣对曰："臣敢不极力？"正德初，告归私第。壬申，复起，命掌本监事，赐坐蟒，许乘肩舆禁中。丁丑至己卯，大驾连岁巡狩，公与同官叩谏不止，奉敕留守京师，中外倚重，旋复罢政。辛巳，恭遇今上嗣位，特诏入管机务，侍从郊祀、时享、幸学、耕籍，时年八十有五，聪明强固，进止周旋，不差尺寸。嘉靖壬午，始遂请老，上念其旧劳，岁禄外月益米十石、岁拨人夫十名共役，岁时赐时鲜如故，盖前此所无云。公性颖敏，少读书，能知大义，后遍观典籍，学益富，作诗清逸，无纤丽语，字初临欧帖，晚变入沈体，尤好草书。历事六朝，忠勤一节，虽特有用舍，势有显晦，而谦勤俭约之风，未之有改也。比投老，深居杜门，绝口不谈时事，惟知与者相过，辄赋诗鼓琴围棋，以为乐，萧然林下之趣焉。比疾，草囊无厚蓄，将属纩，戒其侄若孙曰："为臣子当以无欺为主，余无所言。"其生正统戊午三月十九日，卒于嘉靖戊子八月初十日，年九十一岁。予因记成化初年两诣山陵行礼，皆与公相见，倾倒如故。比公召用入朝，先后三十年，不复与通。晚登枢要，屡以政事接公朝堂，尝以武庙命至阁中，事有未安，予每抗言，托公附奏，语侵公，公不为动。及兹再入，而公老又亡矣。名寿如公，宜无憾，而老成凋谢，宁不为之一慨哉。公正德间，见近幸田园第宅半京师，叹曰："是岂吾辈福哉。"故历官禁近，承宠眷他莫与班，第宅如常，田园无所滋殖，回视向之声势烜赫者，泯不可见，而公岿然独存，终始哀荣，若此，将不得为贤乎？

101．杨琜　《明故内官监太监杨公墓志铭》[《新中国出土墓志》北京卷（壹）下，第 195—196 页]

赐进士出身嘉议大夫太常寺卿提督四夷馆南海杨一溁书撰。

大明成化之二年，岭南地方节报多事，从之以兵。传曰：地方起事之始，人缘是而富贵焉。其最者建功封侯，为时名臣，其次屈于草莱之中，不能以自显于天日。或藉是自达，而随获富贵。要之，造化默定，而非人力之为也。希之，史传不一其人。若今内官监太监广东肇庆高要杨公讳琜者，生而异质，敏慧不凡，年方弱齿，丙戌进入内廷，宪宗皇帝器之。癸卯年，历升司苑局大使，署管局事，选拔乾清宫答应。乙巳年，升御马监右少监，仍署局事。公日侍左右，忠勤无怠，比之往昔同事、同时之人颇撼流落者，不知其几。公独享康荣，虽离乡井之京师，舍南燠，就北雪，殆与平日不侔矣。继事孝宗敬皇帝，戊午年升内官监右少监，仍署本局事。壬戌年，升本监太监，金押管事。乙丑年，赏蟒衣、内府乘马及赐玉带。正德丁卯年，岁给禄米。癸酉年，清宁宫牌子，管理宫事。甲戌年，转升乾清宫答应。辛巳年，升司苑局掌印。及侍皇上，并以忠谨明干，历升美品，称而职任随休焉。公诚耆之弱，嘉靖甲申年恳辞外宅，乐余终岁，戊子年甲戌月癸未日殁亡。历任两宫，随侍太皇太后，迄今六十余年，享寿七十有四岁，凡内臣恩宠之极，近侍锡予之荣，公皆得而二焉。非能亨泰于遭逢，曲全于付予者，不能至此。公与梁公为同时、同官而同门，居无何，乃叹曰："吾等同事圣明，进阶显要，事失厥初，后何以诏。物有所始，必有所止。今日之谋，平生之谊。"乃相与成寿域于昌平州太平里日照寺之隅，厥工无大侈焉，但令流水而已，实蒙邻里为我而文，允迪厥功，千年茂祀。志。嘉靖七年二月初旬吉旦。

102. 黄准　《明故南京守备内官监太监黄公墓志铭》（南京出土）

赐进士出身资政大夫南京刑部尚书前都察院右都御史乐清高友机撰文，赐进士出身通奉大夫河南右参政进阶右布政使江淮胡拱书丹，钦差南京协同守备兼掌南京右军都督府事前奉敕镇守湖贵地方总兵官平蛮将军南和伯滁阳方寿祥篆盖。

内官监左少监王公胜持状踵门再拜而言曰："先公捐馆，得缙绅先生一言以光泉下，幸莫甚焉。"予览其状而哀其行之有足取者，不欲泯其善，于是姑志其大略以遗之曰：黄公讳准，字均平，无言子其号也，裔出广西之桂林。生而聪颖，材质不凡，自幼选入内廷，司礼监太监陈公宽见而器爱之，以为他日可大用，遂留教育焉。迨弱冠，宪庙知其贤，乃简侍孝庙春宫。公以政辅导，未尝谀悦以取容。弘治改元，录其旧劳，擢御马监太监，赐蟒衣玉带，恩宠异之。寻命辖腾骧诸卫勇士暨典禁兵，督神机营戎务，而威武为之不振。既而上以留都乃祖宗创业之地，而腹心之寄，非公不可。弘治戊午，加禄米、奉敕守备，而别有特旨图书之赐。八年之间，一惟镇静，而中外咸慑其威而感其德，故城池之险固、宫阙之壮丽、陵寝之奠安而晏然无虞者，公与有力焉。弘治乙丑，乃以疾辞，允改泰陵、茂陵供职。未几，上念皇陵之在中都，奉事不可无人，正德丁卯乃敕公往而仍兼守备之任。时值岁荒，庐凤淮扬之境人多饿莩，上念之，命户部侍郎王琼同公暨巡按官赈济焉。是时，群议欲先令有司造报丁口之数，然后给发之，公正色厉声曰："今日之急，如解倒悬，诚如诸君议，则死者过半，而非所以体上恤民之意也。不若先给发，而后造报，择官吏之贤能者而委任之，仍严禁戒，以防侵渔之弊，不亦可乎？"众服其见，皆然之，卒活民命，何啻数十万计，公之功岂小补哉。正德庚午，以疾恳辞获允，仍以南京内官监太监私第闲居，而多给人役以优之焉。公惟守静，不干尘事，日周旋泉石竹卉之间，或忘情于琴书，或寄兴于毫素，有询公以时政者，公默不言，曰："言之，是出位也。"有假贷于公者，公辄予之无所吝，亦不责其偿，盖以义重于利也与夫。平生未尝言人过，而每以是戒诸后进，其为人又何厚也。公以始衰乞闲兹几二十年而得令终，可谓明哲保身者矣，公其贤乎哉。前守备太监董公文事公犹子之事父也，罔不用其敬。公寝疾，乃进董公而语之曰："吾家素无蓄，为吾治丧当从俭，能体之乎？"董公泣曰："敢不如命？"而同家暨诸左右亦能承顺公之遗意，而一以董公为指南也。嘉靖己丑之正旦，遂卒，寿七十。既殡，爰卜地于南郊去城郭十余里名大店房，是为佳城，是年二月六日乃葬焉。既志其大略，而又为之铭曰：产彼遐荒，登兹帝乡。历事列圣，允怀忠良。崇褒厚予，眷遇非常。丝纶继出，烨烨煌煌。达人知止，戒满则藏。既荣且寿，夙愿斯偿。安然而逝，何憾苍苍。

103.吕宪 《明故南京守备内官监太监吕公墓志铭》（张邦奇《靡悔轩集》卷6）

予昔视学湖南，至于均州，见庙宇黉舍崇闳坚伤，甲诸郡邑，问之诸生，咸曰：太监吕公之成之也。公由福建市舶徙主太岳太和山，兼分守地方，尝治桥掘地得白金数十镒，丝毫不自私，而以赈饥，佐公费，故吾州有是学焉。予出访公，则古貌奇格，谦冲而肃，又燕对移，时不一作世俗语，予叹曰："内贵中固有若人也乎。"今天子龙飞，移公镇汴，汴自廖氏朘削，公私赤立，公至厘戢暴横，务底宁谧。省城外河堤有柞薪之利，旧皆入私藏，公见城垣谯楼颓敝既甚，积至若千万缗，饬新之，复捐已资修道涂，民无病涉者，岁屡旱，每祷辄应，以擒贼功，上降敕奖励，有"体国爱民、不负委托"之语，仍岁加禄米十二石。在汴八年，以足疾乞休者三，而抚巡相继保留至于六七。大意谓公清节懿行，迥出时辈，而经纬区画，动中事宜，虽老师宿儒不能过。章每上，上辄温旨留之。己丑又辞，始获允。而言官复交章荐之，以为可大任，上复命守备留都，恳辞不许，遂力疾受命，至则罢私门之役，礼缙绅，剔奸蠹，戢墓隶，都人感悦。庚寅，疾笃，复辞，上不许，会守备太监赖义解任回京，乃命公掌符验关防，将专任之而公已卒矣，嘉靖辛卯正月十日也，距生天顺戊寅十一月三十日，寿七十有四。公明哲英毅，而浑和不露，其补内员也在成化丁酉，而由内官监出典福建市舶也在正德己巳。去闽之日，父老遮道请公靴留之，公不可，众泣以请，坚却之，或曰请可伪，泣不可伪也，乃许之。在太岳时，念貂珰之饰，非事神所宜，以祭服请，上嘉之，诏尚方制而给焉。去汴，尽籍幕府供具以还有司，士民垂泣遮留，不忍舍，乃乞公像为生祠。诚心素节，所在感孚，晚遭明圣，宠遇日隆，而人无间言。平生事亲孝，御下严，处兄弟友，祭先祖以礼，历官所至，必延师以诲其从子若孙。族人有流亡者，招集资给之。性冲淡，暇日惟端坐读书，于世味一切无所好，而振穷周急，惟恐或后。金陵倪方伯舜熏入蜀，卒于岳州，孤寡幼弱，啼号无措，公即舟次悉心棺敛，然于方伯初未相识也。公讳宪，字大章，号怡斋，家世山东阳信人。曾祖考讳弘德，祖考讳思英，考讳邕，以寿冠带。前妣史氏早卒，妣宋氏。前母兄谦先卒，母弟铖前锦衣卫副千户。故事，中监无葬于乡者，公尝于辞疾疏内请之，比卒，铖复以公志请，上允之，赐祭葬焉，原在长寿乡祖茔之右。铖奉其塾师卢举人璧所为状乞予铭，而巡抚都御史海屿毛公与公同乡，雅相知，亦为之请。予始会公均州以修学记文见属，予既诺之，而大比期迫冗，弗及为，每自以为欠事。讵意后十余年，而竟铭公墓也，悲夫。铭曰：小雅巷伯，烨垂篇章。勃貂管苏，于邦有光。清忠退厚，如贺如强。咸炳青史，曷负银珰。猗嗟吕公，柔巽贞刚。言则古昔，动由典章。扬历四土，惠泽其霶。素节诚心，经营有方。于以施之，于何不臧。宜尔累朝，恩遇隆昌。于赫厥声，永怀不忘。洛祠孔严，鲁封若堂。后千万年，与泽俱长。视彼掊克，狐假鸱张。曾不旋踵，家毁身戕。孰为得失，智者其量。于戏天道，维人之常作。

104. 刘璟 《明故前内官监太监湛庵刘公墓志铭》[《新中国出土墓志》北京卷（壹）下，第207—208页]

赐进士资政大夫户部尚书前奉敕总提督仓场濮阳李瓒撰，赐进士出身通议大夫兵部左侍郎金华潘希曾书，敕守贵州等处总兵官右军都督府管府事都督金事濠梁牛桓篆。

正德庚午冬，余以江西佥事复升通政参议，舟过杭时，公以太监为镇守，乃与燕集武林驿中，见其丰姿雄健，言论倜傥，嘉叹者久之。相别二十年，各不相闻。一日，其侄熙持大理评吴君汝莹状请铭，始知公已盖棺矣。呜呼，人生如寄，其信然哉。按状：公姓刘，讳璟，字世明，别号湛庵，世出保定之清苑。祖讳清，父讳贤，业农不仕。贤以子和贵，赠明威将军，锦衣指挥佥事。公生而端凝庄重，幼不与群儿嬉戏，长入社学，读书通大义。成化十八年，内廷缺役，公与选列，二十二年，选侍孝宗青宫，二十三年以登极恩，升长随，乾清宫供事。弘治改元升奉御，历八年，累官至内官监太监、监督京仓。正德元年，出镇浙江，赐蟒衣、玉带，公莅镇，事无巨细，皆自驯治，人心严惮，不敢欺。孝丰蛮贼汤毛九作乱，事闻，命公督守巡兵备，剿平之。江西剧贼王浩八侵犯浙境，公集三司议，遣兵却退。上欲温、处二府开矿，公曰"此民患也"，力请止之。凡此公皆与有力焉。当是时，玺书频降，禄米频加，殆非倖致者。九年，总镇两广。逾年，守备南京。赐坐龙衣，盖殊遇也。公尤乐与士大夫游，多蓄古今名画，假观者无吝色。其在浙，有《萃美录》，侍郎瓯滨王公、洗马九川滕公作诗序以赠之。在广，有《去思录》，大学士鹭湖费公、大宗伯二泉邵公俱有诗文。公之贤可知矣。然浙之人立感惠祠以致祭者，广之人有留靴以警俗者，是岂强求哉。盖人感公自有不能已者尔。十四年，又调河南镇守。十六年谪归私第养闲，居常与士大夫相接，笑谈终日，无少倦。暇则焚香精舍，以诗书教侄与孙而已。秋，疾作，卒于正寝。侄男三：曰熙，前锦衣指挥使署南司事；曰焘，前锦衣指挥同知；曰然，尚幼。侄孙七。公生于天顺己卯正月二十九日，享年七十有三，卒于嘉靖辛卯八月四日。熙以卒之年九月十一日奉葬西直门外冉家庄之原新阡也。铭曰：王畿毓秀，中贵挺生。幼而端重，长亦严明。入侍宫掖，爰历四朝，眷宠日渥，出谷迁乔。中州浙水，广内白下，曰镇曰守，暖席不暇。遭逢圣世，其维命□。退能保终，其乐只且。眷彼冉村，□□攸钟。新阡蓊郁，百世其封。

105. 苏瑾　《明故司设监太监苏公墓志铭》（《北京图书馆藏中国历代石刻拓本汇编》第 55 册，第 2 页）

赐进士第翰林院学士奉直大夫兼修会典经筵官泰和欧阳铎撰文，赐进士出身奉政大夫大理寺右寺丞前监察御史临川简霄书，荣禄大夫署中军都督府兼理营事阳武侯东鲁薛翰篆。

嘉靖壬辰正月二十有七日，司设监太监苏公以疾终于正寝。闻于上，赐彩币、宝镪，遣司礼监官郭公玻以礼治葬。先事郭公具所述事状，令幕宾苏奉衰经造予，征其铭，以光泉壤，予辞不获，乃录于左。按状：公姓苏，讳瑾，号玄清，尝于私第之侧，构轩一楹，环以云根、花卉，题曰"凝翠"，以为燕居之所，因又以为别号焉。其先为云南之腾冲人，自大父已上皆不仕，父亦隐德弗耀，母氏甚贤淑。公生而涓秀静好，父母极钟爱之。甫八龄，辄知孝让，若老成人。遇日者，见而奇之曰："此儿非常人也，异时必日近龙颜当职之，以验吾言。"成化乙巳，选入掖廷。越弘治甲寅，恭睿献皇帝之国安陆，以公谨厚，在选有之。及随侍几三十年，寅畏小心，克恭乃职。正德辛巳，我皇上入承大统，耆旧不遗，而公得宠遇焉。且念公勤劳，历擢司设监太监，署事惜薪司。公莅政无纤芥苟取，以敬慎自励，人咸服其德。上知，加赐蟒衣、玉带，岁给禄米有差，公愈纾忠悃，昕夕未尝敢怠。寻受命摄振威营戎务，公于军律整齐，严肃卒伍，皆怀惠而畏威。由是恩赉更隆，出入得控謇禁内。公每政暇，谓其僚属曰："某本草茅，幸际明时，叨居清近，思无仰答，惟倾此赤心耳！"公性淳良，不喜浮华，虽贵显而心甘雅澹。好读书，犹笃志老庄之学，生平无所嗜，惟善是乐。至是卒，春秋五十有五，距其生则成化戊戌八月十五日。卜以卒之年三月十二日，乃窆于宣武关外白云观之后原。呜呼！公之生荣死安，斯亦足矣。畴昔以爱国为心，斯亦善矣。恶无铭焉，乃为之铭。铭曰：维公之生，澜沧之英。颜温性静，外和内明。在昔藩邸，惟馨厥诚。扈圣登极，恩渥匪轻。乃尽劳勋，孔彰厥声。人孰无死，公没寔宁。瞻彼高原，萝桧青青。秘宇前肇，瑞霭亭亭。公藏于斯，百世其馨。

106. 赵宣 《明故御用监右少监赵公墓志铭》[《新中国出土墓志》北京卷（壹）下，第 209—210 页]

赐进士出身承德郎刑部湖广清吏司主事慈溪费渊撰文，后军都督府带俸奉敕提督伍千营军务事成国公凤阳朱凤篆盖，征仕郎中书舍人直文华殿广阳张昆书丹。

嘉靖癸巳春二月廿有九日，御用监右少监赵公以疾卒于正寝。讣闻，上命惜薪司中贵官庞公朝、陈公用董治丧葬。其犹子清等哀泣奉状请铭，予辞弗获。按状：公讳宣，世家顺天府涿州胡良里人。高曾而下，皆隐德弗耀。父讳安，德行修举，寿考弥邵，赐官终身。母董氏，贞淑温恭，乡人多之。天顺庚辰十一月初八日生，公自幼颖敏凝重，才器不凡，识者知其异常，敬以成人之礼。成化壬寅选入内廷，夙夜惟寅，供职罔怠。弘治庚戌，奉命惜薪司莅政，公愈谨饬，恐有瘝官之诮。岁久，政节功绩显树。正德丙寅，除长随，命掌本司文史，朝夕警惕，务尽委任，事不经宿，文不集案。丁卯，升奉御。庚午金司事，督司房政，繁而不紊，事出而合宜，远近称其明哲。壬申，擢右司副。癸丑，进司正，赐金织斗牛三袭，人皆荣之，公处之自若。丙子，武庙以公持身端谨，政体明达，命督理库事。凡供应之需，出纳惟严，上下罔敢或欺。戊寅，升御用监左少监。己卯晋太监，复膺蟒衣之赐，以华公身。辛巳，武庙升退，今上即位，遇例左迁今职。坦然恬退，颐养天真，若将终身，而沧海之珠，自不能遗，复起署事。己丑，仍领库政，颂声四达，人咸悦服，下之所仰，上之所眷，端可尚矣，惜乎，偶膺疾，卒，得寿七十有四，卜以三月十八日大□□□□义会之原。公德性温厚，遇事有为，入官五十余年，勤历谨畏，始终如一。平居不□以自守，稍有所余，则周济贫乏，下至仆隶，咸饮惠焉。迹其所遭遇，所树立，显荣□，可谓难矣。是宜之铭。铭曰：耿耿赵公，循循谨伤。制行修明，始终如一。甫入掖庭，竭忠王室。莅政处事，井井不失。俭以律己，不自满盈。朝夕惊省，忧勤惕厉。惟公是务，劳而不恤。简在帝心，蟒衣是赐。历事列圣，诚悃愈力。天年有假，偶婴一疾。七旬有四，告终之日。遐迩闻之，伤悼不息。勒石刻铭，传之无极。

107. 芮景贤　《明故御马监太监总督东厂官校办事钦改司礼监太监直庵芮公之墓》[《新中国出土墓志》北京卷（壹）下，第 210—211 页]

赐进士及第通议大夫吏部左侍郎兼翰林院学士前詹事府詹事同修国史经筵日讲官专管诰敕会典副总裁昆山顾鼎臣撰文，赐进士出身嘉议大夫户部左侍郎前兼都察院右金都御史奉敕总督延绥军饷沧州张瓒书丹，左军都督府掌府事奉敕提督神机营兼督十二团营诸军事总兵官敕节制陕西等处地方兵马太子太傅惠安伯张伟篆盖。

嘉靖癸巳秋七月九日，御马监太监芮公以疾卒。上闻，悼惜不已，特降恩旨，改司礼监太监，赐谕祭三坛，宝钞三万贯，白米二十石，油百斤，香五斤，烛五十对，仍命工部所司作棺造坟安葬，御马监左少监马玉，内官监监丞阮秀董治丧事，以是年八月二十日葬于香山乡冉家庄之原。司礼监太监张公钦于公同德且同官，生平僚寀之谊甚笃也，乃遣使持中书舍人何君祚所述状，征予文铭公之墓。先是，张公尝奉命相淑妃茔地于西山，鼎臣时以礼部右侍郎，与公同事，周旋者累日，由是始相知稔。使者来致公意曰："闻先生素不昧于是非之鉴，言足以信今而传后，芮公墓铭，敢托以图不朽也。"予惟官无内外大小，要之以不负天子、不惰职守为贤。志行劳绩，有如芮公者，他日固当大书之史册，流芳遗休于无穷，奚待予文？但君子与人为善之意，不厌其侈，矧张公之请重也，故不辞而为之。序曰：

公姓芮氏，讳景贤，字尚德，直庵其别号也，其先真定府之武邑县人。远祖实，曾祖廷杰，祖得海，考铭，俱不仕。妣李氏。生公兄弟二人：长珊，次即公。成化壬寅，选入禁庭。乙巳，受业于内书馆。勤敏不怠，涉猎书史，得考究古名贤事迹，知所向慕，且善楷书，笔法精美。弘治中，简侍武宗于春宫，历升长随、奉御、惜薪司左司副，充乾清宫近侍官。未几，擢内官监太监，赐蟒衣玉带。正德丙寅，武宗御极，念公侍从劳，命提督惜薪司外四厂。戊辰，署司事。寻调内织染局金书，奉敕提督苏、杭二郡织造。庚午，迁南京司礼监太监，充内守备。辛巳，今上登大宝，雅知公，驿书召还京，改御马监太监，特命总督东厂官校办事。嘉靖壬午，追论江西剿逆居守功，钦赏白金五十两、文绮四表里。甲申，以督理密务，称上意旨，赏大红五彩蟒龙胸背纻丝衣一表里，且荫其家一人为锦衣卫冠带总旗。丁亥，仍命兼掌惜薪司事。公屡以东厂任重，抗疏辞免，辄蒙温旨勉留，岁加禄米至百二十石，累赐大官羊酒。公生于成化丙戌正月七日，享年六十有八。兄之子佐、孙自然，皆谨饬不违公训。其得荫，则所养子曰卢佐者，公念其尤勤勚，故推国恩及之。公为人敦朴自持，于凡珍奇贿货，澹然无所好，故历官两都，所在屹著声绩，荷圣主知眷，久而益隆。伏读累降敕谕，称与慰勉之辞，曰清慎老成，奉公守法，行事安静；曰典司密务，侦察有方，安静不扰；曰宅心端慎，莅事公明；曰忠勤不欺，行事安静；曰益效清勤，慎终如始。是岂寻常薄德微劳所能致哉！如公真可谓不负天子、不惰职守者矣。重惟东厂之设，以侦逻洞察为务，从事于斯，实繁有徒，且荣辱赏罚，为之后先。苟督理非人，纵咨刻核任其吹毛求疵，则畿辅军民，将睢盱骇愕，狼顾鸱张，不安其生矣。尝慨自古憸人，得志怙宠，灵居要地，簸弄威权，节目烦苛，基乱召祸，非惟身披典宪，而国事亦固以偾。公明习古今，深达大体，仰承圣主休德，不失之纵以长奸，不过于察以扰众，清忠长厚，终终一节。其生受沃恩，没膺殊典，宜哉铭。曰：粤惟臣贤，实由主圣；相须以成，勋烈斯盛。维公亲臣，学古立身；夙夜兢惕，忠于一人。端定之心，老成之见；天语褒嘉，闻者知劝。曰清曰慎，曰公曰明；载其安静，畿辅以宁。维贤是景，维德是尚；高年令终，荣名礼葬。郁郁佳城，香山之原；勒铭永世，不忘者存。

108. 张丙世　《明故尚衣监太监张公墓志铭》[《新中国出土墓志》北京卷（壹）下，第213—214页]

赐进士第奉政大夫翰林院侍讲学士同修国史玉牒副总裁经筵讲官弋江吴惠撰，承务郎通政使司知事前鸿胪寺左少卿直文华殿古燕全钺书，前军都督府掌府事奉敕提督三千营总兵官遂安伯西蜀陈鏸篆。

公讳丙世，籍山东兖州府曹州人。父子成，有乡行，隐德不仕。母崔氏，有贤行。世业耕织，致家饶裕。生三子，公居长。弟杰，因公贵，廕以冠带舍人；坤，廕锦衣卫右所驯马司百户。公于正德丁卯入禁掖，籍其官。是年，公拨侍湖广恭虔渊仁纯圣献皇帝府中，克谨官箴，奋力自强。后随今上继登大宝。正德辛巳，上念随驾勤劳，升司设监右监丞，金书，乾清宫供职，遂赏飞鱼松鹿飞仙纻丝、纱罗衣各一袭，以华其躬。五月，升右少监；八月，升太监；十月，赐蟒衣、玉带；十一月，命禁中乘马。嘉靖改元，奉敕坐神机营左哨，复坐奋武营。甲申，转尚衣监太监，掌印。丙戌，钦差福建换袍公干。嘉靖癸未至丁亥，五次岁加禄米六十石，即命领官防护悼灵皇后梓宫入皇堂。癸巳，公因微恙，上容私第调理，旬日愈，命外织染所蒞事。公性淳朴，不嗜华美，惟以忠勤为心，恒以懈惰为戒。平居以诗书潜心，以棋踘属体。其忠君敬长，修己治人，切切然也，一时同侪咸以是则惮之。公期炳用，偶婴一疾，卒于正寝。讣闻，上念及旧臣，深致悼惜，特命本监官张文英、大善殿官滑通董治丧事，赐谕祭一坛、宝钞一万贯，命工部为茔葬，恩至渥也。锦衣百户坤等持状乞余为铭。余按状：方喻公养其志，甄其性。自正德丁卯入禁庭，历事武宗及献皇帝、今上，先后几三十年，知书执礼，守己畏法，出入禁地，虔诚寅畏，敬慎自持。督营伍而士马闲习，理监事而匠作怀德，动静一遵礼度，不为富贵所移。公之行类如此。公生于成化辛卯十一月二十八日，卒于嘉靖甲午九月十三日，享年六十有四。以本年十月廿七日，弟杰等、同官张文英、滑通扶柩葬于西直关外土城角之原。为之铭曰：噫嘻张公，来自山东。入侍禁内，夙成恳忠。历司内政，两授节钺。鞠躬尽瘁，勤劳殚竭。

期颐未艾，胡为永诀。殊恩恤典，超迈同列。我为公铭，勒之珉碣。此碣不朽，公名光烈。

109. 卜春 《前南京守备司礼监太监卜公墓志铭》（南京出土）

赐进士出身朝列大夫南京国子监祭酒右春坊右庶子兼翰林侍讲掌南京翰林院事同修国史经筵讲官钟石费寀撰文，钦差南京协同守备掌左军都督府事永康侯合肥徐源书丹并篆盖。

嘉靖甲午夏四月四日前南京守备、司礼监太监卜公卒，越六月一日，卜葬于京城聚宝门外普德寺后山之西麓。前期，南京司礼监右监丞屠君良、内官监左少监王君胜执状诣寀，请铭其墓。曰：卜公讳春，字纯仁，号芝轩，河间任丘人也。幼入内廷，侍宪庙得为长随、为奉御。孝庙弘治初元，例谪内使，读书内书馆。五年选司礼监六科廊办文书，九年选侍皇太子，十三年转典玺局办文书，十四年升长随，十六年除奉御。十八年武庙正德改元，升内官监太监金书任事，赐蟒衣玉带，为宫中管事牌子，宫城外骑马出入，随朝请剑。二年，命宫中教书，五年奉旨视篆酒醋面局，其年秋七月调南京司礼监太监金书任事。嘉靖乙酉，奉今上皇帝命守备南京，有蟒衣玉带之赐。己丑春，高公卒，命掌守备关防，夏六月辞任去。越壬辰，病风，竞不起，距生成化庚寅享年六十五。某二人为公旧名下，经纪丧事，思得先生铭公之墓，而后可托永久。予念昔在翰林，公曾请为文纪修蒋庙，延饮其家，意款甚，出三子长跪，送酒为寿，起告予曰："春考讳海，妣姓齐，是三子名玉、镗、金，吾同产兄景芳子也。"又指三少者曰："永昌、永泰、良弼为兄之孙，吾皆育之成人。"似欲相托而不竞其说。卒之二日，予往吊之，见前所谓子孙者，斩衰苴杖，泣拜阶下，累如也。兹闻二君语，益恻于心，而为之铭。铭曰：蟒袍玉束，既华且禄。乃历四朝，以终有淑。惟君上之赐，亦公之福。大都维藩，既贵且严。胡□不有闻，以若无权，虽天子之圣，亦公之贤。归于兹土，以得其所。门徒护之，亦有孙子。托名不磨，粤惟太史。

110. 晏宏 《南京守备晏公墓志铭》（严嵩《钤山堂集》卷30）

嘉靖甲午六月十有二日，南京守备司礼太监晏公卒于位，年七十有二。公性恬约，被服儒素，非宾会食不重味，一室萧然，图史外无他玩好。殁之日，几不能殓，衾櫕敝疏，取足敛形已矣。留都公卿百执事，下逮闾阎卒伍之微，咨美悼叹之，弗置，嗟乎贤矣。公讳宏，字约之，其先楚人也。幼入禁庭，侍孝宗皇帝于春宫，弘治初以旧劳累升至太监，赐蟒衣玉带内府乘马，雅善书法，孝皇特赐端砚以宠异之，敕督京通仓储，搜革积弊，关节弗入，人目为晏御史。孝皇宾天，公悲号孺慕，奏乞司香泰陵，居三年遂乞养疾。杜门越十有三年，今上龙飞，首起公镇守陕西，召对便殿，玉音劳遣之。公既至镇，务以德惠拊循其人，兴坠补弊，不遗余力，贬损骀御、廪饩，取给朝夕，仿古义仓意，置余廪以赡贫乏，尤重文教，崇饬先圣及武成之庙，增补《通鉴》《纲目》《小学》诸书，刻梓以传，治绩超美，天子赐敕嘉奖。擢南京司礼太监，俾领守备，则雅操弥励，一镇以静，数以老疾求代，温诏慰留，旋召入典东厂，盖上意眷注，方置宥密，而公已病，不良于行矣。初公失怙恃，莫省所在，既贵悲思营虚塚，具衣冠以葬，疾革，戒家人以赐砚殉，盖其忠孝大节如此。于是上闻，赐谕祭，诏有司给驿，归公之丧，葬都城章华村。其孙英哀泣请铭于留都诸大夫，诸大夫合词曰：司礼行应铭，铭必得史氏，乃以属嵩。嵩考前史，阉尹氏若景监、缪贤、史游、吕强之俦，皆以怀谨纳忠，有所补益，名焯焯在史册，乃今有忠，公静廉守职，奉法如晏公者，是可使之无传也哉。铭曰：繄古宫卿，房闼是职。筦执要华，沿代靡极。于惠于威，丛逞类殖。嗟惟司礼，廉静方直。处润弗膏，蹈躬允饬。有赫尧明，皇鉴如日。屏枉遂良，起公遗佚。休命肃将，所至宣力。三辅怀仁，旧京用辑。室有余编，囊无羡积。美轶往贤，动几轨则。寿考令终，矢言报国。帝闻其咨，舆情孔恻。章华之村，爰卜窀穸。我铭曷从，惟以书德。令誉弗谖，来者斯式。

111. 黄庆　〈明故内官监左少监黄公墓志铭〉[《新中国出土墓志》北京卷（壹）下，第214—215页]

赐进士出身前大中大夫河东陕西都转运盐使司运使淮阳杜旻撰，承务郎通政使司知事前鸿胪寺左少卿直文华殿古燕仝釴书，后军都督府管府事武安侯郑刚篆。

公讳庆，字德征，号朴庵，其先贵州黎平府铜古县之巨族。父母俱逝，素有德望，至今乡邻称之。生公颖悟，性质伟丽，才德出众，幼而博学，诗书七徽，逊让慈惠。于成化丁酉七月内选入内廷学艺，侍上接下，咸得其宜。至弘治戊申四月内，除长随，任以尚冠之职，癸丑十月蒙上命乾清宫近侍答应，左右勤劳。乙卯七月内除奉御，己未至乙丑，公夙夜未息，国而忘家，历升御马监右少监，佥押管事。至正德丙寅八月内，升本监左少监，丁卯三月内转升内官监左少监，佥押管事。戊辰二月内升本监太监，辛未蒙钦赐蟒衣玉带。壬申，赐禁内乘马。辛巳，挨年降左少监，仍于乾清宫近侍。嘉靖改元四月内升太监，又蒙钦差四川护送金牌公干，陆路清廉，未扰于民，诸司称道。嘉靖壬午八月内本监佥押管事。丁亥八月内至庚寅，三次荷蒙今上赏银两、纻丝表里，以励其勤。本年十一月内降奉御，辛卯至甲午节升内官监左少监，佥押管事。公在位廉正，一利未尝苟取，僚友皆称。惟知忠勤，竭力事上，未遑暇处。自朝而室，攻于翰墨，精于诗书，乐其道而忘人之势，尤能育下而宽，交友而信，处众而和。睦于邻里，内外无有异词。公德如圭璋，行若金石矣。彼苍者天，丰其德，不假其年。偶婴一疾，易箦而终，良可惜矣。噫，人之陨落，禀于有生之初，非今所能移，但当顺受可也。公今生有荣，死有哀，可谓顺受其正也。若他人者，曷克以致于此哉，公生于成化丙戌七月十有六日午时，卒于嘉靖乙未二月二十八日卯时。讣闻于上，深致悼惜，特遣差御用监太监贾昂、御马监官王著董理丧仪，服彼衰绖，持状请铭，以永公誉。卜于本年三月二十二日，窆岁于宛平县西直关外香山乡广源闸之原。予因请铭，不获其辞，历叙公之德行，勒诸贞珉，庶芳名永载无穷矣。以是为铭，故铭曰：厥性敏厚，厥德峻渊。侍上忠慎，处众宽严。赤心耿烈，英气匪凡。□□余爵，死有余伤。卜吉安厝，广闸之源。勒诸贞珉，永载绵绵。

112. 王玉 《明故神宫监太监王公墓志铭》（《北京图书馆藏中国历代石刻拓本汇编》第55册，第38页）

公姓王，讳玉，世系河南开封府人。其祖先以武功升小旗，占籍府军卫，遂家京师。祖讳兴，祖妣刘氏。父讳顺，母李氏。公生幼而颖秀，自弘治癸丑选入内廷，着御用监艺业。戊午，除长随。癸亥，选侍春宫答应，小心慎密。除奉御、乾清宫，皆异宠也。是年七月，转针工局，升右副使。十一月，调御马监，升左监丞。正德改元丙寅，金书本监事，恩至渥也。丁卯，金针工局事。戊辰，升右少监。庚午九月，升左少监。癸酉，升太监，赐蟒衣一袭，酬公之劳也。辛巳，武皇上宾，诏旨命公统兵德胜门防御，简侍清宁宫答应。是岁六月初六日，仍赐蟒衣一袭，仍旧御马监金书管事。嘉靖改元壬午，公随侍神宫监，升太监金押管事，赐蟒衣一袭，恩典甚厚。正宜委用，忽得一疾。公生于成化癸巳四月十四日，卒于嘉靖戊戌三月二十四日。讣闻于上，即遣公名下，卜以是岁四月初六日，葬公于宛平县香山乡万安山至定庵之原。

113. 毕云 《总督东厂司设监太监毕公墓志铭》[《新中国出土墓志》北京卷（壹）下，第218—219页]

赐进士光禄大夫柱国少傅兼太子太师吏部尚书华盖殿大学士知制诰经筵官国史会典总裁河间李时撰，赐进士出身嘉议大夫吏部左侍郎兼翰林院学士经筵日讲官国史副总裁华阳温仁和书，后军都督府掌府事奉敕提督五军营兼提督十二团营诸军事总兵官知经筵光禄大夫左柱国太师兼太子太师武定侯凤阳郭勋篆。

嘉靖丁酉仲春四日，总督东厂、司设监太监毕公卒于官。讣闻，上念其中贵耆旧，悼惜久之，乃命御马监太监潘公应、御用监少监谢公夔、内官监监丞李公敬、奉御张君恺、中官陈君彔董治丧仪，仍命礼部谕祭，工部营葬城。国家设东厂，掌国之机事，每难厥任。若公可谓老成人矣！今已则亡，乌忍弗铭。按状：公讳云，字天瑞，直隶保定府容城县人。成化间被选入内廷，逮事惜薪司外南厂，安恬履素，罔逐驰竞。历弘治，及正德改元，武宗皇帝第叙勤劳，除长随。未半载，升奉御，改写字司房办事，周旋书记，详慎严密，同侪称之。戊辰，晋左司副，再晋司正，金押管事。乃殚心政务，处置得宜，有可通略者，举杜之，不少贷，廉慎之名由是日著。庚午，升司设监右少监，总理司房事务。甲戌，晋太监。公位益隆，虑益下，兢兢持循，绝无贵近之习，宦籍中不多见也。辛巳三月，武皇上宾，左迁右少监，夺司事。甫七日，予之。嘉靖甲申，今上嗣统，雅知公生平敬慎，历事勤劳，复太监。公坚贞砥砺，治官如家，虽备历坎坷，而夷险不渝。凡所司废政，悉修葺振举，用赞皇上维新之治。癸巳七月，命管本司印信。时值东厂缺人，稽于众，咸曰非云不可，乃命公总督东厂事。公辞机密重地，恐致偾蹶，疏上弗许，顾蒙慰旨，勖以大义。于是矢竭心膂，勉图报称，惟以有负圣明为惧，约束诸官校并力绥缉，盗贼奸宄顿销，辇毂之下，为之一清。然务安静，无少纷更，国家大体，多所稗赖。至凡章奏出入，尤极小心，上嘉重之。无何，简列乾清宫近侍。公又恳疏不能兼摄，允之，仍莅司事如故。上念公在厂数年，勤诚懋著，褒以羊酒者至再，仍赐斗牛、蟒服、玉带，懋厥功也。丙申，特命乘马禁中，宠眷优隆，恩礼殊绝，尤极一时之旷典云。公秉性惇厚，寡言笑，鲠直不阿，敭历四朝，荐逾五纪。事君以忠，事亲以孝，待人以诚，驭下以宽，谨度节用，明刑平狱。晚荷皇上知遇之隆，尤笃信用，直参禁务，掌握机密，竟以王事终焉。委身尽瘁之义，其无负矣。距生天顺癸未十一月十一日，享年七十有五。祖忠，先六世某者，官大宁都司。忠生玉，为公父，娶刘氏，生子二：长震，次即公；女三。继娶张氏，生女一。犹子聪，生子用隆。隆生子辉章，章荫锦衣卫冠带总旗，粤稽若玉，隐德丘园，不慕荣进，睦孝友于宗裡，笃忠信于乡党，遗休委祉，实于公焉发之。谓非善庆之报乎！卒之年三月日，葬于都城阜城门外香山乡之原，盖公存日所预卜也。为之铭曰：矫矫毕宗，武臣之裔。肇庆东郊，扬休中祕。在帝左右，夙夜浚明。有孝有德，以翼以凭。乃笃倚毗，典握邦禁。惟和且平，克艰厥任。既荣公生，亦哀公殁。赠赗治隧，休光度越。懋章弗斁，乐石不磷。百世之下，阡曰近臣。

114.孙彬 《明故内官监太监孙公墓志铭》（《北京图书馆藏中国历代石刻拓本汇编》第 55 册，第 39 页）

赐进士第嘉议大夫太常寺卿督四夷馆前翰林院编修山阴刘栋撰，赐进士第文林郎翰林院修撰前江西道监察御史兰亭周文烛书，荣禄大夫中军都督府带俸保定侯汝阳梁继璠篆。

　　内官监太监孙公卒，其名下奏奉钦差内织染局副使孙君经辈持状乞予言，铭诸不朽。予按状：公讳彬，字尚中，号质庵，裔出直隶保定府蠡县巨族。弘治十四年二月，选入内廷，为已故掌司礼监萧公名下，见其天资明敏，气宇不凡，随入内书馆读书。弘治十六年冬，遂得司礼监写字。后于正德二年进乾清宫近侍，历升内官监太监，屡赐蟒衣、玉带，仍命署惜薪司事，宠幸无比。继今嘉靖，我圣天子嗣登大宝，见其立心忠赤，勤劳匪懈，又进乾清宫近侍，随升内官监太监，蟒衣、玉带之锡，相继不绝。复命请剑随朝，仍加禄米，许令内府骑马，恩至渥也。原其所自，盖因公能敏而好学，不耻下问，而又善于楷书，上览而悦之，而又能殚厥心力，始终不倦，以致然也，抑岂偶然之故哉？且公不独自治，而又善于训迪，是以公之名下，若孙君经、车君钦、马君荩、乔君德、何君道、齐君忠、郭君朝、蒋君堂、何君奉，孙辈张君才、胡君英、王君保，咸能踵公之芳躅，垂令名于当世。兄举，曲尽友于之情。侄男六：曰禄，曰照，曰韶，曰昭，曰瞳，曰纪。侄孙二：长曰册，次曰良甫，咸循循雅饬，皆公教诲之所及也。公生于成化丁未二月初四日卯时，卒于嘉靖戊戌三月二十三日午时。卜地于宣武关外弘法寺之原，四月十八日乃安葬之期也。用石以铭之，铭曰：维公之德，固而且贞。惟公之忠，久而靡盈。历侍三朝，沛乎有声。蟒衣玉带，屡锡屡情。讣音倏传，上下震惊。俯仰无愧，已了平生。兹焉卜葬，永诀幽明。

　　115. 梁玉　《明故御马监太监梁公墓志铭》（毛伯温《毛襄懋文集》卷6）

　　嘉靖十七年戊戌五月十有五日，御马监太监梁公卒于私第，厥弟禄持状乞铭。先是，余抚西夏时，公以织造使秦，知公不扰，心实与之，盖十有二年于兹矣，铭其可辞。公讳玉，字文玺，别号槐亭，其先江西丰城人，后徙易州，遂为易州人。父通，有隐德，母李氏。公生而颖异，读书知大义。弘治庚戌，选入内府供事，历升御马监奉御。正德改元丙寅，入侍乾清宫。戊辰，升针工局右副使，寻升左副使。庚午，升内官监右少监。壬申，升御马监左少监。癸酉，升太监，赐蟒衣玉带，在内乘马。庚辰，奉敕苏杭织造御服，先是使者皆乘时徼利，虐焰熏灼，民怨胥兴。公至，廉静□职，吴中以宁。今上嗣统，百度维新，于凡蠹政□民者，□□不少贷，公独以贤留用。嘉靖五年丙戌，仍奉敕陕西织造御服，公感上知遇，视苏杭时益敬慎，竣事称上意，供职如旧。乃一疾弗起，公弟三志成性彰，俱克家幼□，禄荫授锦衣卫旌节司百户。距生成化丙戌正月二十一日，享年七十有三，以六月十三日葬永安庄义会之原。铭曰：人皆作威，吾以恬。人皆嗜贿，吾以廉。皎日既出，群翳潜。人皆降黜，吾以全。其位令终，表厥阡。

116. 李镇 《内官监左少监李公墓志铭》（毛伯温《毛襄懋文集》卷6）

惟十有八年嘉靖己亥六月己亥，内官监左少监李公得疾，公弟缙疗医惟谨，病革，语缙曰："宛平之香山曰广源者韦氏顺建观一区，曰朝真，羽士马时昂主之，吾于丙戌用厚值易焉，寿域之成盖十有四年于今，吾死得所矣。但墓中之石，不可无铭，知吾莫若尚书塘翁，汝其述吾言以请，吾待以瞑日。"余曰："达哉李公，世人畏死讳言，闻人言辄不乐，在中贵尤甚，李公生而豫圹，病而豫铭，达哉。"然余岂足以知公，念正德己卯，予以御史按楚，公时镇守其地。会宸濠为逆，武皇南讨，遣太监张旸领艚艘数千，自江夏至沙洲延袤二十余里，诛求旁午，公授意承应，务给其求，不无骚扰，吾每抑泪之，公辄与予抗，至厉声赤色，余屹不为动，公悟，竟予从。余方疑公御余乃以余为知己，不亦达哉，铭其可辞。公名镇，后更名慎，字虔夫，号葵心斋。其先河南商水人，永乐间曾大父聚调涿鹿左卫，遂为涿鹿人。聚生荣，荣生纲，公父也，有隐德。母高氏生子四，凤、鸾、鹭，公其季也。幼颖敏不群，弘治庚戌选入禁中，籍名司礼监。丁巳，管丁字库。乙丑，督收皇庄，升奉御。正德丁卯，管宝源店。壬申，升内官监左监丞，管淮安仓。癸酉，升左少监。甲戌，升太监，赐蟒衣玉带。乙亥，奉敕镇守贵州。丁丑，乌撒毕节苗夷倡乱，公督兵讨平之。戊寅，香炉山等寨复乱，公督兵复讨平之，捷闻赐敕奖励，岁加禄米十二石，荫侄世文锦衣百户。己卯，改镇湖广。先是宸濠之变，余议调游兵扼九江，断贼肘腋，以蔽全楚，公亦知助余议，贼平，赐敕奖励。庚辰，谢事归。嘉靖壬辰，起公左少监，总督京通仓场，与同事相讦，公得直，以礼致政。公性明爽，练达世故，每论事慷慨识大体，于缙绅无大小咸优礼焉。有没于官不能归葬者，轻百金赒之，名公巨卿多乐与之游。公同产四人，侄淮，弟鸶出。世文、世贤、世美，弟凤出。瀛，弟缙出。北、来，鸾出。公自微时以家务托缙，缙亦克承公志，至老无间言，余方属铭稿而公卒矣。是月二十皆八日，距生成化癸巳十一月二十有二日，享年六十有七。铭曰：香山之麓，广源之滨，是为李公之佳城，百祀攸宁。

117. 魏文质　《皇明故司礼监太监魏公墓志铭》（北京出土）

光禄大夫柱国少傅兼太子太傅礼部尚书武英殿大学士知制诰国史总裁贵溪夏言撰，赐进士出身光禄大夫太子太保兵部尚书前本部左侍郎兼都察院左副都御史奉敕总制宣大偏关保定等处军务沧州张瓒书，奉敕提督神机营总兵官前奉敕都护副将军掌行在左军都督府事太子太傅成国公古濠朱希忠篆。

嘉靖十八年七月一日，司礼监太监魏公卒于第，孝子学等既哭之余，礼其友李君兆蕃，撝其行事，吁于予曰："哀哉！魏公，吾先子西涯翁所敬也，以老谢世，敢祈元相宗工，得赐采录，俾药庵忠概不至泯灭，何如？"予素闻魏公之贤，义不忍辞，姑道其实。按状：公，陕西平凉府隆德县弼隆里人，字文质，别号药庵。世以耕作为业，属邻寇惊逸，官军得公于其状貌，遂得充掖廷。成化己亥，宪庙择聪颖内侍，命词臣教之，公方七岁，勤敏有矩度，先君器重之。自后选入乾清宫，历升内官监左少监，赐飞鱼服。寻事孝庙，册立东宫，诏求辅导官，以厚重预选。正德改元，荐升御马监太监，入掌乾清宫事，提督尚衣等监局，兼管内教场操练，奉敕督五军三千等营戎务。特命宴待诸夷，宣布威德。公父全毙殁，迎养母李氏于京邸。及卒，请假归葬，厚膺恤典。赠父为后军都督府都督同知、母一品夫人，赐葬赗，追封三代考妣，诚殊典也。庚午，西藩潜通内宄，公协谋摘发，论功行赏，转司礼监掌印。诏大宗伯费公宏、大司马王公敞，诣公私第奖励，各赋诗揄扬，赐彩帛、禄米，三辞弗允。未儿，求解枢务，俞允优养，仍月给食米，岁给人夫。甲戌，乾清宫灾，甄录耆旧，复起公掌内府供用库印，提督如昔，复转尚衣监掌印。丙子，武宗北巡，公于行间无所索取，有诏闻诸司簿册，惟公秋毫无染。适值慈圣康惠太皇太后崩，以公谙练，命董治葬仪，悉遵典制。宣大有警，上命擐甲胄，公窃奏止之，乃命将分剿，竟致克捷，皆公筹算。仍欲议亲征，公正色力谏，遂获振旅。戊寅，西巡辑下胜前。己卯，江西濠藩不轨，上统驭六师，驻跸南都，公与辅臣梁公储、蒋公冕，事无巨细，皆悉心赞理。及逆臣授首，众议即南都处决，公恻然曰："第须还京，告庙及太皇太后，会勋戚文武重臣，审鞫明正，不致滥及。"上可其奏。时南都百官跪请还京，绝然震怒，公徐泣恳奏曰："此皆忠臣为天下社稷计，不可不听。"遂蒙霁威温慰，始获班师，录出无辜二百余人，实公所活。公益殚心力，亶亶匪懈。公自受飞鱼、蟒衣、玉带、乘马、肩舆、禄米及三宫赏赍，恩幸无比，未尝不以忠贞自励。得准建崇贤生祠，敕护田宅。辛巳，武宗上宾，今上入继大统，公捧册文，授外司迎请，及传谕严守诸城门，按奸细以待。上至登极，公复莅政月余，恳请休致，得赐归第。上犹轸念旧员，每岁终遣赐白金五十两，以为颐养老臣之礼。公素以清谨鼎重，受列圣眷注，方期再享优游，乃倏忽谢去。呜呼痛哉！夫公以陕右奇英，握掌枢密，累受主知，历登华要。及优游林下，善始善终，禄位名寿，可谓兼全矣。公生天顺辛巳十月二十八日亥时，距卒享年七十有九。讣闻，上嗟悼久之，命内官监太监刘君晏、御马监左少监魏君清、内官监太监宋君明、内官监左监丞王君有利、惜薪司奉御张君资、内官监奉御汪君强、御用监太监李君信、内织染局长随李君叙董葬事，诏有司营葬，赐谕祭，宝镪三万贯，恤典骈锡，荣莫大焉。将以是年闰七月十八日，扶公柩于都城阜成门外张华村之原而窆窆之，遂为之铭。铭曰：呜呼魏公，功在朝宁。亶亶之德，赫赫之誉。枢机是司，崇贤建祠。天下之人，阴受其赐。扈从于外，辅翊于内。耿耿忠诚，如公几□。天之报之，禄寿兼备。公今已□，名乃流世。华村之原，庶几永识。

118. 董智　《司设监太监董公墓志铭》（陆深《俨山集》卷 72）

司设监太监董公，以嘉靖十九年二月六日遽卒，实以正德二年十二月十八日生，得年三十有五。今上皇帝特怜念之，赙恤倍加，谕祭之文有曰"温敏之资、小心敬慎"，盖公以实行受上知如此，故凡同事内廷相与朝夕者，尤哀悼不置，吊相之日，涕泗涟洏，盖公以和气得人心如此，岂偶然哉。内官监太监王公逊与公尤善厚，匍匐过余，乞铭其墓，予不敢当，辞至再而请益勤。念予往岁以翰林编修官奉命教内书堂，每见生徒中少年敬谨者必加礼之，且致厚望，以为此皆他日圣天子心膂之寄，与吾辈外庭体貌之臣殊，盖君父之心虽出一致而远迩势分，终不若亲且密者之易于纳忠也，故今生徒之柄用者，往往不忘。予为师范而王公又予之旧馆人也，义不容恝，乃志之。公讳智，字克知，别号明斋，家世湖广武岗州人。正德九年秋九月，入大内，遂选近侍乾清宫。今上龙飞，改元嘉靖，夏六月选入司礼监，从学内书堂。明年春三月，复选乾清宫内侍，是岁八月遂有牙牌之赐，冬十二月遂升奉御，自是赏赉日繁，眷注日隆矣。又明年，升司礼监右监丞，五年升左监丞，六年升右少监，七年升左少监，九年升太监。太监，内廷之极选也。自右监丞凡五转而至，皆以岁之八月八日，若刻期然，盖异数云。时方年二十五，妙龄美质，复出伦项，又殊遇也。十年十月，遂命视事本监，十七年又命为宫内牌子。牌子，又近侍之极选也。十八年，命掌司苑局印，二月上南巡承天，命掌行在印。四月回銮，仍掌原印，于是上将欲大用之矣。自奉御以来，凡受赏大红纻丝麒麟表里一、斗牛一、蟒衣表里一、玉带一、大红金彩蟒衣纻丝纱罗表里者三，自十二年以后，岁加禄米者八，总之为一百三十有二石，又特许内府得乘马，上之礼遇至矣。公亦益奋忠贞，以至于殁身为报，可不谓生荣死哀也已。予昨扈驾时，以翰林院学士掌行在印，从仿佛于行朝，尝目望公，今不可作矣。以今年某月日葬于阜城门二里沟之原，经理其后事者则太监毛公隆也。为之铭，铭曰：龙衮日近，蟒玉有辉，何机柄之伊迩，乃渊冰以全归。勇从顺委，忠孝一机，顾赋形之万变，羌定数以焉违。后千万年，视此铭诗。

119. 杜江 《大明故神宫监右少监台村杜公墓志铭》[《新中国出土墓志》北京卷（壹）下，第223—224页]

赐进士第翰林院检讨征仕郎同修国史经筵官四明全元立撰，承直郎中书舍人直文渊阁预修国史侍经筵官高邮孙□书并篆。

嘉靖二十年八月初二日，神宫监右少监杜公以疾卒于私第。上命署惜薪司事、司设监监丞张环、奉御韩升董丧，将营葬事，其同乡老友东林刘公持所撰事状，来请铭于予。予弗能辞。乃按状：公讳江，字洪源，别号台村，其先世居山西之泽塘村。吴元年，时岁凶盗起，高祖思忠与其配田氏陷本村贼中，贼皆蚕食妇女，殆尽，次当田氏，乃甚恐，语思忠曰："吾本易州五阳台人氏，自幼迷失于此。及长，适汝。汝昆弟三人，素以膂力称，乃忍坐视至是，以攒食吾肉邪？况吾田氏之在五阳台者，庶而且富，汝能携我就彼，亦足自活，不惟吾一人已也。汝其图之！"思忠与仲弟子禄、季弟觉善，乃潜夜翼田氏迳赴五阳台。其亲属闻田氏至，皆聚首相哭，且哀且喜，以为死而复生，于是衣食有赖，随择里于高陌社炼台村，乃世居焉。思忠生荣。荣娶张氏，生喜。喜娶许氏，生海。海娶刘氏，实生公焉。公生而颖秀，□出庸辈，里□长者咸谓："杜氏有子，其将兴乎！"成化壬寅，公甫十五岁，入侍内廷，即知以心勤自励。及长，上方简用，始授奉御，时弘治己酉也。乙卯，升司设监右监丞。己未、壬戌、甲子等年，历升右少监，转神宫监，司裕陵香。正德改元，以原职转内官监，兼理惜薪司事。戊辰，升太监。己亥，御马监佥书，掌马房出纳。丁丑，上嘉年劳，特赐蟒衣一袭、玉带一围，恩至渥也。辛巳，武庙晏驾，奉例为右少监，仍司香裕陵。嘉靖壬辰，今上命公于本监佥押管事。公随在厥修，不以位之崇卑而变易心志，壮老如一日。盖公自韦布历侍四朝，服蟒带玉之荣，乃其贤劳所自致者，无逾恩也。少暇，辄检阅书史，于世道之理乱，人品之高下，过目服膺弗矢。叩之，如倒峡悬河，殆不见其穷也。赋性介直，人有过面斥不少贷，内无隐情，外无饰辞。夫人皆知其为直，取与之际，弗协诸义，虽一介之微，不敢妄有所徇。至若势有可乘，术有可施，倾害于人者，公痛恶之，所不忍为。迹其处心□都类是，绰有仁者之度。公生于成化戊子六月十一日，距卒得寿七十有四，于乎，公岂易得者哉。时我皇上励明图治，内而宫□蛰御，外而缙绅百寮，鼓舞承德，罔有弗钦。求其行义孚于友众，勤劳效于王室，善誉□于家邦如杜公者，奚啻卓然度越其曹偶哉，是诚不可以不铭其墓也矣。公兄敖，弟友才，姊一，适贾厚；妹一，适赵成。侄男二：廷玺、廷璋。侄孙三：永安、永宁、永平。甥男贾宣，甥孙祐。以卒之岁九月初一日葬公于京城西宛平县香山乡广源闸之原，实会藏也。序而系之铭，曰：系惟杜先，几登贼俎；载奔载驰，以延厥绪。潜修缔造，底于台村；光昭前叶，渥哉帝恩。忠□宣至，敬慎用将；□明人物，貂珰之良。我铭在兹，奕世有考；嗟嗟后人，毋替尔好。

120. 韩锡 《明故内官监太监韩公墓志铭》[《北京图书馆藏中国历代石刻拓本汇编》第 55 册，第 79 页]

赐进士奉直大夫翰林院侍读经筵官毕鸾撰，登仕佐郎礼部铸印局事玉修牒篆东吴杨镗书并篆。

奉命守备天寿山皇陵，未几二载病暍，上命私宅调理，大数攸定，卒于嘉靖二十一年七月十四日。讣闻，上惜之，遂遣神宫监太监周君英、司设监太监王君纯董丧事。恩荣官吴喜，率男江、淮、沂，素感抚摩之恩，恐泯厥德，铭其事状征予铭。按状：公讳锡，天庆其字也，姓韩氏，其先本朝鲜人。成化癸卯入内府，在廷职臣嘉公资质明敏，送内馆，从翰林院儒臣读书，日勤于学，时与教事者器之。暨孝宗敬皇帝辛亥，选内府供用库书办，公会计有方，日著勋绩，凡在僚属，罔不心服。弘治癸亥，随侍春宫，公辅之以道，不容悦靡利，春宫亦以优礼待之。弘治乙丑，除长随。转乾清宫近侍。逾一月，除奉御。又逾四月，除御马监右监丞，仍旧近侍乾清宫，皆由公之历事称上意也。正德丙寅，进本监金押公事。丁卯，转酒醋局金押公事。戊辰，授左监丞。已而，复授右少监。又一月，授左少监。越三年，进太监。几三月，赐蟒衣、玉带。十一月，内府乘马。四月，调署惜薪司事。越五年，迁五花宫近侍。今皇上龙飞。壬午，领敕赍赏肃州□府，克尽臣仪，不辱君命。丁亥，又命给事五花宫。乙未，调康陵神宫监金押公事。至六月，进长陵掌印。庚子，转尚膳监太监，金押公事，兼提督巡察光禄寺。上素重其才，眷顾益隆，越五日，遂有守备山陵之命。命下斋宿之任，肃承香火，朔望朝陵，如在其上，其山衙公事，剖决如流，虽古之吕强、赵整之辈，亦拜其下风矣。公天性纯粹，智识过人，其语和而庄，其行谦而易，不骄不吝，不肆不伐，不食不鄙。爱与仕夫平居，则手不释卷。就养萧公，每以孝闻，待喜江、淮、沂如己子。历事四朝，辅佐圣明，咸著忠荩，无纤芥过举，可谓难矣。生于成化丙申，卒于嘉靖壬寅七月十四日，春秋六十七。葬以卒之年八月初七日，墓在南城弘法禅林，乃公之义会地也。铭曰：五朝之俊，入侍禁宫。或从王事，无成有终。惟力是竭，不爱其躬。小心慎密，奉法以公。积劳以迁，简于帝心。不骄于宠，无忝靖恭。立铭于石，用垂不穷。

121. 潘真 《明故南京守备司礼等监太监潘公墓志铭》（张邦奇《靡悔轩集》卷6）[①]

今天子嗣大历，服建极，自躬端则自宫掖。一时监卿寺伯，任职授禄，率惟其人。予昔仕南京，见吕公宪、晏公宏实为守备，以清德雅操，得军民心。越十余岁，予承乏参赞再入南京，则潘公、萧公克循前轨，民士感颂，不异畴昔。予方自庆，谓得相寅协共翊隆平之治，曾未数月，而二公[②]相继捐馆，呜呼惜哉。潘公讳真，字克诚，别号实庵，湖广会同人。父讳全辅，母朱氏[③]。公髫龄选入掖庭，以专悫称，成童侍宪庙，给事乾清宫。弘治间，历升至太监，管御马监事。正德丙寅，署丙字库事，戊辰敕监督临清仓储，戊寅承敕提督太岳太和山兼分守荆湖陕洛三边地方。嘉靖甲申，被简命镇守湖南，至则易直以交诸司，宽慈以御庶姓，弭盗赈饥，荆邦赖之。督修显陵，大工告成，民不知扰。辛卯，召还京，中

① 此碑于1985年出土于南京，现藏南京博物馆，故可将墓碑刻文与张邦奇文集所载进行对比。《碑文》题为"明故南京守备司礼监太监潘公墓志铭"，潘真守备南京，初掌内官监，后改司礼监。
② 《碑文》此处有"乃"字。
③ 《碑文》记载"母宋氏"。

途以疾告，得旨就南京调治。甲午，命守备南京，改掌内官监，寻改掌司礼监，守备如故。公益感恩遇，笃意绥怀，质任恬泊，不喜华缛，事存大体，不屑为苛，细性坦荡，无畛域然，不取一毫于分之外，悃愊无外饰，而于故典时宜能言其肯綮。平居若无所事事，而陵庙、垣墉汛除修缮，与凡内府工作、京畿水陆备御之具，罔不饬治。九载之间，都廛靖谧，关河晏清，归公德焉。嘉靖癸卯八月初十日卒于位，距生成化丙戌三月初三日戌时，享年七十有八。从子四人：永福先卒，永寿、永康、永宁皆兄阿保嫂卜氏出也。从孙六人：子卿、子相俱国，子生、子隆、子兴、子臣、子俊俱幼[①]，是年九月□日，永宁等葬公于京城西安德乡许家山之阳。先期奉司礼太监何公所为状，以墓铭请，予以冗未克成，后数月，工部尚书南山胡公复为速铭。铭曰：皇德之隆，谨在□御；箴儆自中，封培必豫。泄迩启宠，有处非据；恣厥助勦，民乃凋瘵。公生魁硕，轩豁慈恕；出守荆湖，柔绥简御。天子曰嘉，爰陟留寄；以辑以懷，以妪以煦。以奠南邦，人慕且孺；相昔冥昏，作威倚势。翕艴几何，倏尔颠踬；公起髫髻，大耊在位。蟒玉辉华，四朝恩遇；胡福考终，荣名靡既。天道神明，式彰厥类；太史勒辞，昭示来世。

122. 丁恭　《明故御用监太监丁公墓志铭》[《北京图书馆藏中国历代石刻拓本汇编》第55册，第85页]

公姓丁氏，讳恭，祖籍保定府安肃县孟村社大王店人。父太，妣樊氏，有子二人：长曰五，次曰公也，讳恭。生公童稚时，气宇不凡，乡人谓之曰："此中贵之人也，他日必大用。"正德丙子，果以奇质选入内廷答应。嘉靖五年，上命爰公端谨诚实，升御马监长随。六年，升奉御，转御用监管事，公出纳弗私，宿弊至是少革矣。七年，升右监丞。八年，升左

① 《碑文》记载"从子四人，皆兄阿保、嫂口氏出也。长永福，早卒。次永寿，家居奉祠。次永康，亦先公卒，娶张氏，生子一，曰子隆；女一。俱幼。继娶王氏，生子兴，亦幼。次永宁，随任，娶李氏，生子四：子卿，娶秦氏；子相，聘陈氏，俱国子生；子臣、子俊，俱幼。女三：淑德，配袭指挥袁衡；淑贤、淑英，俱幼。"可见，《文集》对潘真养子、孙的介绍颇为精简，而潘真养子潘永宁等在志文镌石纳圹之际，对涉及自身的内容作了增补。

监丞。九年，升右少监。十年，升左少监。十一年，升太监，乾清宫答应，皇上轸念频劳先朝旧臣，赐蟒衣。公事上最敬，夙夜弗荒。弘治癸丑二月二十一日子时，是公生也。自恐曰过耳顺之年，暇□□曰："吾辈久沐文明之治化，□感皇上之隆，□□联朝，没当同陇。"乃制寿藏□于都城之西，属于顺天府宛平县香山乡广恩之则，正思之云美□至□也□见□□□□嘉靖二十二年五月二十八日申时，享年五十有一终也。名下苏公朝……丧事丘而铭也。

123.萧平　《明故尚膳监太监萧公墓志铭》[《北京图书馆藏中国历代石刻拓本汇编》第55册，第96页]

赐进士出身中宪大夫太常寺少卿晋江郭凤撰，武英殿直鸿胪寺序班华亭张明师书并篆。

公姓萧，讳平，字以衡，号友松，其先河南开封府陈州沈丘县之巨族。父母俱善行，迨今未泯，生公二人。公为人淳笃，赋性聪敏。正德丙子十一月内，进入禁庭，朝夕勤慎，动止爱敬，诚为大器。戊寅七月内，除尚冠长随。辛卯七月内，除奉御，奉钦依着御马监外胡渠马房收放钱粮，惟知奉公于上，未闻剥取于下。辛巳五月内，改内官监，选入乾清宫近侍答应，小心翼翼，未遑暇处。嘉靖改元八月内，除长随。癸未八月内，除奉御。甲申正月内，蒙钦赏大红纻丝麒麟一表里。本年八月内，升兵仗局右副使。丙戌八月内，升左副使。丁亥八月内，升大使。戊子八月内，升尚膳监右少监。庚寅八月内，升左少监。辛卯八月内。升太监。壬辰八月内至甲辰八月内，屡蒙圣恩，赏斗牛蟒衣纻丝九表里、银四十五两。公持身正大，侍上忠勤，常以节俭为心，每以侈肆为戒。读书好礼，和邻睦族，处棠棣谕以礼，诲以贤教，棣为府学生员，乃公庭训之谆。公生于弘治乙卯七月初一日申时，卒于嘉靖甲辰十一月初六日辰时。蒙钦差供用库大使崔成、兵仗局官杨钦等，同弟曰材、曰宗、曰俊、曰文、曰栋，侄曰鉴等，内外协济，董理丧仪，服彼衰绖，泣杖请铭。予不获辞而铭曰：人生大块，孰无生死？不得其道者多矣。公生有余荣，死有余哀。而得其道，可谓生顺死安，无复遗憾矣。卜今本年十一月廿五日，扶柩出宣武关外白纸坊，窀穸于弘法寺，本官萧公之侧，用假于梓，勒诸贞珉，俾公善举，永载之不朽焉，故以为铭。铭曰：惟公之性，聪敏卓伦。持身正直，处己谦恭。治家有道，报国以忠。职居近侍，衣蟒其躬。生前显耀，殡后驰名。佳城郁郁，神栖以宁。勒诸贞珉，永载芳馨。

124. 王泾　《明秦府承奉副鹤林王公墓志铭》[《新中国出土墓志》陕西卷（贰）下，第330—331页]

赐进士中大夫光禄寺卿前吏部文选清吏司郎中溪田马理撰，赐进士征仕郎礼科给事中奉敕巡视团营军务石谷王准书篆。

嘉靖辛丑冬，承奉副鹤林王公，讳泾，字会之，以耆德疾居于家，贤王免朝，礼遣医目赐药问，明年壬寅正月二日不起，王悼惜之。呜呼，公可谓遇矣，据公先世富平人也，父讳清，母萧氏，以成化丙戌十二月二日生里舍中，幼温厚典实，人多异之。后选事惠王、简王、昭王，历著勤劳。迨事今王，益加忠恳，优荐于朝，盖先后奉敕得授为门正、典膳副正及今承奉副云，公居门正则出入严，居典膳则出纳密，在公署则修理备，为承奉副则辅理忠，以公出自先承奉正康公之门，康以德义名于时，声华垂于后，时嗣续者今承奉正凤冈张翁，次即公，次门正白润，中使王鹏。是时康独知凤冈翁才器迥出，语鹤林公当取法于翁，后凤冈翁达矣，而友于鹤林公者甚厚，由是鹤林公感，益推重凤冈翁而德业可追矣，然则鹤林公之完名全节，保享遐寿于七十有七，岂不谓之荣遇矣哉。公以先祖父墓远，无以展孝思，乃移葬汉城中，又思报康公之祖父遂广茔域，作垣室，人多义之，即公之心人不及矣。以是年二月廿一日葬公金光里冈，从侯康二公之地，王追念公德，赐赍过厚，且命承奉杜公玥赐祭葬，统理其事，典宝正崔廷玺、门副白奎专董丧务，靡所不周，恩至殊矣。公嗣典宝正李廷政，门官韩金、冯林、马永、李京，中使刘保、徐能、吴托、李迢，孙门官刘质，中使张准、庞凤、张进、王永、晁玉、田新、周鼎、李镇，公之弟演、景、元铎、世禄、浃，侄臣福山、用相，三锡县学生公之迪训将有成者，孙五人大纲、大纪、大纶、大绍、大续。铭曰：金光之野，岭表之崇。草木翳郁，崿嶂巃嵸。伊谁葬之，鹤林王公。惟名不泯，惟恩后隆。万祀千秋，追仰高风。邓锦张宥刊。

125. 梁禄　《明秦府典服正西溪梁公墓志铭》[《新中国出土墓志》陕西卷（贰）下，第333页]

赐进士前翰林院国史检讨经筵讲官鄂杜王九思撰，赐进士前征仕郎礼科给事中侍经筵官陆海王准书，赐进士前文林郎大理寺左寺[①]左寺副咸宁杜鸾篆。

梁公讳禄，字天爵，华州西溪里人。父仁，不仕于时，以隐德见重。弘治癸丑二月九日生公于西溪里中，迨长，因自号西溪。西溪少承父母之训，能读书，知逊避，孝于亲而隆于养，且友爱兄璠与廷玉也，而又见族人乡人皆一一敬礼之，人由是重西溪公也。嘉靖改元，今圣践祚，西溪公奉敕授为秦藩中侍官云，以勤绩劳著，王特以门正员缺，奏荐，上特俞允，遂以敕授之，西溪公实出于赐飞鱼服承奉正凤冈张翁门下嗣也，凤翁甚钟爱之，不同事多启贤王委治行之，声誉益著，上下罔不颂德。又以典服正员缺，再荐，天子允之，奉敕得秩典服正云，事多丛脞，百务交集，悉有条理，不疾不徐，靡有不举者焉，人以是贤之云。嘉靖癸卯有疾，十一月二十四日乃不起，乃即是年十二月二十日卜葬金光侯、康二辅祖地，贤王既悼之，诸辅咸痛惜，敬委典宝正崔廷玺营治丧仪，而又赐祭赐赙出于常典云。门下嗣门官李俊李昺、其孙中官景洪盖尝事西溪者，诸侄梁有、梁株能治贾事，梁材为州学生，将援例入国学也。乃铭之曰：少华之麓，里曰西溪，哲人是产，古贤是齐。金光埋玉，穿碑是题，万祀不磨，名存华西。李俊李昺上石，邓锦刊。

126. 吴经　《明故前镇守山西御用监太监吴公之墓》（南京出土）

南京司礼监右少监竹泉屠良书并题。

公姓吴氏，讳经，字太常，别号静菴，江西余干人。幼而敏悟，选入禁庭，宪庙召见，嘉其进对有法。历官至武宗，圣上益爱其勤，第升御用监太监，镇守山西。老归南都，备员司礼。父讳俞玄，母戴氏，继母邹

---

① "左寺"疑为衍文。

氏。弟绅，邹出。嘉靖甲辰正月十又九日，卒于私弟之正寝。公生之年，成化辛卯闰九月七日，择葬之日，则卒之年二月十三日也。公闲居二十年余，悬磬一室，可见守官守职矣。谨勒其梗概云。

127. 刘玉　《皇明御马监太监岐山刘公墓志铭》[《新中国出土墓志》北京卷（壹）下，第225页]

赐进士出身前都察院都御史刑部尚书吴江吴山撰，荣禄大夫前军都督府应城伯凤阳孙永爵书并篆。

公讳玉，字崇润，岐山其寓号，世为冀北之怀仁人。自从祖清领乡荐，官至鸿胪寺丞，因占籍昌平之榆河。清子晟，晟子道，道子宓，皆登进士。晟止知县，道任至布政，宓终于行人。公父昺，娶王氏，天顺甲申十二月十五日实生公。公幼时即简质不凡，慨然有奇贵之志。弘治庚戌，以例选入内廷，隶名于司礼监太监和穆。甲寅，因进长随，典尚膳。丁巳，升奉御。正德丙寅，司香长陵。丁卯，转督御马监郑家庄外厩。甲申，升本监左丞，癸酉，升左少监，佐理监事，于时有斗牛之赐。乙亥，升太监，承赐蟒衣。戊寅，奉敕镇守云南，抚治金齿、腾冲等处，于时有玉带之赐。辛巳，例取回京。嘉靖壬午，因移疾，以左监丞家居。辛卯，特敕起公镇守宁夏。癸巳，以柳门、锋窝功，蒙敕奖赉，仍升右少监。乙未，以岁苦滩功，升左少监，本年复以打硐口功，升太监，复赐玉带。丁酉，蒙敕取回别用，家居待命，优游颐适，自以春秋渐高，遂为终焉之计矣。公为人精强持重，琴书之外无他好，接人温恭雅饬，恂恂然有儒者之风度。其在云南，缓和夷汉，恩威兼著。尝有瑞雪，镇人谓公至诚所感。及镇宁夏，虽虏所四出之地，公独从容指麾，屹然有长城之势。每遇虏入，必躬督帐下，冒犯锋镝，虏亦畏之，不敢近也，镇人至今服其胆略。一时缙绅如管给事律、杨司寇志学，皆极辞称誉其贤，公亦恬然不以时名自异。镇有严生者，母死，弗克举葬，公为具棺敛，置地数亩以葬，其仁惠多此类。生平被服俭素，口腹之欲，略不少纵。每饮酒，未尝至乱。其不茹荤，则严戒以终其身。尝预营葬地，列碑题榜。如其身后棺敛之具，皆先时而办。年跻耄耋，视听不衰，即以其埋铭请予属笔，俟窀穸

313

焉，则镌石以纳诸幽圹。且曰："吾不怵于死生之际矣。"乌乎，斯陶潜、杜牧所见称为达观者欤？公之犹子侍庭者二：曰寄，锦衣百户，曰□，锦衣朝士。诸孙凡数人：曰承贤，曰承勋，曰承节，曰承聘，曰承祖。贤，百户。勋，千户，皆官锦衣，肄业武库。节，尝业儒。聘，郡庠弟子员。祖尚幼。今按公之卒也，岁在嘉靖癸卯八月十三日巳时。先期数日语其孙承贤曰："吾将于是日观化，尔其笔诸册。"及是果然，溯其生得年八十有一。寄等恪遵治命，于九月一日葬公城东三里屯新兆。其山向背，公所自规云。铭曰：惟彼冀方，河山是疆。淳气渐汲，刘宗以昌。榆河侨邻，公乃发迹。两镇雄藩，勋名赫奕。亦既寿考，而影尚赊。郁郁佳城，载卜载家。生寄死归，达焉者寡。勒铭斯圹，用光泉下。

128. 刘濬 《明故神宫监太监刘公墓志铭》[《新中国出土墓志》北京卷（壹）下，第 226 页]

奉直大夫礼部主客清吏司员外郎阳曲郭俊撰，承德郎礼部仪制清吏司主事西蜀刘延年书，武举团营立威营坐营大宁中卫署都指挥佥事山后王宁篆。

公讳濬，字德深，号容庵，世家真定之藁城。曾大父满，大父全。父敬，妣鲍氏。厥兄弟五人：长曰剑，次曰子孝，次曰惠宽，次即公，有弟曰强。庐父母墓，至虫蛇之祥，累旌其间。公生七十有五年卒，以今年六月二十九日，从孙府学生国贤持状诣予请铭。国贤，予门下士也，乃不得已为之辞。公自少醇悫，志向不群。居家时，每思抗其宗。弘治癸丑，始与选，入司礼监肄学。太监陈公宽爱之，使属其家。丁巳，除长随，勤劳侍从，凡逾七稔，乃别膺差遣。正德改元之明年，升内官监左监丞。乙亥，迁右少监。戊寅，遂为太监。后以例降右丞。今上龙飞，复左丞，历左、右少监。嘉靖九年，仍秩太监，继有蟒衣之赐。十八年，调景陵神宫监太监司香。二十三年正月，以老居果厂，六月卒。陈公之在司礼也，政务殷剧，公辅之，廉慎勇决，陈特委重焉。诸从事者，承公之命，常懔懔，而维恩不恌，未始睽也。时贿赂旁集，公一无所取。尝有同列得罪，惧祸不测。公为尽心调护，得逭。其人德之，致谢甚厚，公却之，曰："吾岂有为为此哉？"遂不受。天性孝友，事亲隆礼，始终一致。时新必献而后尝，事上不为貌恭，悃愊之色，人自诚之。处友义而能敬，尤喜相遇以礼，见礼文周至者，归而嘉叹弥日。勇于改过，少有失，即痛自咎悔，必易其辙始安。春秋祭祀，预斋戒竭诚，独不事浮图，闻福益之说，则曰："善吾所存可矣，何媚焉以祈？"性乐简静，每时节，中贵联镖竞赏，公辞而不赴，顾晏如也。势家要族，常戒子弟与之交游，曰："非彼侪而汲汲与之交，汝意谓何？"侄孙国贤，勤学庄毅，公雅重之。闻其至，必戢左右，曰："孙某来矣，汝辈慎之。"其畏义有如此。素守礼法，及疾病，犹整衣冠如常时，革而始愈焉。以嘉靖二十三年七月二十四日，葬阜成关之四里原。有侄三：长堂，义官，先公逝；次昶，次聪。孙八：长曰奈，次即国贤，次曰贞，曰国宾、国真、天佐、天辅、天佑。曾孙五：曰喜，曰文诚、文质、文忠、文实，咸逮事于公云。铭曰：施而不有，允也其厚。过而知悛，相今为贤。耽乐无遑，瞿瞿以自顾。惟克循礼，逌然以自度。义苟有存，子孙犹必著。其恭心无所嗛，诪幻不能为之蠹，吁嗟乎，古之人兮。

129. 宋兴　《大明故东厂总督前司礼内官监太监宋公墓志铭》（《北京图书馆藏中国历代石刻拓本汇编》第 55 册，第 111 页）

赐进士出身左春坊太子左司直兼翰林院检讨经筵国史官江左谢少南撰，嘉议大夫礼部右侍郎直文渊阁预修国典上海张电书，赐会武第锦衣卫掌卫事后军都督府都督同知前充扈跸使东湖陆炳篆。

司礼监太监宋公廷起，以清慎文雅受知今上，督内书馆事，予方滥竽馆中教席，与公有寅恭之谊。公逝，属予铭之，予安能辞。按状：公名兴，廷起其字也，别号瀛海，世为河间肃宁巨族。祖富，父亮，俱隐德弗耀。母梁氏。生公，有异质，识者占其不凡。正德丙寅，选入内廷，在群众中武皇帝特爱之，令读书内书馆，学业骤起，为同辈冠。司礼六科廊缺员，当事者特疏进公，时称得人。丁丑，进奉御。辛巳，赐麒麟飞仙服。嘉靖乙酉，擢典簿，掌理章奏及朝见礼仪，赐大红彩麟服。丁亥，升右监丞，督侍卫等官，赐飞鱼服三袭。辛卯，兼掌西苑耕籍事，转左。癸巳，提督新房并摄经厂造作诸务。丙申，升右少监。庚子，转左。辛丑，命提督本监经厂并内书馆事。壬寅，升太监。秋，管教演内中和乐，成，赐大红纻丝蟒服。公自武庙初入侍内廷，历事今皇帝，更阅三纪，熟知两宫制典。往者，寿安皇太后、慈孝献皇后暨雍靖王妃、宪庙荣妃、贤妃诸大丧礼，公皆受命襄事，咸就礼秩。皇上大婚，并上尊号及銮舆之仪，公受命经理，咸中楷则。尤英敏练习，雄于才干。尝受命使陕右及三晋二藩，勘理讼诘，咸伸于理，著清白声。比还，有宝钞羊酒之赐。己亥，驾幸承天，公为前导，给事行在，纷纷者恃以有定。驾回，复命公之河南，查盘经费，弗扰弗纵，人情大协。寻调尚膳监太监，提督巡察光禄寺事。乙巳春，调内官监太监，奉敕东厂总督官校办事，着在乾清宫近侍、惜薪司金押管事，公具疏恳辞，有旨："尔勤慎效劳，总督官校，特兹委任，不准。该衙门知道。"偶因事自陈，准辞，仍本司管事外厂住。因得风疾，冬十月调御马监太监，提督大坝等处各马房，写敕与他，即具疏自陈，准辞。急访医调理，弗瘳，于今春正月初七日酉时，考终正寝。其为今上所器任若此，盖一时仅见云。公虽累勋劳禄，位跻于华显，然醇谨不自表见，与人共事，谦和有度，至剚剧处梦犁然。就理秉政者，莫不器重之，即群小亦罔不德公者。性仁爱，尤雅厚宗族诸父子侄，咸倚以立门户。置义田若干，赡同族，其贫无业者给耕具，故族人子弟鲜失所者。夫公贵显中禁，历两朝四十余载，丕著勋劳，可谓声荣两全。予观书纪中载，前代侍中黄门以端谨称者，必附见志籍，耿耿不湮，若公者其表著可知也。距公生于弘治庚戌八月初二日酉时，春秋五十有七。兄本，纳级千户。弟学，冠带舍人。宪，锦衣卫后所班剑司百户。侄明，锦衣卫校尉。以是年二月初三日葬宣武关西弘法寺之左预营寿藏，名下司礼监等衙门奉御杨永、宋永、戴恩、王秉等援例陈乞，上赐宝镪谕祭，实殊恩也。铭曰：瀛海宋公，幼有异质。历官司礼，焯有政声。累经出使，清白著称。简任总督，大命是膺。天胡不憗，构疾沉沦。讣闻今上，悼惜弗胜。赐祭宝钞，恩荣始终。勒铭墓下，千载有征。

130. 席良 《明故御马监监丞席公墓志铭》（北京出土）

赐进士出身翰林院编修古杭陈宏撰，京庠冠带生员高绅书并篆。

御马监右监丞席公没之后，有侄曰强等衰绖持状征言，因次第其状而铭之。公讳良，字惟善，乐庵其号也，祖贯真定府晋州饶阳县西城社荆堂村人。曾祖讳大公，祖讳彩。父讳进，乡人称德，母王氏，克尽妇道。生公昆弟三人：长曰成，公行二也，弟曰美。公自幼志向高远，不群于凡，聪敏过人。正德庚午，选入内廷，服属司礼监太监简庵张公为名下。有抚育教之，就选内馆，从翰林儒臣读书，手不释卷，学古通今，精识儒业，善习楷法。历五载，乙亥，擢尚宝监，理笔札之事。乙丑，转御马监，除长随，管理司房。是年，升奉御。辛巳，武皇宾天，遇例裁革。今上登大宝，嘉靖壬午，复升奉御，命任旧都府草场收放钱粮。丁酉，升本监右监丞，金押管事。公出纳之际，纤毫不妄取，廉静声誉，闻者贤之，正宜委用，忽疢一疾，竟不起，亦可谓生顺死安者矣。距生弘治乙卯十一月八日子时，卒于嘉靖丁未十二月三日丑时，享春秋五十有三岁。讣闻于上，差之遣公名下御马监典簿王羊、尚膳监太监浦信等治凡丧事，及公弟美等，侄男强等。卜是月廿九日，扶柩哀痛，乃窆葬期，其葬地则都城之西顺天府宛平县香山乡万安山龙泉寺刹前也。于是乎铭。铭曰：呜呼席公，世出真定。幼选入内，早被光荣。供侍两朝，翼翼小心。五十三岁，梦想蓬瀛。飘然而去，预会佳城。白云围护，青山为邻。恩公茔傍，瘗玉玄宫。子孙相继，不绝公禋。

131. 辛寿 《明故内官监太监辛公墓志铭》（北京出土）

赐进士出身翰林院编修古杭陈洪撰，赐进士第中宪大夫太仆卿古燕田龙书，京庠冠带生员高绅篆。

天寿山守备、内官监太监辛公没之后，有侄曰恕等，衰绖持状征文，因次第其状而铭之。按状：公讳寿，字子仁，天峰其号也。祖贯山东东昌府濮州朝城县丈八里人。祖讳祥，父讳恺，相传有隐德。母田氏，克尽妇道，生公聪敏，志向高远，清修玉立，不群于凡。弘治辛酉，选入禁庭，服司礼监太监扶公安名下，有抚育爱之。选内书馆，从翰林儒臣读书，手不释卷，学通古今，精晓儒业，善习楷法。历四载，孝皇宾天，武皇嗣登大宝。正德丙寅，任司礼监理笔札之事。丁卯，除长随。壬申，除奉御。甲戌，适父丧，甚哀痛，礼无容，言不闻，服美不安，闻乐不乐，食旨不甘，此哀戚之情也。丙子，命理孝真纯皇太后丧。凡理大事，次第而可法。丁丑，除典簿金押。己卯，陟右监丞。辛巳，武皇升天，今上即位。嘉靖之壬午，奉敕衡府公干。癸未，上命选驸马婚礼。乙酉，奉敕湖广辽府等处公干，往返民不嗟扰，闻者贤之，上闻甚悦，知公劳勤既久。是年，升左监丞。丁亥，升右少监。戊子，命提督新房。是年钦差，同工部侍郎黎坤、给事中戴儒，兼查各衙门人役。己丑，再命本监提督经厂书堂，管理一应钱粮造作等项，凡出纳之际，纤毫不妄取，声誉名也。辛卯，升内官监左少监，奉敕径天寿山守备，操练兵马，巡视山林，严加禁约。癸巳，进太监。丁酉，上闻公勤劳日著，特有蟒衣、玉带之赐，恩甚宠也。庚子，公以山陵重地，恳疏辞免，上允辞，私宅颐闲，赐军伴三十名而优游，晚景之乐至耆寿也。历侍三朝，严肃敬谨，忠勤廉静，小心翼翼。公为人性量宽宏，凡内贵之中，守礼尚德，其贤以哉。持心洁白，能通古今，精翰墨。忠诚应侍皇上山陵，仁孝奉侍父母，本官慈爱施于名下，及兄弟侄男并继业之孙，自古今能尽此者备矣，而人咸与之。正宜练老，忽疾一疾，竟不起，亦可谓生顺死安者矣。距生成化甲辰十一月二十九日辰时，卒于嘉靖丁未六月十六日丑时，享春秋六十有四。讣闻于上，嗟悼，即遣公同官御马监太监徐公銮等，及名下司设监太监孟公冲等，治凡丧事。正德庚午，公父恺恩命拜恩荣官。没后，上悯之，亦有宝钞品物之赐。母为孺人。公兄弟六人：曰仲，曰贤，曰良，曰庆，公行五也，弟曰宪。其侄四人：曰恩，以武功升锦衣千户，早逝；曰恕，太学生员；曰荣，持守祖业；曰营，年甫卯幼。孙四人：曰稄，庠学生员；曰秸、继祖、继宗。俱习举业，幸际时也。卜是年七月十二日，扶柩哀痛，乃窆葬期，其葬地则都城之西顺天府宛平县香山乡永恩寺刹右。于是乎铭，铭曰：呜呼辛公，出自朝城。选入于内，早被光荣。应侍今上，又供皇陵。六十四岁，梦想蓬瀛。飘然而去，筑此佳城。白云围护，青山为邻。永恩之原，瘗玉玄宫。子孙相继，不绝公裎。

132.阎绥 《明故署惜薪司事官西峰阎公之墓志铭》[《新中国出土墓志》北京卷（壹）下，第235页]

赐进士出身中宪大夫辽东行太仆寺左少卿致仕江都萧海撰，赐进士出身工部虞衡司主事长洲查懋昌书，特进荣禄大夫柱国后军都督府兴安伯大冶徐梦旸篆。

公讳绥，字朝章，姓阎氏，别号西峰，世家昌平之顺义。考讳海，娶杨氏。生子二：长钦，隐德不仕。次即公。公生而气宇英迈。弘治辛酉，入掖庭，寻被选读书司礼监内书馆，从内翰诸名公讲学，明经史大义，兼通词翰文理。正德丁卯，供写六科廊文字。己巳，掌经丁司事。壬申，除长随，即授奉御。丁丑，转典簿金衔。己卯，任右监丞。辛巳，武宗毅皇帝宾天。壬午，惠孝皇太后崩逝，皆公分理大丧仪，悉遵成宪。嘉靖癸未，奉命山西谪遣庶人，所至不扰。乙酉，升左监丞。丁亥，调内宫监，仍左监丞，署惜薪司事。在任公谨，上闻其贤。己亥五月，钦承敕命，督率抚镇、都布按、分巡诸司，奉慈孝献皇后梓宫，南附显陵，前驱竭劳，不避憸险。偶值谤谗，量裁反获原任。及今始末三十余年，勤慎益力，赐有飞鱼、麟鹿服色者三，羊、酒、花银不一。宠遇过隆，恩典至渥，猗与休哉。卒于嘉靖戊申正月初九日，距生成化乙巳六月二十日，享年六十有四也。公为人才识卓越，见义敢为，每以忠进自励。择地而行，择言而发，意所不合，弗轻与交。暇即染翰观书，吟诵适情，怡然自若，是以令终。遇群从子孙，雅有恩惠。从子二：瑀，业儒，晋国子生。次玠，为锦衣校籍。从女孙一，瑀出。从孙二：曰乾，曰元，玠出。御用宁君进、范君才等以襄其丧，将以是年二月初八日，葬公于阜城郊之西义会寿藏。宁君辈奉状请铭于予，因重其请，而为之铭。铭曰：忠信夙成，文物挺秀。出入政枢，忠勤日就。事署惜薪，益坚职守。宠命维新，献后迁枢。恭附显陵，并崇天寿。任重责隆，致速谗咎。量裁保躬，吉自天祐。是以有初，令终于后。曰显曰晦，公心何疚。有守有为，孰出其右。我铭幽藏，遗声永茂。

133.郑恭 《明故神宫监太监郑公墓志铭》[《新中国出土墓志》北京卷（壹）下，第236页]

神宫监太监郑公没之后，侄曰喜等衰经持状征言其状而铭之。按状，公讳恭，字克敬，纯朴翁其号也。祖贯福建汀州府上行①县人，曾祖谱系莫考。成化己亥仲夏，宪皇钦取入内府，历拨安喜宫答应，壬寅仲冬除长随，乙巳仲冬，除奉御，丁未仲春，乾清宫近侍。宪皇宾天，孝皇登大宝，弘治改元乙卯仲春，转东宫答应，管理皇庄事。乙丑仲夏，升御用监左监丞，是年孟秋，金押本监事，孟冬命内府乘骑，皆殊典也。仲冬进太监，亦有蟒衣腰璃之赐，岁加禄米十二石。武皇嗣位，正德改元，丙寅孟春命武当进香，随斋赤符二道封赏，送兴、雍二府。己巳仲冬，奉敕神威营坐，随朝请剑。庚午仲夏，命本监掌印着午门前骑马，领宝□三更皇上前请扶暖扇。辛巳孟夏，今上即位，嘉靖改元，着宝钞司掌印，未央宫掌事，仍旧骑马，岁加禄米廿四石，奉敕提督三千营军务。是年仲夏，复有蟒衣玉束之赐，再加禄米十二石。甲午孟春，庄肃后奄逝，随陵司香，康陵神宫监掌印。公历侍四帝，忠勤廉静，人贤称之，正宜练老，忽疣一疾，竟不起。生于成化丁亥十一月十一日寅时，至嘉靖戊申三月三日午时卒，享春秋八十有二。讣闻于上，嗟悼，遣公名下御马监太监张明等，及公侄男曰喜等，治凡丧事，卜是月二十五日，扶棺哀痛乃窆葬期，其葬地则都城之西北谓务村之原，系之以铭。铭曰：呜呼郑公，世出上行②。年甫十二，钦选禁庭。历官极品，蟒衣腰璃。应侍四帝，又供皇陵。八十二岁，梦想蓬瀛。飘然而去，筑此佳茔。永为不朽，吾题斯铭。

134.乔宇 《明故钦差提督巡察光禄寺尚膳监太监乔公墓志铭》（《北京图书馆藏中国历代石刻拓本汇编》第55册，第138页）

赐进士出身资政大夫太子少保礼部尚书诏侍谘问应制晋陵顾可学撰文，直西苑大中大夫光禄寺卿前翰林院中书嘉禾谈相书丹，直内书造局文

---

① 当作"杭"。
② 当作"杭"。

林郎太常寺博士姑苏龚珮篆盖。

公讳宇，字惟洪，号□山，贵阳人。其先世亦大家。钦拨司礼监太监刘公辅之名下也。幼而聪慧，长而笃实。体貌清癯，胸襟洒□。博览诗书，精通字艺，彬彬然有古君子之风也。当髫年，获遇孝宗皇帝。岁甲子，选入内书馆读书，其才华奋发，不伍于同□□见其铁画银钩，人咸以中书称之。由是历武宗皇帝，丁卯岁，钦拨尚膳监任书记。见其艺学精敏，超出侪辈，人咸以翰林誉之。值乙亥、丙子二载，除长随奉御，勤劳茂著。复遇今上皇帝刀继大统，侍卫勤劳，陞本监金押管事，钦赏大红麒麟服色，宠遇异常。岁在辛卯、壬辰，升右监丞，寻即转左，以贤劳久任。至己亥，陞右少监，随转左，视事侍卫日久，简在帝心。甲辰、乙巳岁，钦升太监，提督巡察光禄寺，小心□慎，综理□勤。见其风裁凛肃，一毫不染，人咸以御史褒之。着闻于皇上，赐以蟒衣，以旌其贤。丁未岁，又加赐玉之宠。见其荣遇荐渥，朝廷倚赖隆重，人咸以内辅望之。蓦于嘉靖己酉春二月五日以疾终，距其生弘治辛亥，享年五十有九。讣闻于上，甚切悼之，盖愍其始终忠勤劳世勤也。呜呼！若公者历侍三朝，始而人称，继而人誉之、褒之，终而翕然望之者，有如是之切。殆同古之赵充、李世图，为中贵中之名贤也欤！岂天不憖，遗一老欤？予考公之文学、德誉、政事、勤劳、清慎，□有古人之风，一时侪辈未能或之先也。愿治君子望其登翊圣皇，匡弼大柄，执掌司礼，而乃以疾，没几中寿，谓之何哉！莫非修短有定数也欤？予不腆之文，不足为公重。独掇拾大概，敷扬余休。卜春季二日葬于都城西崛山之原，勒于文石，以垂不朽云。为之铭曰：惟公内宰，迹发贵阳。积学而起，历辅圣皇。蟒衣闪烁，玉带辉煌。冰霜其操，度量其汪。体国政事，补衮文章。中书翰林，御史并良。大柄将弼，一旦云亡。崛山巍巍，崛水洋洋。牛眠马鬣，其封若堂。石镌我铭，岁永无疆。

135. 崔景 《明故司礼监太监春轩崔公墓志铭》[《新中国出土墓志》北京卷（壹）下，第239页]

特进光禄大夫柱国少师兼太子太师吏部尚书华盖殿大学士袁郡严嵩

撰，赐进士出身嘉议大夫吏部左侍郎兼翰林院学士掌詹事府事前两京国子
祭酒司业国史编修经筵官泰和欧阳德书，特进荣禄大夫太傅兼太子太傅成
国公奉敕提督五军十二团营诸军务总兵官掌右军都督府事前奉敕挂印充都
匮副将军掌行在左军都督府事古濠朱希忠篆。

　　司礼监太监崔公，幼颖敏，举止异常，被选入内廷，武庙见而奇之，
即入侍乾清宫。皇上登极之初，简入内书馆肄业。公由是益勤于学，隆冬
盛暑，手不释卷，于古人书法无所不习，而尤精楷书。上每呼至扆前命
书，公纵横数楮，一挥而成，四顾成行。上喜爱不已，渊衷简注，即有执
笔之托矣。嘉靖己酉四月，特命掌司礼监印。然先是，公已属疾。命下数
日，公入叩谢恩，出，遂卒，盖四月十六日也，距其生弘治乙丑二月十六
日，年仅四十有五。上深悼惜，赐新钞三万贯，谕祭三坛，给棺木造坟安
葬，盖享堂、碑亭，命太监陈靖、右少监谢举等营其葬事。以是年五月
二十七日，葬于阜成门关外两家店之原。靖等以状来，请铭其墓中之石。
予近岁以入直得与公往还，为相知，乃今遽尔沦亡也，能不哀而书之。公
姓崔氏，讳景，字德明，别号春轩。其先湖南人。初由内馆除奉御，寻升
御马监右监丞，署惜薪司事。嘉靖甲申，调内官监左监丞，金押管事，赐
麒麟服。庚寅，转右少监。辛卯，升太监，赐斗牛服并蟒衣玉带，禁中
乘马。寻命管神机营右掖并振威营，调管五千营，掌惜薪司印，叠加禄
米，赐大红金彩纻丝纱罗蟒衣三袭。壬寅，命宫内管事。又奉敕充神机营
把总。乙巳，调司礼监太监，命提督宫内教书并西苑农务，进掌司礼监
印。以劳瘁致疾，竟卒。公书法既过人，又才足应务，故所历有声。其在
惜薪，搏节俭约，供应有余。匮驾南巡，署行在监印，所过能不扰民。三
历神机营，振作整肃，士伍畏服。其识见超诣，盖中贵之卓出者也。惜不
享有长年，遂止于斯，则岂非命哉。铭曰：太微炯炯天中央，有四星兮拱
其傍。是应内宰资赞襄，秉枢览务佐皇纲。维公夺迹自楚湘，髫齿来依日
月光。乾清诏直职壶房，荐掌营卫武威扬。入授内馆司文昌，日侍黼座龙
衮傍。有时学贴临钟王，亦希颜柳相翱翔。奉公竭节年且强，方进司礼笾
仪章。尚衣日赐云锦裳，公感庆会志专良。仰思尽职报圣皇，忽尔乘气归

仙乡。阜成迤西湖水阳，帝命治坟封若堂。勒文玄石流芬芳，昭哉遐思永弗忘。

136. 麦福　《司礼监太监掌监事兼督东厂麦公福墓志》（《国朝献征录》卷117）

嘉靖壬子十二月二十九日，司礼监太监掌监事、总督东厂升庵麦公卒，上闻，赐钞三万贯，祭三坛，命有司给葬具，建享堂、碑亭，所以恤之甚厚，盖公事上久，敬慎之节，终始一致，故其卒也，上特悼之云。公讳福，字天锡，升庵其号，广之三水人。曾祖讳保旺，祖讳宁，父讳常禄，俱以公弟祥贵，赠特进荣禄大夫、后军都督府右都督，妣皆夫人。公幼入内廷，正德丁丑，以选供事清宁宫，戊寅改乾清宫近侍。嘉靖壬午，迁御马监左监丞，改御用监金押管事，寻升左少监，甲申升太监，赐乘马禁中，改御马监，监督勇士四卫营务。丙戌奉命提督上林苑海子，丁亥奉命随朝请、晋乾清宫牌子，戊子掌御马监印，提督勇士四卫营禁兵。己丑提督十二团营兵马，掌乾清宫事。庚寅掌上林苑海子关防，壬辰提督礼仪房并浣衣局提督尚衣监西直房，甲午总提督内西教场操练并都知监带刀，丁酉总督东厂，戊戌兼营尚衣监印。己亥上南巡，奉命留守京师，赐符验关防。乙巳迁司礼监，丙午提督先蚕坛、掌理祭礼及诸礼仪。戊申复总督东厂，镇静不扰，缙绅谓贤。己酉掌司礼监印，国制凡旨下诸司，司礼名为秉笔，而掌印者尤重，诸监局莫敢望焉，然每遇东厂奏事则皆趋避，故东厂尤名有事权，累朝以来未有兼其任者，兼之自公始。自受命至于卒，凡四阅岁，呜呼其可谓贵且久矣。公前后赐飞鱼斗牛蟒衣、大红坐龙衣者各三，赐玉带、闹妆带者各一，赐禄米自十二石至三十六石，合之以石计者三百七十三。又尝特赐银记，其文曰"公勤端慎"，赐御书曰"克尽忠谨"，小心匪懈，恭慎如一，盖见褒美于上者如此，又累朝诸中贵所未有也。公之在东厂，茂著劳绩，诏荫弟祥为后军都督府右都督，侄忠等为锦衣卫指挥、千百户者若干人。厂内有隙地，公建堂，祀先师孔子及四配、十哲、七十二贤于其中。太监徐公秀故于公有恩，及卒，公为营葬，建玄觉寺祀之，又建楼兜桥、开磨石口等处山路，行者称便，是可以识公心之所存矣。

137. 崔廷玺 《明秦藩典宝正崔公墓志铭》[《新中国出土墓志》陕西卷（贰）下，第 341—342 页]

赐进士前翰林院国史检讨经筵讲官鄠杜王九思撰，赐进士前礼科给事中奉敕提督团营石谷王准书，赐进士朝议大夫山西布政使司左参议雨田黄云篆。

吾友崔公廷玺，字汝玉，别号龙泉者，华阴人也。父泰，母王氏，生公成化庚寅十一月十有八日，今年八十有三，而气平体健，宛若神仙，乃具述平生以预求厥志。且公被选入朝，早承蟒服白金牙牌之赐，除为长随，守西长安门，后升左监丞，命理京畿庶务，允协人心。嘉靖壬午，奉敕授为秦辅，累树厥功，先定王屡有奏荐，三奉敕历授典宝正云。恭遇我今王殿下累及存爱，日承汪濊之泽，时有委命之专，乃特赐承奉廪禄，宠重非常，公遂感之，益加策励，独树贤声，其敬录屯药局大木厂、千户村仓储、兴平府仓提督崇仁寺事，皆有调度，人又服其心。弟一人曰真，真子四人：长应举藩司承差，次应科，二幼。女二。乃以壬子六月十日病不起，卜七月二日葬云。孝嗣门官董汉臣、党贤克敦丧务，王赐赙优厚，遣典服陈保、门正邢贵治丧。铭曰：金光之西，崇仁之邻，黄墟启圹，中有玉人，万世永矣。

138. 宁仪 《皇明敕赐飞鱼品服蜀藩承奉司掌印承奉正菊东宁公墓志铭》（成都出土）

公讳仪，字文相，号菊东，其先湖广麻城人，远祖讳大，伪元季举进士……考讳怀仁，公自幼颖异不群，髫年应选入蜀……

139. 张喜 《明德府承奉正张君碑》（李攀龙《沧溟集》卷 22）

君讳喜，字悦君，保定之深泽人。弘治某年，籍在掖庭。正德某年，出给事于府中，久之，庄王使行守藏也。至嘉靖己丑，懿王以积劳，奏擢为门官副。癸巳，迁典服正。丙申，超迁承奉副。辛丑，改承奉正，给事今王，凡四年。甲辰，致仕，凡十有三年。丙辰四月朔日，卒，年六十四。今王行守藏使者藁城田君銮汝金，自以出君门下，追惟君得与今王锡命之典为盛，且悼君之中废也，刊石记焉。铭曰：今王立国，维初在昔；嗣祚称藩，庶官率从。永兹利建，以翰元元；君以髫龄，籍在宦者。观礼掖庭，王简左右；受诏于东，寺人之令。给事庄王，乃领钱谷；出纳允明，属惟十载。不没于货，政是用成；懿王念旧，乃上其绩。擢而于门，再迁典服；羡羡衮冕，则有司存。进贰宫尹，寔崇夹辅；愈益和衷，不愆不忘。式于大宪，蹇蹇匪躬；今王幼冲，遭家不造。流言以兴，君曰仁亲；得失匪计，是翼是冯。世及之义，春秋所严；维嫡是求，帝曰册止。昭哉锡命，以荷天休；王修前功，以正宫尹。惟君无它，虽已着庸；名位则极，构闵遂多。翔而后集，言从所好；乃致为臣，偃息优游。十有三载，归洁其身；程腾远矣，君其小雅，巷伯之伦。

140.刘忠　《明故御马监太监署乙字库事栖岩刘公墓志铭》（北京出土）

嘉议大夫南京礼部右侍郎前国子监祭酒春坊太子右谕德经筵日讲官同修国史类菴赵永撰，大中大夫河东运使前河南道监察御史淮阳杜旻书，推城宣力武臣中军都督府阳武侯东鲁薛翰篆。

嘉靖甲寅五月初二日，太监刘公以疾卒于正寝。讣闻于上，遣名下御马监太监张公峻、署惜薪司事御马监太监李公庆、掌精微科事司礼监奉刘公连综理丧仪，暨诸名下兵仗局等衙门右少监等官马廷、贺斌等，义男家人刘禄等，服衰绖持状，来请予铭。予辞不获。按状，公讳忠，别号栖严，世系广东之望族。父乐善隐德，乡人以长者称之。母懿行贞淑，生公。方旬年，弘治乙卯，选入内廷。辄有动止，不与群战，喜读儒书，自知己有大器。太监刘景公育之。戊午，以丰采凝峻，擢乾清宫近侍，出入禁□，不失尺寸。己未，除长随。庚申，钦升奉御。辛酉，升御马监左监丞。癸亥，升右少监。乙丑，近侍仁寿宫。正德改元丙寅，钦升左少监；以老成练达，是岁复擢乾清宫近侍，调内官监。戊辰，历升御马监太监，金押管事。辛巳，特赐蟒衣玉带、禄米七十二石、内府乘马。武宗皇帝昇霞，各衙门任事，注本监右监丞。公立心淡然，朝夕弗怠。是岁复近侍仁寿宫。嘉靖癸未，钦升左监丞。甲申，升右少监。丁亥，升左少监。庚寅，进位本监太监。癸巳，特赐蟒衣。越辛丑，谪回本监供职。丁未，特命管理乙字库事。公先后莅官，出入一应钱粮，虽细入毫毛，悉有勾校。咏读诗书，老而弥笃。正宜安享，忽遭疾弗瘳。呜呼！公生成化丁未十月初五日未时，得寿六十有八。于没年五月十五日，扶公柩于都城西香山慈感庵义营之原，以为葬焉。余乃铭。铭曰：惟彼广川，毓秀名贤，公实生焉。近侍宫御，典厩典库，动止有度。锡禄既丰，蟒玉华躬，乘马禁中。吁嗟栖严，知止淡然，志笃诗篇。慈感之侧，水环山列，永卜幽宅。惟公之名，惟珉之贞，亿万斯龄。

141. 潘应　《永陵神宫监太监潘公墓碑》（《北京图书馆藏中国历代石刻拓本汇编》第 56 册，第 29 页）

戊午孟夏既望，永陵神宫监掌监事太监张公臻等诣予请曰："旧监长潘公□月十五日卒于官□二日葬于香□之原，□公会葬所也，臻等咸念公掌监事时创始功多，合监□□焉今于公殁时思□报第道里伊□□特□司重，弗克往□，金议沙河官庄迤西新营葬地□公亦赞成者，兹具衣冠为葬以栖公神愿，□□□言立石□□岁□□祭以□□以示诸不朽者。"予昔与咸庵公有交际之□尝见□□□□□虽期蠡未艾也，既予抱尤，来居山城，初闻公疾，继闻公殁，今以墓□来托，呜呼伤哉。公讳应，字□□，咸庵其号也，世为广东人。年甫九岁，来京师，弘治丁巳选入皇城，以司礼监掌印太监韦公宁名下□□□奉御，历升监丞少监而太监，恩赐蟒服玉带禄米，岁时有加，□□□□□者隆矣。公赋性鲠直，作事有度，议论侃侃，□□□暨僚佐□□悉惮之，嗜书史，居常延文士，日与□□，至老不倦，遇士大夫尤加敬礼。每对人言受主上厚恩，唯以死报，出自肝膈，岁□□□圣驾七至山陵修祀事也，因卜万寿吉兆而永陵鼎建，制度精严，□宫深严，公以御马监太监特命司守，公至慎晨昏，严护卫，督理扫除，无敢怠日，凡一切园厂营卫之事悉遵长陵事例，一一奉□之在监内外大小员役靡不利赖，皆公之力也。丁巳之冬公病预知其不可为，悉将资财分散左右供事之人，人有称贷者，归券令焚，□□劝之医药，公曰："老而□，病而死，医药何为？"至于身后之事，衣衾棺具，无一不备，死之日，人咸哀痛，下无怨争。呜呼，若公者忠勤尽职，制行无□，荣显终身而□□□□亦可谓生顺死安者矣，咸庵其贤乎哉。公生于成化戊申五月初三日，得寿七十一。公幼而来京师，世系无可考，予姑记其略俾勒之石则公之神庶□□□依，而后之继之者咸亦知所自云。赐进士出身光禄寺□昌平□学□□□□篆。□□□□太监等官□□□□范忠□□张臻许智刘敬张□□□□、司香官张□邢朝葛昇师保刘□门洪□□□□张简陈□蔡斌钟汉孙经安玉□宣田保□洪□□张纪同立石。

142.李明道 《赠御用监太监掌惜薪司事西湖李公墓志铭》（《北京图书馆藏中国历代石刻拓本汇编》第56册，第33页）

赐进士及第光禄大夫柱国少傅兼太子太傅礼部尚书武英殿大学士知制诰华亭徐阶撰，赐进士光禄大夫柱国少保兼太子太傅礼部尚书武英殿大学士知制诰会典总裁余姚李本书，特进光禄大夫柱国太傅兼太子太师成国公掌后军都督府事前提督神机十二团营诸军务总兵官奉诏内直怀远朱希忠篆。

嘉靖戊午十一月二十九日，御用监太监、掌惜薪司事西湖李公卒。先是公以足疾在告，上数念之。及讣闻，诏赠公御用监太监，赐钞三万贯、祭三坛，赐棺，赐葬，建享堂于其葬所，盖异数也。公讳明道，字从善，西湖其号，世家保定之新城。祖讳政，父讳福。母贾氏，生子三人：长让，赵府典膳；次□，锦衣百户；又次为公。正德丙寅，公主甫十龄，以颖敏选入禁掖。旋以选侍武皇帝于乾清宫，累迁至奉御。今上登极，改元嘉靖，诸近侍多罢去者，而公独以老成练达留。癸未，迁御用监右监丞，金押管事。寻迁太监，赐蟒衣，赐乘马，赐禄米岁十二石。丁亥，管神机等营，加赐禄米。辛卯，上以公勤慎，赐玉带，命掌织染局事。每驾出，共辂为前驱。癸巳，赐服坐蟒。乙巳，命提督神机营，加禄米至百四十余石。丁巳，上录诸近侍之劳绩，公居多，命掌惜薪司事。其明年，病足，命就医私第。公形貌秀伟，精神溢发，人固不虞其病；即病，亦意其必□愈。而竟不作，距其生弘治己未五月六日，享年仅六十，中外惜之。然公历侍两朝，地亲位重，蟒玉之华，炫耀一世。而其卒也，□□为圣明之所轸悼，恩礼有加。其于人生之际遇，可谓至荣幸矣！虽寿不至耄耋，夫何憾焉！公有侄三人：干，锦衣百户；翰、辂，俱国子生。侄孙一人，世科。公既卒，署惜薪司事内官监太监朱君仲等卜以己未正月十日葬公西直门外广源闸之原，以予旧尝识公，请为铭。铭曰：天阊九重，虎豹护严。公侍其间，四十余年。霄衢砥平，六龙时遇。公身前驱，蟒衣玉带。生而显融，世已寡伦。矧于身后，犹被渥恩。赠官赐赙，有葬有祭。翼翼享堂，以奉时祀。任不遗才，惟天子明。没不忘劳，惟天子仁。我作铭诗，刻之贞石。永俾后人，知有圣德。

143.阎清 《明故内官监太监龙泉阎公墓志铭》[《新中国出土墓志》北京卷（壹）下，第253—254页]

赐进士出身前翰林院庶吉士通政使司右通政艮山郭秉聪撰书。

公讳清，字汝洁，龙泉其号，世为顺天府文安县钜族也。父志通，恩荣官。母田氏。兄琇、珩，弟雄，皆隐德务农。公居行三，赋性卓越，克岐克疑，高出昆玉之表。蚤于正德甲戌，选入内廷御书馆读书。嘉靖壬午，奏拨司礼监六科廊写字。丙申，除长随。庚子，除奉御。壬寅，钦命管理文书房事。丙午，调升内官监右监丞，惜薪司金押管事。己酉，赐飞鱼。庚戌，奉敕差往山西，押送庶人高墙居往。壬子，升左监丞。节年历升右少监、左少监，而至太监，特赐蟒衣。复奉钦命，祭葬河南周王嫡妃。叠承天恩，峥嵘显贵，可谓始终遭际，荣庆多矣。且又常以《道德》云：知足不辱，知止不殆。功遂身退，天之道也。遂于丁巳，疏闻于上，准于私宅闲住。居处平淡，慎厥所守，俭而不奢，和而有理，达事机之会，遵圣贤之道，飘然有尘外之志，与屑屑利禄者不同矣。姪春，锦衣办事总旗，遵上中所；朝侍伯质、伯实，俱蒙恩惠，咸得其所，而其睦族之道，至矣尽矣。生于弘治丁巳八月十九日巳时，卒于嘉靖庚申十一月二十六日酉时。题奉钦依，命公司礼监典薄白元、乙字库管事内官监右监丞谷怀、上林苑监长随高存礼、司礼监官王通董理丧仪，葬于西直门外畏吾村洪庆寺侧茔原，安厝。云山白君辈索予为志铭，予揣久淹林下，文词荒芜，不能尽状其德，辞弗获已，于是直道始末，以塞其责，权垂不朽云耳。铭曰：维公德性自生成，维公颖异自离伦。蚤岁蒙抡入内廷，司礼历事彩衣荣。夙夜匪懈竭丹诚，上嘉简命侍天容。传发纶音自九重，声名播与玉阶崇。宜乎福祉暨遐龄，岂期一疾令其终。恩翁茔侧卜佳城，生乐于兹死妥宁。云山索我作斯铭，使公懿行垂无穷。

144. 赵举　《明故司礼监管文书内官监太监静庵赵公墓志铭》（北京出土）

赐进士及第光禄大夫柱国少师兼太子太师吏部尚书武英殿大学士知制诰典志总裁华亭徐阶撰，特进光禄大夫柱国太师兼太子太师成国公后军都督府掌府事怀远朱希忠篆，正议大夫资治尹通政使司通政使直文渊阁同修国史玉牒侍办御典经筵官赐狮麟服昌黎王槐书。

公赵姓，讳举，字克明，别号静庵，直隶保定府新城县人。其先世皆隐德弗仕。公自幼凝重，不类凡儿。正德丙子冬十一月，奉诏选入内廷，肄业内官监。戊寅秋七月，选内书馆读书，翰林诸先生典教事者，前后凡十数，皆器重焉。嘉靖改元，今上登临大宝，中外百执事，咸遴选以充。春三月，公首以选入本监六科廊精微科，掌国之六礼诸文移。辛卯秋九月，赐牙牌。壬辰冬十一月，赐帽。公自以显融有地，益夙夜勤于其职。丙申秋八月，奉命誊录天下奏章。其秋九月，转管人数。辛丑夏五月，掌精微科事。壬寅夏四月，赐大红纻丝织金麒麟膝襕衣一袭。乙巳春二月，上以公□慎，命管文书。夏六月，命金押司苑局管局事。丁未夏四月，升内官监右监丞，改惜薪司金书管事。闰九月，升左监丞。己酉夏五月，奉上命□□□陕西，能以法禁戢其下，往来数千里间，其□与民至，不知有中贵人过其地者。使还，□□□□□冬十二月，赐大红纻丝纱罗飞鱼三表里，圆领三表里。壬子夏四月，升左少监。癸丑□□月，升太监。甲寅冬十二月，赐□□。公在文书，多与士大夫接，而予以内直尤数见公，公勤正有礼，虽德□邃其意气，未尝不□□其于言必审而后发。虽甚怒，不轻有所诋訾；即甚喜，亦不苟然诺。予以为，公天资所禀如是，殆大受器也显，其位止此，其可惜也夫。公生于弘治甲子年正月初五日子时，卒以今年甲子六月五日丑时，年六十有一。公名下司礼监奉御赵忠等，卜以是年七月初九日，葬公于阜成门外杏子口永恩寺之原，而谓予素知公，乃具状请铭。铭曰：世道既降，质以文漓。夸毗浮侈，颓风日靡。猗嗟赵公，独异于兹。公居贵近，抑抑其仪。公多见闻，讷讷其词。内典机务，外秉使麾。畏慎惇朴，终始弗移。胡器之美，位止于斯。墓中有石，我铭揭之。公身虽往，名其永垂。

145.高忠　《明故乾清宫掌事司礼监太监高公墓志铭》(北京出土)

赐进士及第光禄大夫柱国少师兼太子太师吏部尚书武英殿大学士知制诰典志总裁华亭徐阶撰文，赐进士及第少保兼太子太师户部尚书武英殿大学士知制诰典志总裁慈溪袁炜书丹，特进光禄大夫柱国太师兼太子太师成国公后军都督府掌府事怀远朱希忠篆盖。

公讳忠，字廷显，别号进斋，世居顺天府霸州之临津里。自其大父英而上，咸以善称。英生俊，娶范氏，生子六人，公其季也。正德二年，以选入内廷。八年，选直乾清宫。皇上之登极，合诸近侍加选择焉。公长身玉立，进止有仪，褒然在举首。嘉靖二年，遂赐冠帽。三年，迁御马监右监丞。四年，命本监金押管事。六年，迁右少监，寻迁本监太监，赐蟒衣。公性素敬畏，及既通显，益自检饬，上察知之。七年，命掌神机、效勇等营务，赐玉带，内府乘马，兼提督上林苑监。其冬，命掌宫内牌子事，随朝请剑，提督待诏房。九年，上录公勤慎，赐银五两，纻丝一表里。明年，赐禄米岁三十六石。十一年，改内官监太监，掌监事。当是时，上方建四郊九庙、玄极宝殿、大高玄殿、皇穹宇、皇史宬坛、神祇坛、永禧仙宫、慈宁、慈庆、毓德、启祥等十二宫及修葺七陵，皆属公董其役。既成，赐坐蟒衣三件，加禄米十二石。九月，命乾清宫掌事，提督两司房并茶膳、牲口房。十四年，赐银八十两，纻丝六表里，加禄米二十四石。十五年，赐蟒衣三件。其冬，加禄米二十四石，又赐大红金彩斗牛圆领蟒衣六表里。十八年，数从祀天寿山。已，又从幸承，劳绩独著，上书金字褒异者三：一曰天机忠敬，一曰精勤而慎，一曰谨斋。又特降旨，褒以日夜勤慎，起止有节，赐银百两，彩段十表里，加禄米二十四石。二十二年，加命提督十二团营，兼掌御马监印及提督勇士四卫营。二十三年，上命总督内西教场操练及都知监带刀。二十四年，命提督西苑农事及恒裕仓。三十一年，命选二王妃。三十二年，命提督礼仪房。三十四年，连命选两都尉。四十年，命兼掌惜薪司印，提督圣济殿并西直房。四十三年，改司礼监太监，金押管事，赐银三百两，兼提督文华殿、中书御前作两房。司礼，政本也，中外咸冀，公以其敬畏之心，光辅圣主，约诸司而归之法。未几，忽眩仆地，遂不起，甲子六月八日也。距生弘治丙辰闰三月二十三日，享年六十九。于是，公名下内官监左监丞张君宏，以讣闻。上检故事，特加祭一坛，命工部营葬建享堂、碑亭，赐额曰劝勤，总赐谕祭者凡五次焉。且赐张君告令经纪公后事，张君多读书，外静而内朗，公前后历掌诸监，能修举其识业，又于文武百司毅然，不以私干者，其规画匡翊皆出于君，士大夫以是尤多公之知人善任焉。公兄恕，以公贵，历官锦衣卫管卫事、后军都督府右都督。赠公祖若考皆荣禄大夫，祖妣若妣皆夫人。侄二：长鹏，荫锦衣卫管卫事指挥使；次凤，荫锦衣卫指挥佥事，提督象房。孙男八：长秉彝，锦衣千户；次秉伦，锦衣署指挥佥事，中己未科武进士，历升署都指挥佥事，掌浙江都司印；次秉纯，锦衣千户；次秉朴，霸州庠生；次秉元、秉享、秉礼、秉直。曾孙一：允恭。俱幼。张君暨侄鹏凤，以是年七月初九日葬公阜成关外香山乡二里沟之原。奉大宗伯石麓李公状，请予铭墓，予故知公者，不得辞。铭曰：高氏世德，发于公身。公生俊伟，面仪恂恂。爰以抑畏，受知圣明。历董大役，兼总禁兵。衣蟒腰玉，朝夕紫宸。遂秉枢机，生卒蒙恩。藏于其家，有烨金文。亭于其墓，有美赐名。公曷致之，曰慎与勤。福非天降，感召惟人。我作铭词，以勒贞珉。后有观者，庶几其兴。

146. 张学　《明秦府门官西坪张公墓志铭》[《新中国出土墓志》陕西卷（贰）下，第352页]

西坪公得寿七十有五，嘉靖甲子五月二十一日卒，卜卒之年八月初三日葬公长安金光里，从恩父承奉正凤冈张翁之兆域，其侄一仁辈请余铭诸墓，余与公雅识，不容辞。志曰：公姓张氏，讳学，字景贤，西坪乃别号，世籍兴平里，称大族者多。西坪之父讳永，母马氏。弘治庚戌十二月二十六日生公，秉性直谅，读书好礼，谈论英发，听者心怡神爽，缙绅感激爱之。正德丁卯，选擢内府。嘉靖乙未奉敕改授秦藩，己亥升门官。历事定王端王及今国主，凡所委任，悉殚忠荩，初督琉璃局，继而兼理各仓粮储，出纳称平。丁卯冬，地震，府城殿宇廊芜以及诸祖王寝园倾坏，王命臣工营缮，有苦其功浩大而财力不给者，公毅然承命曰："局造重务也，董治匪相机宜不可"，遂理财□□□□率役，肆□□山积修建成功，于公多赖焉。国主嘉赏其迹，今卒，讣闻，王悼惜之，赐祭葬甚厚，遣典宝韩公朝理丧事，盖殊恩也，非公才绩兼懋，何以至此。公生平□慨仁恕，抚诸侄若己生，为之婚娶制产，□□得所命，一仁、一道、一德、一清、一忠、一顺、一敬，业于农命。一正、一信、一登为承差，虑弟玄无继也，命一洪为之嗣，命孙吉为生员，庆为□善□选□命之学，公于宗族可谓笃且渊哉。宜为铭，铭曰：侃侃藻相，□德孔良。生荣既备，殁宠复昌。窔此玄室，终焉允臧。赐进士第朝列大夫通政司左参议前巡按直隶监察御史长安兰谷邹应龙撰。

147.黄锦 《司礼监太监兼督东厂黄公锦神道碑》（《国朝献征录》卷117)

公讳锦，字尚綗，姓黄氏，别号龙山，河南洛阳人也。曾祖信，祖玘，父政。公既贵，荫其弟锈为锦衣卫正千户，历升后军都督府都督同知，加特进，故自信而下三世赠，皆如其官，妣皆赠一品夫人。公少敏慧，谨愿无躁，动无疾言，见者知为大器。正德初，选入禁庭，又选读书于内馆，继又选授兴府伴读，先皇帝在潜邸，公有保翊功。及入嗣大统，录公旧劳累升御用监太监，再改尚膳、司设、内官诸监。嘉靖乙巳转司礼监佥书，癸丑进掌监事兼总督东厂密务。公感先皇帝眷遇之厚，益矢心图报，凡事持大体，而综理莫不周悉，纲纪条目，小大灿然。先皇帝御下严明，中贵人鲜克当意，独于公信任不衰，至呼为黄伴而不名。尝命公修显陵棱恩殿及旧邸之龙飞殿，省公私钱百余万计。奉天殿灾，众议掘遗址更筑之，公曰是劳费亡极也，即疏请仍其旧。三奉命阅营兵，诸所赏罚，事求其实，论求其平，咸大服。两奉命偕诸法官谳所系囚，必讯诸法，官曰当宥，乃始疏以请。楚世子犯大逆，公会勋臣及法司往讯，尽首其党与付诸法狱正，而楚之恣睢病民者亦遂无敢肆。妖术冯璜者谋乱，公先其未发，捕治之，其他若越禁城、造伪宝、倭虏之奸细，缉获甚多。然公数戒其下毋扰，故自公在东厂，士大夫及京师之民晏如也。公事先皇帝久，其受赐斗牛、坐龙、飞鱼、蟒玉、文绮、珍馔诸物，不可胜计，禄米自十二石至七十二石，积之得五百石有奇，而禁中乘马与肩舆之赐，尤异数云。先皇帝末年，恒居西内，比大渐，公请还乾清宫，已遂与予等迎请今上于裕邸，嗣登大宝，上特荫公侄一人为锦衣卫指挥同知世袭，所以倚任公者方隆，而公则以积劳遭疾，累疏乞休，上终不允，未几讣闻，上悼惜久之。命公名下司礼监太监滕公祥等经理丧事，赐祭葬、宝锣，加祭三坛，建享堂、碑亭，赐祠额曰"旌劳"。夫以公遭逢二圣，禄位并崇，荣及其先，泽流于后，而又以惇厚老成见称于中外，良可为禁臣之表式矣。予幸与公同朝，知公为稔，辄以滕公请，为记其事之大者于碑。

148. 朱宝　《明故内官监太监谦斋朱公墓志铭》（《北京图书馆藏中国历代石刻拓本汇编》第56册，第152页）

赐进士出身资善大夫工部尚书直内阁侍经筵同修国史玉牒致仕嘉禾张文宪撰，赐进士第正议大夫资治尹户部左侍郎致仕前兵部左侍郎兼都察院右金都御史两次奉敕总蓟州军务合肥孙襘书，正议大夫资治尹经筵官鸿胪寺掌寺事通政使司通政使仁和吴祖乾篆。

公姓朱氏，讳宝，谦斋其别号也。世为广东人，祖父咸□，隐德弗仕。公生而器宇□厚，鬌年颖悟，甚为父母钟爱之。正德甲戌，选入内廷，本年九月内，复选进乾清宫近侍。嘉靖改元，受业内书馆，时大学士未斋顾公□诸内翰皆重公，喜其学□□□，公益克勤不辍。嘉靖壬辰，复拨司礼监六科廊书办。公夙夜勤励，攸尽厥职焉。乙未，获选乾清宫御司房书篆，公尤兢兢业业，夕惕若厉。丙申，升长随。本年八月内，寻职奉御。丁酉，升内官监右监丞。己亥，转右少监。本年秋，升左少监。庚子，晋职太监。公益笃心志，淬励其躬，勉修职业，无少怠荒焉。辛丑，蒙钦赏飞鱼。壬寅，复赏斗牛。本年九月内，承钦选进暖阁答应。癸卯，蒙钦赐蟒衣。戊申，复赐玉带。本年秋，钦赏内府乘马，实异数也。甲寅，着做牌子，随朝捧剑。本年夏，赏白金二锭，大红金彩□蟒衣一袭。

丙辰，加禄米十二石，人咸羡其荣也。公屡承渥恩，感激知遇，尝思捐躯报国，祈夕蹇蹇弗替，寅畏小心，始终若一，有唐张承业之志，诚不负其所学也。今上改元六月内，以老疾辞归私第，七月廿七日以疾终于正寝。名下孟成等，持状丐予以为铭，予闻公旧矣，且欣服高义，不获辞也。呜呼！赋质英迈，性好忠孝，恭以交友，惠以适下，禄不逮养，食必兴思，公可谓不凡之人也，遂为之铭。都城西直门外，八月二十日安葬。铭曰：茫茫堪舆，俯仰无垠。人于两间，眇然寄躯。不有忠孝，何以克容。肃肃谦斋，内廷之杰。诵诗秉礼，孰与其列。居官之箴，清慎廉白。公笃守之，永保令节。每逢简任，克善厥德。蟒袍玉带，恩渥殊□。南海之英，丰标夐别。移孝于忠，冰清玉洁。松桧森郁，佳城悠凸，永安厥灵，万亿岁阅。

149. 滕祥 《司礼监掌监事太监滕公祥墓志铭》（《国朝献征录》卷117)

今上御极之初，毖饬内政，诸中贵人多所汰易，而独滕公领秩如旧，已晋掌司礼监事。先是掌司礼监事率起自本监晓习故实者，而公素长者，惟少文，乃从他监被简任，可谓殊遇矣。公讳祥，字惟善，别号两山，保定雄县人也。曾祖刚，祖旺，父善，母宣氏。公以正德己巳选入内，得给事禁密者十年，乃擢奉御，金书惜薪司事，稍迁乾清宫近侍。武皇帝上宾，遵故事还司，继事先皇帝，以笃慎浸见信用，遂由兵仗局副使，累迁御马监右少监，晋御用监太监，掌监事，赐蟒玉，许内苑乘马，居久之，命管三千营并三千哨营。驾幸承天，公当先驱，是时两河及楚岁方侵，而御跸所经供亿浩穰，道路困惫状至不忍举目，公怜之，痛自省裁，诸馈遗悉谢不受。其掌宫中事也，严重而有礼，无不畏惮者，三殿工兴，公时提督上林苑海子，奏伐苑中槁木，助烧殿瓦，所省费以数万计。既又掌司设监事，会西内火，诏公检校乘舆服御物，公率属事事，不旬日悉报命，人以为能。顷之，提督西直房，眷注日隆，而先帝弃群臣矣。丙寅冬，今上即大位，以公兴事久可任且悯其老，赐内府坐凳，仍掌宫中事。隆庆改元之三月，调司礼监太监，掌监事，兼掌御用、司设二监，公感奋图报，不欲籍资地他有觊幸，乾清宫工成，以劳得录荫一人，公辞固不敢当，乃免，更赐金币禄米以奖之。今年四月，上念府藏匮之内监局执艺人多冗食可裁者，因属公，公悉心审核，所汰去数千人，遂以劳瘁病，上遣中使慰问及医诊视，赐予加等，竟不起。讣闻，上深悼，赐谕祭，命所司治丧营葬，碑亭、祠额咸备，盖特恩也。公为人朴愿，言若不能出口，及当事，乃更刚决，咄嗟立办，处肘腋间六十年，未尝有过失。其在司礼，以刻廉闻，御下严，不可干以私，时于上左右有所规切匡正，每改容纳焉，至始终守法度不一关说，外庭事士大夫尤多之。呜呼，自古巧慧习事者，往往能督视听、蒙爱幸，而上独以公质直无他，亲信公且令筦内枢，宠遇无两，岂不渊然有深识哉。乃公卒以小心慎密，善其职，斯可垂掖庭用人之法，而公之贤亦得流闻无已也。

150. 马腾　《明故尚衣监掌监事太监马公墓志铭》[《新中国出土墓志》北京卷（壹）下，第 258—259 页]

赐进士第特进荣禄大夫柱国少保兼太子太保礼部尚书武英殿大学士荆州张居正撰，提督五军营总兵官太子少保恭顺侯凉州吴继爵书并篆。

公讳腾，字伯良，号德斋，乃直隶保定府新城县汉河社之宦族也。父虎，母王氏，生公于弘治己未八月初九日申时，昆玉六人，公其四也。公幼而颖异，方介垂髫，选入掖庭，蒙掌司设监太监马公松轩，乃公之叔也，目公聪秀，收为名下，抚育读书。辛巳岁，选为乾清近侍。世宗登极，爱公老诚朴实，不次迁擢，晋秩太监，累叨蟒龙、玉带之赐，乘骢、廪禄之加。乙巳岁，偶颁随朝捧剑之命，丙午岁传掌宝钞司印，戊申岁，参理神机戎务。庚戌岁，转掌针工局事，辛亥岁特命总督坛仪。公素敬神虔诚，既受帝托，越加恭肃，克尽其事，上知公精勤，其金币锦彩不时赏赉。丁巳岁改供用库掌印，己未岁，调掌尚衣监，提督内肴营，兼理都知监事。其先，松轩老翁转任南畿，寿终于彼。戊午岁，公疏奏哀恳，意求骸骨北归，上允，公令官起请来京，葬于西直关外畏吾村之吉地。其寿域仪形壮美，规矩弘丽。每遇春秋，必亲谒致祭，以尽慎终追远之意。朝途士夫行人，皆赞公纯孝。于是，公置寿藏于松轩公之侧，于戏，前代坵陵，今皆草莽，古今豪华，终归于尽。德斋公历任五十余年，五掌印事，处公营私，无有不善，上下颂德，内外沾恩，僚属咸服，朝野播仁，谓公慈祥恺悌，清慎廉能。有侄曰爱，领公命，专务农事。有孙：曰魁，曰喜，俱职锦衣；曰□，励志□窗，形质儒雅，将来必黄甲之取，乃公积德所致也。公燕闲恒与乃孙论阅诗书，讲谈先哲。虽暮年，手不释卷，坦坦若文臣焉。庚午岁，公偶感微恙，药饵弗效，卒于正寝，公年已逾七十有二也。于是名下海公大朝等辈，偕贤孙魁子谒求墓表。予素与德斋公交厚，知公深明大义，处务精能，德崇量舒，人莫能比。故道公之履历，复缀之以铭，垂示后览焉。铭曰：德斋马公，幼颖新城。偶膺遴选，觐侍乾清。宠渥殊遇，不次加升。晋秩太监，佩玉服龙。乘骢禁苑，总握兵戎。转掌五印，廪禄千钟。克勤克俭，全孝全忠。攸攸好德，安安康宁。年逾古稀，神返蓬瀛。斯言不尽，俚语为铭。

151. 杜玥 《明秦藩承奉司承奉副雨泉杜公墓志铭》[《新中国出土墓志》陕西卷（贰）下，第 354 页]

赐进士第嘉议大夫南京应天府府尹前大理太常少卿吏兵二科都给事中赐一品服长安王鹤撰并书篆。

隆庆壬申秋八月雨泉杜公卒，国主念公勤劳忠朴，终始弗懈，甚悼惜之，命承奉副渭溪冯公力丧事葬之。先期，其嗣典膳宁子玉、程子祐，门正张子准、陈子鹏、崔子昇暨侄师乔茹哀过余请铭，投以状。按状：公讳玥，字廷润，雨泉其号也，世为咸宁名族。父聪，母李氏，以成化丁未六月二十生公，幼气质温厚，举动驯雅，宗族咸爱重之。甫壮，以良家子被选供事内廷。未几，奉敕命入秦为中侍，时简王御位，嗜书好礼，敦尚文雅，而公以恭慎侍左右，克称睿旨，王甚爱之。继复事简王、昭王、定王、宣王。弥恭弥慎，凡一动一趋悉如所以事简王者。及今王嗣国，公职益重，佩绶握符，鞠躬尽职，王益深器重云。初嘉靖己丑以中侍为典膳副，丙申升正，其晋承奉副则在丁酉任职殆四十余年矣。国主嘉其矍铄，将疏奏朝廷晋公承奉正，乃今岁自夏徂秋，稍倦于勤，动履弱于前时，食日减数器，且行且卧，国主亲诣其第存问，至八月初七日告终，然未尝疾痛困苦，迨遭楄褥间也。嗟乎，若公者，谓非天之所厚、享寿考康宁之完福者邪，宁子辈卜得其吉以九月十九日葬公于长安金光里新阡，盖公预为之者。铭曰：相彼泉兮两相望，泉维雨兮流斯长。公福相若兮不可量，事五主兮纯且良。逾八望九兮寿而康，新阡卜兮位维扬。睿恩渥兮远□芳，公之归息兮虽亡不亡。孝嗣典膳正宁玉、程祐，门正张准、陈鹏、崔昇，孝侄师乔等泣血上石。

152. 裴安　《明德府承奉副南泉裴公墓志铭》（民国《续修历城县志》）

赐进士奉议大夫山西按察司金事济南鲁峰刘宗岱撰文，德府长史司右长史奉政大夫河东山泉邵世禄书丹，审理所审理正承德郎大名近川梁校篆。

按状：公讳安，字清夫，别号南泉。世为山西平阳府闻喜县人，晋公之后也，代有显人，华牒辉映。方弱冠时，选进内廷，读书司礼，授学翰林，业已通经术矣。世庙笃爱之，擢典内承运库事，大用焉。会德藩中侍员缺，疏请于天子，嘉纳之，以公奉敕，乃抵藩邸，美丰仪，闲礼度，恂恂雅恪，主上见而奇之，曰："宫辅器也。"遂试司翰，专理内帑，会计周详，出纳惟允，眷注日隆，寻迁为门正，为典服。文纪修明，壶令戒肃，补衮奉章，有严有翼，藩之寮佐咸相推与，主上贤之，特荐陟承奉副，併请赐绯袍金带，盖殊恩也。感激遭逢，矢心益励，陈力掳忠，宣猷秉宪，导善弼正，曲尽臣节，积最有年，颂声丕振，允称贤相者也。方简在睿衷，倚成久任，乃宿抱沉疴，饵服罔効，引辞乞休，主上慰允，归于私第，居数日卒矣。卒之时，正坐不乱，群情共悲。讣闻，国主痛加嗟悼，赐祭营葬，格越寻常，特遣门下邓进、张进、田宠等及犹子学孔、学鲁、学周董治丧具，罔弗如礼，卜于是年十月初八日安厝于城西新阡乡。进士宋君希哲状厥行实，属余铭诸墓。余与公交游且久，知之稔矣，可无铭耶？据生于正德壬申闰五月十五日，殁于隆庆六年八月二十日，享年六十有一。呜呼！公抱颖毅之才，负洪休之量，笃忠贞之节，敦温穆之行，智以集事，慎以淑身，孝以奉先，仁以睦族，博踪群籍，旁达世故，五秩要阶，随试懋绩，奕奕高风，荣寿多祉，可谓世行孔藏，中贵完人者也。天不愁遗，老成沦谢，掩幽在即，攀绋无从，载笔铭词，以告来世。铭曰：中条之灵，降生哲英。欻然以兴，扬于王庭。相业克成，奄尔中倾。郁郁佳城，掩公之形。不掩者名，实为永龄。考征生平，昭哉兹铭。

153. 宋明 《皇明内官监太监深泉宋公墓志铭》[《新中国出土墓志》河北卷（壹）下，第222—223页]

按状，公姓宋氏，讳明，字克诚，别号深泉，贯直隶真定府深州人。上世隐德无彰，祖讳俊，父讳英，俱明农立业，卒为一乡之善士。母刘氏生公，公生而颖异诸常，甫三岁即有成人礼度，稍长即端严慎重，雅嗜章句，凡诸儿戏事，掩目弗观，父母里闾咸奇之曰："此子必有大过人者。"正德丙子，遇恩，例选入掖庭，及至即内书馆读书，公潜心经史，以诵读为事，理明学富，充然有者有儒者气象。嘉靖改元，世宗肃皇帝即位，帝天纵英明，励精之始，凡诸左右近侍鲜可其意者，公侍之夙夜惟寅，克勤克慎，上每驻意焉，乃得进司礼监供书记。辛卯乾清宫近侍，寻管御司房事，寻升太监，捧御剑，引朝仪。庚戌，转提督内书馆教书，无几，升司钥库暨酒醋局，俱篆事又上赐蟒衣玉带，岁加禄米，不数年间凡华品要地崇阶累陟而隆恩殊遇远迈等夷，盖公一念忠诚之所致也。迨嘉靖甲子，公年六十，遂自谓曰："人生不辱不殆，以知足知止者得之，吾今老矣，盍图过焉。"乃乞休致于上，始不可，乃再疏再乞，情词益切，上念公服劳既久，忠勤懋著，诏许之。公得旨即归私第，杜门不出，日以诗词自娱，或陶情于花木松竹之间，与一二知己谈论古今，优游暇豫，澹然若布衣之为，略无富贵习，盖公本之以天性之醇，加之以问学之正，终之以识见之明，故其始终节操有如此者。呜呼，余按宋公状而深有感焉。士大夫于孔孟而进，以事君泽民自期，必乃或惑志于富贵，而即渝变其心胸者，岂少其人哉。又内贵之流始焉，卑以自抑而一或得志，即侈肆于声势利害之途，未几而卒自虞焉而又岂少其人哉，事皆始进以正，而终或以不继之故，其有臧否之异，允若公朝如彼其久也，得君如彼其深也。丰功伟绩，表表在人，自始至终，华然一致，公其人杰也哉。公生于弘治癸亥正月十有六日，卒于万历丙子十月十有七日。公行四，有兄讳卿、讳相、讳臣，相子讳时高，以公之劳得覃恩，荫为户侯，先卒。次时冠。冠等欲迎公柩归葬于深州之源，敦本故也，因持中翰文豁刘君状，谒余乞铭，余乃铭之。铭曰：伟哉宋公，天佑厥衷，明时效用，内贵著声，帝曰良辅，天宠优渥，蟒袍玉带，丰爵重禄，晚尤独见，正志明心，丘园是责，嘉遯而真，寿考于归，本源其栖，郁郁佳城，万祀幽祉。进阶中奉大夫工部右侍郎直文渊阁同修国史玉牒经筵讲官昌黎王槐撰并书。

154. 于志清　《明德府承奉正于公墓志铭》（《北京图书馆藏中国历代石刻拓本汇编》第 57 册，第 31 页）

奉政大夫长史司右长史解梁张旆撰文，奉政大夫长史司左长史凤阳徐可观书丹。

洪范五福，惟寿为先，求享耆年，人世稀有。内辅于公生成化二十一年十二月二十八日，卒万历四年正月十一日，享年九十有二，可谓大获有福之先焉。兹以峕圹届期，承奉正时菴陈公、副松冈马公与公有旧寅之雅，乃悉公行状，征予为铭，以志其墓。予惟公为德先王旧臣，义不容辞，谨志之曰：公姓于氏，讳志清，别号龙泉，贯东昌府清平县人。少业儒，既长，以忠义自负，思欲展售于时。正德九年，遴内监，随侍禁掖。十六年十二月廿一日，蒙钦拨至府。嘉靖十九年正月廿七日，奉旨掌司房，内外传宣，惟勤惟允。二十年四月初七日，转门正，率能慎出入之防，严于稽查，先王深重之。二十三年十一月二十五日，得旨，摄临清等处庄田。公至，能催征有法，抚驭得宜，佃氓罔敢梗慢，以故租无久逋，刻期完进。二十五年孟秋十九日，升典服正。三十年亥月十八日，升典宝正。三十六年辰月十四日，奏擢承奉副。是年九月十六日，改承奉正。恩渥之加者日隆，公之奉效职业者愈谨，承上逮下，惟忠诚正直之外，一毫忽慢婞阿之□□有焉。三十八年寅月二十日，先王嘉其贤，奏准钦赐一人红爽鱼一袭。呜呼！若公者膺宠天朝，增耀齐省，诚得人之难得者。隆庆六年，以衰龄不克供职，锐意高尚，乞恩养老。先王欲留之，不旬日复恳辞乞休，始获慰解组之愿。逮至外居，日惟优游倘佯，树德积善，而享有今日之寿，兹又非得人之所难得者乎！按公性本诚确，德复醇厚。喜修建，好乐施，凡门下应役者，贫则给与财粟，没则赐以棺木。衣食不尚华奢。尝施诸药以济人，及刻《太上感应清书》，印施无穷，思以劝世励俗。他如修庵于岱麓，凿井于禅林，宛然君子之风度焉。谓君子者，以有德也，有德必有寿，夫岂不宜乎哉！涓吉二月念日，葬于□□西五里之原。铭曰：吁惟于公，□德天赋。正直忠诚，帝心眷注。抡弼贤王，亲亲彰德。历试诸司，无怠无斁。奏闻九重，服锡锦绣。恩宠优若，陈情解组。积善行仁，为时钦重。寿考九十，人世稀庆。一疾不起，正命中堂。寓形实室，终焉允臧。

155.郑真　《皇明司礼监管监事太监郑公墓志铭》（北京出土）

赐进士及第光禄大夫柱国少傅兼太子太傅礼部尚书武英殿大学士知制诰经筵华亭徐阶撰，嘉议大夫工部左侍郎兼修玉牒侍经筵同修国史钦赐从一品俸飞鱼服色兼文华殿侍书昌黎王槐书，赐进士第奉政大夫通政使司左参议安德李勋篆。

万历丁丑新秋日，余静卧林泉，杜门谢客，忽得杨兵宪以状乞铭于余，用垂不朽。余忆昔侍内直，时值大司礼郑公传及纶音，因识既久，睹状，固不忍辞。按状：郑公讳真，字惟诚，别号化庄，世为河南开封府阳武县巨族。公大父礼，耕织传家。父显，为人重义，时有乡评称善，遂笃生公。公雅重不群，年甫弱冠，选入内廷，系隶司礼监秉笔太监张公钦名下，识公气宇作养异众。时张公奄逝，又奏派本监秉笔温公祥名下，育养同前。嘉靖丙申，选内书馆，受诸翰林师业，以进修得名。戊戌，因奏擢司礼监六科廊记室，凡我国家冠婚丧祭与夫册立、册封诸项礼仪，赖公力居多。壬寅，除长随。乙巳，钦升奉御，冠裳伟然，名实相孚。壬戌，推授本监典簿金押事。丙寅夏四月，奉命前往河南赵府公干，所经无扰，事竣复命，上嘉其廉，升右监丞。至冬末，伏遇世宗宾天，公预例当谪级，实先帝改元，隆庆初年丁卯，上悯公勤励，敕公职如旧。是年秋九月，奉命前往山西晋府公干，经途往返，不扰于民，美誉升闻，钦升左监丞，寻升右少监。戊辰春二月，简命公东宫侍卫，擢典玺局局郎。自是，公兢业自持，辅导尽善。荷上皇所知，甚有嘉意，特赐蟒衣、玉带，一时缙绅靡不健羡。庚午，升左少监。壬申夏五月，恭遇穆宗升遐，今上嗣登大宝，轸念公勤劳，晋升太监，在乾清宫近侍，司礼监办事，随赐坐蟒服，岁与禄米十二石，许在禁内骑马及坐凳机。乙亥夏六月，命公掌内府供用库印，公为国惜费，任怨自若。丙子，礼仪房提督，合属咸服。自公初任，及至秉笔以来，累荷恩赉，斗牛兼麒麟彩织服各三季者九件，如禄米加积岁支者计九十六石矣，公荣遇可谓极也。但鞠躬事上，劳瘁致疾。时丁丑春，叨沐恩恤，赐假摄养，颁给猪羊酒米，白金彩币，遣医诊治弗瘳。公默忖，自以为不胜荣耀。夏六月，恳辞乞，允私第调理，恩给月米十石，岁夫十名，用示优礼。未几，秋七初八日卯时，公竟以疾终于正寝。公名下赵公臣辈具疏，讣闻，殊垂震悼，遣官谕祭，越例加至四坛，宝钞三万贯，仍敕有司治诸葬具，赐祠额曰嘉贤祠。上意报典未尽，特出帑银五百两，纻丝八表里，兼香烛油米等仪俾赙丧费。呜呼！公莅事三朝，懋著忠勋，遐迩称颂，宜享期颐，胡天不吊。呜呼！公虽仙游霄汉，遗有后贤，复何憾焉。距公生于正德丁丑元月十七日巳时，享年六十有一。万历五年七月廿七日，葬于都城西山净德寺，原公祖公、司礼太监王公寿域之侧。公兄瑶，先卒，遗子三：长曰据德；仲曰据道，俱继事业；季曰据臣，锦衣卫西司房小旗。公存弟玹，藉公勋贵，历蒙荫升锦衣卫指挥佥事，擢司仪房管事。子二：长曰据义，次曰据廉，皆习儒学。余窃见公阃门俊伟，足以克昌厥后，异时大振英声，公德垂不泯，为世所奇，其光前裕后者，舍公而谁哉？铭曰：嵩山毓秀，阳武先芳。哲人昭灵，从游帝乡。聿修翰业，厥德乃彰。三朝劳节，宠耀台光。德名在称，仁域有疆。禄望固靳，贻后俊良。纶音褒恤，报典逾常。玄至永辉，神其逸藏。

156. 萧准　《明故御马监太监萧公墓志铭》[《新中国出土墓志》北京卷（壹）下，第 266 页]

赐进士第通议大夫兵部右侍郎协理戎政府事前太仆寺卿承天确庵曾省吾撰，赐进士第征仕郎中书科中书舍人古燕洪声远书并篆。

公讳准，字平岩，别号槐泉，姓萧氏，系出直隶河间府任丘县陈王庄在坊社之巨裔。高、曾祖，俱有潜德。父讳通，和睦以礼，仁厚普及于乡党，不仕。母萧氏，训教有方，恩泽罩被于家庭，俱有诚信，阴骘有以感格乎神明，生公于瑞气呈祥之日。容貌端庄，丰资雄伟，见者咸谓非常人品，起敬而起爱也。厥后于正德己卯，有司荐入内廷。庚辰，着乾清宫答应。公益练达老成，明烛物理，历事多方，井井有条。壬辰，除小轿长随。丙申，升乾清宫近侍。本年八月内，除奉御。丁酉，升尚膳监右监丞。戊戌，升左监丞。己亥二月内，升右少监。本年八月内，升左少监。庚子，升太监。辛丑八月内，钦锡蟒衣。己巳，挨年即赏表里，银两三次。丁未九月内，钦赐玉带，着惜薪司金押管事。戊戌午五月，转升浣衣局掌管印事。隆庆丁卯正月，遇例沙汰。戊辰二月，调升御马监太监，复赐蟒衣，仍旧□□□□□□□□公自揣年迈，告回私第闲住。公之素志祝天佑君，护国爱民，先天下之尤□□，□□□之乐而乐，无所不至。于嘉靖□戌□□虞□京，至丁巳灾变，火延大殿，公乃长夜焚祝，□□□□□□□以慰我，皇上之惊怖，夙夜□□□□而□尤□□□之人，何其切哉。及其四方宁谧，万民乐业，公乃凯歌□□而酬报天恩，其佑君之□□□。于戏！虽□□忠悃，无过如此而已。公老疾，卧榻不起，斯际，属下圜待，顾谓名下季相等曰：平日凡□□□后□□□，语毕而绝。公据生于弘治丁巳七月十一日午时，得年八十有一。时有鸿胪寺序班孙□，萧□□□之行，缞绖稽颡，□铭墓上之石。义不可辞，故状而铭之。公名下御马监太监季相等，公□萧元育，公妹萧氏，生男三：王学诗、王学礼、王学易，公平昔所□者数人，李尚义等，俱□骧右卫勇士，背缞麻哭踊，偕理丧事，衣衾□□□毕具。万历丁丑年□月□十三日巳时卒，于十□十一日，相等扶柩出西有关外香山乡白□桥□□则敕赐褒勤祠义会寿域安厝。□送者无一而不垂泣感叹。呜呼！视公之生□死□，□复遗怅矣。铭曰：瑞云霭霭，和气呈□。笃生伟器，声□□□，夙夜匪□，□□明皇。辅弼君德，上下安康。□终相遇，宠渥□□。寿越九□，□□忠良。西山景暮，鸟倦弗翔。垂名不朽，千古流芳。

157. 张宏　《司礼监太监张公宏墓表》（《国朝献征录》卷117）

张公之秉司礼也，上方操英断，斥逐权贵，厘弊蠲苛，拔幽振滞，嘉与天下，弘在宥之理，熟视左右，谁可绾事者，命若曰："咨尔宏，老成端雅，忠劳茂著，其旦夕祗奉予一人，予一人其勤用德，尔无比于憸，人弗恭厥，辟惟尔辜"，盖上亦监前车而难所代，其慎重如此。公既受命，务孳孳奉法循理，洁已率属，细大之务，壹轨于令典，诸所调护宸居将顺德美者，力为多焉。天下颂上明圣，而归公之能事上也。无何，公以疾乞休，无何而公溘然逝矣，讣闻，上为改容易服，谕祭九坛，视故事有加，赐宝钞、斋粮、银币甚厚，敕所司给木营兆，造享堂、碑亭，祠祀之，赐额曰"旌忠"，两宫圣母皇太后、后妃等各赐银币有差，并异数云。公为人踽踽，廉谨澹泊，无他嗜，雅嗜书，公务之暇，手不停披，能通诸史言，尤明习法令故事，引臧否，切中事情。先是肃皇帝朝，公以少年颖敏，简乾清宫近侍，数岁中累迁至司设监太监，金押管事，赐蟒衣，又赐罗蟒玉带，业已贵幸矣，而公兢兢自持，弥勤弥恪，无几微席宠自矜之色，由此日见亲近，特命内府得乘骑出入。已调内官监太监，扈驾幸承天。已命为乾清宫牌子，随朝捧剑。已掌银作局印，复赐金彩斗牛衣。已又掌惜薪司局印，当扈驾时，会卫辉行宫火，公以身拥驾出烈焰中。其司惜薪也，见奸孔百出，商人滋病，叹曰："嗟乎，兹丘积而壅委者，夫非民之膏血乎，祖宗设司谓何，而令耗废如是"，则亟为禁奸塞窦，省不经之费巨万，商称便，肃皇帝嘉悦，命乾清宫管事，赐金宝带环各一方，骎骎欲柄任之矣。隆庆初，旧京守备官缺，先帝念重地非廉有才者处之不可，诏公往，公趣治行，至则镇静无扰，独时时从学士大夫游，挥尘谭古今，意萧如也。今上践阼，召入司礼监秉笔，赐坐蟒，仍令内府得坐橇杌，皇太后手辑《女训》，教六宫则简公督教事，寻掌内官监印。五年春，皇太后将为上详求淑哲，正位宫闱，公奉慈命，历淮间，所过秋毫无染，上以故益眷任，亲洒"文雅端慎"四字赐之，给禄米百石。自是，内政专倚办公矣。公筦政，即纤悉惟谨，又无不当上指，逮相择寿宫成，上谓公典事中人，久阅历多，可属以重事，是以有总督工程之命。未几，公以寝疾疏归政，上不许，疏再入，乃许，命月给廪三十石，舆隶三十人并其名下二十八人以从，虽拜命董匜日，恩施优渥，近代未尝有也。于戏，宠利之际，自昔难之，彼其遇合负权，赫然甚盛，而衅瑕旋生，倾轫继路，岂闺阁之臣贵重则不善哉，不务修洁而挟重器多也，若公可不谓善始善终邪，盖止足之戒，公之所自为计审矣。至其屏绝私门，保全善类，非公正不发愤，斯亦有足多者焉，其以荣名终非苟而已也。公名宏，字德夫，别号容斋，广东新宁人。其姪、姪孙以公任为锦衣指挥使者一、为锦衣正千户者一、为锦衣百户者三，其生卒葬里详具志状中。

158. 王守成　《明故御马监太监静庵王公墓志铭》[《新中国出土墓志》北京卷（壹）下，第269页]

王公讳守成，字孝卿，号静庵，世为顺天府东安县之巨族。父讳宗仁，母梁氏，俱有隐德。自高祖至公，代有彰者，不可胜述。公生于弘治丙辰十月初八日亥时，卒于万历庚辰十一月初九日未时，享寿八十有六。公姪大壮等持大观所叙状，征余文，余亦征□□□于柩前，素知其详，亦不敢辞，乃备述焉。自余垂髫而见公，颖异奇□。方弱冠，至武庙甲戌，以人才选入禁廷，进内书馆。于嘉靖十三年，下御马监司房。至十五年，升典薄，仍旧辨理。于十七年，升右监丞、本监合押。至八月，内转草栏。于十九年，升左少监。至四十年升太监，节□□□，上益嘉隆，赐蟒衣一袭。至四十五年，肃皇帝崩，各衙黜汰，惟公官独如旧。穆宗即位，训练禁兵，兼走骠骑，因公督率有奇能，复赐蟒衣。今上登大宝，宠锡愈甚，赐玉带一束。盖公历履尊荣，迄今六十余年，直身仁义，事上忠诚，居家孝友，莅民慈惠，初无间然。乐善好施，累功积德。修杠梁道路于采育，以利生民病涉。建济公庵于桥旁，以阐宗教于冥昧。身虽中贵，循循如也。生□□□崇素克有谦德，其视常人辈不牟。公弟用，吏部听选官，先公卒。姪男三：长即大壮，锦衣校尉。次大宾，鸿胪序班。次大观，县学庠生。孙男十一人：长得进，大□统吏目。次得道，国子监生。得逵，省祭官。得建，□□□得逊、得逸、得遂、得遇、得迈、得运，俱幼。本年月二十四日，大壮等扶柩于都城东南六十里采育□建寿□之端而安厝焉。遂为之铭。铭曰：奇哉王公，德业惟崇。居于美里，飏于王庭。职司御牧，兼理禁戎。四朝历事，克殚厥忠。晋登极位，蟒玉重荣。夫谁与及？曰惟王公。年高寐逝，云雪横空。天地似泣，存顺殁宁。昭垂后世，万载含弘。东安县庠生妹夫于野张鹤鸣顿首拜撰并书，同邑甥任应春沐手谨篆。

159. 胡朝　《赐典宝胡朝墓志》（《北京图书馆藏中国历代石刻拓本汇编》第 57 册，第 112 页）

万历壬午十月十三日，典宝副胡朝以疾卒，享年七十有一。内使贾忠、张江启，朝原籍乃陕西西安府高陵县人，幼而疾，身育都下。嘉靖二十一年选进皇城，本年十一月内奉敕拨本府，克充内使，侍伯定王、兄昭王、侄怀王，勤劳可嘉。二十八年保给冠带，继侍予，小心翼翼，裴塞予保任典宝副职。每命理屯，董藏得宜，忠爱纯笃，终始无替，仿佛古名流者也。□之携镂者，殆有径庭矣。所以天祐其寿，岂虚誉哉。而芳名播于上下，死犹生也，复何憾焉。朝生于正德壬申，卒于万历壬午，营葬五泉山麓，故书此字，永垂不朽。名下贾忠、张江、哀侄胡来东全奉。

160. 赵芬　《皇明御用监太监西漳赵公墓志铭》（北京出土）

赐进士第中宪大夫陕西提刑按察司副使奉敕整饬固原静虏等处兵备兼理粮饷海滨刘效祖撰，赐进士第奉议大夫礼部仪制清吏司郎中嘉兴施策书，右军都督府管府事定西侯滁阳蒋建文篆。

西漳公者，姓赵氏，讳芬，字兰谷，西漳其别号也，世为真定之赵州人。公生而颖敏，有日者谓公阴贵佐命，父母遂因而成之。当正德之九年，公甫七岁矣，暨选入。毅庙奇其貌，俾内馆读书。公即潜心经史，究致用之学，不效他人徇口耳也。后供事于御用监，乃一一悉心，盖期不负所学矣。久之，嘉靖改元，至丙申，公始见世宗，时正简长厚，而才者群无逾公，特赐飞鱼，历升今官。夕不欲离左右，复赐斗牛、蟒衣、玉带，眷赉绸叠，一时左右无与比者。又久之，隆庆改元，公侍穆宗无毫发力不竭，忠勤无间于先朝，而宠荣恩遇则更加于先朝矣。是故，玄帝于太和山，则诏公往挂幡。敕封朝鲜国，则命公往监理。公坦然任之。无难色，亦无骄色。迨二使回，公之劳绩，不独大小臣工誉之，而世宗皇帝廉其贤能，注诸圣心。遇凤阳守备阙，遂敕公往守备，任莫重此矣。不怠若直固云难，而公更廉以提身，详以从政，夙夜匪懈以集事，于是凤阳至今称贤守备，卒无公再矣。穆庙改元，命公照旧是任，奖赉优崇。至庚午，以疾具辞，回京调理。今上登极，思任事旧臣，公时以病居家，诏即起公管甲子库，教宫内经书。公一意毕心，伏腊不赞。上数眷注，视三朝逾加隆焉。岁癸酉，令乾清宫近侍，内禁乘马，尤异数也。比命掌宝和等店，提督南海子，岁增禄米至七十二石，则公之高爵厚禄又何以加焉。迄今年壬午，公之耄倦勤矣，命准私家闲住，未几，而告殂疏上矣。上念公练达老成，勤勤懋著，敕谕祭宝钞，以光殡费。云夫！公历事四朝，始终一节，荣宠辉霍，生死以之，岂易得者哉！公父迁，母刘氏。兄登，弟秉禄，锦衣卫百户。姪男七：宗佐，宗儒，太学生；宗仁，宗伟，宗信，宗化，皆执公教，咸称英器，后禄无量，非公谁裕耶？公生正德戊辰十一月十一日，卒万历壬午五月十六日，得寿七十有五。以是岁五月二十八日，葬阜成关外四里园之阳。效祖既素贤公，且重公弟秉禄之泣请，遂与之铭曰：坦斯原兮谁之阡，窿斯墓兮官之贤。贤斯公兮赵西漳，生死哀兮配乾坤，悠之无疆。

161. 王大用 《辽府承奉正王公墓志铭》（张居正《张太岳先生文集》卷13）

余在史局，好具问先朝事，见老珰数辈语及孝庙时，辄悲咽，嗟乎！敬皇帝之泽入人深矣。其后见辽府承奉王君，亦弘治间人，至论曩事，尤能历历道也。嗟乎！敬皇帝诚圣主也，堕弓遗舄，犹且重之，况其旧臣乎，宜为志。志曰：王君讳大用，字惟贤，霸州大城县人也。事敬皇帝时才弱冠，侍乾清、坤宁为奉御，而慈寿皇太后居仁寿宫，公在三宫间，端愨自媚于上，积功劳升兵仗局左副使。毅皇帝亲阅近侍，仪貌魁杰者选置左右，三月升御马监左少监。是时帝方好武，中贵人皆习骑射裘马，从猎上林诸苑，而公独周慎谦抑，乃帝顾喜公，赐蟒服三袭，遂升太监，内苑乘马，加赉禄米二十石。无何毅皇帝上宾，公侍大行几筵，会今上入继大统，中贵人从代来者皆新幸用事，而君自以先朝旧臣，弗为下，诸新幸并忌之，遂出为辽府承奉。君在内廷，久明习国家事，及至则悉条司中诸敝蠹启王厘正之，府中顿肃。庄王薨，今嗣王幼，国太妃主政，太妃贤谙习书史，沉敏有断，事无大小皆与决之，君亦殚忠毕虑，克称委任。当是时太妃贤闻天下，亦以有君辅之也。及王嗣爵，以君国之耆硕，恩礼尤殷，王英敏聪达，才智绝人，群臣莫敢望也，而君每事献替，即有不可辄力谏，谏或犯颜，王察其忠恂，恒嘉纳焉，而性峭直，以庄见惮。刻廉自律，不受私赂，莫可干以私。侍御胡公按楚者，尝颜其堂曰"忠诚体国"，议谓无愧云。然君始用也，特被恩宠，业通显矣，一弗能少下亲贵，竟老外藩。嗟乎！人之遇合，诚有命也。观其卓然大节，终始不渝，其谊有足称者，藉令久禁闱筦枢密如近代怀恩、萧敬辈，岂足多耶。接状：公大父讳希昶，父福能，母李氏。兄四人：琪、璋、现、瑞，皆早卒，公所以抚养诸子者备至，多不悉录。生弘治戊申十二月，卒年日卜江陵郭西磨之原葬焉。铭曰：生于燕，老于楚，孰曰信美而非吾土；出于朝，相于藩，孰曰位屈而名则尊。彼何为兮，唯唯诺诺，此何为兮，謇謇谔谔。吁嗟君兮，尚寐无觉，重冥之下，亦足乐矣。隆然者丘峰，而崇郁哉佳气，烟云重重，公乎公乎，藏骨于其中。

162. 李镰　《汝府承奉春泉李公墓志铭》（于慎行《谷城山馆文集》卷18）

李公讳镰，字尔健，春泉其别号也。自上世居长安城南，隶大兴籍。公生负异质，眉目疏秀，容止甚都。五岁从群儿戏水，上溺而流十余里不死，渔者张翁收之，曰："见若浮金鲤，网之得儿云。"父母内喜，因欲奇贵公，嘉靖丁未，诏选名家子入内，所司以公名上，抡置内馆受书。故事，受书禁中，号"掖庭上选"得为显官，公以是稍迁奉御，侍中亲近。属汝安王薨于卫，归葬西山，继妃迎还京邸，世庙念之甚，乃择近侍忠勤有心计者，得公，以为承奉正，出护王宫。自内外臣仆、干陬筦钥皆以属公，公则委心区画，祗慎精敏，邸中肃然，治办无敢玩弛，如是者余二十年。公为人和柔修礼，好文工书，被服儒雅，诸左貂所玩弄一切屏绝，又出自内馆，诸用事贵人皆其故等夷习，公操行无不折节下之，有所请辄□。公又好游，贤豪长者结欢造请，唯恐不及，长安诸大夫亦无不誉公者，以是名声益进，诸藩府侍臣莫能望也。而会故权珰任事，群小亦颇有间之者，公多以才数御之，使不得骋人，又以是智公。王之旋葬，园制狭隘，不称大藩，公莅府日久则念幸以扫除，奉先主国邑惟是，园陵尊宠而日就圮颓，无以称圣朝亲亲之谊，即安所藉手以报，乃为妃奏以请，下大司空改营，以公董工，即有未备，辄以王家财佐之，不数数烦帑吏也。园成，上使大臣往祭，诸藩慕之，汝国故饶于赀，中更诎乏，公操讣然之策，综其出内，岁有羡余，供应不匮，以是能举大役云。公为人好施，遇人缓急辄投袂应之，即有纷争，居间辄解。同官之兄有无子而妇甚妒者，公为置酒其家，百方开譬，妇大愧谢请，得改行自新，公即假金币为纳妾，闻者义之。公兄六人，子孙甚众，公择其秀茂者使从博士治经，即不能授之赀使贾，即不能授之田使耕，俾各有成立，以养其父母，而治经者皆列为诸生，烝烝向进矣。公既通显德，渔者求之数年，得之赡其终身，没而抚其子，里人多传说焉。公素健少疾，其卒也以弹疽。万历乙酉四月二十四日也，距其生嘉靖甲午八月二十五日，得年五十二岁。从子执丧者四人曰：本绅，延庆廪生；本□、本纬，京兆诸生；本纶，武学生，皆儁才也。予观公履绳蹈矩，恂恂退让，有士人之雍容，而济以侠节，可谓脱然于流俗者，使得入笔枢近，列在钩盾，必能有所弘益，以宣其令名，而终于藩府，识者惜焉。然其游于士大夫间，没有余思，亦足不朽矣。属本绅辈以张文学元吉状请铭，则志其大都而勒之铭，曰：夫有侠而长裾，有左貂而慕儒，有罔试吏而大厥。闾众咸盱盱尔矩以趋，众咸秫拘尔如转枢。公归安居，夏屋渠渠，于国之隅，于千斯年，其乐只且。

163. 陈奉 《明德府协理承奉司事典宝副陈公墓志》（《北京图书馆藏中国历代石刻拓本汇编》第57册，第179页）

万历十八年三月十二日，协理承奉司事典宝副陈公以疾终于□□。主上闻讣悼恻，赐奠，命重葬事如制。名下孙张君以归窆有期，持状求志铭于余。余素知公，即不斐，何敢辞。按状，公讳奉，字怀德，别号峡峰，山东曹州人也。先世无稽。父名用，母杨氏。兄弟四人，公居季。生有异质。嘉靖己未，应内选入都。庚申，敕赐德府。恭祖奇其才貌，命司帑藏，奉公无私。隆庆庚午，擢内掌司，兼管受仓，会计甚明，出纳惟允。续蒙定祖旨，历管海丰、安平庄田，随升典服之职。万历己卯，加典膳正，管理临清庄田。癸未，奉敕升授典宝副。公随事尽忠，靡不中款。戊子，承世主命，协理承奉司事，转居西宅。时国事纷纭，经理底定，公与有力焉。先奉定祖旨重修灵岩千佛阁，二载告成。继奉主上命鼎建金井，公殚虑经营，不遗余力。事甫就绪，而病已盈体矣。三启致政，始准外宅调理。主上悯念其忠勤，不辞奏请。及营建而慨然承诺，由是历三委托，矢志以一身任之而无负。上亲书"劳苦不辞"四字，赐谕褒嘉，永为恩纪焉。未几病笃，与名下永诀，惟曰："君恩未报。"言讫，瞑目而卒。吁！若公者其存没不忘君，而以身殉国者矣！公为人天性嗜学，议论崇本，居食俭素，雅尚清净，存心以至诚自□，事主以忠□匪懈，处寅则和而公，驭仆隶及军校则□爱有恩。内外宜之。噫！其中贵之特出者乎！公嘉靖癸未十一月六日子时，卒于万历庚寅三月十二日子时，享年六十有八。名下刘宽，次杨端、刘仲、邹健、刘进□、方忠，名下长孙宽之名下张顺，冲素自守，绍述先人。姪男一，曰舟，随任效劳；次曰坎，又次曰兑，各有小补。其余藩衍，难以具载。兹以是年四月初二日葬于府西五里沟之原。因系之铭曰：瞻彼佳城，□气郁葱。一朝考卜，万载安宁。神游洞府，形藏幽宅。□旨恤奠，永光硕德。勒词坚珉，昭垂不朽。纳诸□中，天长地久。德府长史司左长史奉政大夫山慈溪秦文潜撰，右长史奉政大夫□陈锦书丹。

164. 王安　《皇明故奉御云山王公碑记》（《北京图书馆藏中国历代石刻拓本汇编》第58册，第167页)

奉政大夫同知兴□府事长沙杨汝浤撰。

三朝奉御云山公，乃顺天之□州人也，讳安。嘉靖壬戌，选晋司礼监。越明年，从事御近，勤廉奉公，翼翼谨穆，克当上意，加赐冠服，恩赉日增。嘉隆之际，人皆罕丽，公处之晏如无德色，故时称异数云。逮今上御极之辛丑，缺随侍辇毂，捧持弓矢，必任用伟貌果敢，戎伍精练。举于众，王公特中其选，随侍朝讲，扈从郊祀，英敏出众，令望表彰，赫然有颇牧之风。钦命总理弹子房事，加绯紫服，宠锡金帛种种，不殚述云。公宅心仁厚，惠彻穷檐。家称孝友，御众无疾言讵色，接与恒撝，谦尚礼挨，戚同财产，恩谊有加焉。距其生嘉靖辛丑六月十九日子时，享年六十有二，万历壬寅十月二十三日亥时卒。公名下韩朝等卜吉旦，扶公枢出宣武门之南宝应寺义会佳城，循次以葬焉。韩公等以公行状，属余记其事。余固陋，乌能以揄扬其德，从其实以记之云。时万历三十三年四月吉日立。

165.陈矩　《明故掌司礼监太监麟冈陈公神道碑》(李廷机《李文节集》卷24)

太监麟冈陈公以万历三十五年十二月卒，卒之辰犹入直，假寐而暝，人惊谓坐化，上亦以为成佛，重念其忠勤，发帑金造龛瘗之，往中常侍殁则献其赀，上念公清白无厚积，悉捐界之，无所问，更命治坟茔享堂，异数渥恩，前无拟者。公自嘉靖丁未抡入内廷，于内书堂读书，寻掌精微科。历嘉隆，至万历壬午，圣驾谒陵，司礼举守掖庭数人，皆不称旨，顾左右曰："有顾而哲者为谁?"及以公名奏，上曰："是也。"盖此时上已知公矣。旋除本监典簿，癸未升右监丞，寻转左监丞。甲申升太监，赐蟒衣，掌礼仪房事。丁亥命宫内教书，赐玉带。己丑典管皇史宬、提督新房。庚寅命禁中乘骑。辛卯差代藩，还，提督司礼监。癸巳钦检乾清宫近侍、司礼监秉笔，赐禄米，掌司钥库。甲午赐坐蟒，加禄米，后累加至六百石。丙申掌司苑局。戊戌命提督东厂官校。己亥命禁中坐杌。辛丑命总督南海子上林苑。乙己命掌司礼监。先是甲午、乙未、丙申岁，东宫于文华殿东厢讲读，余以宫僚侍班，每见公从行，独不由中阶，侍立自讲读作字，良久无懈容。每讲毕，公为解一二语，浅而明，转觉亲切。一日，余进启东宫"今日书，殿下能诵否?"东宫举"敬事而信，节用而爱人，使民以时"诵之，余复进曰："古人半部《论语》致太平，此三言是当一部《论语》，须熟记。"公复申其说，颇有所感动。公之通晓书指，能助讲读开发，如此类甚多，而进止有常度，不失尺寸，虽礼法之儒不能过也。乙未，余既解侍班，迁国子祭酒，而公之弟进士曰万策者官博士，人曰

"博士登第"，公戒曰："吾在内，尔惟学官可为。"故博士遵之而恂恂谨饬，人无知者。余又以征公，家教尤善远嫌也。及癸卯，余来礼部，妖书事起，上命公会廷臣讯鞫，公焚香吁天，辄问礼于余，其讯鞫亦辄问曰："礼、乐、刑、政，公礼官也。"讯三日，罪人既服实，众犹未决，余曰："古片言折狱，后乃会问二三人止耳，今一狱而百十人治之，即无私见，不能尽同，今会题稿在此，莫若各书所见，或情真，或矜疑，以俟圣裁，如何？"公深然余言，首注情贞，时有直指沈出一疏示公曰："可用即回奏，不则自上。"盖言事无可疑不决，祸且及缙绅，余扬言愿附名，而公见沈疏，即改容叹曰："有人又称沈忠肝义胆。"是时人心汹汹，祸且不测，卒之罪人斯得，而善类赖以保全。然每事必先逊诸公，曰："某内臣，何敢自张主。"亦可谓谨已矣。其司东厂，安静平恕，辇毂下便之官府内外，所调停颇多，而慎密不泄，小心畏谨，尚名义，饬礼法，好行阴德事，故能受知明主，以宠遇终。诸常侍敬惮之，自都中以至四外绅弁士庶，皆称之。及其坐而化，人皆曰："陈公善人，今成佛矣。"行道咨嗟，掖庭诸人竦然兴起其为善之志。然则公之死生，岂徒乎哉？公讳矩，字万化，安肃人。兄弟四人，公行三，博士行四，其荫锦衣卫指挥使曰居恭，其为诸生曰居敬、居谦，博士子其荫锦衣卫百户曰居慎，乃兄子。锦衣卫指挥同知曰善，太学生曰祚，兄子之子也。嗣公事者为常君与金吾君，葬公而以神道碑文来谒余，犹记公在日，谒余文，余辞之，今公亡而余且去矣，遂为撮其事状系之铭。铭曰：奕奕四星，帝座之旁，沦精于公，乃顾而长。髻龀膺遴，托身黄屋，夙夜惟勤，执事有恪。貂珰云拥，独受简知，禁庭居守，曰维公宜。蟒玉游加，眷倚弥渥，入典枢机，出司耳目。前车是惕，外政靡干，蛰御肃如，都辇以安。衔命鞫妖，罪人斯得，而无蔓连，为公阴德。箴规时进，讵徒媕婀，官府内外，调护功多。人有问公，熟视不答，曰予内臣，所司衿合。盖公慎密，宠至忧深，集木临谷，终始一心。以及进止，皆有常度，何友何师，亦繇天赋。存不务殖，亡无厚赀，据梧遗蜕，帝为咨嗟。朝野传公，成佛不死，安得有佛，佛在腔子。吕强称汉，遵美名唐，悠悠千载，比媺齐芳。香山崔嵬，公藏其下，勒此丰碑，以告来者。

166. 成敬 《明故司礼监掌监事太监聚庵成公墓志铭》[《新中国出土墓志》北京卷（壹）下，第285—286页]

赐进士出身资善大夫礼部尚书兼东阁大学士知经筵日讲制诰侍生叶向高拜撰，赐进士出身吏科左给事中前翰林院庶吉士吕邦燿书丹，特进荣禄大夫柱国少保兼太子太保英国公后军都督府掌府事古汴张惟贤篆盖。

司礼监太监成公没，上赐赙祭，命工部给葬予祠，俱如故事。公之名下樊君辈，请志铭于余。余始被命入直，未浃月，前司礼陈公没，公实继之，盖内外联事，于今将三载矣。余之当为公志铭，亦故事也。公讳敬，字恭之，别号聚菴，顺天香河人。世为右族，多业儒，有官中舍者。父棧，娶于苗，生公。公生颖异，父母每欲使受经，有卜者谓："是儿大贵，但不以缝掖显耳。"父曰："然则从介胄起耶？"卜者曰："亦非也，是殆依掖庭，在帝左右，为近臣长乎。"父尚未之信，而家人梦寐中，每见公披蟒，腰玉，赫赫煌煌，甚光宠也，则相计以卜言为然。肃皇己未之岁，遴简近待，遂以公应选，入司礼监读书，时公年十四耳。寻升掌司事，历选监官。鞠狱明慎，内廷称之。今上御极，公祗事益勤，日加眷礼。癸巳，晋司礼监秉笔。旋命掌巾帽局，提督南海子，及督宫内教书。又命掌尚膳监。前司礼田公卒，公继田公职御膳。至丁未，遂继陈公掌司礼监。后又掌酒醋面局。公既受重任，益兢兢愢怵，夙夜尤劳，不敢少懈。每是国家事有大繋停寝不报者，辄从中再三请，上亦知公朴诚，时有鉴俞。既未能尽悾宸衷，亦不忤也。素强健少病，今岁之夏，忽得痰疾，不能供事。上谕公调理，业有间矣，以中寒遘隙。时万历庚戌七月初五日，距生嘉靖丙午十二月二十七日，得年六十有五。公在禁掖三十年，先后承恩赉无数，其赏蟒衣、玉带，继命于内府乘马、坐橙、枕衣、坐蟒，加禄米，荫其弟姪为锦衣。于是，公家人咸以前梦为征，而术者之言，亦抑何奇中也。余尝观近岁以来，圣主深居穆清，内外罕接，于是物情纷纭，多所控揣，以为奥窔之地，或有所阴阳出没于其间，而疑端滋起。即欲明其不然，其孰征之而孰信之。乃公没之日，而士大夫多有惜公，以为其人笃慎无他肠，足称贤者。于乎！公之见信于舆情如此，必非苟而已矣。葬于是年七月望日。铭曰：维彼周垣，四星烨烨，公也挺生，厥象斯协。弱龄妙简，历事三朝，在宠能抑，处贵不骄。荐绥枢极，遂长哲御，恭慎小心，亦既有誉。帝谓汝勤，夙夜不遑，方膺宠眷，胡遽沦亡。玉带蟒衣，贲于玄壤，梦既斯征，卜亦不爽。有封马鬣，勒此铭文，前事未远，敢告司阍。

167. 贾进忠　《明故御马监大监仰山贾公墓志铭》（李廷机《李文节集》卷 21）

公讳进忠，字思尽，号仰山，河间献县人。父天周，母沈氏，以嘉靖丁未年九月初八日生公。公自少警敏，通书晓大义。壬戌进宫，御马监赵公爱之。隆庆壬申，擢侍乾清宫，赐牌帽，累秩内官监，给飞鱼、象龙、斗牛等服。司礼张公宏知公可任，举家椠授之，冯珰败，诸中涓多所波及，独不及公。万历癸未，以疾辞出司景恭王寝园，徜徉山水间者十四□，文书房徐公守福闻公不负张，又属公家椠，及□殁为经纪维持，人无得嚣凌攫攘，以公在焉。庚□调御马监，兼草拦山纳。辛丑赐近侍六人，□□以公善交，命诲奕于宫中，每只日一进，虽以□事周旋掖庭，必庄必饬，俨然过人问外传也。□□玉带□以微节褫，旋复予之，余尝吊徐公，公为执丧稽颡谢余，既复诣余谢，自是或以食物饷余，□不报而重犒其使人。一日造余邸，谓余："苍头□□人见佛而礼拜供养，何求于佛亦敬佛耳，吾以而主公佛地中人，劝一芹之敬而所犒，辄浮于吾□饷，岂以吾为有求乎？"及见余则自言其雅，与贤□大夫交游，因举两宗伯临朐冯公、交河余公、御史中丞吉水郭公、旧京兆渭南孙公，皆相礼重，而京兆奖以朝野推贤之额，皆以其无求也。余既入阁，公一日造余邸，令苍头启视内房及庖舍，□其萧然大息而去，戒苍头勿言。既而余质公屋有以为言者，公咲曰："吾属居停士大夫，往往有所请求，邀厚利，士大夫亦利其无偿费也而处焉，今相公□屋而吾受其质，此非利文明甚，言何伤哉？"余既□休不得去，移居真武庙，公来省余，为余娓娓谭□生之术甚辨，至温室树从来余不敢问，公亦不□。一日书酒色财气长歌，持来黏之壁，有云场中□偏为谁忙，又云混沌不分谁是我，又云无去□□梦一场，似于尘缘有勘破者，已而曰"他日相公□为我书数语"，盖公知其将捐世，豫以墓文属余矣。别去遂病，病笃犹料理其身后事，微密周匝如平时，弥留不乱，以辛亥十一月某日殁，距生年六十有五。公弟进孝，锦衣卫理刑千户。进科，河间□□生。进礼，鸿胪寺序班。从弟进□、从子志谊，保定骑营游击，与其徒窦韩郝周辈将以壬子年某月日奉公之丧，归葬献县单家桥之原，负阴抱阳，而□铭于余。余念公豫属，不忍辞也，为之铭。铭曰：巷伯其俦，独好与贤士大夫游，澹然何求，爱名而好修，依稀乎其儒，流藏于兹丘，我铭其幽。

168.杜茂 《明故司礼监秉笔太监管监事瑞庵杜公墓志铭》[《新中国出土墓志》北京卷（壹）下，第288—289页]

赐进士第改翰林院庶吉士通家乡侍生杨维新顿首拜撰。

泰昌元年十月二十八日午时，司礼监太监杜公卒。公讳茂，字子康，别号瑞庵，世为陕西咸阳人。父三聘，母王氏，以嘉靖庚子十一月二十日辰时生公，有异征，年舞象，善文艺。嘉靖三十八年选入司礼供事，寻掌经厂掌司。万历壬辰，擢文书房兼署惜薪司，历左、右丞，随升太监，掌天下诸司章奏。时雒廷评之抗疏极言，祸几不测，而公欲出一言申救，以同事掣去，不果，士论韪之，咸卜其异日必为名内卿云。甲午敕为承天督护，辖二陵内外官军，军诈于伍，官疲于偷。公下车，即振弛兴废，厘奸剔蠹，法制赋役以及陵户乐籍，无不处置得宜，此犹曰事关祖制也。楚甸号为泽国，阳侯一虐，千里成波，荆之南、郢之西，仅一道通。有黄家湾一区，旧筑堤堰，民以为命，日久荡为平原。公至即首倡议建，甫三月而工告竣，厥土无沮洳，氓民无荡析，至今舆人之诵，载在刘少司马记中矣，此亦曰事关陵寝也。兴国旧有武穆忠祠，献皇帝表章忠贞之义，详其八景，籍内日久，有司不能留其遗址。公考其典章，购其故所，画地鸠工，树立堂宇，令后之忠臣义士有所凭而吊者，其寓意不宏远乎。兴国属汤沐地，榷采者鹰攫鸷击，无所不至，万姓不啻汤火，天子遣归原使，而以其职受之公。公领其事，即极力为民请命，请蠲全楚矿额之半，请免方物买办之扰，请留积羡以充赈济之饷，疏屡上而屡报可，此士大夫唇干舌而不能得者，公以数言得之，非公之精诚嘿感宸衷，曷能若是，其造福地方宁有量哉。他如苏驿传之困，屏孤鼠之奸，祈雨泽之恩，雪无辜之冤，调停苦心，无所不到，宜乎邑之父老缙绅心折之不已，形之咏歌，以揄扬之，垂之竹帛不已，列之俎豆，以尸祝之，遐轨芳躅，当与三湘七泽而共永矣。公在官，迎养尊大人于邸，尊大人曾秩学间出其绪余，以训迪之，公无不凛凛然，奉命惟谨，今所建树炳炳若此，岂非公之移孝作忠者乎。楚人方倚公为杜荆公，而公乃以疾告归，天子不欲久劳此重臣，故准以驰驿还。今上嗣登大宝，追念耆旧，复晋公于乾清宫近侍、司礼监秉笔太监。公方欲鞠躬尽瘁，抒其未罄之忠荩，无何竟以疾终，是为泰昌之元年十月二十八日也，距公生时，得年八十有一。公弟继芳中书舍人，侄维翰国子生，甥赵钦光禄寺署正，公之名下高进等以是年十一月二十二日，葬公于阜成门外八里庄之原，而乞铭于余。余于公有桑梓之雅，于中书君邑里相望，文墨相观者有年，因追公之杖履，悉公之生平，安能已于言。昔楚之管苏，晋之勃鞮，汉之吕强，唐之张承业，彼逢偏霸中主，犹令名垂之不朽。公处重熙累洽之世，历事五朝，忠肝义胆，言听计从，太史氏必有采而笔之者，岂徒于若人比烈哉。公自内直得蟒纻者二，赐玉带者一，乞休赐温旨者二，岁加禄米八十四石者七，病则遣官加宠，圽则锡笾起冢，皆所称异数云。是宜铭，铭曰：佳哉郁郁何葱葱，埋玉伊谁公之宫，乘虬驾螭御长风。白阳瑟瑟草凄凄，挂剑伊谁路不迷，丰碑大隧帝城西。呜呼，地有灵兮骨可藏，利其嗣人炽而昌，千秋万祀传遗芳。不孝名下高进等泣血上石。

169. 张昇　《皇明乾清宫牌子尚衣监太监慧庵张公墓志铭》（《北京图书馆藏中国历代石刻拓本汇编》第 59 册，第 128 页）

左军都督府武清侯李诚铭篆。

内翰张公之将谢世也，其名下士魏一德等，捧状泣而谒余，属铭其墓。余习公之谊，不能文，何以铭公哉！按其状：公讳升，慧庵其别号也。家世诗礼，代出名豪，彼时也，祥云充闾，乃隆贵公焉。公生而歧巍，长而颖悟，即业孔孟，博古识今，诚硕彦之士也。会嘉靖壬戌，春曹拜命，开选忠贤，而公入縠青钱售之焉。董内书馆读书，尚衣监司椽。其翰墨抡英，昭人耳目，虽寒暑口不绝诵，旦夕手不释卷。值万历戊寅，升慈宁宫司房近侍，忠勤并懋。甲辰，膺太监，赐蟒服。丁未，修漷邑永乐店慈圣皇太后发祥工程，小心翼翼，内外咸钦。庚戌，工程告竣，奏绩神宗，升牌子，赐束玉，加禄食，以励其功也。上嘉贤能，钦依禁闱驰骏，提督上林苑监四署。甲寅，慈圣皇太后薨逝，效绩勋勤，转公为乾清宫牌子，时渥纶煌，被荣膺宠。且今圣皇纪元，极登大宝，公忠誉八极，辅弼三朝，垂六十余载如一日耳。公性淳朴，耿介丹诚，敦伦和厚，才德并隆，恩以驭下，朝野推重，且训犹子抚兰孙，为时伟器，舞彩呈欢，何裕如也。于是菊秋月，公以一疾竟不起也，哀哀公逝也。呜呼！人生幻影，百年易尽，形化神在，名垂身殁，虽然生荣死哀，于公又何憾焉。公生于嘉靖庚戌年十二月初九日申时，享年七十有三，殁于天启辛酉年九月十四日卯时。兹卜葬于阜成关外磨石口地方承恩寺之侧，以为窀穸允臧焉。因志以铭。其铭曰：巍然燕峙，秀发祥开。挺生慧庵，经纶明才。辅佐皇猷，恩渥时来。殁卜佳城，窀穸徘徊。亿万斯年，永妥黄台。

170.汤盛 《汤盛墓碑》（刘若愚《酌中志》卷22）

盖闻世之君子没而不朽者，非书绩于旂常，则垂名于竹素，以至懿行隐逸之伦，诗酒旷达之士，咸得摅光传记，照映后先，是岂名誉尽属士绅，而吾侪遂乏雄杰哉？汤君讳盛，字铭新，号仲光，北直安素人。体貌丰昂，顾盼神采，识度远大，器宇宏深，直道正辞，率行己志。自弱冠通经史，而尤以诗声振。常以古法出新意，人皆服焉。万历辛丑夏，抡选入内，久滞下僚，顾才名显赫如刘君若愚，亦折节与君定交。之惠曾与君同事而兄事之，久蒙开□，故得少通古今。庚申秋，光庙登极，当怜才，同之惠擢司礼，迁东宫伴读。蒙今上垂念潜邸劳，升司礼监典簿，之惠又同列寮寀之谊。斯时也，君自以为居非常之地，必竭底蕴以报国家，不知之惠之不才寡昧，每推挽相须而轩轾罔计。岂期此志未伸，恳辞闲住，之惠亦随而求退。君更涉猎经史，著作日繁。君尝曰："吾有友乎？说心间之俗务，计衣食之琐碎，或衔杯月下，或□□郊垌，则范君、常君，卢君是矣。如酌古准今，谈经论史，探性命之原，图不巧之业，乐声应气求而不孤者，则刘君、郑君是矣。虽然，吾之学可以攀刘而提郑哉？"君生平月旦，令人叹服，其进识修见如此。乃暴疾初沾，一卧不起，痛哉！范君讳升，常君讳国安，卢君讳应选，于君皆同年也。无何，之惠荷恩擢原职，寻晋监官，面忆君容，宛然在目，恨不与君同事而终始之。呜呼痛哉！墓草虽宿，情自不能渝也。尝闻之先师曰："人之才情，本天授也，顺之者明，悖之者暗。"是则顺必得天而寿而昌，悖必反性而夭而殃，而果报何未必若是耶？据情会理，以理律人，君乃明天人之际，洞善恶之归，正拟寿期颐，逍遥笑傲，何禄寿如此之爽哉？君生于万历丁丑秋，卒于天启甲子冬，葬于都城之西、王河乡之池水村，于是树石表行，为九原之观。汤复着有《历代年号考略》，以为我朝建元十六，而误重前代者五、六，实词臣失于参考之过也。其余遗文、诗集各若干卷，咸散失未刻，君子惜焉。

171.田义　《乾清宫近侍司礼监掌印兼掌酒醋面局印总督礼仪房司礼监太监渭川田公墓表碑铭》(《北京图书馆藏中国历代石刻拓本汇编》第58册，第173页)

光禄大夫柱国少傅兼太子太傅吏部尚书中极殿大学士知制诰经筵日讲事国史玉牒总裁四明沈一贯撰文，光禄大夫少保兼太子太保礼部尚书文渊阁大学士知制诰经筵日讲昆山沈鲤篆额，武英殿侍直典理校正秘书办中书舍人事松阳潘世元书丹。

万历乙巳秋八月癸亥，司礼监太监田公以疾卒于直庐。上闻讣轸悼，赍以白金宝钞，赐祭三坛，给东园秘器，命将作穿冢以葬，创树享堂碑亭，盖异数也。公名下御马监太监王钦等，奉状谒余铭其墓。按状：公讳义，别号渭川，陕西华阴人也。儿时聪慧岐嶷，器局过人。嘉靖壬寅，给事宫掖，简送内书堂讲书。隆庆中，迁六科廊掌司。今上即阼，察视左右，知公愿谨可大任。明年甲戌，拔寘文书房管事，出入纶命及百司封章惟慎，累迁内官监太监，赐蟒衣玉带。癸未，秦藩有干典者，公衔命送致凤阳锢之。道经华阴，还家祀祖考，修其冢墓，族党亲旧，皆有赠遗，乡人荣之。未报，命推南京副守备，以司礼监太监掌内官监印。丙戌，转正守备兼掌司礼监印，岁加禄米。己丑，特召入司礼监随堂办事，寻管本监事，总理中外文书，提督教习兼督礼仪房，钦赐坐蟒，许禁地乘马。辛卯，掌司苑局印。壬辰，兼掌巾帽局印。癸巳，钦赐内府坐凳杌。丙申，掌司礼监印兼掌酒醋面局印，总提督礼仪房，团营大阅法司录囚，皆特承敕遣，上方倚以内政，而公不可起矣。公周慎简重，练达老成，历事三朝，未尝有过。上严于御下，左右近臣虽夙所爱信，稍不当意，辄得谴以去，独公始终宠遇不衰，禄米岁增至六百余石，官弟侄若而人。其病也，上遣官诊视，没而愍恤有加，此岂可以几幸乎哉！必敬必戒，媚兹一人，善其始终有以也。距生嘉靖甲午，享年七十有二，以九月二十日窆于磨石口茔地之原。铭曰：于惟田公，四星孕秀。自龀垂髫，迄于眉寿。三朝旧德，内政是司。累印于肘，腰组威迤。人或以恣，公也益饬。朝斯夕斯，小心如画。地近多惧，公乃誉终。天与宠绥，没世犹恫。新阡若坊，将作复圹。寿堂森而，丰碑惟壮。归藏其中，以永千霜。魂乎何凭，松楸数行。万历三十三年岁次乙巳十月吉旦立。

碑阴：

潼关卫百户孝重孙田刚、田制井、田同井，国子监监生孝孙田元绩、田元勋，山东济南府章丘县主簿孝侄田珮，锦衣卫西司房理刑正千户孝侄田瑢、田瑛，直隶潼关卫镇抚孝孙田元相、田元功，锦衣卫西司房理刑千户孝孙田元德、田元宠、田元弼、田元徽。

172.马荣　《钦差孝陵掌敕神宫监太监龙湖马公碑记》（《北京图书馆藏中国历代石刻拓本汇编》第60册，第43页）

赐进士第福建道监察御史阳翟聘之孙征兰撰文，赐进士第文林郎关中均平苟好善篆额，文华殿实授中书舍人嬴海肃水观光许用宾丹书。

古燕都雄之西三十里许磨石口村，有山龙干，嵯峨屏崎，林峦秀丽，果为巨目所识马氏佳城，乃叹曰："福人不葬无福之地，信然。"盍不缘其请，记敬为详之。是公也，讳荣，号龙湖先生。及毛髫时，即矫矫不屑为书生，动用英雄，内含贵重。兹得以神庙六祀之间，入侍丹禁，绍大司礼田公箕裘，乃克承翼翼历三十年，所获建业司礼。越五年，揾篆惜薪。又四年，柄钧内库兼掌芦课。迄熙庙四年，擢掌孝陵神宫监敕印，提督一卫五所官军洲田。再六年，北迁康陵掌印务。呜呼！永膺帝眷，辅弼之朝，此公之无负于国家者，然也。其教家维世，仁以孝亲义，谐昆弟，亲朋寮，采民物之繁蓙，不辑宁颂德，公之无负于乡评者，然也。公亦可谓抱不践之善而吻合于德之为哉。乃其福履之祥，而安迪富迪显而兴，享年六十有三岁，终于正命。何莫非世间难必而公所兼隆者。公生于隆庆甲子九月初六日，卒于天启丁卯春正月初八日。安厝以来，有大司礼宗主宋学悯其没而详其实，以勒于石而记之，盖谓不虚生，有如此云。崇祯五年岁次九月十一日。

173. 杨寿□　《皇明钦□提督坝大等处马政仓场□察缉捕御马监太监松泉杨公墓志铭》（北京出土）

赐进士第詹事府掌府事礼部尚书翰林院学士□湘李腾芳撰，特进光禄大夫上柱国太师□□□□□□英国公后军都督府掌府事古汴张□篆，赐进士出身承德郎巡视京营军务前巡□直隶等处盐□□□□□□□□□□书丹。

尝闻：涉□探奇者求人才易，而求真才难；立朝摅忠者肩分任易，而肩独□难。故非常之□，必待非常之人任。予于太监杨公窃有羡焉。□杨公寿□□，号松泉，家世容城人，□名第。性资卓伟，稚年蚤登大内，□□王□□见超其识异其担当力量恢恢，游刃有余，□不待□采措华，而公□大略□□□者。万历元年授惜薪司之职，历升总理。然而累于□□□如志，自公董其钱粮□□□商乐趋，一时士大夫□忻相□曰：朝廷得人矣，故才能治内以治外，智足画方而画圆。泰昌元年，敕命提督坝大等处马政仓场缉捕之职。是役也，京东蜜□，数载废弛，是无异于□之惜薪，犹赖我公之整顿者也。劻勷劳瘁，具□遄归，词□益壮，乃天之留□□豪□侍国用。及天启御宇，召起田间，敕□□□不□大神前未竟□□□□愈加奋励，将见署色改观，骐骧栋总噫嘻御□□若□承钦□□□善□越寻常蟒玉辉煌，□迄雷动，为中外斡旋，为生民造福，是所谓□□不易□□之难。诸公□□□□属于予曰：京西乡长新店后创寿□□予□□□生平，于是□公之经营，羡公之劳绩，仰公之□□。岗□郁郁葱葱，松楸翠秀挺拔，花鸟自在鹤争鸣□□□文□□□□。公生于嘉靖庚戌十月十六日子时，得寿八十有三。东至杜家坎，南至长新店，西至连三岗，北至□家峪。公卒于崇祯壬申年四月初五日。

174.王佐 《皇明乾清宫管事提督宫内两司房兼掌尚衣监印务尚膳监太监信吾王公墓志铭》[《新中国出土墓志》北京卷（壹）下，第297页]

赐进士出身荣禄大夫太子太保协理京营戎政兵部尚书毗陵通家侍生陆完学顿首拜撰，特进荣禄大夫柱国前总督五军团营军务太傅襄城伯金斗眷侍生李守锜顿首拜篆，赐进士出身承直郎巡视京营戎政兵科右给事中天都通家侍生姚思孝顿首拜书。

尚膳监太监信吾先生，姓王氏，讳之佐，顺天府东安县人也。以天启辛酉年选入内廷，继为司礼监掌印太监曹号熙寰先生名下。初出乾清宫管事杨潮门下，为皇城司苑局艺业，即授宪庙端荣昭妃坟管事。至天启二年内迁，改兵仗局管理。历试诸务，事多效而劳无倦，熙寰先生于是鉴赏之，时时教以守身持己之道，忠君报国之诚。而信吾亦一一禀受熙寰先生之家法而行。盖熙寰先生乃忠孝恪诚，公明廉介，矢心为国者，故名下事多克肖。至崇祯二年，熙寰先生代为题授乾清宫暖阁近侍。近侍三年，靡有厌怠。崇祯五年，奉敕着做打卯牌子，轮流捧剑随朝。先生至是愈委曲小心，夙夜在公。崇祯六年，再敕提督上林苑监四署。督署之时，凡苑内一切例规夙通，特为缮本，题请裁革蠲免。崇祯八年，转敕尚衣监印。未几，本年即授乾清宫管事。九年，竟著署提督宫内两司房，而终于尚膳监太监。自崇祯五、六年至七、八、九，五年之内，累迁擢用，遂至腰玉、赐蟒、赐鞭，取功名可为如寄矣。生平以孝友闻，不幸亲皆早丧，每每以不得终养为恨。昆仲三，先生居其季。凡有所钦恤，毫不吝恤，大半分惠二兄。于长兄之子王玺，犹加抚字，必延师课读，务曲成之。赋性鲠直，不作依阿相。任事黾勉，不为苴苴态。然素行每多急躁，遇事接物，不能含忍，任性而行，大约粉饰少而率真多也。距生于万历辛卯年八月十八日戌时，卒于崇祯十年正月二十二日子时，得年四十有七。崇祯十年正月二十五日，奉圣旨钦赐谕祭二坛、宝钞、金银、币帛、香烛等品。钦差南司房监官张文质、人数司房慈有方、管赏司房张大伦赍旨致祭。先是司礼监掌印太监谥昭忠宁宇王老先生，乃信吾之祖，卜葬于房山县石府村。及先生既没之后，崇祯十年二月十三日，亦祔葬于此山之侧。今熙寰先生用形家言，谓旧壤不吉，移进数百步。将于崇祯十年十二月初八日改葬，更封树之，并改葬先生于昭忠老先生之墓前十余丈。异哉！先生之富贵功名，死生知遇，皆玉成于熙寰先生之手。曹先生可谓有始有终，无负于人矣，而王先生盖棺事始定也，故铭。铭曰：嗟人世之功名兮，艰于晋崇。嗟人事之知遇兮，毕世难逢。晋崇之难兮，每多磨砻。知遇难逢兮，罕得令终。惟公如拾芥兮，功名独丰。惟公如胶结兮，知遇愈隆。磨砻兮，令终兮，岂巧可避，而智能丛。管子曰：生我者父母，知我者叔牙。遡知我于公，孰有如彼之遇叔牙者邪！

175.高时明　《司礼监掌印云峰高公墓表》（孙奇逢《夏峰先生集》卷10）

崇祯甲申三月，逆闯陷京城，先帝怒起推案，先杀公主，命国母投缳，遂自缢万岁山。时文臣殉义者，范内阁、倪司农而下二十余人，勋臣戚臣殉义者，张惠安、刘新乐、巩都尉而下不及十人，武臣殉义者贺副将、高指挥而下仅七八人。而内臣殉义者王督剿、高司礼而下则不下二十人。然督剿六军总帅，国之存亡、君之生死系焉。而司礼则垂老闲居，不与闻国政者也，独能烈烈与名下十人同焚死，真可谓纯忠大义也哉！按公初名昇，号云峰，道号复初，顺天府永清县信安镇人。先代多隐德，父名志，母甄氏。弟兄四人：长节，次选，四腾，公居三。生于隆庆己巳十二月十二日。万历癸未，年十五，选入内廷，隶大司礼张成名下。读书博览，遇事明决，拔内书堂，历南司暨皇史宬提督。光宗御极，擢东宫纪事。熹宗御极，命掌司礼监印务，侍上读《大学》"在明明德"，因赐名时明。公恒以成就君德自任。时讲官孙承宗谓公及王安曰：民间家塾讲习，朝夕聚首，促膝相习而熟。今上御经筵，恭默无一问难，臣下日趑趄而退，何由熟也。常朝奏事，例有口答，今借此仪，与公等约上问某句讲官通俗细解，起发问难，俾上通晓机务，与臣下日亲日熟，此启沃之要也。公善之，曰非复午讲不可。安谓当请修九五斋，公曰：孙公欲致君尧舜，须有茅茨土阶遗意，何必修斋而后讲乎。公夜直宿御榻旁，孳孳为圣学计。未几而逆监拨乱朝政，罗织缙绅，杀安。公连章求退，杜门谢客。迄怀宗入继大统，三召就命，令掌南海子提督，并提督保和殿、惜薪司及司礼监诸印务。公再四恳辞，不许，暂摄司礼监事。公善书，上命题乾清宫匾额，公颜以"敬天法祖"四字，联曰：人心惟危，道心惟微，惟精惟一，允执厥中。上御笔以"忠纯"二字旌之，赐以图篆。一日，御批令票拟章奏。公俯伏奏曰：天下大事，阁臣五六员尚不能了。臣备员内廷，纵有才，票拟之权，岂可假内官之手，旨从中出，恐万世后有累圣德。上不听，令之出。公竟日不食，上为感悟，召令毁票。公奏曰：此票是皇上御批，臣何敢毁。上收票自焚，遂承旨专理司礼监事。上郊天，御马监奏请皇上阅驾试马，走骤，上问马宜看否，公奏曰："臣闻圣人有言，禘自既灌而往者吾不欲观之矣，况未灌乎。"上叱曰："偏是你有这些话说。"各官退食，公独俯窗外不敢动，少顷，圣怒释，掀帘指曰："你如何不去吃饭？"公伏曰："臣庸愚，冒犯天威，该死。"上喜曰："这奏诚是无过自苦。"三年，因病辞，杜门不与朝政读书写字，与门下后进谈忠节义礼，自范范人，毫无所苟。逆闯薄都城，上命内宦凡在籍在朝俱集守城，公名下褚宪章击贼死焉，城陷，公先一日令人备棺于东堂，至日，正衣冠，拜天辞阙，大书于壁云"司礼监掌印太监高时明率名下李继善等阖门死节，三月十九日辰时书。"书毕，卧棺中，名下辈绕膝泣留，厉声叱曰"一盖棺，吾即归去。"名下十人李继善、贾彝伦、马文科、郝纯仁、徐养民、宋辅宸、马鲸、张行素、李廷弼、王家栋十人者，俱缢死，举火焚堂，棺尸俱为灰烬。方正化总监保定，奉公遣属击贼，死之，合褚宪章共十二人。噫，烈矣哉。余尝读史传，至汉之吕强，唐之张承业，未尝不咨嗟叹赏，以为士大夫之所难，今公之烈烈而死也，则益难矣，而十二人俱从公烈烈而死也，则益难之难矣。三百年祖功宗德培此峻节孤忠，杀身成仁，合十二人以成仁，仁更皎然矣。舍生取义，合十二人以取义，义更截然矣。无论当代，鲜与之比，即古昔实罕其俦，真可以愧天下后世为臣而怀二心者。公寿七十六，逆闯遁后，魏国祯等拾骸骨于灰烬中，卜葬西直门外七十里南安河九垅山之茔。山西总监牛文炳，公名下也，与余同乡，因征文树石于墓，或谓余曰："张茂则宋元祐间宦官之贤者也，借程正叔一顾，不可得，子为云峰表墓，不亦甚乎？"余曰"凡为臣子，官有内外，义无偏全，忠君一念，总以淋漓足色为极诣。公之阃门殉义，得之中官一流，更为奇绝。正叔而在，当急为搦管以扬休美。余尚愧衰年软笔，不能传公，以副总监君之意，乌忍辞。"公有侄显光等九人，侄孙璟等十一人，多有声于庠序者，行将昌其世以彰公殉义之德。余特撮公之大节，表而出之如此。

176. 王润　《明故南京御马监太监王公墓志铭》（南京出土）

赐进士及第奉政大夫南京尚宝司卿前翰林院修撰经筵讲官兼修国史高陵吕柟撰文，赐进士出身奉直大夫南京兵部武选清吏司署郎中事员外郎蜀江陈谟书丹，特进荣禄大夫南京后军都督府掌府事前镇守蓟州永平山海密云等处地方总兵官右都督迁安马永篆盖。

南京内官监左少监夏公至鹫峰寺，过东所拜曰："绥之叔辈王公讳润，字天泽，别号怡菴者，南京御马监太监，直隶保定府易州韩村人也，今嘉靖十一年十一月四日卒矣。其犹子通、谦、善辈，卜十二年正月二十四日安厝于聚宝门外之凤岭山，墓中之石未铭也，敢请一言。"予方病辞，时通、谦、善辈衰绖徒跣、跪伏门庭者数十人，稽颡不肯起。夏公曰："先生如以绥辞，顾不怜此孝子乎？"予固辞之而去。明日，又以其衰绖人来曰："昔者夫子删诗，犹存孟子《巷伯》之篇，先生为文于人者多矣，乃今尚有择言乎？"予惊叹曰："是过我也！去赘金，则为之。"夏公曰："诺"。乃问曰："御马公之为人也，如之何？"夏公曰："王公父海，母张氏，生子四人，秀、真、绍仪，公则其四也。幼即颖敏持重，成化十一年选为内使，及长随，宪庙见其举止安详，眷注特异。至孝庙时历升奉御及监职。弘治九年以公端谨，简侍春宫。比武宗登极，升御马监太监，赐蟒衣玉带，岁赏禄米至十二石，命公提督四卫营兼督五千营操练。正德三年着宫内掌事，既而护送亲王之国，凡经由地方，撙节财力，抚按诸公交相论荐，遂领敕镇守湖广等处地方。时流贼猖獗，公设法勤捕，追获贼首赵风子及诸为从者，武宗闻之，嘉其劳绩，玺书奖励，赐以金帛，岁加禄米十二石。然公冲冒岚瘴，遂成湿疾。十一年具奏，准南京御马监金押，私宅调理。十四年疾瘳，复命镇守四川等处地方，藩臬协和，军民亦赖以安。十六年又调镇守贵州地方。嘉靖改元，前疾复作，具疏恳辞，荷蒙圣上俞允，既累奏前疾，仍准在南京御马监外厂调理。于是，巾车行乐，往来梵宇琳宫，偕绶及释老结香火社，越十一年乃卒，此则其公之大概也。"予叹曰："天之生材，不限内外，如公之明敏通达，使其初艺诗书而跻科第，当其所建立，盖又不啻如今日者矣。惜哉！"公卒之日，距生天顺甲申正月初八日，享年六十有九岁。秀之长子谦以武功授锦衣卫正千户，次即善，亦秀之□，盖皆公之犹子，而以事公终者也。铭曰：御马之官，古之仆侍，不忝攸司，亦鲜其士。惟公孔扬，奋迹内使，既获武功，亦多宠赐。生有所名，殁无所累，聚宝之南，凤岭峨峙。松桧郁苍，公是玄阒，宴宴永藏，足谐厥志。

177. 黄海 《明故南京御马监太监黄公墓志铭》（南京出土）

赐进士奉政大夫修政庶尹南京光禄寺少卿前刑科给事中山右乐平李岱撰文，南京左军都督府掌府事保定侯汝阳梁任书丹，赐进士文林郎南京大理寺评事莆田徐元稔篆盖。

正德戊辰十有二月初十日癸酉，南京御马监太监黄公，以疾卒于外第正寝。嗣子石玉持状泣拜于余，曰："先尊病革易箦际，请同监太监刘公进，属以后事，以公同家，忠厚有余，故敢藉以高明，述以行实。刘公遂以此托诸名公，谓公于弘治癸丑间给事刑科，曾同事尊公，查盘库藏，交游有旧，必稔知其略，浼以铭诸幽壤，传之不朽也。"用是，弗获固辞，乃按状而之。公姓黄，讳海，山后直北部人。正统丁巳，以童稚进入内廷，赐姓氏，得侍仁寿宫。癸亥，渐长，时在御前答应。丙寅，既壮，随驾南海子采猎。时上射中鹿，不获，公即驰马追捕献上。上喜其能，当升长随。自是，起居出入恒在左右也。景泰辛未，升奉御。明年，调酒醋䴺局。寻升本局左副使。天顺丁丑，左迁南京尚膳监，供奉宗庙祭祀。甲申，南京守备重臣知公端谨雅饬，存心不苟，特进御马监司房写字，典领薄书出纳，一应钱粮会记，当而已。成化戊子，复升本监奉御。乙未、戊戌，转左右监丞。壬寅，升左少监。甲辰，擢太监，兼理广惠库事。弘治改元戊申，以例挨年降左监丞。癸丑、已未，复转左右少监。乙丑，仍升今职。嘻！公虽部落之遗，天性纯厚，操履坚贞，读书手不释卷，析理心必锱铢。如在库查盘一应钱粮，鉴前人之弊，或以有作无，以无作有者，公则手自薄书，心自磨算，必脗合而后已。当时凡同执事者，皆以为准的。而又亲贤乐善，久而不厌。莅政之余，焚香静坐，颐养性情，阅饰书史，挥娱琴弈，靡不精妙。平生寡言，谙熟典故。举论，则以先辈忠义显于前代、炽于当时者。为法，知有其君，而不知有其身也。而又处己待人，比循礼度，居处服食，不尚华縻。历是官也，屡进屡退，曾无喜愠之色，亦可谓含养有素而善变者矣。余今岁春北上给由，过谒公。留酌，叹曰："同执事者，不过二三人而已。"既而，见几上一轴，乃钱三太监之铭也。公则谓："此老临终叮咛，谓当道者曰：'南京御马监黄某，情顾情顾，吾分也。'遂有蟒衣玉带之许。"公则对使者曰："善为我辞，吾老矣，病不称，且无功，不应如是之滥也。"其惜名器、知大体如此。然而汉武帝顾命金日磾之忠，亦犹是也。公之所可取者，其大略如是。惜乎离乱间失恃怙，无以考厥来历，且不知初度之辰。约其年，八旬有五矣。公平生言行，为中贵之出类，吾道之所重，其诸异乎人之为之钦者多矣！乃子玉，卜以十二月二十七日，扶柩安厝于聚宝门外安德乡天隆极乐寺山原，亦可谓托得其人矣。是宜而铭曰：生于北夷，天道之常。托于流俗，人为之强。职近至尊，宠矣无疆。寿过八袤，卒矣云亡。天隆极乐，允矣而昌。载诸贞珉，幽阐斯彰。江东朱芸勒石。

178. 傅庆 《明故御马监太监掌浣衣局事傅公墓志铭》(北京出土，藏私人博物馆)

光禄大夫柱国少师兼太子太师吏部尚书华盖殿大学士知制诰国史总裁长沙李东阳撰，资善大夫礼部尚书前詹事府少詹事兼翰林院学士侍经筵广阳刘机书，奉敕提督十二营总管三千营总兵官掌左军都督府事前节制陕西等处地方柱国惠安伯永城张伟篆。

御用监太监傅公之卒也，上闻讣震悼，赙宝镪三千缗，复遣司礼监太监赖公义以谕祭，且命董葬事。赖公抱翰林院编修滕霄状，衰绖诣予，泣曰："吾不幸，吾主公大故，襄事有日，敢祈先生言勒诸墓之石。"按状，公讳庆，姓傅氏，为柳州之上林人，以俊异选进内廷。成化戊子，为长随，授奉御。己未，拜惜薪司右司副。丙申，转左。丁酉，升司设监太监，兼前职。戊戌，宪宗纯皇帝嘉其劳，赐蟒衣、玉带、内府乘马。弘治间，累左迁，直乾清宫，仝织染局事。逮今皇上御极之初，简中臣耆旧而拔之，时赖公倚重，为国柄用，乃以公荐，上可其奏，命掌浣衣局，升御用监太监，皆特恩也。公幼颖敏有大志，材识不凡。甫长，委质庭掖，输忠尽瘁，绩效日以益盛，蹇蹇之心至终未尝倦。虽处中贵，自治崇简，滫溓之奉不侈于日用，而裳衣帷事冲澹，其检身也如此。在惜薪时，公为之区画，出纳之际，会计甚得其当，而胥吏之弊用是以革。织染人苦机杼征役之繁，公为建白之，以故中外多得惠。其掌浣衣局也，烦攒之劳，必躬视之，毫发不苟。历官四十余年，膺累朝之眷重，祗慎匪懈。礼服之在躬者，虽祈寒盛暑不辄去。执禁直，虽夜分不寝。其宠赉之厚，职业之勤，在官者盖如此。遇贤士有礼，待家众有恩，驭下略无恶厉声色，人皆德之。凡在公教育中者，悉居要路。若内官监太监吕安，监丞王通，司苑局奉御高成，御马监少监张敏，监丞王智，太监王钊，乾清宫奉御客仲举，惜薪局右司副李勖，奉御王宣、刘荣，鞍辔局奉御杨玺，大善殿奉御钱进，神宫监长随高义，乾清宫长随王用、董成，显用于时者，皆出自门下。而赖公以博洽之才复出侪辈，尤钟爱于公也。其得人之盛又如此。公醇笃庄重□激忠义，而年弗究于用。惜哉！从子一，琮。其生景泰丙子九月十五日，其卒正德己巳□月四日，寿五十有四。其葬都城东六里屯之原。寔卒之月二十八日也，是宜铭。铭曰：笃棐宫闱为既久，蟒衣骖乘宠则厚。得于天者匪弗寿，人之望之用弗究。蔼蔼门墙多士秀，贻厥后者功厥懋。呜呼！公全而归夫何疚。

179.韦记　《明故司设监太监韦公墓志铭》(北京出土，藏私人博物馆)

特进光禄大夫左柱国少师兼太子太师吏部尚书华盖殿大学士知制诰同知经筵事国史总裁长沙李东阳撰，赐进士第资政大夫太子少保礼部尚书掌太常寺事侍经筵同郡田景贤书，特进光禄大夫左柱国太师兼太子太师英国公奉敕提督五军并十二团营总兵官监修国史知经筵事掌后军都督府事古汴张懋篆。

公姓韦，讳记，西广桂林府临桂县人也。公生秀美。宣德五年，进入禁庭，选择受学于内馆。公聪敏勤励，久而学成。正统己巳，办籍于宝钞司，寅畏有为，人咸服其能。景泰壬申，除奉御，日届近侍。天顺癸未，改侍仁寿宫。成化丙戌，莅事于酒醋面局，金押管事。戊子，升本局右副使。庚寅，升左副使。壬辰，升大使。癸巳，升司设监右少监，仍署局事。甲午，升左少监。丙辰升太监。六十余年，深承宠眷，公益勤慎匪懈。圣慈仁寿太皇太后将用老成臣俾教内人，公以学行，遂获兹荣，循循善诱，斐然可□。宪庙以其练达□识，遂使二南之□，敬长克协之德意。今皇上嗣历大宝之初，命掌局印。庚戌，推举同御马监太监甯公瑾掌宫事，少长咸欢。公生蒙累朝宠渥，赐蟒衣玉带及岁禄，及有内府骑马之宠，人皆谓公积善所致。弘治乙卯夏四月，公因老疾，经时弗瘳，上乞散地，以便调治，荷蒙圣恩，准惜薪司□□养老，兼赐夫役。虽在病中，尚手不释卷，其好学之笃，虽老而犹不倦。今年六月二十八日，以疾寿终。讣闻，圣慈仁寿太皇太后□恸，赐以白金百两、彩段四表里，香烛、油等物若干。复蒙皇上钦赐宝钞万贯，谕祭一坛，工部营葬。仍命内官监右少监陈公彬董治丧仪，恩至渥也。卒日之距公生于永乐丁酉十一月十四日，享年八十有四。公名下诸公咸执丧礼，□其义子福顺等卜以八月初八日，奉柩安厝于京西香山乡翠微山新章村之原，公存日□所预谋之吉兆也。于戏！若公者，福禄寿考，亦人生之不易得也，是宜铭诸幽堂。铭曰：西广之英，宗庙之器，久膺荣爵，克全良贵。耽嗜诗书，敦尚仁智，清勤立身，澹泊明志。政之简剧，事之巨细，率循理行，不为利计。籍籍声华，昭于盛世，京西之原，佳城幽閟。华表峨峨，上入云际，体魄安兹，历年无既。

180.张赟 《皇明御马监总理太监玉桥张公墓志铭》（北京出土）

赐进士出身河南道监察御史岐冈陈遇文撰。

盖人之修短虽不能齐，殆未免同归于书，所以古人为身后之具。予曰：张公，世居顺天府大兴县，名族人也。父讳珍，母蔡氏。昆玉三，公其季也。讳赟，别号玉桥。自幼颖悟异常，有从龙之相。嘉靖壬寅，以才秀进入内廷，与司礼鲍公为名下，内书馆读书。丁未，拨御马监写字。隆庆己巳，历升典薄金押太监，草栏管事。壬申，赏蟒衣。万历辛巳，因公忠勤茂著，出入端方，以悦圣心，特恩玉带本监总理。正宜享福之际，壬寅忽疾，终于正寝。公历事三朝，衣至蟒，带至玉，寿至耆，始终之美矣。公之寿域于西直关外香山乡镇国寺之旨栖神之吉壤也。铭曰：惟我张公，海宇升平。侍亲克孝，侍君克忠。宽仁厚德，赡及宗亲。勒名载德，生死芳声。

181.赵旺 《明故内官监右监丞署广盈库赵公墓表》（《北京图书馆藏中国历代石刻拓本汇编》第56册，第47页）

赐进士出身资善大夫工部尚书口内阁侍经筵同修国史玉牒嘉禾张文惠撰，正议大夫资治尹侍经筵官鸿胪寺掌寺事通政使司通政使□□吴祖乾书，亚中大夫鸿胪寺掌寺事太仆寺卿侍经筵寿光靖洪篆。

嘉靖庚申七月二十五日，内官监右监丞署广盈库事赵公卒于正寝。越数日，其犹子顺天府庠生钦持予门人乡进士□□维干所述状，谒予请铭。子重钦之请，□干言之不诬，口既铭之矣。乃葬口。又浃旬，钦复谒予，曰：“先伯考既蒙先生铭之，今欲表诸墓道之口。”□□□请。义弗克卒让。谨按，公讳旺，字景隆，别号兰轩，□□真定府饶阳县人。高祖伯兴，曾祖世□，祖英，父清，母高氏。粤自上世口来，举□□□积德累仁。□父尤笃实无华，乐善不倦，时称长者，谓其当有后也。公赋资□□□□修整营□□□□，有识者知其不凡。稍长……武皇□选中使，遂被□入内廷，太监刘公养□而育之。恭勤朝夕，弗事嬉游，刘益托以心膂。繇是登进官阶，渐升右监丞，典摄帑藏。公廉□不取，于□钱粮出纳，惟时惟慎，弗殉弗苟。阅历兹久，□□□□然醇朴而不尚通融，方正而不循捷径。以故莅□五十□余，竟无……如礼。即其至孝若此，其忠于奉上可知矣。或劝其乘时□诸姪□□□，公曰："吾遭际圣明，恒以莫克报称为憾，若复滥求，是重被之咎也，□有志者当勉图之。"咸谓公不惟□□自足，抑且……无疾，今春□□微恙，□□私第调理，药□奏功，遂罹兹变。距其生在成化甲辰正月十有九日，享年七十有七。呜呼□哉！犹……即钦，次□□，森森玉立。公胥教以耕读。□□崇□阘□□绮说，饶阳县庠生，偕钦俱有声场屋，骎骎向用者，可□不□公训也。……初九日，引柩于宣武门外善果寺侧。……经营名利，垂老不休者，比比皆然。而……嘉靖三十九年岁次庚申□月吉日。

182. 武成　《秦府故门副武公墓志铭》（陕西出土）

公武姓，讳成，字宗文，山东济南府肥城县书城社人。考讳全，家世业农……公幼以良家子被选入皇城，几三十年，出入惟谨。成化辛丑，蒙宪宗钦赐秦府，随侍惠祖，小心翼翼，朝夕弗怠。弘治戊午，蒙简祖奏保本府体仁门门副……兹正德庚辰十月八日午时，以无疾端坐而终。

二、寿藏碑记

1. 洪保　《大明都知监太监洪公寿藏铭》（南京出土）

赐同进士出身修职郎行人司行人广右周凤撰，征仕郎中书舍人姑苏姜孟圭篆额，赐进士出身前翰林院庶吉士吴门殷旵书丹。

寿藏铭者，太监洪公存日而作也。公名保，字志道，乃自叹曰："人生在世，如驹过隙，与其身后之有为，孰若生前之早计也。"于是置地一所于京南建业乡牛首山之原，祖堂禅寺之左，鸠工砌圹，上下周完。命前进士殷君旵述状，请铭于余。余固辞弗获。按状，公世居云南大理之太和。祖讳长莲，娶杨氏。考讳赐，妣何氏。公生俊伟，以龆年来京师。洪武己卯，从侍飞龙于潜邸，爱其聪敏慎密，俾常随左右。永乐纪元，授内承运库副使，蒙赐前名。充副使，统领军士，乘大福等号五千料巨舶，赍捧诏敕使西洋各番国，抚谕远人。永乐丙戌，复统领官军铁骑，陆行使西域临藏、管觉、必力工瓦、拉撒、乌斯藏等国。至宣德庚戌，升本监太监，充正使，使海外。航海七度西洋，由占城，至爪哇，过满剌加、苏门答剌、锡兰山，及柯枝、古里，直抵西域之忽鲁谟斯、阿丹等国。及闻海外有国曰天方，在数万余里，中国之人古未尝到。公返旆中途，乃遣军校谕之，至则远人骇其猝至，以亲属随公奉□□效贡。公所至诸国，莫不鼓舞感动。公为人外柔内刚，恬静寡欲，尤能宣布恩命，以德威肃清海道，镇伏诸番。虽国王酋长、雕题梿服之人，闻公之来，莫不归拜麾下，以麒麟、狮、象，与夫藏山隐海之灵物、沉沙栖陆之奇宝同贡天朝，稽颡称臣焉。公生于庚戌十月二十五日戌时。弟一人，曰接。侄二人，长曰子荣，次曰子诚。从孙二人：金刚、福安。吁！公春秋六十有五，康强无恙，尚能乘槎泛海，竭忠报效。所得恩赐内帑财物，不专己用。捐舍宝钞五百千贯，修造祖堂寺轮藏一座。又建东峰庵一所，度剃十二僧。好善不倦，奉使公勤，知其有国，而不知其有身。预为此圹者，使住世弟、男，知所奉祀焉。遂铭曰：猗欤皇明，统御万国。服之以威，怀之以德。极地穷天，罔不臣妾。寔维奉宣，殚厥心力。我公桓桓，合为首功。风帆海舶，远迩必通。所至披靡，孰有不从。群星共北，众流趋东。维公之力，博望寔同。牛首之下，祖堂其友。水秀山明，鬼神呵守。万古千秋，藏斯不朽。宣德九年岁次甲寅孟冬六日立，四明胡彦阊镌。

2. 倪忠 《内官监倪太监寿藏记》（北京房山区出土）

正统五年庚申三月朔旦，庆寿寺监临斋事中贵阮公蓝诣南宫，以内官监太监倪公忠历职事由见示，徵予为寿藏记。按：倪公乃贵州平乐都匀长官司阳坊人，自洪武十八年乙丑其地失宁，时公甫四岁，遂离乡井。二十五年壬申进入内廷，祗事太祖高皇帝，年虽幼稚，识见超群。永乐元年癸未，受知太宗文皇帝，命监造灵谷寺，丁亥告成。七年己丑，命往天寿山督工，甲午工完。十四年丙申，上目其动作周旋咸合礼度，提督工程廉介有为，堪备任使，遂擢内官监奉御。受职以来，夙夜小心，恪恭勤慎。十五年丁酉，奉命往南京丈量殿宇，相度规制，画图回京悉称上意。十八年庚子，升本监左监丞，益加公谨。宣德元年丙午春正月，宣宗皇帝重其熟于营膳，调度有方，升右少监。秋八月升太监，公莅事之际，刚明果断，严而不苟。正统元年丙辰，今上皇帝命公于独树石厂督采天寿山碑象驼马等石，戊午工完。四年己未，特命总督修整京仓，所至事集人安，绰有余裕，官军夫匠咸服其能。恒每自念年几六十，虽百岁为期，亦当豫为之计，今已卜其宅兆于吉壤，欲乞一言以志之，固请至再，义不容辞。嗟夫倪公，可谓知命之君子矣，盖其历事五朝，惕厉公勤，始终一节，故能屡承天宠，名位荐臻，福禄骈集，岂无所自致哉。公复达生安命，自营寿藏，其必能生享寿考于期颐，没安茔以历百千岁之久，以至于无穷也。故并录其履历为寿藏记，殁于辛酉十一月十一日，葬于顺天府涿州房山县独树里小西天山下。资德大夫正治上卿礼部尚书昆陵故溁记。

3.崔保　《大明都知监太监崔公寿藏碑》（《北京图书馆藏中国历代石刻拓本汇编》第52册，第76页）

万全都司儒学训导前辽东都司儒学训导张升撰文，湖广黄州府知府刑部陕西清吏司主事丘霁书丹。

公讳保，字永昌，河间之盐山人。生甫三月，得宫□，时制严，所司不敢匿。永乐丙申，公年四岁，即疏名春宫。癸卯，召入禁闱，祗事太宗文皇帝。甲辰，与事仁宗昭皇帝，皆以勤慎获选。洪熙改元，迁事中宫，以资质敦厚、体貌俊伟获选。宣德丙午，公时年十四矣，受两宫眷顾，特命为长随。庚戌，命为内官。正统丙寅，使陕西；己巳，使山西，皆以谨重不辱获选。景泰庚午，受银作局大使。癸酉，奉敕修醮武当。甲戌，升尚宝监左少监。天顺丁丑，改都知监，出镇居庸关。在镇，气势虽盛而不骄，岸畔虽高而不险，遇急剧则神闲志定，临威武则义正辞严，不逐逸邪，不惑佞伪。喜延儒雅，教化子弟，门堂奥塾，无不吟诵之声。时移坐中庭，亲为诸幼总角，礼度有乖，亦或出正救之言诸生，凛凛然相劝以力贫难者，四时束修，皆为代出。居庸郡庠既废，乃以便宜，措置材木，修盖社学一所，伦堂、斋阃、垣级、芦舍皆其役。复请为郡庠建先圣庙，极严整。又于永安城构禅庵一所，每病者给与医药，贫而有丧者给与棺木，见人之急难□拯之，老者矜之，孤者恤之，如恐不及。至如舍资造像、印经、建佛事、斋贫窘，岁无暇日，边人多感之。甲申，承召回监。成化乙酉，今上即位，以居庸为国阃阈重地，进公太监，复命镇守。又四年，公春秋五十六矣，乃于关南一舍花塔村乹山之阳，近宝岩古刹，鬻昌平何氏之地，营寿藏一所，开穴其中，下施石廓，外缭石垣，前设飨堂，中绘大士像，制极工丽。其左建佛寺，右建禅堂，寺下购隙地为蔬圃，以供寺僧日给，盖寺所以寓僧而僧所以供异时菽水也。其好尚虽有长短，其设心可谓密矣。经始于成化丁亥三月，落成于己丑十月。公父善，母齐氏，生公兄弟三人，公最长，曰鉴、曰洪，皆弟也。二叔：曰谨、曰丛，皆父之同母弟也。谨生子□：曰福寿，曰福成。丛生子五：曰端，曰旺，曰琳，曰广，曰宣。诸侄：曰璋曰玉，皆鉴所出也；曰珤曰琏，皆洪所出也；曰瑛曰理，皆福成所出也；曰琇曰珩，端所出也；曰瓒曰珪，曰玹曰珖，旺所出也；曰瑀，广所出也，此皆公之同祖，群从共饮爨者也。其他名不能悉。公无继，立从子璋以承。璋从予学，以予尝客公馆下最久，知公之详，谋先事，请为寿藏碑记，故为之词曰：盐山濒海汇，气凝天地清。生才乃所钟，襁褓闻掖廷。千姿遇时俦，被选常多荣。偲偲谨厚心，凛凛忠孝诚。居无越履为，出能振奇声。官中贵已极，志不为骄盈。人皆讳归化，彼独前经营。视此安乐丘，不减古佳城。遥遥后来人，千古有余情。成化庚寅岁孟夏吉日立。

4. 杨云 《南京内官监太监杨公寿藏铭》（南京博物馆藏）

赐进士及第进阶正议大夫资治尹礼部侍郎致仕前翰林学士侍文华殿讲读直东阁兼修国史钱唐倪谦撰文，赐进士福建等处承宣布政司参议东吴卢雍书丹，徵仕郎翰林院中书舍人嘉禾罗麟篆盖。

南京内官监太监杨公豫营冢圹于城南安德乡瑞云山之麓。尝语其子泰曰："死生者，昼夜之道也。有昼必有夜，有始必有终。天地间，一阴阳聚散之所为，乃古今不易之常理，未见有超然独免者也。吾是以顺吾之常为，是以待尔其求当代名笔为吾作志，及吾未瞑□而一见焉，岂不乐哉。”泰遵命惟谨，乃琢石为寿藏志，谒予以铭为请。予闻而叹曰：“世之人以后事为讳者多矣，公独能视若昼夜而为之地，岂非达生知命之君子哉。”乃为叙其履历之概，俾刻之。公名云，姓杨氏，世为吉安永兴钜族。祖计一，父友生，皆有隐德，乐善好施，乡称长者。母温氏，以贤淑闻。公生而岐嶷，性敏好学。年十二选入内廷，攻习书史，学日有进，以其余力于道经梵典，亦皆博览。公旧名学云，太宗皇帝嘉之，赐今名。永乐丙申，擢内承运库右副使，典司宝藏，尽心厥职，出纳惟谨。丁酉，调司礼监奉御。甫二年，上以其练习旧章，俾复原任，升左副使。庚子，升大使。英宗皇帝御极，以其历年滋多，老成缜密，效劳者久，召赴阙庭，面加奖谕，特升南京内官监太监，兼掌库事。寻赐白金一百二十两，楮币二万七千贯，彩段四表里。上以远夷慕化来朝者众，乃出内帑白金五千斤，付公南还织买采段，以备赏赉之费，其为朝廷信任如此。公详加阅较，罔不精良，国用有济。公尝伏念荷国厚恩，无由上报，乃择山水明秀之地，悉罄己赀创建梵刹，为国祝釐，为民祈福。规制宏丽，辉映林壑，具疏以闻，赐额“普应寺”，后则公营圹之所也。公为人端慎小心，公勤不怠，事上以忠，待人以恕。自幼至老，深居禁掖，历事六朝，居官莅政近六十载，竭诚奉公，罔有疏慝。是致列圣眷顾，恩宠日笃，功成名立，终始克全，不易得也。公生于洪武辛未十月二十三日，今年己丑，寿七十有九。子三人：曰霆，曰霈，曰泰。嗟夫！古人于年之渐老必豫为终备，故六十岁制，七十时制，八十月制，九十日修，盖虑仓卒之变也。公之为备若此，可谓周矣。其卓见远识，夫岂常人所能及哉。是宜铭已。铭曰：城南有山，瑞云是名；风气完固，储祥閟灵。维公相之，卜云其吉；乃开绀园，乃成窀穸。乃树松檟，蔚乎相缪；千岁厌世，归兹乐丘。达人大观，洞然无累；贤闻无穷，昧者知媿。卒于成化癸巳二月十一日申时，享年八十有三。大明成化九年岁次癸巳二月十二日金陵杨林刻石。

5. 何琛　《太监何公寿藏记》（程敏政《篁墩文集》卷 20）

都城之西香山乡有地一区，其土沃衍，其山水深秀而面合，今太监何公之寿藏在焉。公遣人以事状一通告余曰："不佞少时荷先朝恩命，与奉御夏君栾父事故尚膳监太监金公兴，金公子视吾两人甚厚，顾尝作生茔于是乡，且建寺以守而请于朝，得赐额曰永寿，卒而葬焉。始公无恙时，不佞窃有请曰'某等敢徼惠墓傍地以俟，幸没而有知，获侍左右，以终我公慈煦之德'，公恻然许之，成化甲午也。未几夏君卒，举以祔焉，不佞虑其兆域未厘，四垣取具，非所以谨终而计远。乃庀材鸠工，畚土伐石，中为享堂八楹，左右为厢房十有六楹，前以石为门一，为碑二，缭以崇墉，树以名木，凡百所需，咸备无缺，盖四阅寒暑而以丁巳落成，非君父之赐，其何以致兹，其何敢不记之，以示后来。"辄具以请，固让不获。按其事状，何氏世居广州顺德县之仕版村，其先盖有显者，故因以名其居，然兵燹之后，谱逸莫可考。公生而俊颖，以景泰庚午被选入内廷，一年即奉命赐学内馆，从故学士永信刘文安公，通经史大义，讲授课习，同辈鲜及。丙子选长随，值英宗皇帝复位，以公淳谨，召随侍乾清宫。宪宗皇帝初，以年劳升奉御，公龄既茂，谙练益久。成化癸巳进尚膳监右监丞，己亥莅监事，辛丑进右少监，癸卯进左少监，甲辰升大监。每被顾问，多称旨，赐蟒衣。今上皇帝嗣位，尊圣母皇太后居仁寿宫，以公老成，命掌宫事。弘治辛亥春，赐玉带，许乘马禁中，加岁支禄十二石。壬子改莅惜薪司事，甲寅奉命送兴王之国，归日遣致祀武当山，秉礼奉法，所至晏然，盖其出处履历如此。余未及识公，然观其所以事金公及处夏君，皆本于孝，历侍四朝暨圣母，一出于忠敬，在掖廷五十年，受列圣之简知，委任宠异赫然，而行之以挹谦，守之以靖默，求之一时，岂多得哉。宜其名著内朝，寿几七袠，而先享硕大之福，获于已者未艾也，是用撮其大者书之碑刻焉。公名琛，字某。父讳某，母某氏有子三人，公行二，其兄早世，其弟居顺德故里，亦有子三人，当受公荫于异日云。

6. 梁端 《明故南京司礼监左监丞梁公寿藏铭》（《北京图书馆藏中国历代石刻拓本汇编》第 53 册，第 28 页）

嘉议大夫南京吏部左侍郎前国志总裁文华殿赐一品服东吴钱溥撰，敕南京守备掌中军都督府事成国公凤阳朱仪书，敕参赞机务南京兵部尚书都察院右副都御史资善大夫三原王恕篆。

公姓梁氏，名端，字玄中，其先系安南国谅江府平河县人。生于永乐四年。既长，十有□岁，时天朝兵南下，取公来归。至永乐十八年，公年十四，奉太宗皇帝敕，取赴京师。洪熙元年，选入内书馆读书。公天性聪敏，动止端谨，博通书史，知古今大义。宣德二年七月，内选入司礼监，历事年方十六。正统间，京师大兴工，营建奉天等殿，上知公精于书算，谙练庶务，命总掌书算，合用一应钱粮物料，并给赏文武官员，及官军、匠作银两、钞锭、彩段等物，明白奏准。用过之物，一一分理回奏。天顺元年，奉英宗皇帝圣谕，但遇斋戒之期，于武英等殿侍上抚琴，及各调音韵诗词，应答称旨，上甚悦之，特加恩宠。遇圣驾游幸各处，日侍左右，命书写御览，并算数等事，尤为精敏。天顺三年，敕命前往广东等处采取珍珠。五年，寻奉敕留公镇守珠池地方，防护盗取。后六年，不幸遭广西流贼攻破城池，被贼拘留一旬，幸遇广西右参将都督孙公麒，统领官军剿杀贼寇，获公得脱大难，贼首谓公为善之报也。未几，奉敕取回南京优养。成化四年，取赴京，升南京司礼监奉御。后十五年，加升左监丞，职掌南京内府宪章。公为人刚直明敏，练达老成，振立纪纲，执法守礼，人皆畏服，名誉益著。公感上恩德，自年十四时历事列圣，以今弘治七年四月廿七日终，享年九十。而蔗境优游无事，乃预为寿域于聚宝门之南、聚宝山向阳之地，堪为千年寿域，树木立石，又作石门、石兽。是地系古刹塔院，今七十余年，岁久颓废，公特捐己赀，从新修理，创造佛殿、墙垣，造三佛、罗汉、伽蓝、祖师、天王，以次完备。其塔院四至：东至宝光寺，□至高座寺，西北至雨花台，西南连山陌路。周回墙垣，其一百八十堵，公乃立石，用纪岁月，以垂永久。乃请予为文，以表其事。予惟公之预为寿藏而不讳，可谓达生知命者矣，其贤于人也远哉，予故不辞。公之请用表于石，俾后之人知所敬焉。复系之以铭曰：粤维南交，笃生伟人。际此明时，入侍神圣。委重司礼，祗慎益勤。屡加眷顾，恩宠弥新。执法守礼，纲纪斯陈。蔗境优游，年跻九旬。凤台之南，山势嶙峋。预卜佳城，于焉蜕身。达生知命，无愧天民。益隆寿祉，垂千万春。

7. 郑旺 《郑公寿藏记》（程敏政《篁墩文集》卷 20）

都城之北安定关之南，距光熙门有地一区，太监郑公之所营以为寿藏者也。兆在其先府君圹左，其后岌然奠之以土峰，其前莹然环之以清流，诚堪舆家所谓吉壤者。爰画其内以为域，缭以崇垣，限之石门，作堂其中，而屋其左右致享有严，守奉有常，讫工而境益胜。公遣人以状诣余，曰："不佞荷国厚恩，被简任，日夜思惟图报称万一，无愧先人于九原，惟是地也将以委身焉，宜有记以示后人，用无忘君父之赐，敢以为请。"乃按状而书之曰：公名旺，字德懋，世家广州顺德，其所居曰泷水都先洞甲六冲尾。自祖以上率以力善闻，考讳梲福，号处静居士，赠武略将军、锦衣卫千户。妣霍氏，继廖氏，俱赠宜人。公，霍宜人之子也，生有美质，以景泰庚午被选入内廷，勤慎自将，若老成人，遂命进学司礼监书堂，从故学士永新刘文安公，讲习课试恒先诸生，久之通经史大义，词翰并工，而于暇日兼业武事，恒语人曰："文武一道也。"癸酉选侍乾清宫，奉宸扈跸，一循矩度。甲戌授长随，一日演武万岁山下，公马步骑射，连发皆中的，其诸武艺亦精绝过人，观者叹服。英宗皇帝临御，有搜岐狩圃之志，乃转公御马监治猎事，屡出畋永平、山海诸处，还奏称旨。宪宗皇帝嗣位，再转尚膳监，益善其职。成化庚寅，升奉御，选侍昭德宫，升织染局右副使。辛卯，进左副使，莅局事，特赐蟒衣。壬辰，升太使。癸巳，升御马监太监，仍署局事，赐五品带禄。甲午，许内府乘骑。庚子，命掌安喜宫事，凡内帑所贮珍异，纚纚然著之簿历，出纳周慎，略无遗爽，寻选侍今上皇帝于春宫。丁未，兼侍乾清宫，受恩赉无虚旬。弘治纪元，例左迁织染局大使，甫九日，上知公素谨畏，复御马监左少监。又以公富文学，命教书乾清宫内书堂，逾月复重公材武，命兼督神机左掖兵。辛亥复太监，壬子督鼓勇营团练诸军，乙卯兼莅鞍辔、军器二局事，丙辰命总督皇城四门并京城九门。丁巳领东厂机宜缺员，内司以数时名上，皆无当圣心者，特以命公，越八日召兼侍乾清宫，又三月仍兼莅监事。其在东厂，凡密告执法，事无大小，皆躬自审覆，情状允当而后行，无辜免坐者甚众。戊午有恶党谋逆者，前后未发，公获之以闻，诏捕诛之，以其功授弟雄锦衣卫百户，又从破敌凉州进副千户。公年逾六十，手不释卷，虽贵而服用泊然若儒生，因自号朴庵，以见志焉。惟汉唐以来中贵之贤者，若史游之育蒙着训、吕彊之殚忠奉公、杨复光之抚军伐叛，流芳史册，谈者尚之。公历事四朝，几五十年，内掌宫教，外典师旅，司笾钥，刑暴乱。以谨弗常，艺兼文武，守励清恪，宠荣盛矣而行之以执谦，委任隆矣而持之以简靖，视古人可匹休而无让者，则《传》所谓"尽瘁之忠，归全之孝。"公将有焉。余承乏春坊，侍今上讲读十年，实与公相闻，不可以终逊也，遂撮其要而着之，使来者知公之为人，因以取征焉。

8. 韦清　《孝陵神宫监太监韦公墓志铭》（南京出土）

赐进士中宪大夫南京太常寺少卿西蜀李本撰，赐进士前翰林学士兼修国史南京吏部左侍郎云间钱溥书，参赞机务资善大夫南京都察院右都御史三原王恕篆。

太监姓韦，讳清，字源洁，广之庆远府思恩县人氏。先世名族英裔，有□□□□宣宗章皇帝己酉，选拔俊秀者动履宫壸。选至阙，于内书馆读书，视其所以□□天成。宣德癸丑，任内承运库书办，小心慎密，殷懃干济。至景泰甲戌，擢□□□□作房管监，督官匠监造御物等器。天顺丁丑，知公立身老成，升御用监□□。□成化丁亥，升本监右监丞，戊子升左监丞。成化庚寅，升右少监；成化壬辰，□左少监；成化甲午，升御用监太监。成化乙未，改调南京，升除孝陵神宫监太监，掌管印信。公历阶登荣，未尝喜加于形色。曾受皇命钦差陕西、山西、河南等处公干，深得上意，优宠垂顾，知公素行忠厚、宽裕、温良，廉而有能，一心报国。其性情雅淡，沉默简言，皷琴乐志，延士开怀，礼乐、射御、书数无不周知。治或行事，威而不猛，恭而安。侍奉太祖高皇帝陵寝，一日，有三司香，诚意正心，严装衣冠，愈加谨慎，事亡如事存。节用须臾不敢懈怠，兢兢业业，礼度如初。抚安孝陵卫官旗军士，善御守获，各安其定止，亦不错落规矩。妇女儿童，皆知公有德矣。是故林林有作中官者，似公盖鲜矣！亦燕然闲暇无事之时，扱水灌蔬，培壅花木，以悦情趣，诚有古人之风焉。其不忘休休乐道之志，凌高节，迈流辈，公岂不有出尘之想？因持状请铭于予，曰："当年与公同游仕路，亦知公平昔所为，不旦是而信不诬矣！"深感于怀，不亦宜乎？公弟侄孙，森列满前，同族作显官者亦数十余人。公生于永乐癸巳，享年八十有二岁，预刻于铭，以待寿终不可期矣。治寿藏在于应天府江宁县天隆寺安德乡之原。谓其铭曰：公处盛世，身依帝乡。涉猎经史，志气汪洋。襟怀洒落，礼度如常。圣君付托，股肱惟良。奉公守法，用舍行藏。供事五主，深宠恩光。晚向南都，乐福无疆。际此高任，其孰敢当。尔功尔劳，名誉昭彰。千载而下，刻石于堂。大明弘治甲寅年甲戌月□亥日葬金陵杨林镌石。

9. 段聪　《明守愚子寿藏记》[《新中国出土墓志》河北卷（壹）下，第 142 页]

昔赵攽卿先为寿藏，司空图预为冢圹，此皆达性知命者也；傅奕自为墓志，裴度自撰墓铭，此皆自述履历者也。予虽不敢僭拟于古人，窃见近世人有年至耋耄，讳言终事，或身死财散而卒无所归者，又有濒死而嘱其子孙，遍求显官名儒，铺张德业，以自夸谀于人者，予两病焉。弘治丁巳，予先卜宅兆于祖茔之右，兹缘正德改元之春，遂并治归藏之所，因自述平生履历之实曰：吾段氏，世居三河南庄社之原。景泰丙子，聪甫九岁选入内廷。天顺丁丑遣就翰林院官读书，甲申选司礼监书办。成化辛卯，册封□恭皇太子，俾理典玺局事。壬辰皇太子薨逝，改长随执事，日供奉翰墨。明年升奉御，寻升内官监右监丞，乙未升针工局副使金管局事。又明年升大使。丁酉改升内官监太监，赐蟒衣玉带，己亥俾金监事，岁赐禄米十有二石，许禁中乘马。丙午御书"秀气"二大字并"文质彬彬""诚笃恭勤"二图书以赐之。丁未宪宗皇帝宾天，改神宫监太监，奉祀茂陵，寻左迁右监丞。弘治辛亥升左监丞，供太庙，辞弗获。岁壬子册封今上为皇太子，改典玺局纪事，复以不克胜任辞，弗允。戊午仍许乘马于禁中。越丑年改升御马监左少监，壬戌升太监俱兼局事如初，累以疾辞任，俱不允。癸亥，辑录《大学》《中庸》直解，缮刻装潢成书，用便睿览。乙丑仲夏之七日，孝宗皇帝宾天，上以从龙恩调司礼监太监，赐蟒衣玉带。自揣才轻位重，兼之宿疾未瘳，屡疏恳辞。上特诏曰：有疾宜从容调摄，以副眷怀，不必固辞，复岁加赐禄米十二石。屡欲勉强任事而疾日益剧，乃力辞至于再三，上察予之情辞出于真诚，复诏曰："汝宣力春宫有年，劳绩颇著，才切委任，奈累以疾辞，特许即外经厂养疾，仍令内供用库月给以米，惜薪司岁给以夫。"已而复官犹子一人于锦衣卫，以偿微劳，诚异数也。予之始终履历如此。呜呼！予承祖考世泽，历事四朝，窃禄五十余载，蒙列圣浩荡之恩，践更任使，曾无片长寸善可以报塞恩遇，死有余愧。他日得全要领以归藏于斯，为幸多矣，尚敢妄自称述功业以夸诩于人耶？我后人切宜戒之。正德改元丙寅岁三月二十八日守愚子自记。

10.李公　《大明御马监太监李公寿藏记铭》[《新中国出土墓志》北京卷（壹）下，第148页]

赐进士及第中宪大夫太常寺少卿兼翰林院学士经筵国史馆东□□□，特进光禄大夫左柱国太师兼太子太师英国公奉敕提督五军十二营总兵官监修国史知经筵事掌后军都督府事古汴□□□，中宪大夫光禄寺卿直文渊阁经筵玉牒官莱阳周□。

夫寿者，天地生物之仁而久于世，而藏者敛物归全之谓。寿之目有差，耄耋期颐享世，皆系乎人之育养耳。物之寿，灵椿享八千秋，□舜延百余岁。人也，物也，收敛归藏，实自然循环之理也。而人之处，当随其所寓，为所当为，则思其所以归全者于天，而视生死去留□日月之有盈缩，四时之有代谢，天地之有始终，而人之所以慰其形骸者，预有以为之，由是寿藏而作焉。若太监李公者，诚有识于□，字声远，直隶保定府新城县之巨族。祖讳贵，妣胡氏。考讳进，妣姜氏，行仁积德，庆钟于公。天顺元年十月十九日生公。幼而性资警，□常为父母爱之。殆垂髫，浸知乡方，孝友于家庭。比长，敦尚伦彝，循循然有长者风。成化乙未，简入禁庭，乃服属太监李公全之门，翼翼恭勤，夙夜匪懈。戊戌，除尚膳监长随，持己而刚柔制事。乙巳，升奉御。丁未，宪庙升遐，例左迁至长随。弘治改元戊申，公以才力之优，选侍乾清宫，愈益效劳，仍升奉御。辛亥，升内府宝钞提举司右副使。壬子，□孝宗敬皇帝念其年劳，升司正，寻而遣诣兴济，致祭于皇亲张之先茔，往返路途，下无骚扰，有司德之，还朝称旨，转升内官监右少监。戊午，获金监事。庚申，遂转本监外琉璃厂署事。无何，转御马监金事，本职如故，仍兼旧□府草厂收放钱粮，出□无苛削。癸亥升左少监。正德改元，今上正位辰极，轸念旧臣，足胜委任，且老成练达，进太监，赐蟒衣，给玉带，眷注尤隆，而公仰感无涯，曰："生我者亲也，食我者君也，君亲之恩，罔极莫报。而吾之生前际遇足矣，身后之妥而预为之。"乃卜兆于顺天府宛平县香山乡广源闸之原，则会诸公之义城，作□藏既成，复制石列于前，征予文以记之于将来。予惟且世之人有讳言老者，安肯以终为念乎，盖公灼见天地万物始终之理，殆□所寓，为所当为，则思其所以归全于天是已，拟之晋元亮、唐牧之大观达者，殊辙而同途矣。公为人天资倜傥，貌体欣昂，孝友于家，□国历侍三朝，矍矍而不倦，孚僚寀以信义，御卑幼以惠威，壮志及时，天恩旁转，其享耄耋以延期颐之龄，游优梓里，荣考令终，诚有应于是欤。昆玉三人，孟曰整，仲曰荣，季即公也。侄男八，鼐、鼎、□、杰、伦、绅、纬、□、景，□义子，王□干，刘钦、李潮、陈祥、张聪，皆循规卓立。若公者可谓居中监之官，光前启后，无忝于厥世矣，宜有铭。铭曰：倚欤李公，禀赋□粹。质干魁梧，性资聪慧。简入禁中，擢为中贵。貂珰列朝，恭忠不渍。壮志及期，预作寿藏。广源之阳，草木丰穰。勒铭坚珉，百世揄扬。正德四年岁次己巳冬十月吉日立石。

11.田斌　《明司设监太监署惜薪司事松泉田公墓表》(《北京图书馆藏中国历代石刻拓本汇编》第55册，第139页)

夫内使密迩之臣也，以忠勤为事，以刚介确直为舆，故生则效命王猷，荣绶章典；殁则辉煌坠里，贻庆百昆。内耆梧冈黄公，谓同寅田公，仁风薰熠，山岳景仪。既戊申之吉卜厝于潭柘山茔而终始时历，检行□详炳于石碣，□于圹封。然幽灵悬胹，明象未昭，肆莫以光人神之典，议弗以励懿美之藏。乃率内监同官，则龙泉赵公、阮公□□属则郭公玒，族侄田阡，条以大宗伯惠岩顾公铭志，欲揭素履焕示，公镌薪予蕃辞，庸烜梗节也于观。公讳斌，号松泉，顺义大籍，源有文缨继。自成化壬寅，入侍安喜，著彰勤绩。越五载，改侍乾清。自是能敏兼奋，沿沐孝宗皇帝之宠，遂授长随、奉御职焉。及壬戌之春，升宝钞司副，间岁补左。乙丑，进侍坤宁。寻侍仁寿，则公翼翼谨畏，内廷佥有则也。逮夫正德改元，上下称播，公□愈入均平。二年，升司设右少。六年，载迁。甲戌岁，获承上林苑嘉蔬之命。丙子六月，任太监，领御马监事。当是之时，公权擢重，略无豫满之施；纵锦峥嵘，恒有安静秉肃之操。故十有六年，由右少监改署外厂。至我皇上龙飞，简用旧恪，甄核最否，公则居安守正，不事竞情。未几，俾佥惜薪司事，寻升左少监。明年丙申，敕专掌厂政，是升太监，既而素声难替，颜范不湮。逾戊戌，拜袭蟒衣。又癸卯春仲，特赉玉带。呜呼！臣□至□□□极矣。公果知遇深眷，罔敢懈居，继以徜徉翰礼，烹襄涧芼之余，乃曰：吾父仲真府君，母朱太夫人，兄通、弟□□□世流遐盛，以育菲躬，田隰可以供菜馔，膏腴足以裕后龄。然忆同会赵公礼、田公忠，情谐体□志一。公勤勇□，嘉靖乙未，集工营□□此垅丘，冀齐各姓而飨有坟光，爰变内仪，以合和臣性。呜呼！此又公之量德，包洇广烛，而义风可掬者耳，殆二十有七载，公年七十有六，倏告全归。噫！盖虽公于寿域，今获体安。至若延寿禅刹，梵音振绕，华藏香盈，自非公尝不豫葺建，何以能联金碧而接幢烟也。是则诸裔祀典，轮诸相将，百代礼文，自能聿劝。然则西山伟脉，公其享有冥荫耶。瞻彼佳城森崒，丘树周罗，公之清蕴可掇也。诸仁轩烂，文盖□□，公之灵馨可誉也。六宫礼着，绳法不愆，公之良轨可式也。历事四圣，忠照琳琅，公之鉴彝可组也，故有绩若此，得不纡敷琬琰，以耀壤土于无穷哉。嘉靖二十八年岁次己酉春二月上吉。赐进士出身嘉议大夫工部左侍郎广右植斋屠楷撰，同署司厂事御马监少监后学广右梧冈黄献书篆，内官等监少监赵礼、郭琪、田阡……侄男□□、朝用、溥、杰、仕、岱，孙男敬明等立石。

12. 张保　《大明御马监太监乐安张公寿藏墓志铭》[《新中国出土墓志》北京卷（壹）下，第252—253页]

赐进士出身文林郎吏科都给事中滦阳高擢撰并书篆。

公寿藏志者，上古有之，盖谓人之于世，百岁寿延，岂必有终，归之隐也，且如天地有循环，日月有盈亏，阴阳有消长，人之有生死，亘古底今，世之常理也。古人墓志俱同，而张公之志所由建也。按状：公姓张氏，保其名也，天佑其字也，乐安其号也。祖贯顺天府永清县景隆乡富贵南里西务村人，闾之巨家。曾祖讳福全，祖讳泰。父讳友，乡人称贤，母李氏，有淑行。生公昆玉四人，兄曰福山、福玉、弟荣，公行三也。公生有赋性，器质端凝，所称人中之英、世之拔萃者也。自正德元年二月初八日，选入内廷，钦拨于御马监艺业。二年正月初四日，除长随，是年九月初二日，武宗恩旨，命旧督府草场收放钱粮，凡出纳之际，纤毫不妄取，闻者贤之。上闻，悦之。三年二月初六日，除奉御。十三年五月二十七日，升右监丞。十四年三月二十八日升左少监。五月十四日奉玺书，同户部尚书侯观协同督理通仓，验同收放，关防严密，声誉咸之。上轸念公廉能，勤劳年久，赐玉带一围，恩至渥也。嘉靖改元之四年十二月十二日，亦命天师庵草场管事收放钱粮，尤加勤慎，始终不怠，勤以待上，恩以待下，凡诸大小，咸爱敬之。是以司礼监太监张公讳钦睹公作是廉能，托公掌理家事，建造墓第。为作之间，动达出入，忠直无私，举家大小无不欣羡。公距生成化十七年正月二十七日巳时，今卒于嘉靖三十九年八月初七日寅时，寿数延修，身以后之。公生前预为身后之计，卜寿域则都城之西，相去六十里许，净德寺之原。其犹子曰锐等十人，虑恐岁月幽深，泯没其迹，持公平生行状、敕书，镌于墓前之珉，继后之观者有所考云。复系之铭。铭曰：公之为人，选入禁庭。严肃敬谨，能侍应君。御厩出牧，通仓贤声。陟至太监，蟒玉身荣。记公行实，镌此坚珉。埋玉有地，青山为邻。祖王茔傍，永为玄宫。

13. 冯保 《司礼监太监冯公预作寿藏记》（张居正《张太岳先生文集》卷9）

冯公寿藏在京城西南可二十余里，实黑山之壤，聚为太监刚公墓。刚在永乐时，随成祖靖难有功，公素慕其为人，故即其地旁而十兆焉。左瞻城阙崔巍，右瞰香山碧云，广途前舒，层峦皆拥，气佳哉郁郁葱葱，信灵境也。前为大门驰道，属之门内，左为僧寺，以奉香火，右为护藏之宅，寺宅后为石楼各一，中为祠堂，堂后为寿藏地，缭以周垣，树之松柏。左右又各为茔兆一，左则公之名下太监王君喜辈之藏，右则公弟都督君佑之藏。其制务为朴素坚固，不事华饰，其工费则以三朝赐金为之，董工者即其弟都督君与王君喜也。工始于万历改元之九月，至二年九月而告成。事役既竣，公蕲余文记其事，用垂不朽。余惟霄壤间万物皆有尽，惟令名为不朽，今京西之原，珥貂贵宠高塚连云者何限，无论后代，即今人所与知者几何。昔巷伯兴咏于亩丘，史游殚精于籀书，吕疆清贞，承业忠鲠，皆并耀四星，流芳千古。今求其所为，葬地尚有存者乎，固知不朽之图在此而不在彼也。公昔以勤诚敏练，早受知于肃祖，常呼为大写字而不名，无何即超拜司礼，笼内政。嘉靖丙寅迎立穆宗皇帝，以功荫其弟侄数辈，穆宗不豫，召辅臣至御榻前受顾命，公宣遗诏，音旨悲怆。今上践祚，奉先帝遗命，以公掌司礼监事，适余得上召见于平台，付以国政，宫中府中，事无大小，悉咨于余而后行，未尝内出一旨，外干一事，调和两宫，赞成圣孝，侍上左右，服勤备至。凡宸居早暮、出入饮膳，皆有常度，执御供事皆选端慎者以充。上日御讲幄，无间寒暑，公惓惓劝学，侍立终日，日无惰容。凡宫中冗费悉从减省，务在节财爱民，如大庖减供御、惜薪司裁去柴炭、御马监省刍豆数，皆公所奏施行。余每对便殿，从容语及国家事，有关于君德治道者，公必导上曰："先生忠臣，先帝简托以辅上者，所言宜审听之。"宫壶之内尤极严肃，有干纪者悉置之理，虽所厚亦不少贷，故上以冲龄践祚，中外宁谧，宫府清晏，盖公之力为多。语曰："人貌荣名，岂有既乎？"今以公建立，视古巷伯之伦何让焉，诚由此永肩一心，始终弗替，虽与霄壤俱存可也，又奚竢于寿藏而后永乎。然窀穸之事，人所讳言也，而公乃预为之达也，营以赐金，用彰君赐，忠也；制用质朴，不为厚藏，智也；爱其身施，及其弟葬其属，仁也，此皆即事可纪者，固略述公之行谊与其作藏日月，勒之于石，俾后来者观焉。公讳保，常山之深州人。

14. 徐经　《针工局署局事御马监太监徐公寿碑铭》（《北京图书馆藏中国历代石刻拓本汇编》第 57 册，第 69 页)

赐进士出身嘉议大夫知太平府事前户部云南司郎中广阳张大化撰。

于戏，寿藏者上古有之，盖谓人生于世，有生必有寿，有寿必有荣，有荣必有□□□□□常也□如□□□□□□循环日月有盈亏，阴阳有消长，四时而有节度，何况人乎。切惟公讳经，南溪其别号也，公籍乃直隶保定府安肃县之巨族，父母乡隐有德，生公自幼清奇秀丽，魁伟过□□□□人。自嘉靖丙申进入内廷，际任司礼监读书，壬寅十二月内公以廉能办理司房事，清慎字体，尤兼笔法。丙午十二月内除长随，乙卯七月内除奉御，着公本局金押管事。甲子四月内，升御马监右监丞。世宗宾天，今上改元，隆庆丁卯十二月升左监丞，己巳十二月内升右少监，辛巳四月内赐飞鱼服色。当今万历龙飞，甲戌十二月内升左少监，乙亥陟升太监，恩至渥也。钦赐蟒服，辉煌束灿，内府威仪，身居五福，公年有耆，耄耋寿延也，生于正德庚辰十二月十二日寅时，预建茔所，与客同乐杯酒云乎。礼让雍雍，忽思身后之事，则寿域安定关外永安庄义会之原，建立碑铭，不可无文书勒于石，立于寿堂之前后，俾之观者有所考云。铭曰：贤才徐公，选入禁庭，历侍圣朝，孝抱君亲。蟒衣光显，玉带峥嵘，安定关外，修建坟茔。千载不朽，永奠无穷。万历己卯季春三月吉日立。

15. 商经颖　《丙字库掌库御马监太监商公预建碑记》（《北京图书馆藏中国历代石刻拓本汇编》第58册，第60页）

赐进士出身中顺大夫大理寺卿前山东道监察御史肖岩洪声远撰，前军都督府掌府事前管理神枢营务府军前卫掌卫事管理侍卫禁兵后军都督府管府事奉命点闸皇城四门官军云间椿亭宣城伯卫国本书并篆。

夫寿域隐城也，存则创之，没则宁也。其虑远，其计长，非善谋者弗能稽之。往古，自为墓志则宗元柳公，生识碑记则元之姚公，迨今遐思而追慕之。我明御马监太监绍渠商公，讳经颖，顺天大城籍，寿登衮，属予为神道碑。其心即柳公、姚公之心，其虑即柳公、姚公之虑，诚以古人自期者。予因其请而追叙其原焉。公少而颖异，长而明敏，有叔祖、御马监太监商公爱而奇之，抚养教育，视之犹子。由嘉靖四十有一年四月内始进裕府而奉御，心机敏达，治事井然。继选乾清而近侍，清白律己，事上惟忠。迨隆庆改元之初，由右监丞而升左监丞，赐以飞鱼，兼理库事，出纳惟谨，职务周详。至万历中叶之时，由左监丞而升太监，锡以蟒衣，擢以掌库，僚友钦承，商役蒙惠，拨厥所由，虽草栏商公所汲引之恩，实我公历事忠勤之致，故屡被迁擢而沐泽三朝也。俞嘻！宰相佐君，聿臻有道之化；商公秉务，用司出纳之劳。任分内外，而道相表里，且人生斯世，一命之荣，尚为之难得，况衣蟒而束玉者乎？一遇于君亦为之不易。矧历事三朝而贵显始终者乎？公之德征彰彰如是，固宜寿跻期颐而鼎烹弗替，永绥戬谷，为中贵师表也。公之寿域在于宣武关外。今兹立石圹前，用垂不朽云。万历二十有三年岁乙未孟冬之吉立石。

16. 张稳　《张公长生碑记》（《北京图书馆藏中国历代石刻拓本汇编》第 58 册，第 104 页）

赐进士第奉议大夫翰林院右春坊右谕德何宗彦撰，赐进士第中顺大夫太常寺少卿前吏科都给事中侯庆远书并篆。

义山张公，贤中贵之□能也，于万历癸酉选入内廷，于己卯授乾清宫近侍，升御用监太监。庚辰，授慈宁宫近侍蟒衣太监事务。上知公其人忠诚谨厚，事上朝夕犹焉如是耳，方重用之也。荣任数载，上忻下悦，缙绅诸君子皆珍重之。不佞忝窃□□之谊，且素知公稚年尚好书史，□调高古，倜傥不凡。在吾辈中，无不仰之。在天下海内士民，无不感之。不佞常与公清谭，语默间留念西方净界，淳淳者也。迩缘预卜长生墓于都门西南隅，立碑一具，乞余言纪之。我公会首倡□，公与众善相□□，可见公仁德之人也。孔子曰："有大德者，必得其位，必得其禄，必得其名，必得其寿。"十全者，惟公也。且侍朝大节，阴功浩荡，其天寿平格，不卜可知也哉。公讳稳，□□其别号也。生于壬子年拾贰月初陆日戌时，祖籍保定府易州人。万历叁拾年肆月一日吉旦。

17. 张维　《皇明张处士墓志铭》（《北京图书馆藏中国历代石刻拓本汇编》第 59 册，第 5 页）

自撰并书，特进光禄大夫柱国后军都督府掌府事前掌管前左二军都督府事兼管禁兵侍卫永康侯合肥徐文炜篆盖。

张维，字四维，别号范吾，□之孟津人，世业耕读，月旦称贤。父仁，母董氏，有子四人，维其季也。十岁孤，未冠而母亦卒，维痛依兄嫂，濡沫相滋，日知读书饬行。岁己未，选侍世庙，以父事司礼高公，□事大司礼掌印张公尝□□覆育，教以忠君爱国之道，俾得睹秘籍，涉猎数年，□□□□凡有言动，未敢□越，敬一无二，匪□浮沉宦□已耳。戊辰，穆庙简拔东宫辅导，而荣泉李公以维进，于是慄慄冰渊，奉职惟谨。癸酉，上入继大统，稽古右文，每经筵回，或有疑问，维即引古史明正以对。尝奉命题咏，率闲邪禁放，僶俛应制，叨御翰有"文雅忠勤"及"雝肃殿讲鉴书"等额。自暖阁内答应，历御用监太监，兼督御马监勇士四卫营操练。特赐蟒衣玉带，内府骑马，岁食禄三百石。晋乾清宫掌事，提督宫内两司房并忠勇营都知监带刀诸役，掌兵仗局印，再掌尚膳监印。用从龙功，荫兄纪为锦衣卫指挥同知，诰封怀远将军，荣及三代。御前赐象刻图章，有事君尽礼、终日乾□等篆，及银印池水注端研等文具。乙酉，命乘传使楚，会均、邓二水洊饥，人相食，即僭□汲长孺□事，出帑金若干，赈活万人，□以流离之状上闻，□蠲恤令焉，事具使楚□赋中。戊子秋九月，□□谒皇陵，辇道伤右足趾，□血未殷，因□然曰伤足趾，无乃止足时也。卧不能起，伏枕裁疏二十余，上昇至御旨抚慰云尔，有芳矣□尚当勉起之。庚寅春，奉旨出私第，大哉皇仁，至矣尽矣，得生还矣。即闭门思过，优游□□二十余年，未窥市里，歌咏太平，积有《归来篇》《闲居日草》《苍雪斋》等集，或为刻之。今年犬马齿七十有二，因自撰志，用纪实履。长兄经，锦衣百户。次纪，即怀远。□寿官侄云鹏锦衣百户，云鹍贡生，云鹤、云鸾，孙守恒，俱庠生。守朴、守默、守讷、守谦、守式、守志，尚教读书。维生嘉靖戊戌六月初□日，即都城西关□二□□从先公寿域，得侍于昭，预凿土以俟其数。司空图□咏其间，曰乐哉斯丘，君父之恩，昊天罔极。既而叹曰：□余数□时婴□凿，好我者若惠风甘雨，犹恐其不□□也。嫉我者，函毒□射功日，恐其不奇中也，天耶命耶，敢□□耶，仰赖圣明电鉴，终始曲全，□生已矣，愿效将来。铭曰：皇皇帝座，杳杳四星。天文物象，不纬曰经。古有巷伯，寺人孟子。或风于诗，或□于史。我则何人，敢违法履。忠以事君，殁身矣已。存役禁

□，殁藏蒿□。魂□可呼，□□生死。余神之栖，赤孙之西。杨□□□，旦暮鸟啼。□□□□□夏五月吉旦勒石。

18.羊朝　《明中贵乐山羊公修茔记》（秦廷秀修民国《雄县新志》）

昔杜牧自撰墓志，陶潜预为祭文，千载之下，侈为美谈，岂不以齐一生死后世罕匹哉。以今观羊公，古人盖有不足多者，何也。万历辛亥，公捐金独创关帝庙于开口村北，嵯峨辉煌，称燕南胜概。后有隙地一区，坦夷敞亮，周围竖墙垣若干步，植榆柳若干株，毅然以佳城自任，修南门楼一座，以别庙界，茔与庙似远而近，若合而离，盖相附不相亲者也。已未已经九载，春三月，乞假归梓里，亲为度势相宜，筑土山一座，耸然秀拔，命堪舆氏曰："某处为墓，某处为祭台，某处祠堂，一一为我详志之勿移。"即卜吉鸠工，庀材建祠堂三楹，幽静轩豁，望之者惊，目百里之内所创睹者。四月初事竣，走币问记于余，余忝知爱，义不可辞也。谨按：公讳朝，别号乐山，性温雅沈毅，乡党宗族莫不钦重之。甫弱冠，应入掖廷，乃嘉靖壬戌岁也。历升乾清宫近侍、内官监太监，所在小心，久渥宠眷。洞天地之盈虚，察阴阳之进退，达纲常之体要，信幽明之始终。尝自言曰："人生宇宙间，若白驹之过隙，逆命偷生，此为遗臭，果能尽心以知性，秉道以践形，可以荣，可以辱，可以生，可以死，顺受之而已矣。"此其人盖将蜉蝣天地，瞬息古今，而肯以茔为讳乎？今之肩蟒腰玉者，声名非不赫奕，与之望蓬莱祝长生则欣然喜道，及易簧事，憎之畏之，惟恐其及己，不智之甚也。乐山公不辞往返，预修己茔而亲督之，其识见过人远矣，杜陶二公何以加于是？呜呼！生居禁闼，没藏名山，中贵比比然也。公独舍彼就此，其心曰父母之恩，昊天罔极，为之负粟，为之戏彩，子道也。乃窜身枫陛下，为圣天子奔走勤劳，惟忝厥职是思，纵有恋恋膝下之心，百不能尽一，宁不虚生我耶？念父母自不得，悖乡井生于斯，墓于斯，庶几一体而分者，邻土而聚，或者可借以补生前。《小雅》之诗曰"明发不寐，有怀二人"，公有之矣，岂独齐一生死追踪古人已哉。若千载万岁下，不使坟墓生荆棘，樵儿牧竖来此任意蹂躏，犹在羊氏子孙与本庙司香火者加意焉，是为记。明万历四十七年岁次己未孟夏之吉立，赐进士第户部河南清吏司郎中张大武撰文，恩选河南开封府任荥阳县知县童劝篆额书丹。

三、买地券①

1. 南京守备太监杨庆（南京出土）

八月己巳朔越二十八日丙申，见于应天府上元□住奉为信人孝男杨仁等伏为□茔坟，夙夜忧思，不遑所厝，遂令日者择□吉地属江宁县安德乡上保石马村张家山地一□兆□，已出备钱彩买到墓地一方。左有青龙，□玄武，内方勾陈，管分擘四域，丘承墓伯、封步界□，齐整阡陌，致死千年百载永无殃咎。若有干犯，并令将军□付河伯。今备牲牢酒脯百味香新共为信契，财地交相，各已分付，令工匠修茔安厝，已后永保休吉。知见人岁月主，代保人今日直符。故气邪精，不得干怰。先有居者，永避万里。若违此约，地府主吏自当其祸照，葬主里外存亡悉皆安吉，急急如五帝使者女青律令。券立二本，一本奉付后土，一本乞付墓中令故考太监杨公收执，准备付身，永远照用，今分券背上又书合同二字，令故气杖尸永不侵争。

2. 内官监太监王景弘（南京出土）

后土皇系后土主宰，今有地一段，坐落地名应天府江宁县安德门外崇因寺东。见今东至青龙、西至白虎、南至朱雀、北至玄武、中有勾陈，分治五土。今凭两来人田交佑引至内府内官监太监王景弘向前承买，当日三面言定，时值价钱玖仟玖佰玖拾玖贯玖文，置立地券，当日成交了当。其钱及券当日两相交领并足讫，即无未尽短少分文。所作交易系是二家情愿，非相抑逼；亦不是虚钱实券，未卖之先，并不曾将在公私神祇上重行典卖。此地系是后土自己物业，与上下土府诸神无干，亦不是盗卖他人物业。如有一事一件来历不明，后土自管理落，并不干买主之事，听从买主

---

① 北京亦有宦官买地券出土，存宦官博物馆。陕西铜川成敬墓出土了墓志铭和买地券，买地券字迹不清，未载录。

管业建立塔院。今恐无凭，故立卖地券文与买主，永远收执为照用。正统元年太岁丙辰四月建己巳丁酉朔二十五日辛酉辛卯吉时。立券神后土皇、同卖人太岁神、证见神东王公、同见神西王母、两来神田交佑、同立券神崇因寺护伽蓝神。依经为书人鬼谷仙。

3. 王法兴（河北出土）

维大明正统拾贰年岁次丁卯捌月庚申朔越初拾日己巳，信官王法兴致告于后土皇地祇、五方五帝、山川百灵，今命阴阳拣到福地，宜于顺天府蓟州遵化县兴仁乡尹家峪迁作，子癸山，午丁向，分金坐壬子广德龙为寿基。遂用阳钱、五谷九万九千九百九十九贯九文九分九厘九毫，东王公、西王母处买到选择杨救贫、妙行真人长生帝旺年月行年，得长命富贵利宜修营，山向选吉，得尊帝二星盖照山向，其地东至青龙，西至白虎，南至朱雀，北至玄武，西至分明。书契人张坚固，牙保人李定度。修造之后，永保信官王法兴福如东海，寿比南山。福禄荣显，子侄蕃昌。百年之后，永享安乐，故气邪精，不得污恍。如违，依女青天律治罪。今立券者，右给付受地太监王法兴。准此。

4. 金英（南京出土）

维大明景泰七年岁次丙子十月丁酉朔越二十五日辛酉大吉，宜良贯隶应天府上元县十三坊铁狮子衙官舍，居住祭主孝男金福满□□□泊家眷等，伏缘故太监金英神主存日，阳年六十三岁，原命甲戌相，八月十二日吉时受生。大限于景泰七年六月初一日申时分寿终。自从倾逝，未卜营坟，夙夜尤思，未遑所届，遂凭术者择此高原，龟筮协从相地，得吉地属应天府江宁县安德乡英台寺山之畔，作酉辛山，卯乙向，堪为宅兆。谨用钱九万九千九百九十九贯文兼备彩币，买地一方，东西一百二十步，南北一百二十步。东至青龙，西至白虎，南止朱凤，北止玄武。内方勾陈，分掌四域。丘丞墓伯，谨肃界畔，道路将军，齐整阡陌。今具牲牢醴斋，共为信契。财地交相各已分付。令工匠修莹安厝，已后永保安吉。知见人岁月，主代保人，今日直将，故气邪精，不得忏恍。先有居者，永避万里，若违此约，地府主吏，自当其祸。助葬主内外存亡，悉皆安吉，急急如五帝使者女青律令。券付亡过太监金英神魂收执，承为照证。

5.蜀府承奉副谷清（四川出土）

维大明弘治十七年岁次甲子十一月丁亥朔越十六日壬寅，蜀府故承奉副谷公，名清，字蕴秀，元命戊午年十二月十四日吉时生，享年六十七岁。于弘治十七年十月十四日申时奄逝，未卜茔坟，遂令日者择此高原表去朝迎地占袭吉地，属成都府华阳县永安里沙河东岸地方之原，堪为宅兆，谨以信币钱彩买地一穴，东至青龙，西至白虎，南至朱雀，北至玄武，内方勾陈，分擘四域丘丞墓伯道路将军，齐整阡陌，致使千秋百载，永无殃咎。若有干犯呵禁者，将军亭长收付河伯，今以酒果香新，共为信契，财地相交，各已分付，令工匠修营安厝，以后永保休吉。知见人岁月主，代保人今日直符，故气邪精不得忓恠，先有居者永避万里。若违此约，地府主吏自当其祸，助葬主内外存亡悉皆安吉。急急如五帝使者女青律令。右券付故承奉副谷清永远收执。

6.蜀府典膳张□（四川出土）

维嘉靖十七年岁次戊戌壬寅□，蜀府典膳张公葬之灵，在阳壬辰年五月二十九日永住生，享年六十七岁，卒于嘉靖十七年五月十八日申时奄逝。请于南郊街桥头之原，谨用冥钱九千九万贯九百九十文□□后土神君□买到吉地一穴，坐落子山午向，堪为宅兆，永□佳域。□□大□，四置分明，东至□乙，南至□丁，西至壬寅，北至壬癸，上至苍天，下至黄泉，内方勾陈阡陌，致使千秋万代，今日直符。自此立后，永作□陵。邪□妖气，不得侵□，一切伏尸不敢干□，□□居者允迍万神。急急五帝使者女青律令施行。右券□给付墓中典膳张公收照。

7.蜀府承奉正宁仪（四川出土）

敕赐飞鱼品服承奉正宁公仪之灵，在阳癸卯九月十一日亥时生，原系湖广麻城县巨族，享年七十三岁，于嘉靖三十四年九月二十日申时奄逝……

8.蜀府承奉正谷茂（四川出土）

蜀府承奉司□□奉神立券敬为敕赐承奉正谷公讳茂之灵，在阳壬戌□

十一月二十日戊时生，享年七十一岁，终于隆庆六年六月十三日酉时分奄逝。诣于南山之原，谨用冥钱九九之数，上诣后土神君门下，买到吉地一穴。坐落酉山卯向，堪为宅兆，永作佳域，行龙大步，四置分明，今日直符。自此立后，永作坎陵，邪精故气不得侵争，一切伏尸不敢奸□，先有居者允避万神，急急如五帝使者女青律令。

9. 蜀府门正宁武（四川出土）

维大明国四川蜀府敕赐品服门正宁武，阳相丁巳年六月十七日亥时生，享年七十八岁，大限奄逝于万历二年十二月初三日子时。故盖闻生有所居，死则安厝，出备口财，九九之数远，山水朝迎，左环右抱，四势端平。东至甲乙，南至丙丁，北至壬癸，酉^①至庚辛。中央安厝，千载神灵。安厝之后，不得掌方右墓血尸鬼魅口口前来侵占，将此地券具奏，代书白鹤仙，天庭女青律令问罪施行，邻中人岁月主。万历二年十二月初九日卯时立券人姵此言之神。

10. 蜀府中官周有龄（四川出土）

正面：

维大明年月日直祭蜀府中官周有龄券志荣县住居奉道立券买地一穴，四至分明，中贵官周有龄之枢镇始为名，自处于嘉靖辛丑年二月十一日丑时，生于荣县络阳乡偏朵桥桂花村人氏，享年六十三岁告终。今乃卜地安葬茔元，坐落申山寅向，轩辕数百岁，盘古几万春，但九人世，谁人免死门，生则居华盖，死则葬坎山。买此一穴地，九千九贯文，上至青天盖，下至后土尊，丙丁子，甲乙霞，巽共乾坤离，壬寅午成坎，癸申子辰，丁巳西丑，卯未庚辛，四至都买尽，乾元亨利真，山中玉犬吠，世上金鸡鸟，天生贵子地，脉阴官人名，呈为执照，出卖与中官周有龄。佩照者准此奉行，为证执照孝子周瞽、谨。

背面：

九星供地穴，出卖吉地人，东邻人东王公金，西邻人西王母木，下地

---

① 似当作"酉"。

人鹤仙水，卖地人龙子岗火，代书人后土尊土，八卦证山川，右给山家土府神君，词下执照。

11. 蜀府典服谷逮（四川出土）

维万历九年岁次辛巳一月□未朔越十九日癸丑，值四川蜀府典宝所居住奉神立券买地，明故敕赐典服谷逮尊灵，在阳乙亥相四月二十三日午时生，原系潼川州乐至县普安乡云顶山□□林地分生长人天，享年六十六岁。于万历九年正月初二日戊时□诣于柏林庄之原，谨用冥钱九万九千贯九百九十文，上诣后土神君，买到吉地一穴。坐落酉山卯向，堪为宅兆，永作佳城。行龙大步，四置分明，东至甲□，南至丙丁，西至庚□，北至壬癸，上至苍天，下至黄泉，内方勾陈阡陌，致使千秋万载，今日值符。自此立后，永□坵陵，邪精故气不得侵争，一切伏尸不敢奸怪，先有居者永避万神。急急如五帝使者女青律令施行。右券壹本给付与敕赐典服谷公存照。

12. 蜀府故官何珊（四川出土）

维万历十九年岁次辛卯十二月癸巳朔越十一日癸卯，值四川蜀府内奉神立券买地故官何珊之灵，在阳年辛巳朔三月二十二日卯时生，享年七十一岁，于本年十一月初七日子时奄逝，诣于中和门外梅林庄之原安厝。宅兆谨用冥钱九万九千贯九百九十文，上诣后土神君门下，买到吉地一穴，坐落酉山卯向，堪为宅兆，永作佳域。行龙大步，四至分明，东至甲乙，南至丙丁，西至庚辛，北至壬癸，上至苍天，下至黄泉，内方勾陈，分擘四域丘丞墓伯封部界畔道路将军，齐整阡陌。致使千秋百载，今日直符自此立后□丘陵，邪精故气不得侵争，一切伏尸不敢奸□，先有居者允避万神，急急如五帝使者女青律令。右券一本给付墓中亡官何珊正魂收执存照。

13. 蜀府典膳谷以登（四川出土）

维大明万历三十一年岁次癸卯十□月□□朔越二十五日，□□□奉神立券买地，明故皇明敕赐典膳谷公之灵，存阳庚寅朔九月初二日丑时生，原系绵州安□乡无为□分生长人氏，享年七十一岁，于万历三十一年□月

□□日奄逝。龟筮叶从相地袭吉，宜于中和门外柏林庄之原，择地朝迎，堪为吉地，安厝□□。谨用冥钱九万九千贯九百九十文兼五彩□币，□后土门下买到吉地一穴。坐落酉山卯向，左至青龙，右至白虎，前迓朱雀，后通玄武，内方勾陈，分擘四域，丘丞墓伯、封部界畔、道路将军，齐整阡陌，致使千秋万载，永无殃咎。若有干犯祠禁者，将军亭长缚付河伯。今备牲□酒脯百味香新，共为信券，时地交相分付工匠修营，安厝以后，永保清吉。急急如五帝使者女青律令。右券文主奉皇明敕赐典膳谷以收。

14. 蜀府承奉正谷应华（四川出土）

盖闻卜云其吉终焉，永藏吉地，鬼神之□□□□之所主，天地有钟灵之秀，山川有奇偶□□□□之隆，必述千古之盛□□大利奇方，虽□□□□必崇玄贞之吉，显耀裔而绵绵，贵宠昌□□□奉神立券。皇明敕赐承奉正谷公讳应华之灵□□□□□正月十三日子时生，享年六十九岁，万历甲寅年十一月初七日□□□□□叶从相地。惟吉地属南郊外佰林□□堪为□，当日出备经文钱财九万九千贯九百九十文，买到后土神君祠下吉地一穴。坐落酉山卯向，前迎朱雀，后通玄武，左朝青龙，右连白虎，内方勾陈，四域丘丞墓伯、封部界碑、道路将军亭长、收付河伯。今备酒脯香□共为信契，财地交相，各已分付工匠修凿，安厝以后，永保清吉。知见人岁月主，代保人今日直符。故气邪精不得奸惚，先有居者永避万神。急急如五帝使者女青律。准此。

15. 司设监太监马永成（北京出土）

卖地契人郑喜将自己空地一段坐落在顺天……关外八里庄向南□址，东至七圣观，西至谷家庄，南至大道，北至小道，四至分明，次凭天上……牙人的都丁说合出卖与司设监太监马公……亿千亿□贯文今于正德十三年岁次戊寅十月丁卯朔……初四日庚午，祭主伏为明故叔考马公讳永成之灵生于……年四月十六日巳时□□，卒于正德十三年八月初九日丑时……术人卜嘉年善月吉日良辰请叔考在此立券安茔，伏此神威……天龙八部土皇九垒……伯神值年太岁至德尊神山神当境土地尊神、青龙白虎、朱雀玄武尊神七十二候三百六十位尊神立券安……如有妖魔来侵，伏慈道路将军河伯停长等神如来侵者……魍魉之数，急速犇行，闻声立券，释梦章天留劈邪……木树精神不正，邪魔速回避，五方邪魅□□除亡者灵……宫消灾长福不□□□□下孝子贤孙……家门光亨。今恐无凭，立此券文，虑后失……合同千年万载，永远照成。大明正德十三年岁次戊寅十月初四日立……

16. 御用监太监吴经（南京出土）

维大明嘉靖十二年岁次癸巳七月壬寅朔越十一日壬子，前钦差镇守山西等处地方兼提督雁门等关御用监太监吴经，伏以经系应天府江宁县斗门桥南廊地方居住。见在安德乡三畾乌石王家库地方新造生宫一处，坐丁山癸向山垄，来去朝迎，系牛首回龙合狮子形势，堪为久远阴宅之兆。已出备钱财九万九千九百贯文，买到寿地一方。其地属于东南巽宫，出体转落为宫，三百步到头。左耳乘气，沙水合子父财官俱全，以乘净阴净阳。丁山癸向，以纳三吉六秀之水。左按护位之沙，右伏拱位之沙，前伏朝位之沙，后有丘陵之祖。内方勾陈，管分掌四域；丘承墓伯，风步界半；道路将军，齐整阡陌。致使千秋万载，永无殃咎。若有干犯，并令将军、亭长转付河泊水官。今备牲牢脯酒，百味香信，菲供之仪，供为信契。财地交相各以。令工匠脩治以后，永保吉祥。自此造作之后，邪魔远遁万里，不得干犯地脉为祸。造完之后，本主福禄绵延，子孙繁衍吉昌。女清真君急急如律令。地契一本给付，永远存照。章光东方，玉堂西方，紫微中宫，凤凰南方，麒麟北方。寻龙捉脉仙师郭璞之神，代保之神守牛坟直符使者，掌教祖师杨筠松之神，牙保神东王公西王母之神，点穴上界白鹤大仙之神，交钱神李定度前传后教之神，知见神岁月主天官之神。秀色乾坤，几万秋分，明天为吉。人留朝元，水静归源去。顺势龙从，逆势求穴。似金星开半口，形如狮子戏团球。从今卜后，生英杰任看，君恩赐状头。

17. 李瑾 《明神宫监太监李公买地券》[《新中国出土墓志》北京卷（壹）下，第 359 页]

维正德十一年岁次丙子九月己卯朔二十八日丙午，祭官御马监等监太监田春、崔文，锦衣卫千户孝弟李赞泊家眷等，即痛念神宫监太监李公，神主存日享年六十八岁，原命己巳相，七二月十七日辰时受生，大限于正德十一年九月初六日午时倾逝，当备衣冠大殓，停棺在堂，不敢久留。遂凭白鹤仙人将己钱九万九千九百九十九贯及五彩信币，与东王公、西王母买到阴地一所，坐落顺天府宛平县香山乡小南庄风水一穴，作西山卯向之原。东至朱雀，南至白虎，西至玄武，北至青龙，上至青天，下至黄泉，内方勾陈，分长四域。当日明立地券，永为亡者安身清吉之所。万古佳城，千年宅兆。日听凤凰鸣，夜听金鸡唱。千年不改，万年不移。如有远近竹木精灵、泥神石精、山魈魍魉、古慕伏尸等祟，妄相侵占，使亡者不安，生人受害，如有事，请亡者执此地券，上告武夷仙山，照依女青天律治罪施行。今恐无凭，故立此地券，与亡人收执为照。证者，出卖人东王公、西王母，评议人李定度，主盟人张坚固。

18. 张端　《明赠内官监太监张公买地券》[《新中国出土墓志》北京卷（壹）下，第 358 页]

维大明成化十八年岁次庚寅十月丙寅朔，越十九日甲申。兹缘内官监太监近故张公讳端之灵，存日享年六十四岁，原命己亥相，二月十一日未时受生。原籍浙江嘉兴府平湖县二十五都生长人氏。大限于成化十八年九月二十四日子时，在于内府病故。未卜茔坟，夙夜忧思，不遑所厝。今在顺天府宛平县香山乡相地袭吉，谨用钱财九万九千九百九十九贯文，在于后土阴官处买地一所，迁作坤山艮向。东至青龙，西至白虎，南至朱雀，北至玄武，内方勾陈，分擘四域。丘丞基伯，封步界畔。道路将军，齐整阡陌。致使千秋万载，永无殃咎。若辄干犯词禁，将军亭长者缚付河伯。今以三牲酒礼钱财，兼用五彩币帛，供为信契。然伸安葬之后，山神送喜，地域呈祥。永涌山环遶佳城之郁郁，藏风聚气拱福祉以绵绵。子孙延昌盛之祐，孝眷享康宁之福。知见人岁功曹月主登明，代保人今日直符太乙主领。内外存亡，悉皆安吉。故气邪精，不得忤慢。若违此约，地府主吏自当其罪。急急如如五帝使者女青律令。券书一样二本，后有合同：一本给付后土阴官，一本给付亡者收执照用。诰下符命，永镇佳城。

19.明承运库官黄宗吕墓契 [《新中国出土墓志》北京卷（壹）下，第357页]

大明国京都内府承运库官黄宗吕，右副使职事，原系交阯布政司洮江州山围县刚希社廊也。建生原命壬戌相，八十三岁，十二月三十日申时建生。宗吕处天覆地载之中，全健顺五常之性。寿年已迈，岁不我与，于今遂凭日者，卜此岗原一吉地。地属顺天府宛平县香山乡东尾叭村前、延庆寺内后。荡荡宽广，坦坦平展，来山去水，左盘右旋，龙穴砂水，脉终不偏，山向拟定，堪为宅原。谨用钱财九万九千九百九十九贯九文，并五彩信帛，买地壹区，见今建立寿塔，造为生坟。东至青龙，西至白虎，南至朱雀，北至玄武，内方勾陈，分擘四域。丘丞墓伯，封部界畔，道路将军，齐整千百。致使千秋百载永无殃咎。偌有干犯词禁者，将军亭长，收付河伯，今以供仪，共为信契。财地交相分付各已，修营克备，永保休吉。知见人岁月主，代保人今日直符功曹。故气邪精，不得干恼。先有居者，永避万里。若违此约，地府主吏，自当其祸。仍其主人内外存亡，悉皆吉利。急急如五帝使者女青律令。后土地祇之神，五方五帝之神，十二元辰之神，九宫八卦之神，山川百灵之神，幽堂亭长之神，丘丞墓伯之神，阴府太岁之神，当境庙社土地之神，月建直符、蒿里黄泉之神，二十四位土府之神，七十二位禁忌之神，三白九紫星君、四维九曜大圣山家、三十八将阡陌，五道夜路幽祇、方隅有感一切神祇，愿存日而增寿，慕辞世而绵远。右给付右副使黄宗吕收把准备，付身永远照用。天顺八年十月初一日卯时卒，天顺八年十月初十日辰时立。奉祀孝子黄福住。

参考文献

一、古代典籍

陈循：《芳洲文集》，《四库全书存目丛书》集部第 31 册。

程敏政：《篁墩文集》，《景印文渊阁四库全书》第 1252 册。

韩雍：《襄毅文集》，《景印文渊阁四库全书》第 1245 册。

何孟春：《何文简疏议》，《景印文渊阁四库全书》第 429 册。

何乔新：《椒邱文集》，《景印文渊阁四库全书》第 1249 册。

贺钦：《医闾集》，《景印文渊阁四库全书》第 1254 册。

黄仲昭：《未轩文集》，《景印文渊阁四库全书》第 1254 册。

霍韬：《渭厓文集》，《四库全书存目丛书》集部第 68 册。

焦竑：《国朝献征录》，《四库全书存目丛书》史部第 106 册。

李东阳：《怀麓堂集》，《景印文渊阁四库全书》第 1250 册。

李贤：《古穰集》，《景印文渊阁四库全书》第 1244 册。

李时勉：《古廉文集》，《景印文渊阁四库全书》第 1242 册。

李廷机：《李文节集》，崇祯重刻本。

李攀龙：《沧溟集》，《景印文渊阁四库全书》第 1278 册。

刘若愚《酌中志》，北京古籍出版社 1984 年版。

罗玘：《圭峰集》，《景印文渊阁四库全书》第 1259 册。

刘春：《东川刘文简公集》，明嘉靖三十三年刻本。

陆深：《俨山集》，《景印文渊阁四库全书》第 1268 册。

马中锡：《马东田漫稿》，《四库全书存目丛书》集部第 41 册。

毛伯温：《毛襄懋先生集》，《四库全书存目丛书》集部第 63 册。

《明实录》，中华书局 2016 年版。

倪岳：《青溪漫稿》，《景印文渊阁四库全书》第 1251 册。

彭韶：《彭惠安集》，《景印文渊阁四库全书》第 1247 册。

秦廷秀：《雄县新志》，民国十八年铅印本。

孙奇逢：《夏峰先生集》，《续修四库全书》第 1392 册。

王鏊：《震泽集》，《景印文渊阁四库全书》第 1256 册。

王恕：《王端毅公文集》，《四库全书存目丛书》第 36 册。

王越：《黎阳王襄敏公疏议诗文辑略》，《四库全书存目丛书》集部第 36 册。

吴宽：《家藏集》，《景印文渊阁四库全书》第 1255 册。

徐溥：《谦斋文录》，《景印文渊阁四库全书》第 1248 册。

严嵩：《钤山堂集》，《续修四库全书》第 1336 册。

袁忠彻：《古今识鉴》，国家图书馆藏。

于谦：《忠肃集》，《景印文渊阁四库全书》第 1244 册。

于慎行：《穀城山馆文集》，《四库全书存目丛书》集部第 147 册。

岳正：《类博稿》，《景印文渊阁四库全书》第 1246 册。

章潢：万历《新修南昌府志》，明万历十六年刻本。

张邦奇：《张邦奇集》，《续修四库全书》第 1336—1337 册。

张居正：《张太岳先生文集》，《四库全书存目丛书》集部第 113 册。

朱有燉：《诚斋录》，《续修四库全书》第 1328 册。

二、现代论著

北京图书馆金石组编：《北京图书馆藏历代石刻拓本汇编》，中州古籍出版社 1989 年版。

蔡石山：《明代宦官》，浙江大学出版社 2019 年版。

陈宝良：《中国的社与会》，中国人民大学出版社 2011 年版。

陈宝良：《大明风华：明朝人的城市生活》，岳麓书社 2022 年版。

陈玉女：《明代二十四衙门宦官与北京佛教》，台湾如闻出版社 2001年版。

高志忠：《明代宦官与宫廷文艺》，商务印书馆 2012 年版。

胡丹：《明代宦官制度研究》，浙江大学出版社 2018 年版。

胡丹：《明代宦官史料长编》，凤凰出版社 2014 年版。

梁绍杰辑：《明代宦官碑传录》，香港大学中文系 1997 年版。

王春瑜、杜婉言：《明代宦官与经济史料初探》，中国社会科学出版社 1986 年版。

王春瑜、杜婉言：《明朝宦官》，紫禁城出版社 1989 年版。

吴兆丰：《有教无类：中晚明士人教化宦官行动研究》，社会科学文献出版社 2021 年版。

《新中国出土墓志》北京卷，文物出版社 2003 年版。

《新中国出土墓志》河北卷，文物出版社 2003 年版。

《新中国出土墓志》山西卷，文物出版社 2003 年版。

北京市考古研究院：《北京海淀玲珑巷明代宦官马永成墓发掘简报》，《文物》2022 年 12 期。

陈博翼：《跋〈明秦府承奉正康公墓志铭〉》，《明史研究论丛》第 9 辑，紫禁城出版社 2011 年版。

陈支平：《新发现的明代太监张敏资料释读》，《史学月刊》2011 年第 6 期。

龚巨平、沈利华：《明司礼监太监郑强墓志铭考述》，《郑和研究》2014 年第 1 期。

何孝荣：《明代宦官与佛教》，《南开学报》2000 年第 1 期。

何孝荣：《明代北京佛教寺院修建研究》，南开大学出版社 2007 年版。

胡传耸等：《北京丰台靛厂村明代宦官墓发掘简报》，《中国国家博物馆馆刊》2022 年第 2 期。

胡丹：《志书中的明代宦官史料》，《中国地方志》2009 年第 3 期。

胡正宁、范金民：《郑和下西洋研究二题——基于洪保〈寿藏铭〉的考察》，《江苏社会科学》2015 年第 5 期。

华东文物工作队：《南京南郊英台寺山明金英墓清理记》，《文物参考资料》1954 年第 12 期。

蒋成等：《明蜀藩太监墓志集释》，《四川文物》2001 年第 4 期。

麦英豪：《广州东山明太监韦眷墓清理简报》，《考古》1977 年第 4 期。

苗天娥：《明朝大司礼郑真墓志考》，《北京文博》2011 年第 2 期。

齐畅：《明代宦官与士大夫关系的另一面——以宦官钱能为中心》，《史学集刊》2008 年第 4 期。

齐畅：《明永乐朝军功宦官刘氏兄弟史事考述》，《东北师大学报（哲学社会科学版）》2013 年第 3 期。

齐畅：《宫内、朝廷与边疆：社会史视野下的明代宦官研究》，中国社会科学出版社 2014 年版。

曲金丽：《明〈守愚子寿藏记〉考》，《文物春秋》2009 年第 3 期。

任昉：《明代宦官籍贯与民族考论》，《首都博物馆论丛》第 15 辑，北京燕山出版社 2001 年版。

荣远大等：《成都市红牌楼明蜀太监墓群发掘简报》，《成都考古发现》2003 年，科学出版社 2005 年版。

邵磊：《南京出土部分明代宦官墓志考释》，《学耕文获集——南京市博物馆论文选》，江苏人民出版社 2008 年版。

邵磊：《明代南京守备、内官监太监罗智墓志考释》，《郑和研究》2010 年第 3 期。

邵磊：《明代宦官杨庆墓的考古发掘与初步认识》，《东南文化》2010 年第 2 期。

邵磊：《〈南京守备司礼监太监怀忠墓志〉考证》，《碑林集刊》总第 17 辑，三秦出版社 2011 年版。

邵磊：《南京市博物馆旧藏明代宦官墓志考释》，《故宫学刊》2015 年第 2 期。

邵磊：《明代御马监太监王润墓志考释》，《碑林集刊》总第 21 辑，三秦出版社 2015 年版。

沈利华：《明代南京守备太监卜春墓志考释》，《南京晓庄学院学报》2014 年第 5 期。

唐淑琼等：《四川华阳明太监墓清理简报》，《考古通讯》1957 年第 3 期。

万明：《明代内官第一署变动考——以郑和下西洋为视角》，《北京联合大学学报》2010 年第 4 期。

王志高等：《南京市祖堂山洪保墓》，《考古》2012 年第 5 期。

王志高：《洪保寿藏铭综考》，《郑和研究》2010 年第 3 期。

魏睿林：《明代御马监太监黄海墓志铭考释》，《河北北方学院学报》2017 年第 1 期。

徐明甫：《明两京司礼监太监牛玉墓发掘简报》，《文物》1983 年第 2 期。

许志强：《南京三座明代宦官墓葬的发掘与认识》，《东南文化》2019 年第 2 期。

杨文成等：《成都"新北小区四期"明代太监墓群发掘简报》，《成都考古发现·2006》，科学出版社 2006 年版。

杨向奎等：《明代宦官墓志"天子家奴"形象的建构》，《学术交流》2019 年第 11 期。

赵世瑜：《黑山会的故事——明清宦官政治与民间社会》，《历史研究》2000 年第 4 期。

郑威：《试析明代宦官籍贯的分布与变化》，《中国历史地理论丛》2004 年第 4 期。

周裕兴：《江苏南京发现明代太监怀忠墓》，《考古》1993 年第 7 期。

周裕兴：《由南京地区出土墓志看明代宦官制度》，《明清论丛》第 1 辑，紫禁城出版社 1999 年版。

[加] 卜正民：《明代的社会与国家》，黄山书社 2009 年版。

[法] 李康杰：《明代王府太监》，《故宫学刊》2017 年第 1 期。

[美]莫里斯·罗萨比：《明代到亚洲腹地的两位使者》，刘坤一译，《中国史研究动态》1982 年第 2 期。

［法］让·德·米里拜尔:《明代地方官吏及文官制度——关于陕西和西安府的研究》,郭太初等译,陕西人民出版社 1994 年版。

［日］三田村泰助:《宦官——侧近政治的构造》,吴昊阳译,江苏人民出版社 2021 年版。

后 记

按照写作顺序，这是"宦官三部曲"计划的最后一部。从本科学习历史开始，政治史一直是学习的重心，古代史教师的讲授自然也会涉及皇帝身边的宦官。硕士阶段关注天津地方史，以明清天津佛教高僧为研究对象，撰写硕士学位毕业论文。真正从学术研究视角对宦官问题深入思考并产生兴趣是在攻读博士学位期间。2012 年入学，发现很多题目可作，先后撰写《奉使录》版本比较、国子监依亲制度、九边医疗、中都国子监等论文，方向并不固定。2013 年，导师南炳文教授承担国家社科基金重大招标项目《"明实录"整理与研究》，先生让我细读《明宪宗实录》，实录包罗万象、内容丰富，阅读过程中发现镇守内官记载比较多，进而产生疑问：宦官应该在宫廷里边，以服务皇帝为己任，镇守常见于总兵官，承担着守护一方的重任，宦官能担此重任吗？和周边同学聊天，知之者少，非常兴奋，以为自己发现了明史研究的"新大陆"，于是边看实录，边收集相关研究成果，发现方志远早在 1994 年就发表了《明代的镇守中官制度》（《文史》第 40 辑，1994 年），共计两万余字，由镇守中官设置与裁撤论及明代省级地方体制变化，视角新颖，令人信服，刚刚点燃的学术之火有些受挫，心中些许失落。不过问题随之而来，朱棣是一代有为之主，文治武功彪炳史册，非汉唐末期昏主可比，鉴于东汉和唐朝宦官干政所造成的巨大危害，前车之鉴，岂能放任宦官到地方，承担重任，危害一方？与正常政治体制的巡抚、总兵及地方官如何处理关系？于是找南先生商量，先生非常开明大度，尊重学生的研究兴趣，并提醒应注意的问题。于是开始广泛收集材料，将十三朝"明实录"仔细研读，进而扩展到其他正史、别史，收集地方志中相关史料和宦官墓志碑刻是这一过程中的重要发现，陆陆续续收集到很多宦官个人的墓志碑刻，最终形成博士论文《明代镇守内官研究》（天津古籍出版社 2016 年版）。

镇守内官是宦官群体的一个组成部分，是在南京、凤阳及各省、各边肩负镇守职责的宦官，长期驻扎于地方。从 2015 年开始，陆续参加故宫博物院举办的宫廷史学术会议，偶然的机会，与博士同学李军共同承担下赵中男老师《明代宫廷史》丛书系列之《明代宫廷宦官史》（已完成撰写，待出版），研究目光关注宫廷范围内的明代宦官，从纵向和横向两个方面系统梳理宫廷宦官与明代政局的关系。明代前期和后期，宦官制度及实际情况变化很大，一旦出现特例，往往会形成惯例。

博士阶段收集的墓志碑刻为本书撰写积累了前期基础，后来陆续从多种途径找到更多宦官碑刻资料，墓志碑刻撰写虽然有定式，但亦有新的发现与收获，细读宦官墓志碑刻可以大大加深对明代政治与宦官关系的认识，可以补充大量其他史书中未载史料。与其他史料不一样，宦官墓志碑刻记载的主角和中心是宦官。此前了解宦官生平多从《明史·宦官传》入手，《名山藏》《罪惟录》等史书中亦收录部分宦官传记，整体而言，宦官传记资料比较分散，且以贬为主。焦竑《国朝献征录》专列《寺人》，主要收集宦官墓志碑刻及传记，数量不多。对宦官墓志碑刻的关注及研究亦不多，此前关注以收集整理为主，如梁绍杰《明代宦官碑传录》、胡丹《明代宦官史料长编》等。对宦官墓志碑刻的研究主要集中在宦官个人生平方面，从籍贯、入宫、培养、信仰、丧葬等若干方面展现宦官群体完整的人生轨迹。不再执着于其作为皇帝的家奴做了哪些坏事，而是将其看作独立的生命个体，有家庭，有文化，有信仰，有职务，有七情六欲，有后顾之忧。不必过分贬低，亦不需过分宣扬。

犹记博士论文选题时，导师南炳文先生曾说，博士选题非常重要，奠定一辈子的研究基础，应该选择一个富矿去开采，不断挖掘，越挖越深，形成自己的研究特色。先生高屋建瓴，见解深刻。镇守内官、宫廷宦官、宦官墓志碑刻形成的三部曲，分别从在外、宫内和生平资料三个角度，对宦官进行系统探讨，庶不负先生之言。

虽然仍有一定研究空间，但本书的完成也将为十年宦官研究画上一个句号，随着以明代北直隶地方治理为研究主题的国家社科基金项目获得立项，研究兴趣将转向京津冀区域史。硕士阶段关注天津地方史，几乎三年时间都在研读明清天津方志，对清代前中期行政体制变化及文化鼎盛等问题依然念念不忘。近两年也收集多部北直隶方志，发现明代北直隶研究几乎是空白，资料匮乏是导致研究不足的重要因素，但直隶京师的特殊体制及明代北直隶各地区域差异及治理情况仍然值得关注。

本书的撰写，感谢导师南炳文先生的悉心指导。2009 年跟随南先生攻读硕士学位，至今相识已有 14 年之久，近年先生受聘为特聘教授，常驻我校工作，接触不减在南开之时。幸得先生指点，所受先生教诲颇多，一时或不能完全领悟，日久终服先生之高见。先生数十年如一日之勤奋，广为人知，不论寒暑，"没有节假日"已成习惯，每天工作时间甚至超过在读博士。年逾八旬，仍笔耕不辍，近年所作考证文章非一般人可驾驭，如考证葡萄牙人入居澳门时间、徐乾学《明史》序言作者、复旦本《明史列传稿》"迈注"、《明史·沙哈鲁传》等等，是先生主持点校本《明史》修订工作 15 年之久的部分收获，所解决问题之重要、所用考证方法之完备，皆足以奠定所得结论之信服度。跟随先生之日多，所学所获之识少。

本书的顺利出版，非常感谢人民出版社翟金明编辑，从选题立项，到格式规范，翟编辑做了大量工作。经过多次接触，深深感受到其学识渊博，获赐大作《文本的力量：基于朝鲜汉籍中〈史记〉〈汉书〉资料的研究》资料扎实，很见功力，将文本看作一种力量，见解精辟。对待编辑工作非常认真负责，完全称得上学者型编辑。

历史是时间的沉淀，学习了解历史则需要长期的积淀，学历史贵在"真"，通过史料去了解真实的历史。现实是历史的延续，古代社会生活非常丰富，不必以今非古。兴趣不是凭空而来，而是源于无知，即所谓求知欲，对大量历史细节的缺乏是长期以来不断去探索的动力。此前经常会被问到，学历史有什么用，常用培根"读史使人明智"以应之，其实可以反问，不学，怎么能知道它的用途呢，深入学进去才能领悟厚重历史带来的启迪。愿不负所学。

责任编辑：翟金明

封面设计：汪　阳

图书在版编目（CIP）数据

明代宦官形象及其日常生活：基于墓志碑刻的研究／李建武　著 . —北京：
　人民出版社，2023.8
ISBN 978 - 7 - 01 - 025782 - 2

I.①明… Ⅱ.①李… Ⅲ.①宦官－政治制度－研究－中国－明代 Ⅳ.① D691.42

中国国家版本馆 CIP 数据核字（2023）第 116568 号

明代宦官形象及其日常生活
MINGDAI HUANGUAN XINGXIANG JIQI RICHANG SHENGHUO
——基于墓志碑刻的研究

李建武　著

人 民 出 版 社 出版发行
（100706　北京市东城区隆福寺街 99 号）

北京九州迅驰传媒文化有限公司印刷　新华书店经销

2023 年 8 月第 1 版　2023 年 8 月北京第 1 次印刷
开本：710 毫米 ×1000 毫米 1/16　印张：25.75
字数：367 千字

ISBN 978 - 7 - 01 - 025782 - 2　定价：98.00 元

邮购地址 100706　北京市东城区隆福寺街 99 号
人民东方图书销售中心　电话（010）65250042　65289539